"十四五"职业教育国家规划教材

国家卫生健康委员会"十三五"规划教材

全国高等职业教育教材

供医学检验技术专业用

生物化学

第 2 版

主　编　范　明　徐　敏

副主编　邵世滨　孔晓朵　朱海英　杨　华

编　者（按姓氏笔画排序）

王晓慧（湖北中医药高等专科学校）　　　　何国产（金华职业技术学院）

孔晓朵（鹤壁职业技术学院）　　　　　　　邵世滨（山东医学高等专科学校）

吕荣光（甘肃卫生职业学院）　　　　　　　范　明（四川中医药高等专科学校）

朱海英（山西卫生健康职业学院）　　　　　程玉宏（大庆医学高等专科学校）

乔风利（内蒙古乌兰察布医学高等专科学校）　夏　艳（四川中医药高等专科学校）

杨　华（乐山职业技术学院）　　　　　　　徐　敏（安顺职业技术学院）

人民卫生出版社

·北京·

图书在版编目（CIP）数据

生物化学/范明,徐敏主编. —2版. —北京:
人民卫生出版社,2020.11
ISBN 978-7-117-29272-6

Ⅰ.①生… Ⅱ.①范…②徐… Ⅲ.①生物化学-高
等职业教育-教材 Ⅳ.①Q5

中国版本图书馆 CIP 数据核字(2019)第 251527 号

人卫智网	www.ipmph.com	医学教育、学术、考试、健康,
		购书智慧智能综合服务平台
人卫官网	www.pmph.com	人卫官方资讯发布平台

生物化学

Shengwu Huaxue

第 2 版

主　编: 范　明　徐　敏
出版发行: 人民卫生出版社(中继线 010-59780011)
地　址: 北京市朝阳区潘家园南里 19 号
邮　编: 100021
E - mail: pmph @ pmph. com
购书热线: 010-59787592　010-59787584　010-65264830
印　刷: 北京市艺辉印刷有限公司
经　销: 新华书店
开　本: 850×1168　1/16　**印张:** 15　**插页:** 8
字　数: 475 千字
版　次: 2015 年 4 月第 1 版　　2020 年 11 月第 2 版
印　次: 2025 年10月第 12 次印刷
标准书号: ISBN 978-7-117-29272-6
定　价: 49.00 元

打击盗版举报电话:010-59787491　E-mail:WQ @ pmph.com
质量问题联系电话:010-59787234　E-mail:zhiliang @ pmph.com

为了深入贯彻落实党的二十大精神,落实全国教育大会和《国家职业教育改革实施方案》新要求,更好地服务医学检验人才培养,人民卫生出版社在教育部、国家卫生健康委员会的领导和全国卫生职业教育教学指导委员会的支持下,成立了第二届全国高等职业教育医学检验技术专业教育教材建设评审委员会,启动了第五轮全国高等职业教育医学检验技术专业规划教材的修订工作。

全国高等职业教育医学检验技术专业规划教材自1997年第一轮出版以来,已历经多次修订,在使用中不断提升和完善,已经发展成为职业教育医学检验技术专业影响最大、使用最广、广为认可的经典教材。本次修订是在2015年出版的第四轮25种教材(含配套教材6种)基础上,经过认真细致的调研与论证,坚持传承与创新,全面贯彻专业教学标准,加强立体化建设,以求突出职业教育教材实用性,体现医学检验专业特色:

1. **坚持编写精品教材** 本轮修订得到了全国上百所学校、医院的响应和支持,300多位教学和临床专家参与了编写工作,保证了教材编写的权威性和代表性,坚持"三基、五性、三特定"编写原则,内容紧贴临床检验岗位实际、精益求精,力争打造职业教育精品教材。

2. **紧密对接教学标准** 修订工作紧密对接高等职业教育医学检验技术专业教学标准,明确培养需求,以岗位为导向,以就业为目标,以技能为核心,以服务为宗旨,注重整体优化,增加了《医学检验技术导论》,着力打造完善的医学检验教材体系。

3. **全面反映知识更新** 新版教材增加了医学检验技术专业新知识、新技术,强化检验操作技能的培养,体现医学检验发展和临床检验工作岗位需求,适应职业教育需求,推进教材的升级和创新。

4. **积极推进融合创新** 版式设计体现教材内容与线上数字教学内容融合对接,为学习理解、巩固知识提供了全新的途径与独特的体验,让学习方式多样化、学习内容形象化、学习过程人性化、学习体验真实化。

本轮规划教材共25种(含配套教材5种),均为国家卫生健康委员会"十三五"规划教材。

数字内容编者名单

主　编　范　明　徐　敏

副主编　邵世滨　孔晓朵　朱海英　杨　华

编　者（按姓氏笔画排序）

王晓慧（湖北中医药高等专科学校）

孔晓朵（鹤壁职业技术学院）

吕荣光（甘肃卫生职业学院）

朱海英（山西卫生健康职业学院）

乔风利（内蒙古乌兰察布医学高等专科学校）

杨　华（乐山职业技术学院）

何国产（金华职业技术学院）

邵世滨（山东医学高等专科学校）

范　明（四川中医药高等专科学校）

程玉宏（大庆医学高等专科学校）

夏　艳（四川中医药高等专科学校）

徐　敏（安顺职业技术学院）

魏尧悦（山东医学高等专科学校）

主编简介与寄语

　　范　明,副教授,四川中医药高等专科学校医学检验技术专业前负责人、医学检验教研室主任、生物化学教研室主任。校级优秀共产党员,校级优秀教师,校级优秀青年教师指导教师,全国高等院校医学检验专业校际协作暨教育教学研讨会理事,四川省生物化学与分子生物学学会理事,四川省绵阳市检验专业委员会委员。从事卫生职业教育教学34年,先后执教多个专业生物化学课程,医学检验技术专业临床检验基础、血液学检验等课程,具有丰富的教学经验。主编、参编教材多部。主持完成校级科研课题1项,参与校级课题多项。发表学术论文3篇。多次组织培训学生参加各级技能大赛并取得优异成绩。

寄语:

　　生物化学是现代医学的重要基础课程,也是医学检验技术专业的重要专业基础课程,通过学习,既可以对正常人体的分子组成与结构、组织细胞的代谢与调节、遗传信息的传递与表达等生命科学知识有充分的认识,也可以为后续生物化学检验技术专业课程的学习打下坚实的基础。希望同学们坚定信念,刻苦钻研,广泛联系所学其他医学基础知识,多分析与理解,避免死记硬背,突破生物化学学习的各种难点,取得优异成绩,为祖国的医学检验技术事业奋斗终身。

主编简介与寄语

　　徐　敏,女,1977年8月出生,生物化学教授。现任安顺职业技术学院应用医药系医学检验技术专业主任,全国卫生职业教育检验专业研究会常务委员,主要从事生物化学的研究及生化检验相关学科的教学工作。

　　主讲生物化学、生物化学检验技术等课程。授课时注重理论联系实际,诱导学生思考,注重双向交流,教学中摸索出一套"MES下的多元化教学法",很受学生的欢迎! 主编教材3部,副主编教材3部,参编教材2部;完成专著1部;发表核心期刊论文3篇、一般公开期刊论文20余篇;主持完成省级课题1项,参与完成省级、市级等课题多项;获得国家、省、市等奖励60余次。

寄语:

　　医学检验的快速发展对医学检验技术人才提出了更高的要求,使得医学检验技术专业成为当今医学教育中发展最快、最热门的专业之一。希望同学们抱着竭尽全力除人类之病痛、助健康之完美的理想信念来读书。既然选择了医学,你们就将背负着医学生誓词上所说的"健康所系、性命相托"的重任;砥砺德行,做到医者仁心,担当起时代和社会精神灯塔的责任,为祖国医学检验事业的发展和人类的身心健康而奋斗终身!

　　本教材为第五轮全国高等职业教育医学检验技术专业规划教材之一,为认真落实党的二十大精神进教材要求和教育部《关于全面提高高等职业教育教学质量的若干意见》和卫生部《医药卫生中长期人才发展规划(2011—2020年)》精神,本套教材的建设本着"传承创新、与时俱进、体系完整、特色明显、学以致用"的理念,遵循"精理论、重实践、强技能、求创新"的总体思想,培养以就业市场为导向的具备"职业化"特征的应用型人才,着眼于国家发展和培养造就综合素质能力的需要,着力提高医学检验技术专业学生的临床操作能力。为进一步提高医学检验技术专业人才培养质量,在第四轮高等职业教育医学检验技术专业教材基础上,从内容、结构、形式、网络增值服务等方面进一步进行优化和扩展,力争提高教材的生动性、活泼性和开放性。

　　按照高等职业教育"以服务为宗旨,以就业为导向,以职业能力和职业素质培养为核心"的人才培养目标要求,在教材编写过程中力求做到概念清晰、内容简练、重点突出、浅显易懂。在内容的选择上,将服务和服从于临床检验工作需要作为本书的编写原则,打破学科的完整性,对教材内容进行了较大幅度的取舍。在体例上与整套教材风格保持一致,即在每章开篇列出思维导图、学习目标、案例导学,保留了知识拓展等以扩展读者的视野和增加本书的可读性及趣味性的内容,在章后附有小结、思考题。为提高医学检验技术专业学生的实践操作能力,增加了实验指导部分。紧跟教育信息化发展趋势,便于学生自学,文中大幅增加数字化内容,向读者提供优质的教育服务。

　　由于本学科内容比较抽象,力争在突出基本概念、基本知识的同时,除必要的利于读者直观理解的代谢过程外,尽量避免使用繁杂的化学反应方程式进行表述,而力求清晰地梳理出不同物质在体内的代谢脉络,尽可能地让读者更容易从整体上了解物质代谢在机体内的概况和联系,使读者树立起物质代谢的动态观念和整体观念。本书共十四章。前后章节联系紧密,思路清晰,完整性与逻辑性较强,更有利于总结与复习。同时尽可能地联系临床专业知识,满足后续医学检验技术专业课程学习的需求。此外,还适当兼顾反映生物化学研究的新进展。

　　本教材主要供高等职业教育医学检验技术专业学生使用,也可供高等职业教育医学类其他专业学生及卫生技术人员学习参考。

　　本书得到了全国高等职业教育医学检验技术专业教育教材建设评审委员会和全国高等医药教材建设研究学组及各位专家领导的大力支持和指导,在此一并致谢。由于我们水平有限,本教材仍存在一些缺点或不当之处,恳请广大读者予以批评指正。

范明　徐敏

2023年10月

教学大纲(参考)

目　　录

第一篇　人体的化学组成、分子结构与功能

第二篇　物质代谢与调节

第三篇 遗传信息与分子生物学技术

绪论

1. 掌握生物化学的概念和研究对象。
2. 熟悉生物化学的主要研究内容及其与医学的关系。
3. 了解生物化学发展的主要脉络。

生物化学是十分重要的医学基础课程,是生命科学中发展十分迅速的一门科学。正确掌握生物化学的学习方法,认真学习生物化学,对每一位医学生学好后续基础医学与专业技能课程是十分必要的。

第一节　生物化学的研究内容

生物化学又称生命的化学,是以化学的研究手段为主,在分子水平探讨生命现象本质的科学。生物化学是生命科学中的一门重要学科,在医学、药学、农业、工业、航天等领域有广泛应用。

生物化学的研究对象是生物体。按照研究对象通常将生物化学分为动物生物化学与植物生物化学两大类。生物化学研究水平的不断进步,大幅提高了现有的医学水平,进而形成了以人体为主要研究对象的医学生物化学。医学生物化学与动物生物化学和植物生物化学齐头并进,共同担负起探讨生命本质的重担。医学生物化学的主要任务是为了提高人类健康水平、预防和治疗疾病提供理论基础。

一、人体的化学组成及分子的结构与功能

细胞是人体的基本组成单位,由成千上万种化学物质所组成。构成人体的化学元素中 C、H、O、N 四种元素的含量占细胞组成的 90% 以上。各种元素进而构成的主要物质包括水(占体重的 55%~67%)、蛋白质(占体重的 16%~20%)、无机盐(占体重的 3%~4%)、脂类(占体重的 10%~15%)、糖类(占体重的 1%~2%)以及核酸、维生素等。这些生物分子有着复杂的分子结构,尤其是蛋白质、核酸等生物大分子更具有复杂的高级空间结构。

生物大分子通常是由基本结构单位按一定顺序和方式连接而形成的多聚体。对生物大分子的研究,除了确定其基本结构外,更重要的是研究其空间结构及其与功能的关系。结构是功能的基础,而功能则是结构的体现。尽管生物大分子种类繁多、结构复杂、功能各异,但其特征之一是具有信息传递功能,由此也称之为生物信息分子。它们之间的相互识别和相互作用,在细胞信号转导和基因表达调控中起着重要的作用。生物大分子结构与功能之间关系的研究是当今生物化学的热点之一。

笔记

二、物质代谢及调控

新陈代谢是生命活动的基本特征之一。生物体与周围环境之间进行物质交换与能量交换以实现自我更新的过程,称为新陈代谢。新陈代谢包含物质代谢与能量代谢,物质代谢分为合成代谢与分解代谢。能量代谢是指伴随物质代谢过程中能量的释放、转移和利用等过程。通过物质的合成代谢维持人体的生长、发育、更新和修补,同时伴有能量的消耗;通过物质的分解代谢产生能量,提供体内物质合成所需原料及生成排泄物。

人体的物质代谢与能量代谢通过自身调节处于动态平衡,从而保持机体健康状态及适应各种生命活动所需。以 60 岁年龄计算,人一生中通过物质代谢大约可与外界交换 60 000kg 水、10 000kg 糖类、1 600kg 蛋白质和 1 000kg 脂类。通过神经、激素等信息分子对酶活性的调节控制,以及细胞内代谢产物的自动调节作用,使各种物质代谢都能有条不紊地按一定规律进行。体内物质代谢的紊乱可引起人体功能的障碍,从而导致疾病的发生。一旦这些化学反应停止,生命即告终结。

三、基因信息传递

遗传信息传递的"中心法则",是生物遗传信息传递规律的准则。基因信息的传递涉及生物的生长、分化、遗传、变异、衰老及死亡等生命过程,与遗传性疾病、代谢异常疾病、肿瘤、免疫缺陷性疾病、心血管疾病等多种疾病的发病机制有关。DNA 是储存遗传信息的物质,通过复制,可形成结构完全相同的两个拷贝,将亲代的遗传信息真实地传给子代。DNA 分子中的遗传信息转录到 RNA 上,mRNA 作为蛋白质合成的模板,并决定蛋白质的一级结构,从而将遗传信息翻译成能执行各种各样生理功能的蛋白质。体内存在着一整套严密的调控机制,包括一些生物大分子的互相作用,如蛋白质与蛋白质、蛋白质与核酸、核酸与核酸间的作用。

随着人类基因组计划(human genome project,HGP)的完成,包含 2 万~3 万个基因的人类染色体核苷酸序列已全部测定出来。在利用分子生物学技术深入探讨各种疾病发病机制的过程中,从基因水平深入理解疾病的发病机制,将为研究这些疾病的发生、发展、诊断、治疗以及预后提供新的手段。

第二节　生物化学的发展简史

一、叙述生物化学阶段

从《周礼》的记载推测,公元前 21 世纪,我国人民已能酿酒、制饴、制醋。相传夏人仪狄作酒,禹饮而甘之,作酒必用曲,故称曲为酒母,又称酶,与媒通,是促进谷物中主要成分的淀粉转化为酒的媒介物。饴即今之麦芽糖,是大麦芽中的淀粉酶水解谷物中淀粉的产物,饴、醋均属《周礼》记载中的五味。可见我国在上古时期,已使用生物体内一类很重要的有生物学活性的物质——酶,将其作为饮食制作及加工的一种工具。这显然是酶学的萌芽时期。

《黄帝内经·素问》的"藏气法时论"篇,记载有"五谷为养,五畜为益,五果为助,五菜为充"。其将食物分为四大类,并以"养""益""助""充"表明在营养上的价值。这在近代营养学中,也是配制平衡膳食的正确原则。谷类含淀粉较多,蛋白质亦不少,宜为人类主食,是生长、发育以及养生所需食物中之最主要者;动物食品富含优质蛋白质,但含脂肪较多,不宜过多食用,可用以增进谷类主食的营养价值而有益于健康;果品及蔬菜中无机盐类及维生素较为丰富,且属于粗纤维,有利食物消化及废物的排出。如果膳食能得到果品的辅助,蔬菜的充实,营养学上显然是一个无可争辩的完全膳食。

我国古代医学对某些营养缺乏病的治疗也有所认识。如地方性甲状腺肿古称"瘿病",主要是饮食中缺碘所致,有用含碘丰富的海带、海藻、紫菜等海产品防治的记载;公元 4 世纪,葛洪著《肘后百一方》中载有用海藻酒治疗瘿病的方法;唐·王焘(8 世纪)的《外台秘要》中载有疗瘿方 36 种,其中 27 种为含碘植物。而在欧洲直到公元 1170 年才有用海藻及海绵的成分治疗此病的记载。脚气病是维生素 B_1 的缺乏病,孙思邈(581—682 年)对此早有详细研究,认为这是一种食米区的疾病,分为"肿""不肿"及"脚气入心"三种,可用含有维生素 B_1 的车前子、防风、杏仁、大豆、槟榔等治疗。夜盲症古称"雀目",是一种维生素 A 的缺乏病,孙思邈最早用含维生素 A 较丰富的猪肝进行治疗。

明代李时珍(1522—1596 年)撰著《本草纲目》,书中详述人体的代谢物、分泌物及排泄物等,如人中黄(即粪)、淋石(即尿)、乳汁、月水、血液及精液等。书中记载了秋石的详细制法,是最早从男性尿中分离类固醇激素的方法,其原理颇与近代有所相似。用皂角汁将类固醇激素(主要为睾酮),从男性尿中沉淀出来,反复熬煎制成结晶,名为秋石。这一巨著不但集药物之大成,对生物化学的发展也不无贡献。

中国古代对生物化学的发展虽有一定贡献,但是由于历代封建王朝的尊经崇儒,斥科学为异端,所以近代生物化学的发展,欧洲处于领先地位。18 世纪下半叶,旅居瑞典的德国药师 K. Scheele 首次从动植物中,分离出乳酸、柠檬酸、苹果酸、酒石酸、尿酸及甘油等物质,奠定了现代生物化学的基础。法国化学家 A. L. Lavoisier 于 1785 年证明,在呼吸过程中,吸进的氧气被消耗生成二氧化碳和水的同时释放出热能,这意味着呼吸过程包含有氧化作用,标志着生物氧化及能量代谢研究的开端。1868 年,瑞士青年外科医生 F. Miescher 发现了核素,后来定名为核酸。1897 年,德国 Buchner 兄弟制备的无细胞酵母提取液,在催化糖类发酵上获得成功,开辟了发酵过程在化学上的研究道路,奠定了酶学的基础。9 年之后,Harden 与 Young 又发现发酵辅酶的存在,使酶学的发展更向前推进一步。到 20 世纪初叶,对生物体组成物质的研究取得了丰硕成果。1903 年,德国科学家纽堡(C. Neuberg)首次提出了"biochemistry"这一名词,使生物化学从生理学中分离出来成为一门独立的学科。

以上包括我国古代及欧洲的发明创造及研究发现,均可算是生物化学的萌芽时期。虽然也有生物体内的一些化学过程的发现和研究,但总的说来,还是以分析和研究组成生物体的成分及生物体的分泌物和排泄物为主,所以这一时期可以看作叙述生物化学阶段。

二、动态生物化学阶段

从 20 世纪初叶开始,生物化学进入蓬勃发展时期。研究了人体对蛋白质的需要及需要量,并发现了激素、必需氨基酸、必需脂肪酸、多种维生素及一些不可或缺的微量元素等。许多维生素及激素不但被提纯,而且还被合成。在酶学方面,美国人 J. B. Sumner 于 1926 年从刀豆中获得了脲酶结晶。之后,胃蛋白酶及胰蛋白酶也相继做成结晶,酶的蛋白质性质得到了肯定。在这一时期,我国生物化学家吴宪等,创立了无蛋白血滤液的制备及血糖的测定等方法。在物质代谢方面,化学分析及放射性核素示踪法等先进手段的应用,对生物体内各种物质的代谢途径已基本确定。20 世纪 50 年代开始,生物化学的进展突飞猛进,1950 年美国人 L. Pauling 提出了蛋白质的 α-螺旋二级结构。1953 年 J. D. Watson 和 F. H. Crick 提出的 DNA 双螺旋结构模型,为揭示遗传信息传递规律奠定了基础。1958 年 F. H. Crick 提出了遗传信息传递的中心法则。所以,这个时期可以看作动态生物化学阶段。

三、分子生物学阶段

20 世纪中期之后,除早已在研究代谢途径时所使用的放射性核素示踪法之外,还建立了许多先进技术及方法。例如,在分离和鉴定各种化合物时,有各种敏感而特异的电泳法及层析法,特别适用于分离生物大分子的超速离心法;在测定物质的化学组成时,使用了氨基酸自动分析仪、自动顺序分析仪等;还有红外、紫外、X 线等各种仪器用以测定生物分子的性质和结构。在认识生物分子的结构基础上,深入了解其功能,并进一步采用人工方法进行合成。1965 年,我国的生物化学工作者和有机化学工作者,首次人工合成了有生物学活性的结晶牛胰岛素。1966 年 M. W. Nirenberg 等人经过 5 年多的努力成功破译了 mRNA 分子中的遗传密码。20 世纪 70 年代建立了重组 DNA 技术,1985 年 K. Mullis 发明了 PCR 技术等,大大推进了对基因表达控制机制的研究。1981 年我国生物化学工作者首次成功合成了酵母丙氨酸 tRNA。20 世纪 90 年代开始实施的人类基因组计划是生命科学研究领域有史以来最庞大的全球性研究计划,确定了人类基因组的全部序列。进入 21 世纪后,将进一步深入研究各种基因的功能与调节,相继蛋白质组学、RNA 组学等后基因组计划(post-genome project)研究迅速崛起,必将加深人们对生命本质的进一步认识,极大地推动医学的发展。

体内构成各种器官及组织的组成成分都有其特殊的功能,而功能则来源于各种组成的分子结构。有特殊功能的器官和组织,无疑是由具有特殊结构的生物分子所构成。探索结构与功能之间的关系正是这一时期的任务。

第三节　生物化学与医学的关系

一、生物化学与基础医学

生物化学是一门边缘学科，是研究生命现象本质的科学。作为重要的医学基础学科与其他的基础医学学科总是互相促进，互相渗透。生物化学结合其他基础医学知识对人体生命的了解得以深入，在解剖、生理、病理等学科基础上对人体的认识上迈上了新的台阶。而随着生物化学的发展，尤其是分子生物学的飞速发展，对基础医学学科又产生了极大的促进作用。对人体组织结构的认识上升到了分子水平，从而更加精细，诞生了分子解剖学；对组织器官功能作用认识上升到了分子水平，从而更加清晰，诞生了分子生理学；对器官组织疾病状态下功能变化的研究上升到了分子水平，从而更加准确合理，诞生了分子病理学等等。生物化学的理论和技术已经渗透到基础医学的各个领域。

二、生物化学与临床医学

生物化学作为医学基础学科不仅与其他医学基础学科关系密切，同样也和临床医学有着紧密的联系。随着现代医学的发展，临床医学越来越多的将生物化学的理论和技术应用于疾病的发病机制、诊断、治疗及预防之中。在病因探讨方面，酶缺陷与先天性代谢性疾病、分子病、糖类代谢紊乱导致的糖尿病、脂类代谢紊乱导致的动脉粥样硬化、氨代谢异常与肝性脑病、胆色素代谢异常与黄疸、维生素缺乏导致相应缺乏病等，早已为世人所熟知。在疾病诊断方面，体液中各种无机盐类、有机化合物及酶学等检测，也早已成为临床疾病诊断的常规指标。在疾病治疗方面，多酶片可治疗消化不良、链激酶和尿激酶用于脑血栓与心肌梗死治疗、糜蛋白酶用于外科复杂伤口的清创、天冬酰胺酶可抑制血细胞恶性生长等。在疾病预防方面，禁止近亲结婚的道理就是通过生物化学研究而得出的结论，采取适当的措施防止基因突变可极大地减少先天性疾病及恶性肿瘤的发病率等。从分子水平探讨各种疾病的发生发展机制，已成为当代医学研究的共同目标。人们十分关注的心脑血管疾病、恶性肿瘤、神经系统疾病、免疫性疾病等重大疾病的发病机制，通过分子水平的研究取得了一批丰硕成果。如疾病相关基因克隆、基因芯片与蛋白质芯片技术在疾病诊断中应用与基因治疗等。此外，生物化学在生物制药领域也有广泛的应用。

三、生物化学与检验医学

检验医学（laboratory medicine）是一门临床学科，它运用不断发展的自然科学和医学科学技术对患者血液、尿液和各种体液标本进行检验，并以发展检验技术、提高检验质量为重点，达到对患者疾病诊断、病情观察和预后判断等目的的一门学科。该学科根据检验对象和目的的不同，又可分为临床检验、生物化学检验、血液学检验、免疫学检验、微生物学检验、寄生虫学检验等分支学科。生物化学检验、血液学检验、免疫学检验乃至分子生物学检验都是通过测定组织、体液、细胞的成分，解释疾病变化和药物治疗对机体生物化学过程和组织、体液成分的影响，以提供疾病诊断、病情监测、药物疗效、预后判断和疾病预防信息，阐述正常机体或疾病的生物化学基础，疾病发展的生物化学过程，以及药物对此过程的影响。近几十年的生物化学研究成果，又从分子水平阐明了健康和维持健康的基本含义，因此生物化学是检验医学发展的重要基础。

本章小结

生物化学的研究对象是生物体，主要以化学的研究方法，在分子水平探索生命现象本质的科学，简称"生命的化学"。生物化学的主要研究内容包括三个方面：生物体的化学组成、分子结构与功能，物质代谢及调控，遗传信息的储存、表达及调控。生物化学的发展经历了漫长的过程，大致可分为三个阶段：叙述生化阶段，动态生化阶段，分子生物学阶段。生物化学与基础医学、临床医学及检验医学有着密切的联系。

笔记

（范　明）

扫一扫,测一测

思考题

1. 什么是生物化学?
2. 生物化学的主要研究内容有哪些?
3. 简述生物化学与检验医学的关系。

笔记

第一章	蛋白质化学

学习目标

1. 掌握蛋白质的元素组成及特点;蛋白质的基本组成单位;肽与肽键;蛋白质的一级结构;蛋白质的理化性质。
2. 熟悉氨基酸的种类与分类;蛋白质的空间结构;蛋白质结构与功能的关系。
3. 了解蛋白质的分类。
4. 具有利用蛋白质的理化性质分离纯化蛋白质的能力。
5. 懂得生物制品的保存方法,加强消毒灭菌的意识。

第一节　蛋白质的分子组成

蛋白质(protein)是生命活动的物质基础,是生物体中含量最丰富、功能最复杂的一类生物大分子。蛋白质占人体重量的16%~20%,约占人体固体成分的45%,分布广泛,种类繁多,主要承担着催化、免疫、血液凝固、物质代谢调控、基因表达调控、肌肉收缩等几乎所有的生理生化过程。因此,可以说一切生命活动都离不开蛋白质。

案例导学

患儿,男,13个月,2d来小便时哭闹,尿少,尿色发红,入院就诊。检查尿常规红细胞+++,白细胞++;B超显示左肾结石(6mm×9mm),询问患者母亲得知患儿出生后一直使用奶粉喂养,结合其他病例报告,考虑为"三聚氰胺中毒"。

问题与思考:

为什么乳品企业要在奶粉中加三聚氰胺?

一、元素组成及特点

从动、植物中提取的各种蛋白质经元素分析,蛋白质分子中的主要元素有碳、氢、氧、氮和硫,有些蛋白质还含有少量磷或金属元素铁、铜、锌、锰、钴、钼等,个别蛋白质还含有碘。氮元素是蛋白质的特征元素,各种蛋白质的氮元素含量颇为相近,平均为16%,即每克氮相当于6.25g蛋白质。动植物组织中的含氮物质主要是蛋白质,若测定生物样品中的含氮量就能按下列公式推算出样品中蛋白质的大致含量。

$$样品的含氮量(g)×6.25=样品中蛋白质的含量(g)$$

二、基本组成单位——氨基酸

蛋白质的基本组成单位是氨基酸(amino acid)。蛋白质经酸、碱及蛋白酶水解后成为游离氨基酸。

(一)氨基酸的种类与命名

自然界中存在的氨基酸约有 300 多种。构成人体蛋白质的氨基酸中有 20 种具有特异的遗传密码,称为编码氨基酸。这 20 种氨基酸在 α-碳原子上连有一个羧基和一个氨基,故称 α-氨基酸。α-碳原子上还连有侧链 R 基团,不同的氨基酸 R 侧链不同。除甘氨酸(R 为 H)外,其余 19 种氨基酸的 α-碳原子所连接的 4 个基团各不相同,称为不对称碳原子(手性碳原子)。因此具有两种不同的构型,L-型和 D-型。除甘氨酸外,组成人体蛋白的氨基酸都是 L-型,即 L-α-氨基酸。脯氨酸为 L-α-亚氨基酸。20 种氨基酸可用下面的结构通式表示:

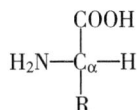

$$
\begin{array}{c}
COOH \\
| \\
H_2N-\overset{|}{\underset{|}{C_\alpha}}-H \\
R
\end{array}
$$

(二)氨基酸的分类

根据氨基酸 R 侧链基团结构和理化性质可将 20 种氨基酸分为 4 类:非极性中性氨基酸、极性中性氨基酸、酸性氨基酸、碱性氨基酸(表 1-1)。

表 1-1　组成蛋白质的 20 种氨基酸

名称	简写,符号	结构式	等电点(pI)
非极性中性氨基酸			
甘氨酸	甘,Gly,G	H—CHCOOH　　NH₂	5.97
丙氨酸	丙,Ala,A	CH₃—CHCOOH　　NH₂	6.00
缬氨酸	缬,Val,V	CH₃—CH—CHCOOH　CH₃　NH₂	5.96
亮氨酸	亮,Leu,L	CH₃—CH—CH₂—CHCOOH　CH₃　　NH₂	5.98
异亮氨酸	异亮,Ile,I	CH₃—CH₂—CH—CHCOOH　　CH₃　NH₂	6.02
苯丙氨酸	苯丙,Phe,F	C₆H₅—CH₂—CHCOOH　　NH₂	5.48
甲硫氨酸	甲硫,Met,M	CH₃—S—CH₂—CH₂—CHCOOH　　NH₂	5.74
色氨酸	色,Trp,W	—CH₂—CHCOOH　　NH₂	5.89
脯氨酸	脯,Pro,P	CH₂　CH₂—CHCOOH　CH₂　NH　CH₂	6.30

续表

名称	简写,符号	结构式	等电点(pI)
极性中性氨基酸			
丝氨酸	丝,Ser,S	HO—CH$_2$—CHCOOH 　　　　│ 　　　　NH$_2$	5.68
苏氨酸	苏,Thr,T	HO—CH—CHCOOH 　　　│　　│ 　　CH$_3$　NH$_2$	5.60
酪氨酸	酪,Tyr,Y	HO—〇—CH$_2$—CHCOOH 　　　　　　　　│ 　　　　　　　　NH$_2$	5.66
半胱氨酸	半胱,Cys,C	HS—CH$_2$—CHCOOH 　　　　　│ 　　　　　NH$_2$	5.07
天冬酰胺	天胺,Asn,N	O 　　　‖ H$_2$N—C—CH$_2$—CHCOOH 　　　　　　　　│ 　　　　　　　　NH$_2$	5.41
谷氨酰胺	谷胺,Gln,Q	O 　　　‖ H$_2$N—C—CH$_2$—CH$_2$—CHCOOH 　　　　　　　　　　│ 　　　　　　　　　　NH$_2$	5.65
酸性氨基酸			
天冬氨酸	天冬,Asp,D	HOOC—CH$_2$—CHCOOH 　　　　　　│ 　　　　　　NH$_2$	2.97
谷氨酸	谷,Glu,E	HOOC—CH$_2$—CH$_2$—CHCOOH 　　　　　　　　　│ 　　　　　　　　　NH$_2$	3.22
碱性氨基酸			
赖氨酸	赖,Lys,K	H$_2$N—CH$_2$CH$_2$CH$_2$CH$_2$—CHCOOH 　　　　　　　　　　　　│ 　　　　　　　　　　　　NH$_2$	9.74
精氨酸	精,Arg,R	NH 　　‖ H$_2$N—C—NHCH$_2$CH$_2$CH$_2$—CHCOOH 　　　　　　　　　　　　│ 　　　　　　　　　　　　NH$_2$	10.76
组氨酸	组,His,H	HC═C—CH$_2$—CHCOOH 　│　│　　　　│ 　N　NH　　　NH$_2$ 　╲╱ 　　C 　　H	7.59

（1）**非极性中性氨基酸**:此类氨基酸 R 侧链是非极性的烃基、苯环等,具有疏水性。这类氨基酸在水中的溶解度小。

（2）**极性中性氨基酸**:此类氨基酸 R 侧链多含有羟基、酰胺基、巯基等,是中性极性基团,具有亲水性,易溶于水但在中性水溶液中不电离。

（3）**酸性氨基酸**:包括谷氨酸和天冬氨酸,R 侧链上都有羧基,易解离出氢离子而具有酸性。

（4）**碱性氨基酸**:包括赖氨酸、精氨酸、组氨酸,R 侧链分别含有氨基、胍基和咪唑基,易结合氢离子而具有碱性。

除上述 20 种氨基酸外,有些氨基酸在蛋白质合成过程中或合成后,由相应的编码氨基酸经加工、修饰而成,如胱氨酸、羟脯氨酸、羟赖氨酸等。

（三）**氨基酸的链接方式——肽与肽键**

肽键(peptide bond):一个氨基酸的 α-羧基和另一个氨基酸的 α-氨基脱水缩合形成的酰胺键称为肽键(—CO—NH—)。肽键是蛋白质分子中氨基酸的主要连接键。

肽(peptide):氨基酸通过肽键连接而成的化合物称为肽。由两个氨基酸形成的肽叫二肽,三个氨基酸形成的肽叫三肽,依此类推。一般由 2~20 个氨基酸相连而成的肽称为寡肽(oligopeptide),而更多的氨基酸相连而成的肽称为多肽(polypeptide),多肽由氨基酸分子首尾相连,形成链状结构,也称为多肽链(polypeptide chain)。肽链中氨基酸分子因脱水缩合而基团不全,称为氨基酸残基(residue)。

氨基酸缩合成肽后,两端分别为自由 α-氨基和 α-羧基,分别称为氨基末端(amino terminal,N-端)和羧基末端(carboxyl terminal,C-端)。在书写某肽链时,习惯上 N-端在左,C-端在右。

在体内,氨基酸通过肽键相连,还能合成一些具有重要功能的小分子肽,称为生物活性肽。如谷胱甘肽(glutathione,GSH)(3 肽)、促甲状腺素释放激素(3 肽)、脑啡肽(5 肽)、加压素(9 肽)、缩宫素(9 肽)、P 物质(10 肽)、促肾上腺皮质激素(39 肽)等。生物活性肽在调节代谢、神经传导等方面起着重要作用。

谷胱甘肽

知识拓展

谷 胱 甘 肽

谷胱甘肽(glutathione,GSH)是由谷氨酸、半胱氨酸和甘氨酸组成的含有巯基的三肽,几乎存在于身体的每一个细胞中。谷胱甘肽中的谷氨酸通过 γ-羧基与半胱氨酸的 α-氨基形成肽键,故又称 γ-谷胱甘肽。

半胱氨酸上的巯基为谷胱甘肽活性基团,易与某些药物(如对乙酰氨基酚)、毒素(如自由基、碘乙酸、芥子气、铅、汞、砷等重金属)等结合,而具有整合解毒作用。肝细胞内的谷胱甘肽能参与生物转化作用,将机体内有害的物质转化后排出体外。谷胱甘肽还能帮助保持正常免疫系统的功能。

谷胱甘肽有还原型(G-SH)和氧化型(G-S-S-G)两种形式,在生理条件下以还原型谷胱甘肽占绝大多数。谷胱甘肽还原酶催化两型间的互变。该酶的辅酶为磷酸戊糖旁路代谢提供的 NADPH。

第二节 蛋白质的分子结构

一、蛋白质的一级结构

在蛋白质分子中,从 N-端到 C-端氨基酸残基的排列顺序称为蛋白质的一级结构(primary structure)。肽键是维持蛋白质一级结构的主要化学键。有些蛋白质一级结构中还含有二硫键(—S—S—),它是由两个半胱氨酸巯基(—SH)脱氢氧化生成的。

胰岛素(insulin)是第一个被确定一级结构的蛋白质,它由 A、B 两条多肽链构成,A 链含 21 个氨基酸残基,B 链含 30 个氨基酸残基。两条多肽链通过两个二硫键相连,且 A 链内部也含有一个二硫键(图 1-1)。

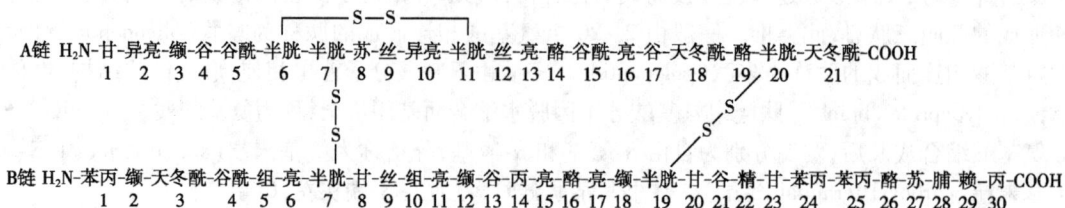

```
                    ┌──S──S──┐
A链 H₂N-甘-异亮-缬-谷-谷酰-半胱-半胱-苏-丝-异亮-半胱-丝-亮-酪-谷酰-亮-谷-天冬酰-酪-半胱-天冬酰-COOH
       1   2   3  4  5   6    7    8  9 10  11  12  13 14 15 16  17 18  19   20  21
                         S                              S
                         S                              S
B链 H₂N-苯丙-缬-天冬酰-谷酰-组-亮-半胱-甘-丝-组-亮-缬-谷-丙-亮-酪-亮-缬-半胱-甘-谷-精-甘-苯丙-苯丙-酪-苏-脯-赖-丙-COOH
       1   2   3    4   5  6   7  8  9 10 11 12 13 14 15 16 17 18 19  20 21 22 23 24  25  26 27 28 29 30
```

图 1-1 牛胰岛素的一级结构

一级结构是蛋白质分子的基本结构,是由基因上的遗传信息决定的。蛋白质一级结构是其空间结构和生物学活性的基础。目前已经有相当数量蛋白质的一级结构被阐明。蛋白质一级结构的研究,对揭示某些疾病的发病机制、指导疾病的治疗有十分重要的意义。

二、蛋白质的空间结构

蛋白质的空间结构指蛋白质多肽链通过折叠、盘曲,使分子内各原子形成一定的空间排布及相互关系,也称为蛋白质的空间构象。分为二级结构、三级结构、四级结构。

(一)二级结构

蛋白质的二级结构(secondary structure)是指蛋白质多肽主链原子的局部空间结构,不涉及氨基酸残基侧链的构象。在所有已测定的蛋白质分子中均存在二级结构。稳定蛋白质二级结构的化学键主要是氢键。

二级结构形成的基础是肽单元(peptide unit)。肽键中的 C、O、N、H 四个原子和与之相邻的两个 α-碳原子位于同一空间平面内,构成所谓的肽单元,此平面称为肽键平面(图 1-2)。在肽单元中,C_α-N 和 C_α-C 所形成的化学键都是典型的单键,可以自由旋转,所以两个相邻肽键平面可以围绕 α 碳原子旋转,使多肽链形成有特殊规律的结构。蛋白质二级结构的主要形式有 α-螺旋、β-折叠、β-转角和无规卷曲。

肽单元

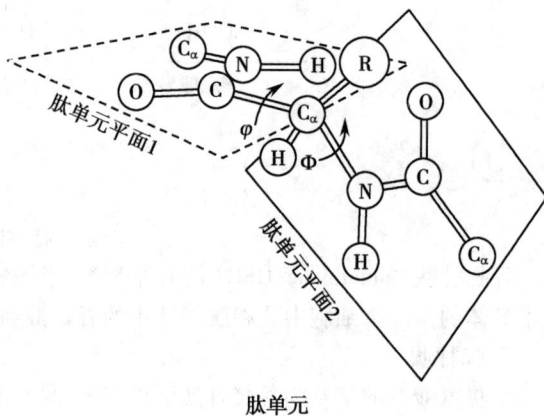

图 1-2 肽单元结构示意图

1. **α-螺旋(α-helix)** α-螺旋是指多肽链中肽键平面通过 α-碳原子的相对旋转,沿中心轴有规律地盘绕成的右手螺旋(图 1-3)。其结构特点是:①主链呈螺旋上升,每螺旋圈包含 3.6 个氨基酸残基,螺距为 0.15nm×3.6nm = 0.54nm;②肽键平面与螺旋中心轴平行,相邻螺旋之间通过肽键中的亚氨基氢(—N—H—)和羰基氧(C ═O)形成若干氢键,使螺旋结构相当稳定;③各氨基酸残基的 R 侧链均伸向螺旋外侧。肌红蛋白和血红蛋白分子中有许多肽链段落呈 α-螺旋结构;毛发的角蛋白、肌肉的肌球蛋白以及血凝块中的纤维蛋白,它们的多肽链几乎全都卷曲成 α-螺旋。

2. **β-折叠(β-pleated sheet)** 是蛋白质多肽主链相对伸展,呈折纸状的肽链结构(图 1-4),又称 β-片层。其结构特点是:①以多肽链中 α-碳原子为旋转点,相邻肽键平面依次折叠成锯齿状,平面间的夹角为 110°,氨基酸残基的 R 侧链交错伸向"锯齿"上下;②当两个或多个折叠肽段接近时,可顺向平行排列,也可逆向行排列,肽段之间以氢键相连,以维持结构稳定;③所形成的锯齿状结构一般较短,只含有 5~8 个氨基酸残基。天然丝蛋白中同时有 β-折叠和 α-螺旋。

3. **β-转角(β-turn)** 球状蛋白质分子中,多肽主链出现 180° 反转,转角处的 U 型结构称为 β-转角(图 1-5)。β-转角通常由 4 个连续的氨基酸残基构成,其第一个氨基酸残基的羰基氧(C ═O)与第四个氨基酸残基的亚氨基氢(—N—H—)形成氢键,以维持其结构稳定。脯氨酸由于其环状结构,常出

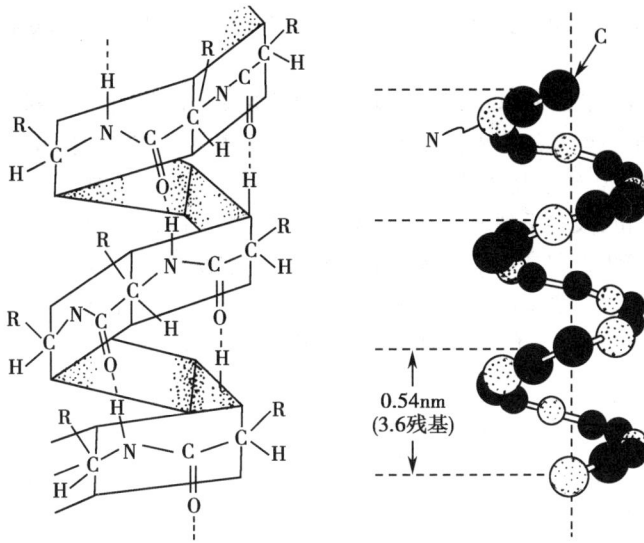

图 1-3 α-螺旋结构示意图

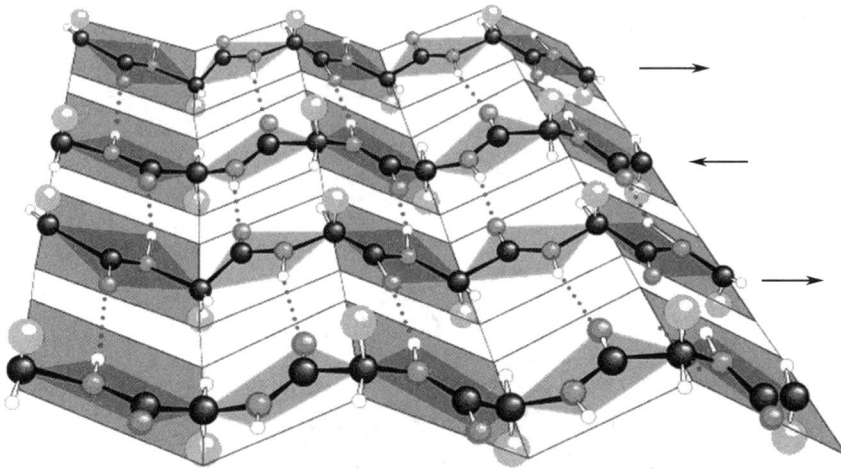

图 1-4 β-折叠结构示意图

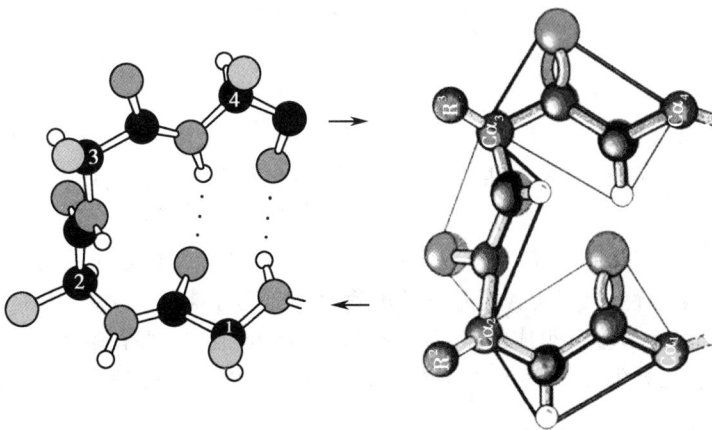

图 1-5 β-转角示意图

现在β-转角结构中。

4. 无规卷曲(random coil)　此结构是多肽链中没有确定规律性的那部分肽链构象。

（二）三级结构

蛋白质的三级结构(tertiary structure)是一整条多肽链中所有原子的空间排布,即在二级结构的基础上进一步盘曲、折叠形成的空间构象。在蛋白质的三级结构中,多肽链上相互邻近的二级结构紧密联系形成一个或数个发挥生物学功能的特定区域,称之为"结构域",这种"结构域"是酶的活性部位或是受体与配体结合的部位,大多呈裂缝状、口袋状或洞穴状等。稳定蛋白质三级结构的化学键包括疏水键、离子键、氢键、范德华力和二硫键等次级键(图1-6)。多肽链上许多疏水R基团相互聚集而藏于蛋白质分子内部,而大部分亲水基团暴露在分子表面,因此具有三级结构的天然蛋白质多是亲水的。仅由一条多肽链组成的蛋白质分子,必须具有三级结构才有生物学活性。

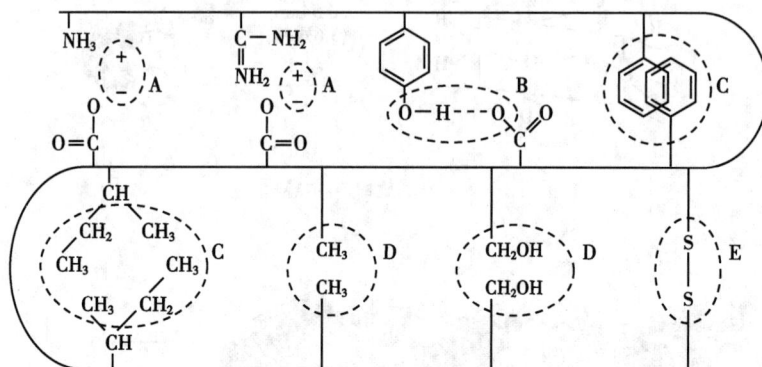

A：盐键；B：氢键；C：疏水作用；D：van der Waals力；E：二硫键。

图1-6　稳定和维系蛋白质三级结构的化学键

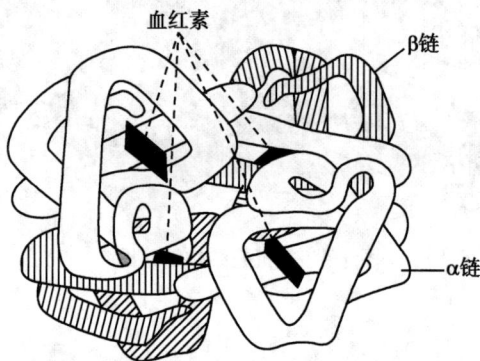

图1-7　血红蛋白分子的四级结构

（三）四级结构

有的蛋白质由两条或两条以上具有独立三级结构的多肽链组成,每一条具有独立的三级结构多肽链都称为一个亚基(subunit)。各亚基的空间排布和相互作用称为蛋白质的四级结构(quarternary structure)。亚基之间的结合力主要有疏水键、氢键和盐键等。并非所有的蛋白质分子都具有四级结构,有的蛋白质只由一条多肽链组成,就只有一级、二级、三级结构。具有四级结构的蛋白质,其单独的亚基一般没有生物学活性,只有所含亚基完整的聚合到一起才能发挥生物学活性。如血红蛋白分子是由两个α亚基和两个β亚基组成的四聚体($\alpha_2\beta_2$),两个α-亚基、两个β-亚基两两交叉,结合成球状分子,具有运输氧和二氧化碳的功能(图1-7)。但每个亚基单独存在时则不能执行此功能。

三、蛋白质结构与功能的关系

（一）蛋白质一级结构与功能的关系

蛋白质的一级结构决定其空间结构及其特异的生物学功能。大量实验证明,一级结构相似的多肽或蛋白质,其空间结构和功能相似。例如,不同哺乳类动物的胰岛素分子都由 A 和 B 两条多肽链组成,氨基酸的组成和排列顺序也相似,仅有个别氨基酸的差异,因而它们都有着降血糖的作用。

若蛋白质一级结构发生变化,蛋白质的空间结构可能发生很大的变化,功能活性随之发生改变或丧失。例如镰状细胞贫血患者的血红蛋白中 α-链与正常人的完全相同,而 β-链第六位谷氨基酸残基被缬氨酸残基所替代,这一微小的改变,使血红蛋白运氧功能减弱,红细胞由圆盘形变为镰刀状并极易破裂溶血,导致贫血。

（二）蛋白质空间结构与功能的关系

蛋白质空间结构是其生物活性的基础,空间结构发生改变,必然引起功能活性的改变。

例如核糖核酸酶是由 124 个氨基酸残基组成的单链蛋白质,分子中有 4 个二硫键及许多氢键维系其空间结构。当用尿素和 β-巯基乙醇处理核糖核酸酶,尿素破坏维系其空间结构的氢键,β-巯基乙醇将其分子中的二硫键还原为巯基,该酶的正常结构被破坏,酶活性逐渐消失。如果通过透析去掉尿素及 β-巯基乙醇,经氧化重新形成二硫键,酶的空间结构及活性又逐渐地恢复(图 1-8)。

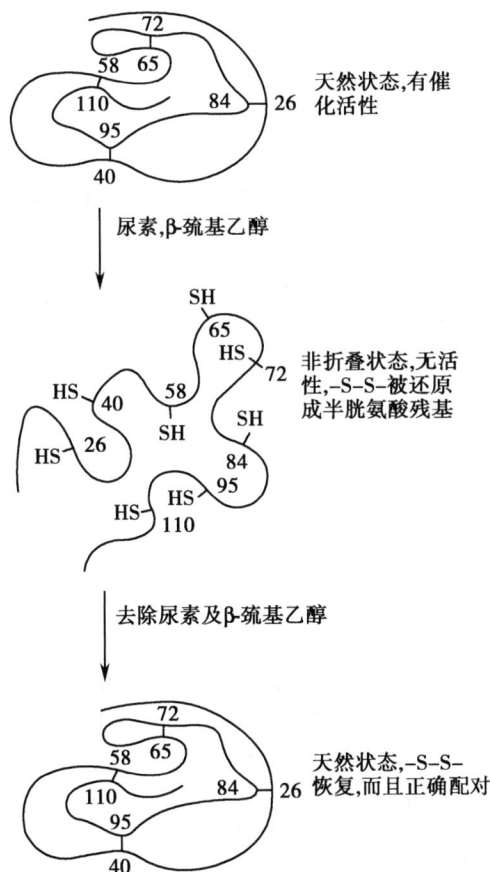

图 1-8　牛核糖核酸酶一级结构与空间结构的关系

再如成人红细胞中的血红蛋白主要功能是运输 O_2。未结合 O_2 时,血红蛋白的四个亚基之间靠盐键紧密连接,结构较为紧密,称为紧张态(T 态)。随着与 O_2 的结合,4 个亚基之间的盐键断裂,其空间结构变得相对松散,称为松弛态(R 态),松弛态有利于血红蛋白各个亚基与 O_2 结合,增强了血红蛋白与 O_2 的亲和力。在肺毛细血管,O_2 分压高,促使血红蛋白 T 态转变为 R 态,有利于血红蛋白与 O_2 结合;在组织毛细血管,O_2 分压低,促使血红蛋白 R 态转变为 T 态,有利于血红蛋白释放出 O_2 供组织使用。

若蛋白质折叠发生错误,尽管其一级结构不变,但蛋白质构象已发生改变,仍可影响其功能,严重时可导致疾病发生,这些由于蛋白质空间结构异常变化引起的疾病称为蛋白质构象疾病。有些蛋白质错误折叠后相互聚集,形成抗蛋白水解酶的淀粉样纤维沉淀,产生毒性而致病,病理表现为蛋白质淀粉样纤维沉淀。人纹状体脊髓变性病、疯牛病和亨廷顿病等就属于这类疾病。

13

第三节　蛋白质的理化性质

一、两性解离和等电点

蛋白质多肽链的 N-端和 C-端含有自由氨基和羧基,可以解离,此外多肽链中许多氨基酸残基的 R 侧链也可以解离,如谷氨酸的 γ-COOH,天冬氨酸的 β-COOH,精氨酸的胍基,组氨酸的咪唑基等。蛋白质分子中既含有能解离出 H^+ 的酸性基团,又含有能结合 H^+ 的碱性基团,这就是蛋白质两性解离的基础。在某一 pH 溶液中,蛋白质解离后分子所带正负电荷相等,净电荷为零,即成为兼性离子,此时溶液的 pH 称为蛋白质的等电点(isoelectric point,pI)。当蛋白质溶液的 pH>pI 时,该蛋白质解离成带负电荷的阴离子;当蛋白质溶液的 pH<pI 时,该蛋白质解离成带正电荷的阳离子;当蛋白质溶液的 pH = pI 时,该蛋白质颗粒不带电,为兼性离子。

因各种蛋白质的一级结构不同,所含酸性基团和碱性基团的数目及解离度不同,所以不同蛋白质的 pI 不相同。人体大多数蛋白质等电点小于 7,在体液 pH 7.4 的环境下,多数带负电荷。

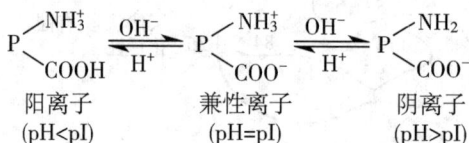

$$
P\begin{array}{l}{}^{NH_3^+}\\{}_{COOH}\end{array}
\underset{H^+}{\overset{OH^-}{\rightleftharpoons}}
P\begin{array}{l}{}^{NH_3^+}\\{}_{COO^-}\end{array}
\underset{H^+}{\overset{OH^-}{\rightleftharpoons}}
P\begin{array}{l}{}^{NH_2}\\{}_{COO^-}\end{array}
$$

阳离子　　　　　　兼性离子　　　　　　阴离子
(pH<pI)　　　　　(pH=pI)　　　　　(pH>pI)

在 pH = pI 时,蛋白质带有的正、负电荷数相等,呈中性粒子,此时蛋白质不稳定,易于沉淀析出。利用这一性质,可通过沉淀法将不同 pI 的混合蛋白质从溶液中分离出来。电泳(electrophoresis)是指带电离子在电场中向相反电性电极移动的现象。各种蛋白质在同一 pH 溶液中,解离性质和电荷量不同,分子大小和形状也不同,故在同一电场中向相反电性电极移动的速度也不同。利用这一特性,可通过电泳法分离、纯化与鉴定蛋白质。

二、胶体性质

蛋白质是生物大分子,分子量多在 1 万到 10 万之巨,其分子颗粒直径可达 1~100nm,属于胶体颗粒的范围,具有胶体性质。

蛋白质分子表面多为亲水基团,在水溶液中可与水分子相互作用,在颗粒表面形成一层水化膜,使蛋白质颗粒彼此分开,此外由于基团的解离,蛋白质分子表面带有一定量的相同电荷,颗粒之间相互排斥,从而阻断了蛋白质分子颗粒相互聚集从溶液中沉淀析出。所以蛋白质分子表面的水化膜和同种电荷是维持蛋白质亲水胶体稳定的两个因素。若去掉水化膜,中和其表面电荷,蛋白质分子极易聚集,从溶液中沉淀析出(图 1-9)。由于蛋白质胶体颗粒较大,不能通过半透膜。可利用透析(dialy-

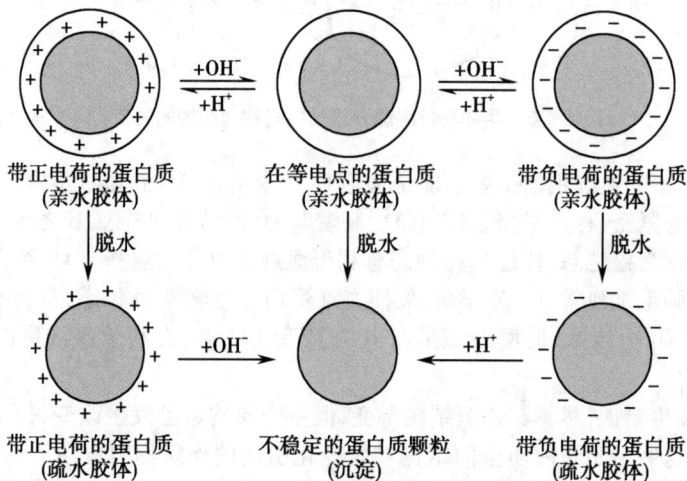

带正电荷的蛋白质　　　　在等电点的蛋白质　　　　带负电荷的蛋白质
(亲水胶体)　　　　　　　(亲水胶体)　　　　　　　(亲水胶体)

脱水　　　　　　　　　　脱水　　　　　　　　　　脱水

带正电荷的蛋白质　　　　不稳定的蛋白质颗粒　　　　带负电荷的蛋白质
(疏水胶体)　　　　　　　(沉淀)　　　　　　　　　(疏水胶体)

图 1-9　蛋白质胶体颗粒的沉淀

笔记

sis)的方法去除蛋白质溶液中的小分子杂质,使蛋白质得以纯化。

三、变性作用

临床应用

医学临床工作中会采用各种方法来杀灭病原微生物,如:注射前常用碘伏涂擦注射部位的皮肤;医疗废弃物品和动物尸体必须焚烧毁灭;实验室做细菌培养时先要在接种环或试管口处灼烧;敷料、手术器械和培养基等则需使用高压蒸汽处理;医院的治疗室和病房必须定期进行紫外线灯照射等。应用这些方法消毒灭菌是因为高温、高压、紫外线、有机溶剂等均可导致蛋白质变性,而病原微生物的生命活动现象的物质基础是蛋白质,这些理化因素可以让病原微生物的蛋白质空间结构破坏,生物活性丧失,从而使病原体失去致病能力。

在某些理化因素下,蛋白质特定的空间结构被破坏,导致其理化性质的改变和生物学活性的丧失,称为蛋白质的变性(denaturation)。一般认为蛋白质的变性主要是二硫键和非共价键的破坏,不涉及一级结构的改变。导致蛋白质变性的因素很多,常见的高温、高压、紫外线、X 射线、超声波、剧烈震荡与搅拌等物理因素;强酸、强碱、乙醇等有机溶剂、重金属离子及生物碱试剂等化学因素。蛋白质变性后,空间结构改变,疏水基团暴露,溶解度降低,黏度增大,生物学活性丧失,易被蛋白酶水解。可利用这一性质进行高温高压、紫外线、乙醇杀菌。

若蛋白质变性程度较轻,除去变性因素后,其空间结构逐渐复原,生物学活性可逐渐恢复,称为蛋白质的复性(renaturation)。如在核糖核酸酶溶液中加入尿素和 β-巯基乙醇,使其空间结构破坏,丧失生物学活性,如经透析或超滤的方法去除尿素和 β-巯基乙醇,核糖核酸酶又可恢复其原有的空间结构和生物学活性。但是许多蛋白质变性以后,空间结构遭到严重破坏,不能复性,称为不可逆变性。

四、沉淀作用

蛋白质分子发生聚集从溶液中析出的现象称为沉淀。常用的方法有盐析(salt precipitation)、有机溶剂沉淀、重金属盐沉淀和生物碱试剂沉淀等。其基本原理是去除蛋白质分子表面的水化膜和同种电荷。

(一)盐析

在蛋白质溶液中加入高浓度的中性盐,使蛋白质产生沉淀的现象称为盐析。如在蛋白质溶液中加入硫酸钠 Na_2SO_4、硫酸铵 $(NH_4)_2SO_4$ 和氯化钠 NaCl 等,可以破坏蛋白质的胶体性质,使蛋白质从溶液中沉淀析出。因为中性盐亲水性很大,可与蛋白质争夺水分子而破坏了蛋白质表面的水化膜;另外,中性盐解离作用强,能够中和蛋白质的电荷,这样两个稳定因素都被除去,使蛋白质溶解度降低而从溶液中析出产生沉淀。各种蛋白质亲水程度和颗粒大小不同,盐析时所需盐的浓度也不一样。因此,调节混合蛋白质溶液中的中性盐的浓度,可使各种蛋白质分段沉淀,称为分段盐析。如血浆球蛋白在半饱和的硫酸铵溶液中沉淀,清蛋白则需在饱和硫酸铵溶液中沉淀。用盐析方法沉淀的蛋白质往往不会引起蛋白质的变性。盐析是分离、纯化蛋白质的常用方法。

(二)有机溶剂沉淀

常用的有机溶剂有甲醇、乙醇和丙酮等,它们能破坏蛋白质表面的水化膜,使蛋白质沉淀,在等电点时沉淀效果更好。有机溶剂沉淀蛋白质往往会引起蛋白质变性,在常温下用乙醇消毒便是利用这一原理。在低温条件下变性速度减慢,为防止蛋白质的变性,故用有机溶剂沉淀蛋白质时,常需在低温条件下进行。

(三)重金属盐沉淀蛋白质

蛋白质可与重金属离子如 Hg^{2+}、Cu^{2+}、Pb^+ 和 Ag^+ 等结合,生成不溶性的蛋白盐而产生沉淀。重金属离子带正电荷,所以沉淀的条件以溶液的 pH 大于蛋白质的等电点为宜,此时蛋白质带有较多的负电荷,易于与重金属离子结合形成不溶性的蛋白盐而产生沉淀。

临床上可以利用这一原理抢救误服重金属中毒的患者。如给患者大量的酪蛋白、清蛋白和碳酸氢钠溶液洗胃,使之与胃中的重金属离子结合成不溶性盐,从而阻止重金属的吸收,然后用催吐剂使重金属盐呕出而解毒。

（四）生物碱试剂沉淀

蛋白质可与生物碱试剂,如苦味酸、三氯乙酸和钨酸等结合,生成不溶性盐而产生沉淀。沉淀的条件以溶液的 pH 小于蛋白质的等电点为宜,此时蛋白质带正电荷,易与生物碱的酸根负离子结合,生成不溶性盐而产生沉淀。此类反应可用于检验尿中的蛋白质,如临床常用磺基水杨酸检验尿蛋白。

许多天然蛋白质经高温后变成凝块,称为蛋白质的凝固作用。蛋白质凝固是不可逆的过程,变性的蛋白质不一定凝固,而凝固的蛋白质肯定变性。蛋白质的变性、沉淀和凝固存在一定的关系,沉淀的蛋白质不一定变性,变性的蛋白质也不一定沉淀,但蛋白质变性后易发生沉淀,凝固的蛋白质一定变性且沉淀。

五、紫外吸收性质

蛋白质分子对 280nm 波长的紫外光有较强的吸收能力。蛋白质分子中酪氨酸、苯丙氨酸和色氨酸残基的苯环含有共轭双键,使蛋白质对紫外光具有吸收能力,最大吸收峰在 280nm 处。蛋白质溶液的浓度与 280nm 处蛋白质的光吸收值(A_{280})成正比,因此可以利用蛋白质的紫外吸收特性进行定量分析。

六、呈色反应

蛋白质分子中的肽键以及氨基酸残基的某些化学基团,可与某些试剂呈现颜色反应,称为蛋白质的呈色反应。这些反应可用于蛋白质的定性、定量分析。

（一）双缩脲反应

两分子尿素($NH_2—CO—NH_2$)加热至 180℃左右生成双缩脲($NH_2—CO—NH—CO—NH_2$)并释放出一分子氨,双缩脲在碱性环境中能与 Cu^{2+} 结合生成紫红色化合物(在 540nm 有最大光吸收峰),此反应称为双缩脲反应。蛋白质分子中肽键的结构与双缩脲相似,也能发生此反应。蛋白质或二肽以上的肽都有双缩脲反应,二肽和氨基酸不能发生双缩脲反应,有双缩脲反应的物质不一定都是蛋白质或多肽。此反应可用于蛋白质的定性或定量测定,也可用于检测蛋白质的水解程度。

（二）茚三酮反应

除脯氨酸、羟脯氨酸和茚三酮反应产生黄色物质外,α-氨基酸、多肽和蛋白质都能与茚三酮在加热及弱酸条件下反应生成蓝紫色化合物(在 570nm 有最大光吸收峰)。该反应十分灵敏,可用于蛋白质、多肽及氨基酸的定性、定量分析。

（三）Folin-酚试剂反应

蛋白质分子中含酚基的氨基酸(如酪氨酸、色氨酸等)在碱性条件下能与酚试剂反应生成蓝色化合物(在 650nm 有最大光吸收峰)。该反应的灵敏度比双缩脲反应高,可用于蛋白质定量分析。

第四节　蛋白质的分类

一、按组成分类

根据蛋白质分子的化学组成,通常可将蛋白质分为单纯蛋白质和结合蛋白质两类。

1. 单纯蛋白质　单纯蛋白质水解后只产生氨基酸,不含有其他组分。根据溶解性质的不同,又可将单纯蛋白质分为清蛋白、球蛋白、谷蛋白、醇溶谷蛋白、组蛋白、鱼精蛋白和硬蛋白等。

2. 结合蛋白质 结合蛋白质由蛋白和非蛋白两部分组成。非蛋白部分是一些有机或无机化合物，如糖类、脂质、核酸和金属离子等，称为结合蛋白质的辅因子。根据辅因子的不同，又可以将其分为糖蛋白、脂蛋白、色蛋白、核蛋白、金属蛋白、磷蛋白等。

二、按分子形状分类

从蛋白质形状上，可将其分为球状蛋白质和纤维状蛋白质。

球状蛋白质，或称球蛋白，其肽链盘曲折叠呈球状或椭球状，形状对称，溶解度好，结晶能力强。大多数蛋白质属于球状蛋白质，典型的球蛋白含有能特异的识别其他化合物的凹陷或裂隙部位。血红蛋白是典型的球蛋白。

纤维状蛋白质，又称纤维蛋白，其肽链盘曲折叠呈棒状或纤维状，多由几条肽链合成麻花状的长纤维，一般不溶于水。纤维蛋白的功能主要是构成生物体的结构成分或对生物体起保护作用。毛发和指甲中的角蛋白，皮肤、骨骼和结缔组织中的胶原蛋白等属于纤维蛋白。

三、按功能分类

根据蛋白质功能的不同，可将其分为活性蛋白质和非活性蛋白质两类。

活性蛋白质包括有催化功能的酶、有调节功能的激素、有运动、防御、接受和传递信息的蛋白质以及毒蛋白、膜蛋白等。而胶原、角蛋白、弹性蛋白、丝心蛋白等属于非活性蛋白质。

本章小结

蛋白质是生命活动的物质基础，蛋白质分子中的主要元素有碳、氢、氧、氮和硫，各种蛋白质的氮元素含量约为 16%，可以通过测定生物样品含氮量来推出样品中蛋白质的大致含量。蛋白质的基本组成单位是氨基酸，构成人体蛋白质的氨基酸有 20 种是编码氨基酸。根据氨基酸 R 侧链性质可将 20 种氨基酸分为 4 类：非极性中性氨基酸、极性中性氨基酸、酸性氨基酸、碱性氨基酸。肽键是蛋白质分子中氨基酸的主要连接键。氨基酸通过肽键连接而成的化合物称为肽。

蛋白质 N-端到 C-端氨基酸残基的排列顺序称为蛋白质的一级结构，其稳定结构的主要化学键是肽键。蛋白质的二级结构是指蛋白质多肽主链原子的局部空间结构，主要形式有 α-螺旋、β-折叠、β-转角和无规卷曲，其稳定结构的主要化学键是氢键。蛋白质的三级结构是一整条多肽链中所有原子的空间排布，稳定三级结构的化学键包括疏水键、离子键、氢键、范德华力和二硫键等，以疏水键最为重要。某些蛋白质由两条或两条以上多肽链组成，每一条具有独立的三级结构多肽链都称为一个亚基，各亚基的空间排布和相互作用称为蛋白质的四级结构。蛋白质的一级结构决定其空间结构及其特异的生物学功能。蛋白质空间结构则是其生物活性的基础。

蛋白质是两性电解质，若在某一 pH 溶液中，蛋白质解离后分子所带正负电荷相等，净电荷为零，成为兼性离子，此时溶液的 pH 称为该蛋白质的等电点。蛋白质具有胶体性质，蛋白质分子表面的水化膜和同种电荷是维持蛋白质分子胶体稳定性的两个因素。在某些理化因素下，蛋白质特定的空间结构被破坏，导致其理化性质的改变和生物学活性的丧失，称为蛋白质的变性。蛋白质分子发生聚集从溶液中析出的现象称为沉淀，沉淀蛋白质的方法有盐析、有机溶剂沉淀、重金属盐沉淀和生物碱试剂沉淀等。蛋白质分子对 280nm 波长的紫外光有较强的吸收能力。蛋白质的呈色反应如双缩脲反应、茚三酮反应等可用于蛋白质的定性、定量分析。

（王晓慧）

扫一扫,测一测

思考题

1. 组成蛋白质的元素有哪些?哪种是其特征性元素?测其含量有何意义?
2. 举例说明蛋白质一级结构、空间结构与功能的关系。
3. 试述蛋白质的重要理化性质及其应用。

笔记

第二章　核酸化学

02章PPT

学习目标

1. 掌握核酸的元素组成特点;核酸的分子组成;核酸的基本构成单位;DNA 的双螺旋结构要点。
2. 熟悉 mRNA、tRNA 的结构特点;DNA 的变性、复性以及分子杂交。
3. 了解核酸的一般性质;重要的核苷酸。
4. 具有核酸基本理论知识,了解核酸在遗传中的作用。
5. 能解释 DNA 在亲子鉴定中的作用。

0201

核酸的发现

1868 年瑞士年轻的科学家米歇尔(Friedrich Miescher)在脓细胞中分离出细胞核,再从细胞核中提取得到一种可溶于碱而不溶于稀酸,并含较多磷酸的酸性物质当时称为核素,后来称为核酸。

核酸(nucleic acid)是生物体内重要的生物大分子,是遗传的物质基础,存在于所有的生命物质中。根据化学组成可将核酸分为脱氧核糖核酸(deoxyribonucleic acid,DNA)和核糖核酸(ribonucleic acid,RNA)两类。在真核细胞内,DNA 绝大部分(98%以上)存在于细胞核的染色质中,仅少量 DNA 存在于线粒体内。DNA 是遗传信息的携带者,储存着大量的遗传信息,与生物的遗传、繁殖、变异有密切关系。RNA 约 90%以上存在于细胞质,可分为信使核糖核酸(mRNA),转运核糖核酸(tRNA)及核糖体核糖核酸(rRNA),它们参与蛋白质的生物合成及调节控制。

第一节　核酸的分子组成

一、元素组成及特点

核酸是高分子化合物,经元素分析证明核酸主要组成元素有碳(C)、氢(H)、氧(O)、氮(N)、磷(P)等。其中磷的含量较为恒定,占 9%~10%,故样品中核酸的含量可用磷的含量来表示。

二、基本结构单位——核苷酸

在核酸酶的作用下核酸可水解为多种核苷酸,进一步加热可将核苷酸水解为磷酸和核苷,其中核苷又可水解生成戊糖和碱基。

(一)核苷酸的分子组成

核苷酸是由戊糖、碱基和磷酸组成的化合物,是核酸的基本单位。核酸中的戊糖包括 β-*D*-核糖

笔记

（R）和 β-*D*-2′-脱氧核糖（dR）两种（图 2-1）。碱基分为嘌呤碱和嘧啶碱。嘌呤碱主要有腺嘌呤（A）和鸟嘌呤（G）；嘧啶碱主要有胞嘧啶（C）、尿嘧啶（U）和胸腺嘧啶（T）（图 2-2）。

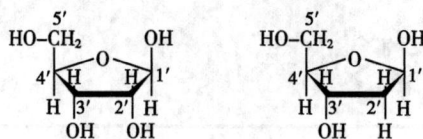

图 2-1　核糖与脱氧核糖结构示意图

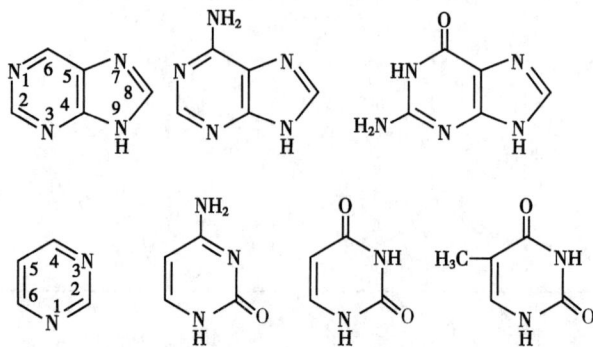

图 2-2　嘌呤与嘧啶碱基结构

DNA 和 RNA 在化学组成上既有相同点，又有不同点（表 2-1）。

表 2-1　RNA 和 DNA 化学组成比较

	RNA	DNA
碱基	A、G、C、U	A、G、C、T
戊糖	R	dR
磷酸	H_3PO_4	H_3PO_4

（二）5′-核苷酸

1. **核苷**　嘧啶碱基的 N-1 原子或嘌呤碱基的 N-9 原子与核糖的 C-1′原子脱水缩合形成糖苷键，碱基与核糖通过糖苷键连接形成的化合物称为核苷，碱基与脱氧核糖结合形成脱氧核苷。命名时在核苷的前面加上碱基的名字即可，如鸟嘌呤核苷（简称鸟苷）、胸腺嘧啶脱氧核苷（简称脱氧胸苷）等。

2. **核苷酸**　核苷分子中核糖 C-5′的羟基与磷酸脱水缩合形成磷酯键，构成核苷酸。脱氧核苷与磷酸结合即为脱氧核苷酸。

根据核苷酸结构中连接的磷酸基团的数目，可将核苷酸分为一磷酸核苷（NMP）、二磷酸核苷（NDP）和三磷酸核苷（NTP）；同理，脱氧核苷酸也可分为脱氧一磷酸核苷（dNMP）、脱氧二磷酸核苷（dNDP）和脱氧三磷酸核苷（dNTP），其中 N 代表碱基（图 2-3a）。

核苷酸是核酸的基本构成单位。其中 AMP、GMP、CMP 和 UMP 主要构成 RNA；dAMP、dGMP、dCMP 和 dTMP 主要构成 DNA。

（三）核苷酸的连接方式

在核酸结构中，其基本结构单位核苷酸是通过 3′,5′-磷酸二酯键相互连接的。3′,5′-磷酸二酯键是由一个核苷酸 C-5′上所连的磷酸与另一个核苷酸 C-3′上的羟基（-OH）脱水缩合而成（图 2-4a）。

多个核苷酸连接而成的线性大分子称为多聚核苷酸链，多个脱氧核苷酸连接而成的线性大分子称为多聚脱氧核苷酸链。每条多聚核苷酸链的一个末端 C-3′上带有游离-OH 称为 3′-端；另一末端 C-5′上带有游离的磷酸基称为 5′-端。所以多聚核苷酸链有两个末端。书写多聚核苷酸链时，常将 5′-端写在左侧，3′-端写在右侧。因此，核酸分子具有方向性。

（四）其他重要的核苷酸

核苷酸除了可以构成核酸外，在体内还有许多重要功能。例如核苷三磷酸（NTP）和脱氧核苷三

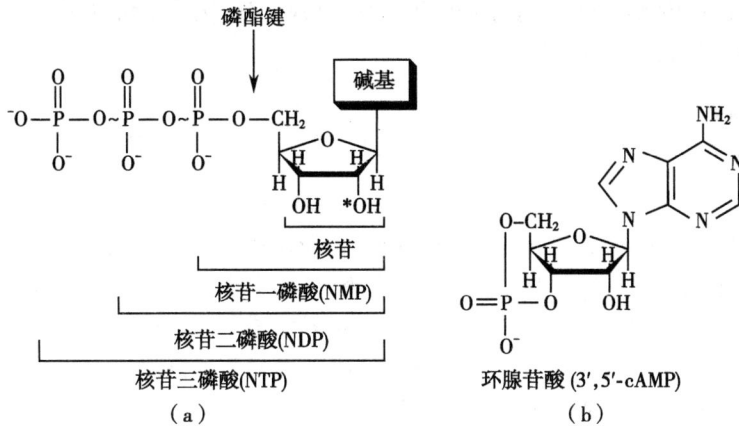

图 2-3 核苷酸(a)与环腺苷酸(b)结构

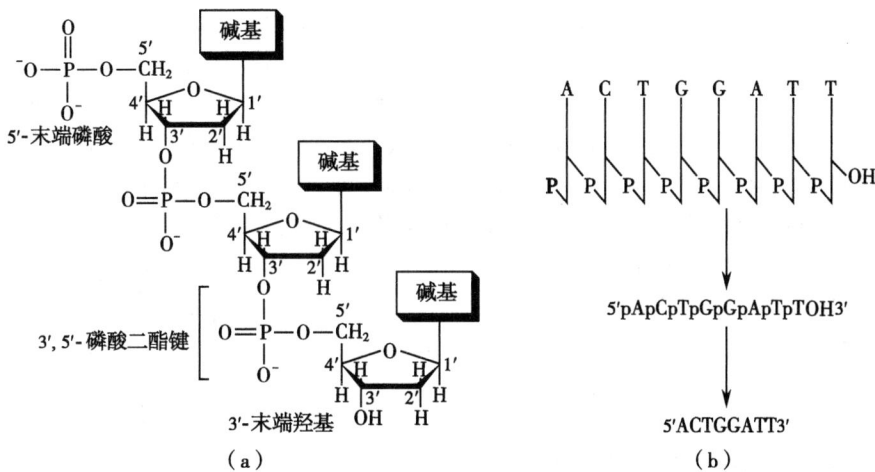

图 2-4 核苷酸连接方式(a)与 DNA 一级结构表示方式(b)

磷酸(dNTP)属于高能磷酸化合物,其结构中含两个高能磷酸键,水解时可释放较多的能量。它们不仅是合成核酸的原料,而且在多种物质的合成代谢中起活化或供能的作用,其中 ATP 是机体进行生命活动能够直接利用的能源物质;此外 UTP 参与糖原合成,CTP 参与磷脂合成,GTP 参与蛋白质合成。

此外,核苷酸还是许多辅酶的组成成分,如 AMP 是许多辅酶如 NAD^+、$NADP^+$、FAD、辅酶 A 等的组成成分,参与物质代谢;某些核苷酸及衍生物还是重要的调节因子,如环腺苷酸(cAMP)(见图 2-3b)和环鸟苷酸(cGMP)是细胞信号转导过程中的第二信使,具有重要调控作用。

第二节 核酸的分子结构与功能

一、DNA 的分子结构与功能

(一)DNA 的一级结构

DNA 的一级结构是指 DNA 分子中四种脱氧核苷酸在多聚脱氧核苷酸链中(5′→3′)的排列顺序。由于不同的脱氧核苷酸之间碱基不同,因此,DNA 的一级结构也是它的碱基排列顺序。DNA 的一级结构从繁到简的表示方式(见图 2-4b)。

DNA 是由两条逆平行的多聚脱氧核苷酸链(一条链方向为 5′→3′,另一条为 3′→5′)组成。所以 DNA 的大小可用碱基对(bp)来表示。自然界中的 DNA 长度可以多达数十万个碱基对,DNA 分子中的遗传信息可随碱基排列顺序的变化而发生改变,因此提供了巨大的遗传信息编码潜力。

(二)DNA 的二级结构

1953 年由美国的 J. Watson 和英国的 F. Crick 两位科学家在综合了前人研究结果的基础上提出了

DNA 分子双螺旋结构的模型,是生物学发展的里程碑,是现代分子生物学的开始。它科学地揭示了生物界遗传性状能够世代相传的分子学机制。

知识拓展

Chargaff 规则

20 世纪中期,美国人 E. Chargaff 通过研究 DNA 的化学成分提出了 DNA 分子中四种碱基组成规律即 Chargaff 规则:①A 与 T、C 与 G 的摩尔数相等;②同一个体中,不同器官、组织中的 DNA 具有相同的碱基组成;③不同种属的生物体中 DNA 的碱基组成不同。这一规则不仅揭示了 DNA 分子中的碱基配对原则即 A 与 T 配对,C 与 G 配对,而且也为美国科学家 J. Watson 和英国科学家 F. Crick 在 1953 年提出 DNA 双螺旋结构模型奠定了基础。

DNA 双螺旋结构模型的要点:①DNA 分子是由两条平行但走向相反的多聚脱氧核苷酸链围绕同一中心轴,以右手螺旋方式形成的双螺旋结构(图 2-5)。DNA 双螺旋结构的表面有大沟与小沟的结构与蛋白质、DNA 之间的识别有关。②双螺旋结构的外侧是由磷酸与脱氧核糖组成的亲水性骨架,内侧是疏水的碱基,碱基对平面与中心轴垂直。③两条多聚脱氧核苷酸链通过碱基间形成的氢键连接在一起。其中 A 与 T 之间形成两个氢键,G 与 C 之间形成三个氢键。A-T、G-C 配对的规律称为碱基互补规律。④双螺旋结构的直径为 2.37nm,螺距为 3.54nm,每一个螺旋有 10.5 个碱基对,每两个相邻的碱基对之间的相对旋转角度为 36°,每两个相邻的碱基对平面之间的垂直距离为 0.34nm。⑤DNA 双螺旋结构的横向稳定性靠两条链间的氢键维系,纵向稳定性则靠碱基平面间的疏水性碱基堆积力维系。

随后的研究发现 DNA 双螺旋结构存在多样性。J. Watson 和 F. Crick 提出的 DNA 双螺旋模型称为 B 型构象,是在相对湿度为 92% 的条件下从生理盐水溶液中提取的 DNA 构象,是最稳定的 DNA 结构。改变溶液的相对湿度和离子强度 DNA 螺旋结构会发生改变,当相对湿度为 72% 时改变为 A 型 DNA。另外,在自然界中还存在 Z 型 DNA,是左手螺旋。在生物体内,不同类型的 DNA 在功能上可能有差异,这与基因表达的调控相适应。

(三)DNA 的高级结构

DNA 的高级结构是指在双螺旋结构的基础上,DNA 分子进一步盘绕、压缩所形成的致密的超级结构。

在原核生物、叶绿体和线粒体中,DNA 多为共价封闭的双螺旋环状结构,进一步螺旋可形成超螺旋。如果其螺旋方向与 DNA 的双螺旋方向一致,则为正超螺旋,相反则为负超螺旋。自然界中 DNA 多为负超螺旋结构。

在真核生物中,DNA 是以高度有序的形式组装于细胞核中,在细胞周期中,除了在分裂期形成非常致密的染色体外,其余大部分时间里均以松散的染色质形式存在。染色质的基本组成单位是核小体(nucleo-

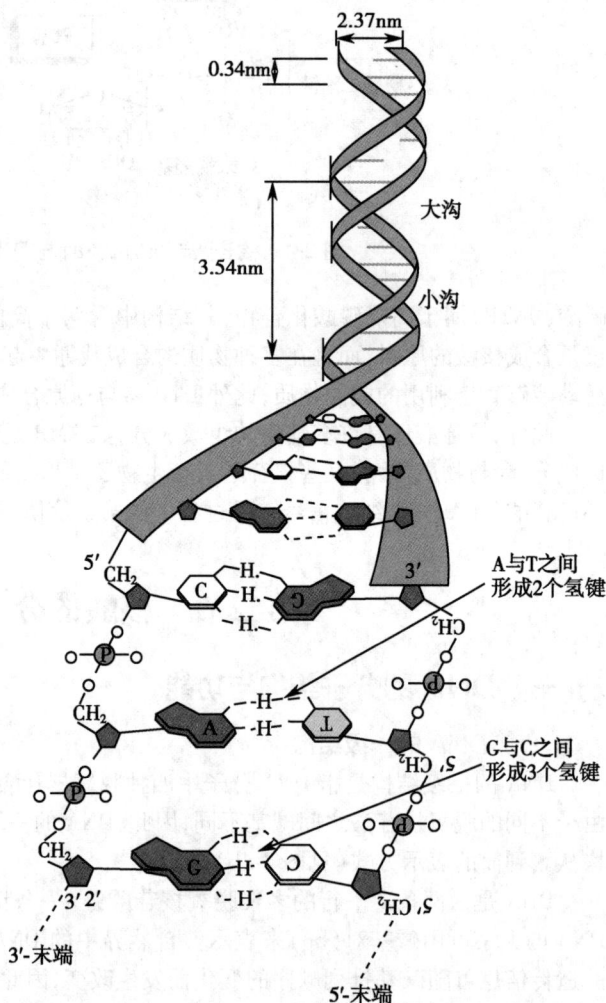

图 2-5 DNA 双螺旋结构示意图

some），核小体由 DNA 和组蛋白共同构成。组蛋白是一类富含赖氨酸和精氨酸的碱性蛋白,分为 H_1,H_{2A},H_{2B},H_3 和 H_4 五种。先由组蛋白 H_{2A},H_{2B},H_3 和 H_4 各两分子聚合形成八聚体的核心组蛋白。再由长度约含 150 个碱基对(bp)的 DNA 双链盘绕八聚体 1.75 圈,形成盘状核心颗粒,其尺寸约为 11nm×6nm。核心颗粒之间再由约含 60 个碱基对(bp)DNA 和组蛋白 H_1 连接起来,形成串珠样的染色质细丝。染色质细丝进一步盘曲形成外径 30nm、内径 10nm 的中空螺旋管。中空螺旋管进一步卷曲折叠形成直径为 400nm 的超螺旋管,然后再进一步压缩形成染色单体,在细胞核内组装成棒状染色体。

　　DNA 是生物体遗传的物质基础,它是遗传信息的储存者和携带者。遗传信息是以基因的形式存在于 DNA 分子上,基因就是 DNA 分子中有遗传效应的特定片段。一个生物体的全部基因构成基因组(有些病毒的基因组是 RNA),各种生物基因组的大小、结构以及基因的种类和数量均不相同,高等动物的基因组中碱基对可高达 $3×10^9$ 个,人类基因组计划的实施,为基因功能的研究奠定了基础。

亲子鉴定

知识拓展

人类基因组计划

　　人类基因组计划(human genome project,HGP)是由美国科学家于 1985 年率先提出,于 1990 年正式启动的。

　　HGP 是一项规模宏大跨国跨学科的科学探索工程。其核心过程就是对人体内 35 000 个基因进行解读,测定人体 46 条染色体上 30 亿个碱基对组成的核苷酸序列,破解人体基因秘密,绘制人类基因组图谱,并且辨识其载有的基因及其序列,达到破译人类遗传信息,最终达到解码生命的目的。2001 年人类基因组计划公布了人类基因组草图,这是人类基因组计划成功的里程碑。

　　HGP 有助于人类了解生命的起源和生长发育规律,认识疾病产生的机制以及长寿与衰老等生命现象,可以为疾病的诊治提供更加准确的科学依据。

二、RNA 的分子结构与功能

　　RNA 的一级结构是指在 RNA 分子中,四种核苷酸在多聚核苷酸链中($5'→3'$)的排列顺序。RNA 的一级结构也可用碱基排列顺序来表示。RNA 通常以一条多聚核苷酸链的形式存在,通过自身折叠可形成特定的二级结构和三级结构。与 DNA 相比,RNA 分子较小,一般含有数十个到数千个核苷酸,RNA 种类较多,根据功能可将其分为信使 RNA(mRNA)、转运 RNA(tRNA)和核糖体 RNA(rRNA),它们与蛋白质的生物合成有密切关系。

（一）信使核糖核酸（mRNA）

　　通过放射性核元素示踪实验证实,mRNA 是蛋白质生物合成的直接模板,其大小不一,在细胞核中以 DNA 为模板合成,随后转移至细胞质中。mRNA 在细胞中占 RNA 总量的 2%～5%,代谢活跃,真核生物中的 mRNA 有较短的半衰期,从几分钟到几小时不等。

　　细胞核中初合成的 RNA 分子称为不均一核 RNA(hnRNA),是 mRNA 前体,经加工可转变为成熟的 mRNA。mRNA 有以下结构特征:

　　1. 大多数真核细胞中的 mRNA $5'$-端的起始结构都是 7-甲基鸟苷三磷酸(m^7GpppN),称为帽子结构。该结构对于 mRNA 由细胞核转入细胞质、与核糖体及翻译的起始因子结合均起到重要作用,在维持 mRNA 的稳定性方面也有重要作用。

　　2. 真核生物 mRNA 的 $3'$-端具有多聚腺苷酸(polyA)尾。此结构一般含有数十个到数百个腺苷酸,可与 $5'$-端帽子结构共同发挥作用。

（二）转运核糖核酸（tRNA）

　　tRNA 在蛋白质生物合成过程中具有活化和转运氨基酸的功能。tRNA 在细胞中约占 RNA 总量的 15%,是分子量最小的 RNA,含有 74～95 个核苷酸。tRNA 有较好的稳定性,具有以下结构特征:

　　1. tRNA 分子中含有多种稀有碱基　在 tRNA 分子中除含有 A、G、C、U 四种碱基外,含有诸如假尿嘧啶(ψ)、二氢尿嘧啶(DHU)和次黄嘌呤(I)等稀有碱基,占 tRNA 总碱基的 10%～20%,通过转录后

笔记

加工生成。

2. tRNA 具有三叶草形二级结构 在 tRNA 的二级结构中有一些核苷酸能进行碱基互补配对形成局部双链,呈茎状,中间不能配对的核苷酸向外膨出形成环状结构,使 tRNA 的二级结构形似三叶草(图 2-6a)。这些环状结构又被称为发夹结构。位于两侧的发夹结构含有稀有碱基,分别称为 DHU 环和 TψC 环,位于上方茎状结构可结合氨基酸称为"氨基酸臂",位于下方的发夹结构称为反密码环。

3. tRNA 具有倒 L 形的三级结构 tRNA 分子中的 DHU 环和 TψC 环相互靠近可形成倒 L 形的三级结构(图 2-6b)。在三级结构中,氨基酸臂和反密码子环位于倒"L"型结构的两端,TψC 环和 DHU 环则位于倒"L"型结构的拐角处。

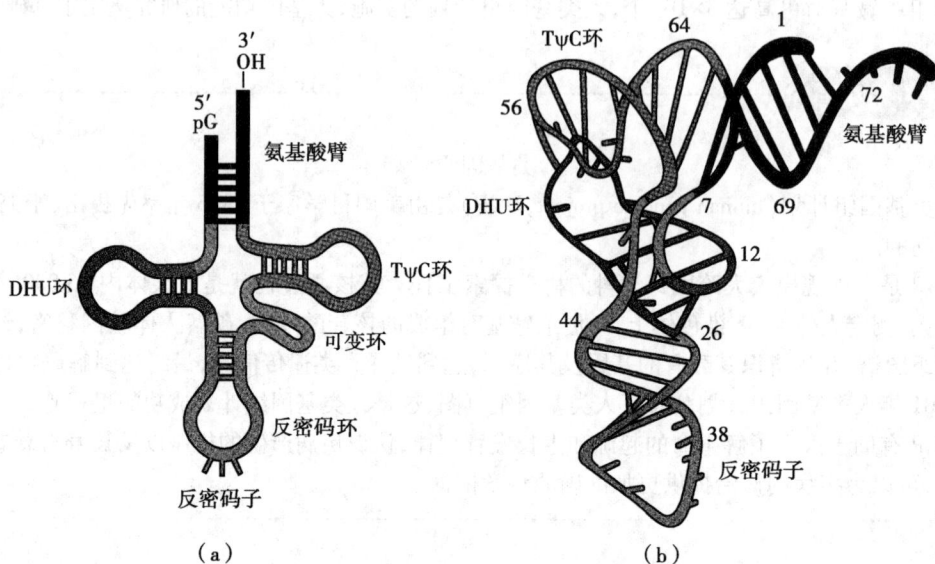

图 2-6 tRNA 二级结构(a)与三级结构(b)

(三)核糖体核糖核酸(rRNA)

rRNA 是细胞内含量最多的 RNA,约占 RNA 总量的 80% 以上。rRNA 与核糖体蛋白结合可形成核糖体(ribosome),是蛋白质生物合成的场所,在蛋白质合成过程中具有装配机的作用。

核糖体由大、小亚基组成。原核生物有 5S、16S 和 23S 三种 rRNA,其中 5S 和 23S rRNA 分布于大亚基,16S rRNA 分布于小亚基;真核生物有 5S、5.8S、18S 和 28S 四种 rRNA,其中 5S、5.8S 和 28S rRNA 分布于大亚基,18S rRNA 分布于小亚基。

不同来源的 rRNA 的碱基组成不相同,目前已测定了各种 rRNA 的碱基序列并推测出了它们的空间结构。如真核生物的 18S rRNA 的二级结构呈花状,众多的茎环结构为核糖体蛋白的结合和组装提供了结构基础。原核生物的 16S rRNA 的二级结构与真核生物的 18S rRNA 的二级结构极为相似。

第三节 核酸的理化性质

一、核酸的一般性质

核酸因含有酸性的磷酸基和碱性的碱基,因此具有酸碱两性,是两性电解质。因为磷酸基具有较强的酸性,故核酸一般表现为酸性。DNA 是线性高分子,因此黏度极大,而 RNA 分子远小于 DNA 分子,故黏度也小得多。DNA 和 RNA 不溶于乙醇等有机溶剂,微溶于水,二者均属于极性化合物。

二、核酸的紫外吸收性质

由于核酸中的嘌呤和嘧啶分子都含有共轭双键,使核酸分子具有紫外吸收的特征。中性条件下,核酸的最大吸收峰在 260nm 处。这一性质可用于核酸的定量分析以及鉴定样品中核酸的纯度。

三、DNA 的变性、复性与分子杂交

（一）DNA 变性

在某些理化因素作用下,DNA 分子互补碱基对之间的氢键断裂,使 DNA 双螺旋结构松散变成单链的过程称为 DNA 变性。能引起 DNA 变性的物理因素主要是加热,化学因素有酸、碱、有机溶剂、尿素、酰胺等。DNA 变性时,其理化性质会发生改变,例如紫外吸收值会升高和黏度下降等。

DNA 的热变性是实验室常用的方法。由于 DNA 变性,使分子中的共轭双键得以暴露,在 260nm 处吸光值(A)增加,这一现象称为增色效应。加热使 DNA 变性是在一个很狭窄的温度范围内完成。在 DNA 解链过程中,A_{260} 值达到最大变化值一半时的温度称为解链温度(T_m)。在 T_m 时有 50%DNA 分子解链。T_m 值的大小与 DNA 的碱基组成和 DNA 分子的长度有关,DNA 分子中 GC 含量越多,长度越大,其 T_m 值越高。在连续加热使 DNA 变性过程中,以温度为横坐标,A_{260} 为纵坐标作图所得曲线称为解链曲线(图 2-7)。

（二）DNA 复性与分子杂交

当 DNA 变性条件被缓慢去除后,解开的两条单链又重新进行碱基配对而形成双螺旋结构,这一过程叫做 DNA 复性。热变性的 DNA 经缓慢冷却后即可复性,这一过程也称为退火。

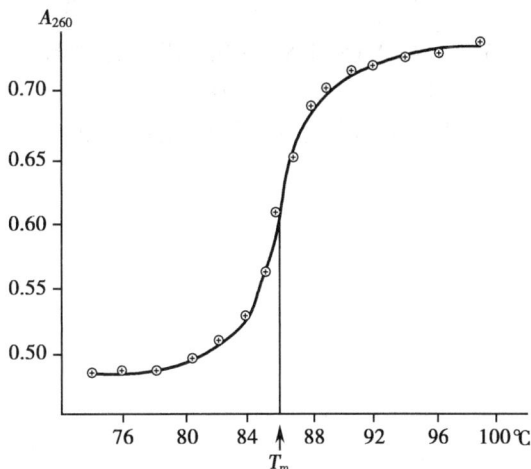

图 2-7　DNA 解链曲线

但是,热变性的 DNA 如果迅速冷却至 4℃ 以下就不能复性,可保持 DNA 的变性状态。

核酸分子杂交技术是以核酸的变性与复性为基础建立起来的一种技术。不同来源的 DNA 单链之间、DNA 单链与 RNA 链之间以及 RNA 链之间进行碱基配对,形成杂化双链的过程称为核酸分子杂交。核酸分子杂交技术在核酸结构及功能的研究、基因工程以及遗传病诊断等领域被广泛应用。DNA 印迹、RNA 印迹、PCR 扩增、基因芯片等检测手段均利用了核酸分子杂交原理。

本章小结

核酸分为 DNA 和 RNA 两大类,DNA 是遗传信息的储存者和携带者;RNA 参与遗传信息的表达过程。核苷酸是核酸的基本组成单位。在核酸分子中,核苷酸通过 3',5'-磷酸二酯键相互连接。核酸的一级结构是指核苷酸在核酸分子中的排列顺序。DNA 的二级结构是双螺旋结构。RNA 主要包括 mRNA、tRNA 和 rRNA。mRNA 功能是合成蛋白质的直接模板,其主要结构特征是 5'端有 m^7GpppN 的帽子结构,3'-末端具有 polyA 的尾。tRNA 的功能是活化和转运氨基酸,其二级结构是三叶草形,三级结构是倒 L 形。rRNA 可以与多种蛋白质结合形成的核糖体,为蛋白质生物合成的提供场所,是蛋白质合成的"装配机"。

核酸具有较强的酸性,在 260nm 附近有最大吸收值。在某些理化因素作用下,DNA 可解链成为单链,这种现象称为 DNA 的变性。变性的 DNA 在 260nm 处的吸光度增高,即增色效应。实验室常通过加热的方式使 DNA 变性。A_{260} 值达到最大变化值的 50% 时的温度称为 DNA 的解链温度(T_m)。当 DNA 变性条件被缓慢去除后,解开的两条单链又重新进行碱基配对而形成双螺旋结构,这一过程叫做 DNA 复性。不同来源的 DNA 单链之间、DNA 单链与 RNA 链之间以及 RNA 链之间进行碱基配对,形成杂化双链的过程称为核酸分子杂交。

（朱海英）

0205

五种碱基的紫外吸收光谱(pH7.0)

0206

核酶

扫一扫, 测一测

思考题

1. 简述 DNA 和 RNA 在化学组成上的异同点。
2. 简述 DNA 双螺旋结构特征。
3. RNA 分为几类? 其主要功能是什么?

学习目标

1. 掌握酶、结合酶、酶活性中心、必需基团、酶原、同工酶的概念;酶促反应的特点;同工酶与疾病的诊断。
2. 熟悉酶的分类;酶催化作用的机制;影响酶促反应的因素。
3. 了解酶的命名;酶活性的调节;酶与医学的关系。
4. 通过特异性药物纠正酶活性来治疗疾病。
5. 能完成酶活性的测定及辅助诊断疾病和判断疾病的预后。

案例导学

患者,女性,57岁,因恶心、呕吐、腹痛、流涎、多汗、头昏、头痛、胸闷、视力模糊等症状来医院就诊。了解病史:身体健康,无喝酒抽烟史,无药物过敏史及特殊疾病。因数小时前在农田喷洒农药(乐果)后出现上述症状。

生化检查:血清胆碱酯酶偏低(<300U/L,正常参考值:4 300~10 500U/L),诊断为有机磷农药中毒。

问题与思考:

1. 请问患者血清胆碱酯酶的活性为何会偏低?
2. 运用所学知识,解释患者出现上述症状的原因。

物质代谢是生命的基本特征之一,其本质是发生在生物体内的一系列复杂的化学反应过程。生物体内各种物质代谢过程几乎都与酶的催化作用密切相关,在酶的催化下,物质代谢有条不紊地进行。许多疾病与酶的结构、酶的活性等异常有关。因此,要了解人体的正常生命活动规律、代谢紊乱与疾病的关系,必须掌握有关酶学的基本知识。

酶是活细胞产生的、能在体内外对其作用物起催化作用的生物大分子。到目前为止已经证实生物体内存在的酶有两千多种,其中绝大多数酶的化学本质是蛋白质,但近年发现某些核糖核酸和脱氧核糖核酸也具有催化活性,它们分别被命名为核酶和脱氧核酶,它们都是体内的生物催化剂。本章主要讨论由蛋白质组成的酶。

酶催化的反应称为酶促反应,被酶催化的物质称为底物(S),酶促反应的生成物称为产物(P),酶所具有的催化能力称为酶的活性,酶失去催化能力称为酶失活。

笔记

第一节 概 述

一、酶的分类

国际系统分类法按酶促反应类型,将酶分成六大类:

1. 氧化还原酶类 催化底物进行氧化还原反应的酶类。包括电子或氢的转移以及分子氧参加的反应。常见的有脱氢酶、氧化酶、还原酶和过氧化物酶等。

2. 转移酶类 催化底物进行某些基团转移或交换的酶类。如甲基转移酶、氨基转移酶、转硫酶等。

3. 水解酶类 催化底物进行水解反应的酶类。如淀粉酶、蛋白酶等。

4. 裂解酶类或裂合酶类 催化底物通过非水解途径移去一个基团形成双键或其逆反应的酶类,如脱水酶、脱羧酶、醛缩酶等。如果催化底物进行逆反应,使其中一底物失去双键,两底物间形成新的化学键,这类酶为裂合酶类。

5. 异构酶类 催化各种同分异构体、几何异构体或光学异构体间相互转换的酶类。如异构酶、消旋酶等。

6. 连接酶类或合成酶类 连接酶是催化两分子底物连接成一分子化合物,并伴有 ATP 中的高能磷酸键断裂一类酶,又称合成酶。如 DNA 连接酶、氨酰-tRNA 合成酶等。

上述六大类酶用 EC 加 1.2.3.4 编号表示,再按酶所催化的化学键和参加反应的基团,将每一大类再进一步分成亚类和亚-亚类,最后为该酶在这亚-亚类中的排序。

二、酶的命名

1961 年以前使用的酶的名称都是习惯命名。一是根据酶所催化的底物、反应的类型或酶的来源命名。如催化淀粉水解的称为淀粉酶,催化蛋白质水解的称为蛋白酶;按酶来源的如胃蛋白酶、胰蛋白酶。二是根据酶催化反应的性质和类型命名。如水解酶、转移酶、氧化酶等。有的酶结合上述两个原则来命名,如琥珀酸脱氢酶是催化琥珀酸脱氢反应的酶。习惯命名法简单,应用历史长,但缺乏系统性,有时会出现一酶数名或一名数酶的现象。

1961 年国际生物化学和分子生物学学会根据酶的分类为依据,提出系统命名法,规定每一个酶有一个系统名称,它标明酶的所有底物和反应性质。各底物名称之间用“:”分开。如催化反应 ATP+D-葡萄糖→ADP+D-葡萄糖-6-磷酸的酶系统名称为 ATP:葡萄糖磷酸转移酶。有时底物名称太长,为了使用方便,国际酶学学会从每种酶的习惯名称中,选定一个简便和实用的作为推荐名称。

三、酶促反应的特点

酶作为生物催化剂,具有一般催化剂的特性,如能加快可逆反应的速度,但不改变反应的平衡点,即不改变反应的平衡常数;在反应前后没有质和量的改变;只能催化热力学上允许进行的化学反应等。但酶是具有催化作用的蛋白质,因此,它还具有与一般催化剂不同的作用特点。

(一)高度的催化效率

酶的催化效率极高,其催化效率通常比非催化反应高 $10^8 \sim 10^{20}$ 倍,比一般催化剂高 $10^7 \sim 10^{13}$ 倍。例如,酵母蔗糖酶比 H^+ 催化蔗糖水解的速度大 2.5×10^{12} 倍。

(二)高度的特异性

一种酶只作用于一种或一类化合物,催化一定的化学反应,生成一定的产物。即酶对作用的底物有选择性,这种现象称为酶的特异性或专一性。根据酶对底物选择的严格程度不同,酶的特异性可分为以下三种。

1. 绝对特异性 指一种酶只能催化一种底物发生一种化学反应的性质。如脲酶仅水解尿素生成 NH_3 和 CO_2,而对尿素的衍生物(如甲基尿素)则无作用。

2. 相对特异性 指一种酶可催化同一类化合物或一类化学键,即对底物具有不太严格的选择性的性质。如脂肪酶不仅作用于脂肪,还能催化有酯键的酯类水解。

3. **立体异构特异性**　指一种酶只能催化立体异构体中的一种,而对另一种异构体则无作用的性质。如 *L*-乳酸脱氢酶只能催化 *L*-乳酸生成丙酮酸,而对 *D*-乳酸则无作用。

（三）高度的不稳定性

酶是蛋白质,对环境非常敏感。任何使蛋白质变性的理化因素都可能使酶空间结构改变而丧失其催化活性。如高温、强酸、强碱、重金属盐、紫外线、剧烈震荡等。

（四）酶促反应的可调节性

酶的化学本质主要是蛋白质或 RNA,是活的生物体自身合成的。因而,酶促反应是可调节的,以使机体适应不断变化的内外环境。通过抑制剂或激活剂,对关键酶进行别构调节,也可通过共价修饰关闭或开启酶的活性,还可通过同工酶来满足不同组织细胞对酶促反应的不同要求等。

第二节　酶的结构与功能

作为生物大分子,酶同样具有一、二、三、四级结构。仅具有三级结构的酶称为单体酶,如牛胰核糖核酸酶、溶菌酶等。具有四级结构的酶由不同亚基组成称为寡聚酶,如荧光素酶、嘌呤核苷磷酸化酶等。由几种功能不同的酶,单体酶或寡聚酶,彼此聚合形成的多酶复合物称为多酶体系。

一、酶的分子组成

酶是蛋白质,具有蛋白质的分子组成和各级结构。根据酶的化学组成成分的不同可将酶分为单纯酶和结合酶两大类。

（一）单纯酶

单纯酶只有氨基酸残基组成的肽链,属单纯蛋白质。大多数水解酶都属于单纯酶类,如淀粉酶、脂肪酶、胃蛋白酶等。

（二）结合酶

结合酶是由蛋白质部分和非蛋白质部分结合构成的酶。其中蛋白质部分称酶蛋白,非蛋白质部分称辅因子。对于结合酶来讲,结合酶的酶蛋白与辅因子单独存在时均无活性,只有两者结合成全酶时才具有催化活性。人体内的酶大多数属于结合酶,其组成可用下式表示:

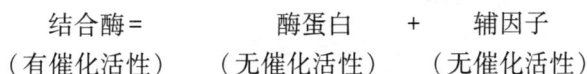

$$\begin{array}{ccc} 结合酶 = & 酶蛋白 & + & 辅因子 \\ (有催化活性) & (无催化活性) & (无催化活性) \end{array}$$

酶蛋白决定酶促反应的特异性,辅因子决定酶促反应的类型与性质。结合酶的辅因子有两类:一类是小分子有机化合物,其中大多数是 B 族维生素及其衍生物,它们主要是在催化反应中起传递电子、原子或某些基团的作用(表 3-1)。

表 3-1　小分子有机化合物在酶促反应中的作用

酶名称	辅酶或辅基	所含维生素	生理功能
脱氢酶类	烟酰胺腺嘌呤二核苷酸（NAD^+）	维生素 PP	递氢
	烟酰胺腺嘌呤二核苷酸磷酸（$NADP^+$）		
黄素酶类	黄素单核苷酸（FMN）	维生素 B_2	递氢
	黄素腺嘌呤二核苷酸（FAD）		
转氨酶类	磷酸吡哆醛、磷酸吡哆胺	维生素 B_6	转移氨基
α-酮酸脱氢酶系	焦磷酸硫胺素（TPP）	维生素 B_1	转移 CO_2、羟乙基
羧化酶类	生物素	生物素	转移 CO_2
转酰基酶类	辅酶 A（CoA）	泛酸	转移酰基
一碳单位转移酶	四氢叶酸	叶酸	转移一碳基团
	钴胺素 B_{12}	维生素 B_{12}	转移甲基、脂酰基

笔记

另一类是金属离子,如 Zn^{2+}、Cu^{2+}、Mn^{2+}、Mg^{2+} 等。金属离子在酶促反应中可从多方面发挥作用:稳定酶分子构象;在酶与底物间起桥梁连接作用;作为酶活性中心的催化基团参与各种催化反应、传递电子等。根据辅因子与酶蛋白结合的紧密程度不同,将辅因子分为辅酶和辅基。辅酶与酶蛋白结合疏松,可用透析等方法将两者分离;辅基与酶蛋白结合紧密,不能用透析等方法将两者分离。一般来说,一种酶蛋白只能与特定的一种或几种辅因子结合形成全酶,催化一种化学反应;而一种辅因子可与不同的酶蛋白结合形成不同的全酶,催化多种化学反应。

二、酶的活性中心与必需基团

酶的化学本质主要是蛋白质,其一级结构与一般蛋白质无明显区别,但在空间结构上存在着与酶催化功能相关的特殊结构。

酶分子中存在的各种化学基团并不一定都与酶的活性有关,其中与酶的活性密切相关的基团称为酶的必需基团。常见的必需基团有丝氨酸残基上的羟基、半胱氨酸残基上的巯基、组氨酸残基上的咪唑基、赖氨酸和精氨酸残基上的氨基、天冬氨酸和谷氨酸残基上的羧基等。必需基团在酶蛋白一级结构上可能相差甚远,但在形成空间结构时彼此靠近,组成具有特定空间构型的区域,能与底物特异结合并将底物转化为产物,这一特定局部区域称为酶的活性中心或活性部位(图 3-1)。对于结合酶而言,辅酶或辅基参与酶的活性中心的组成。

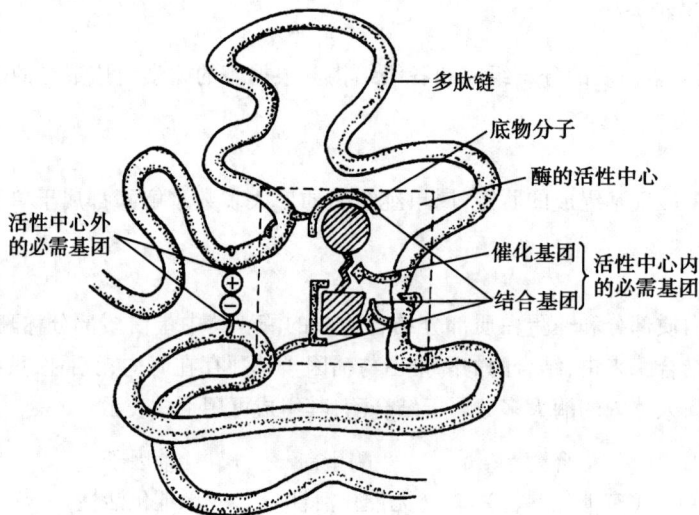

图 3-1　酶的活性中心示意图

根据必需基团在酶的活性中心中的功能不同可分为结合基团与催化基团两种。结合基团与底物特异性结合,使酶与底物形成 E-S 复合物;催化基团则影响底物中某些化学键的稳定性,催化底物发生化学反应转变为产物。活性中心内的某些必需基团可同时兼有结合和催化两种功能。还有些必需基团不参与酶活性中心组成,但却为维持酶活性中心应有的空间构象所必需,这些基团称为酶活性中心外的必需基团。活性中心是酶发挥特异催化作用的关键部位,如果酶的活性中心被某些物质占据或破坏,酶将丧失催化活性。

三、酶的作用机制

作为生物催化剂,酶之所以具有极高的催化效率,其作用机制是能够大幅度降低反应所需活化能。研究发现,酶在发挥催化作用前,首先与底物结合形成酶与底物的中间产物,即 ES 复合物,然后在酶分子某些基团的作用下,底物处于不稳定的过渡态,其分子中的某些敏感键紧张、扭曲、断裂,从而使底物易于转变为产物,复合物即分离,酶被释放。酶与底物的这种结合不是锁匙式的机械关系,而是当酶与底物接近时,其相互诱导,结构发生变形、相互适应,直至吻合,此过程被称为诱导契合。

$$E+S \Longleftrightarrow ES \longrightarrow P+E$$

在反应体系中,酶通过改变原有的化学反应历程,形成了 E-S 的中间复合物,从而大大降低了反应所需的活化能。随着活化能的降低,酶促反应速率也就得以大幅度提高。

（一）活化能

在任何化学反应中,反应物分子必须超过一定的能阈,成为活化的状态,才能发生反应,形成产物。化学反应中,由反应物分子到达活化分子所需的最小能量,称为活化能(图 3-2)。与一般催化剂相比,酶能更有效降低反应所需的活化能,可以加速反应到达平衡的时间,提高反应速度。如过氧化氢分解为水和氧的反应中,无催化剂时反应的活化能为 75 312J/mol;用胶体钯时反应的活化能降至48 953J/mol;用过氧化氢酶催化时反应的活化能降至 8 368J/mol。

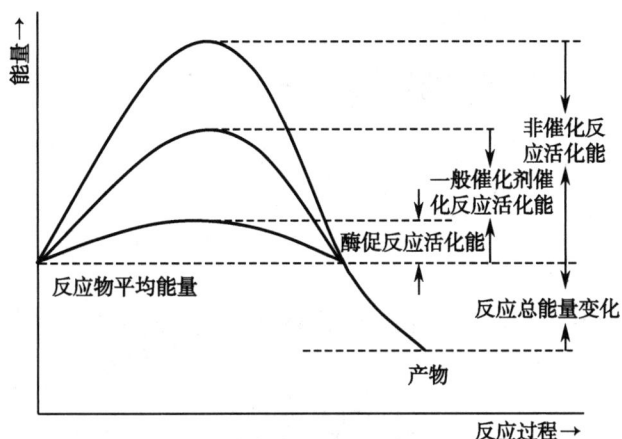

图 3-2 酶促反应活化能的改变

（二）酶-底物复合物的形成与诱导契合学说

酶-底物结合的诱导契合学说认为酶在发挥催化作用前需先与底物结合,两者在结构上相互诱导、相互变形和相互适应,进而结合生成酶-底物复合物(图 3-3),此复合物再进行分解而释放出酶,同时生成一种或数种产物。酶构象的改变有利于酶与底物分子的结合,并使底物分子在酶的诱导下转变为不稳定的过渡态,易受酶的催化而转变为产物。

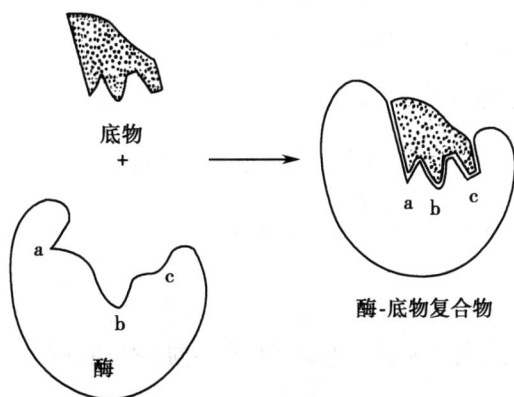

图 3-3 酶-底物结合的诱导契合作用示意图

酶-底物复合物的形成,改变了原来的反应途径,从而大幅度降低酶促反应所需的活化能,使化学反应速度加快。

酶催化作用
机制

四、酶原与酶原的激活

有些酶在细胞内合成或初分泌时没有催化活性,这种无活性状态的酶的前体称为酶原。在一定条件下,无活性的酶原可转变为具有催化活性的酶,此过程称为酶原的激活。体内以酶原形式存在的酶主要是消化腺分泌的蛋白水解酶以及参与凝血过程的凝血因子和纤维蛋白溶解酶等。

酶原激活的实质是酶的活性中心形成或暴露的过程。在酶原的激活过程中,酶原被水解去掉一个或几个特殊的肽段后,分子构象发生一定程度的改变,从而形成或暴露酶的活性中心,酶原也就转变为具有催化能力的酶。例如胰蛋白酶原在胰腺内合成分泌后,随胰液进入小肠,在 Ca^{2+} 存在下受肠激酶的水解,其 N-端第 6 位赖氨酸残基与第 7 位异亮氨酸残基之间的肽键断裂,释放出一个六肽,分子构象发生改变,形成了酶的活性中心,于是无活性的胰蛋白酶原也就变成了有催化活性的胰蛋白酶(图 3-4)。

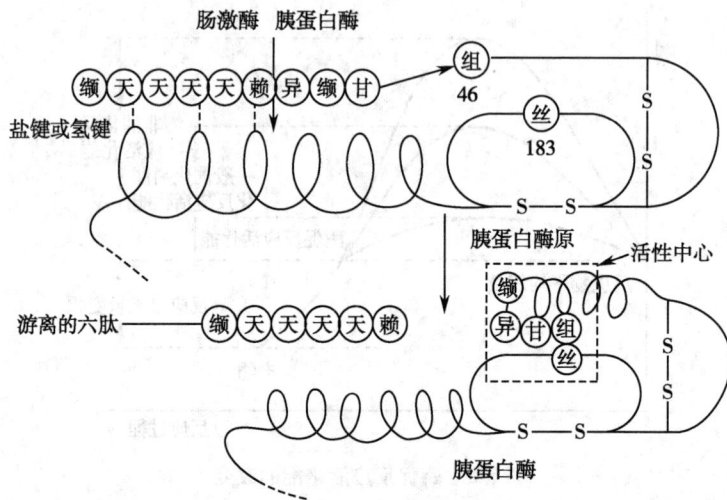

图 3-4 胰蛋白酶原激活示意图

酶原激活有重要的生理意义,一方面保护细胞本身的蛋白质不受蛋白酶的消化破坏;另一方面保证特定的酶在特定的部位和环境发挥生理作用;同时酶原还可以视为酶的储存形式。如组织或血管内膜受损后激活凝血因子;胃主细胞分泌的胃蛋白酶原和胰腺细胞分泌的胰凝乳蛋白酶原、胰蛋白酶原、弹性蛋白酶原等分别在胃和小肠激活成相应的活性酶,促进食物蛋白质的消化。如果酶原的激活过程发生异常,将导致一系列疾病的发生。胰腺炎的发生就是由于蛋白酶原在未进小肠时就被激活,激活的蛋白酶水解自身的胰腺细胞,导致胰腺出血、肿胀。

五、同工酶与疾病的诊断

同工酶是指催化相同的化学反应,但酶蛋白的分子结构、理化性质及免疫学性质不同的一组酶。同工酶存在于同一种属或同一个体的不同组织,甚至存在于同一组织细胞的不同亚细胞结构中。现已发现几百种同工酶,例如乳酸脱氢酶(LDH)、肌酸激酶(CK)等。大多数同工酶是由两个或两个以上相同或不同的亚基组成的聚合体。

同工酶广泛分布于不同的组织器官中。然而不同组织器官中,它们的含量与分布比例不同,可形成各组织特有的同工酶谱,也使得不同的组织细胞具有不同的代谢特点。

(一)乳酸脱氢酶

乳酸脱氢酶(LDH)是由 H 亚基(心肌型)和 M 亚基(骨骼肌型)组成的四聚体。这两种亚基以不同的比例组成 5 种同工酶:$LDH_1(H_4)$、$LDH_2(H_3M)$、$LDH_3(H_2M_2)$、$LDH_4(HM_3)$、$LDH_5(M_4)$(图 3-5)。

这五种同工酶虽催化相同的化学反应,但它们在各组织中的含量和分布比例不同、电泳速率也有差异,人体的各组织 LDH 同工酶谱见表 3-2。LDH_1 在心肌细胞中含量较高,而 LDH_5 在肝和骨骼肌细胞中含量高,若某一组织发生病变或损伤,会引起血清 LDH 同工酶谱发生变化可被用于临床诊断。

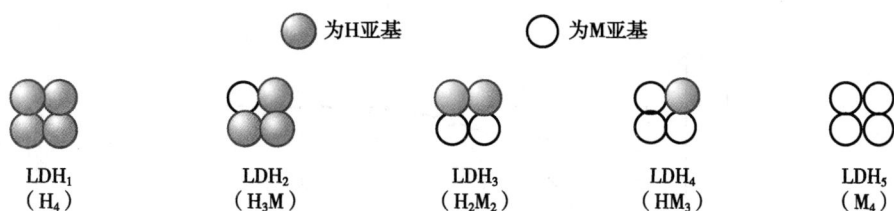

○ 为H亚基　○ 为M亚基

| LDH₁ (H₄) | LDH₂ (H₃M) | LDH₃ (H₂M₂) | LDH₄ (HM₃) | LDH₅ (M₄) |

图 3-5　LDH 同工酶结构模式图

表 3-2　人体各组织 LDH 同工酶谱

组织器官	人体各组织 LDH 同工酶谱				
	LDH_1	LDH_2	LDH_3	LDH_4	LDH_5
心肌	73	24	3	0	0
红细胞	43	44	12	1	0
肝	2	4	11	27	56
肾	43	44	12	1	0
骨骼肌	0	0	5	16	79
正常血清	27.1	34.7	20.9	11.7	5.7

（二）肌酸激酶

肌酸激酶（CK）由 M 型（肌型）和 B 型（脑型）两种亚基组成的二聚体酶,共有三种同工酶存在不同的组织中。CK_1-BB 型主要存在脑组织;CK_2-BM 型只存在心肌组织,CK_2 活性的测定对于早期诊断心肌梗死有一定意义;CK_3-MM 型主要存在骨骼肌。

同工酶的生物学意义:①调节代谢,满足某些组织或某一发育阶段代谢转换的特殊需要,提供了对不同组织或不同发育阶段代谢转换的独特调节方式,用于解释发育过程中不同阶段特有的代谢特征;②检测同工酶谱的改变有助于疾病诊断;③作为遗传标记,广泛用于遗传分析。

第三节　影响酶促反应速度的因素

酶的活性大小可用酶促反应速度（V）来衡量。酶促反应速度一般用单位时间内底物（S）的减少量或产物（P）的增加量来表示。酶是蛋白质,很多因素会影响酶蛋白的空间结构,从而使酶的活性改变,最终表现出酶促反应速度的改变。

在酶促反应中,酶首先与 S 结合形成[ES]复合物,然后[ES]分解,生成 P,并释放出酶。

$$E + S \rightleftharpoons ES \longrightarrow P + E$$

[ES]复合物的形成是酶促反应中十分重要的一步,P 生成的速度与[ES]有关。

研究表明,底物浓度、酶浓度、温度、pH、激活剂和抑制剂等因素都可以影响[ES]的形成,从而不同程度影响酶促反应速度。

一、底物浓度的影响

酶促反应体系中,在酶浓度、pH、温度等条件不变的情况下,只改变底物浓度[S],发现[S]与反应速度 v 之间呈矩形双曲线关系,如图 3-6 所示。在底物浓度很低时,反应速度随底物浓度的增加而急骤加快,两者呈正比关系,表现为一级反应。随着底物浓度的升高,反应速度不再呈正比例加快,反应速度增加的幅度不断下降,呈现出一级反应与零级反应的混合级反应。如果继续增加底物浓度,反应速度不再增加,到达最大反应速度（V_{max}）,表现为零级反应。此时,无论底物浓度增加多大,反应速度也不再增加,说明酶已被底物所饱和。所有的酶都有饱和现象,只是达到饱和时所需底物浓度各不相同而已。

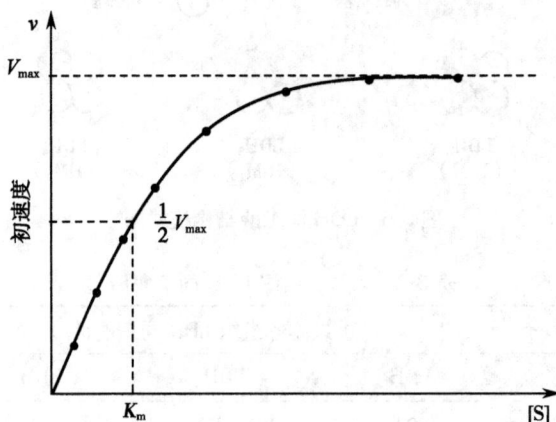

图 3-6 底物浓度对酶促反应速度的影响

二、酶浓度的影响

在酶促反应中,如果底物浓度足够大($[S]\gg[E]$),足以使酶饱和而有余且其他条件保持不变时,则随着酶浓度的增加,酶促反应的速度也相对加快,且成正比关系。因为$[E]$越大,$[ES]$越大,所以速度越快(图 3-7)。

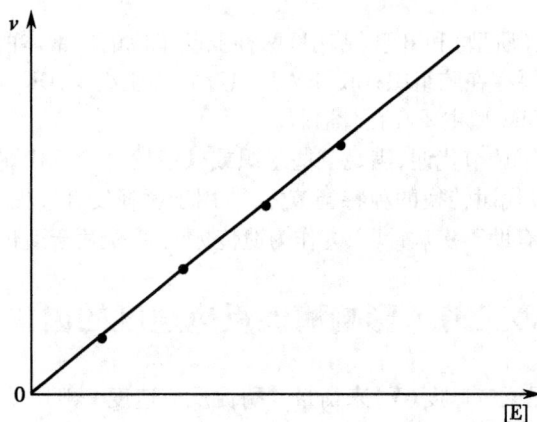

图 3-7 酶浓度对酶促反应速度的影响

三、温度的影响

温度对酶促反应速度的影响具有双重性。一般而言,酶促反应速度对温度作图呈抛物线,见图 3-8。一方面,在一定范围内(0~40℃),酶促反应遵循一般化学反应规律,随温度的升高,反应速度加快,一般情况下温度每升高 10℃,反应速度可增加 1~2 倍;但另一方面,当温度上升到一定高度时(>40℃),随温度的升高,酶促反应速度反而降低。这是由于酶是蛋白质,随着温度的升高酶变性失活的机会增加,使有活性的酶浓度大大降低,从而使反应速度降低。

酶促反应速度最快时的环境温度称为酶反应的最适温度。人体大多数酶的最适温度在 37℃ 左右。在低于最适温度时,随温度升高,酶促反应速度加快;当温度超过最适温度时,酶促反应速度逐渐减慢;当温度升高到 60℃ 时,绝大多数酶开始变性;超过 80℃ 时,酶发生不可逆变性而完全失去催化活性。

当机体因病发热时,酶活性增强,导致代谢速度加快。高温可使酶失活而用于高温灭菌。低温时,酶的催化活性很低,但不破坏酶分子结构,当温度回升后,酶活性即可恢复。利用此原理,可低温保存菌种及生物制剂。临床上外科手术采用的低温麻醉就是利用低温能降低酶的活性这一性质以减

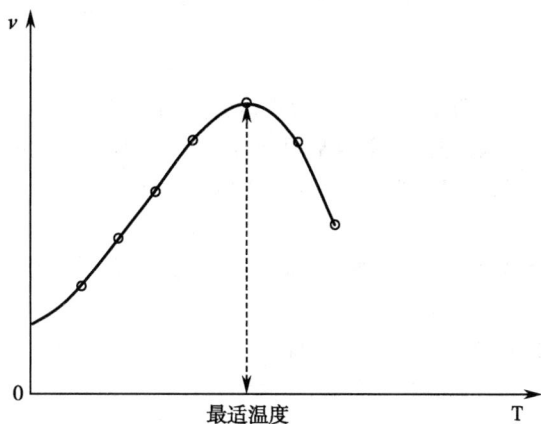

图 3-8　温度对酶促反应速度的影响

慢组织细胞的代谢速度,提高患者对缺氧和营养物质缺乏的耐受性,便于手术治疗。

四、pH 的影响

酶的活性受环境 pH 的影响很大。酶是蛋白质,具有两性解离的性质。从图 3-9 中可以看到,在某一 pH 时,酶与底物的结合程度最大而呈现出最大的催化活性,反应速度最快,这时的 pH,称为酶的最适 pH。高于或低于酶的最适 pH,速度都会下降,偏离最适 pH 越远,其活性就越低,甚至会使酶变性失活。

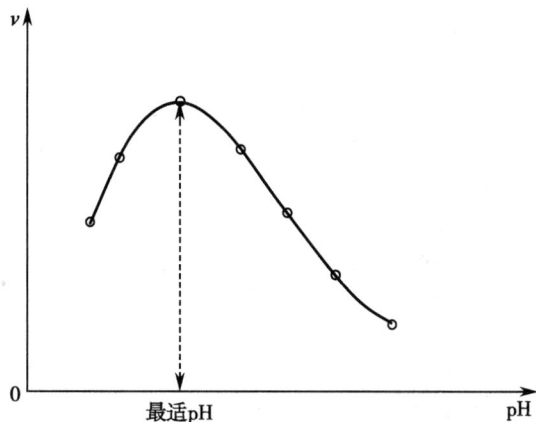

图 3-9　pH 对酶促反应速度的影响

体内大多数酶的最适 pH 在 6.5~8.0 之间。但也有例外,如胃蛋白酶的最适 pH 为 1.8 左右,精氨酸酶的最适 pH 为 9.8 左右。

最适 pH 不是酶的特征性常数,它受很多因素影响。环境 pH 主要影响酶活性中心必需基团的解离程度以及酶活性中心的空间构象,同时也可影响底物分子中某些基团的解离,从而影响了酶与底物的结合能力,最终改变了反应速度。因此,在测定酶活性时,应选择适宜的 pH 缓冲溶液,以保持酶活性相对恒定及测试的准确性。

五、激活剂的影响

凡能使酶由无活性变为有活性或使酶活性增强的物质称为酶的激活剂。酶的激活剂多数是金属阳离子,如 K^+、Mg^{2+}、Ca^{2+}、Na^+ 等,少数为阴离子,如 Cl^-、Br^- 等。根据酶对激活剂的依赖程度,可将其分为必需激活剂和非必需激活剂。必需激活剂对酶促反应是不可缺少的,否则将测不到酶的活性。如 Mg^{2+} 是大多数激酶的必需激活剂。有些激活剂不存在时,酶仍有一定的催化活性,这类激活剂称为非必需激活剂。如 Cl^- 对唾液淀粉酶的作用就是如此。

六、抑制剂的影响

凡能使酶活性下降但不引起酶蛋白变性的物质称为酶的抑制剂（I）。抑制剂主要是与酶分子上的一些基团、特别是酶的活性中心的某些必需基团结合,从而引起酶活性的改变。根据抑制剂与酶结合的方式不同,抑制作用可分为不可逆性抑制和可逆性抑制两类。

（一）不可逆性抑制

不可逆性抑制剂以共价键形式与酶活性中心的必需基团结合,使酶活性降低。这类抑制剂不能以透析或超滤等方法除去,由此引起的抑制作用称为不可逆性抑制。

1. **羟基酶抑制剂**　有机磷杀虫剂（乐果、敌百虫、敌敌畏、对硫磷等）能与胆碱酯酶活性中心丝氨酸残基的羟基（—OH）结合,使该酶活性受抑制,使胆碱能神经末梢分泌的乙酰胆碱不能及时分解,造成乙酰胆碱蓄积,引起胆碱能神经兴奋性增强,表现出一系列的中毒症状（如心率减慢、瞳孔缩小、流涎、多汗和呼吸困难等）。

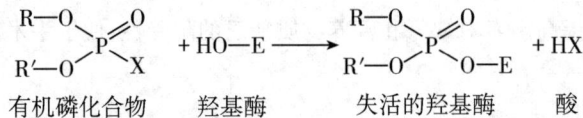

$$\underset{\text{有机磷化合物}}{R\text{—}O\text{—}\overset{O}{\underset{|}{P}}\text{—}X} + \underset{\text{羟基酶}}{HO\text{—}E} \longrightarrow \underset{\text{失活的羟基酶}}{R\text{—}O\text{—}\overset{O}{\underset{|}{P}}\text{—}O\text{—}E} + \underset{\text{酸}}{HX}$$

临床上用解磷定（PAM）来治疗有机磷中毒。解磷定能夺取和胆碱酯酶未牢固结合的有机磷农药,解除有机磷对酶的抑制作用,使胆碱酯酶恢复活性。

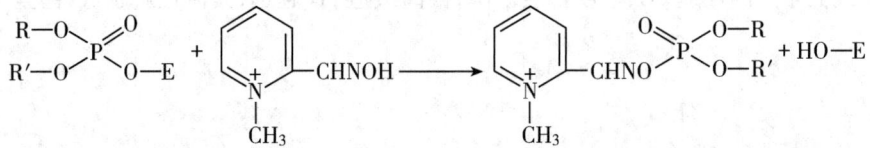

$$R\text{—}O\text{—}\overset{O}{\underset{|}{P}}\text{—}O\text{—}E + \underset{CH_3}{\overset{+}{N}}\text{—}CHNOH \longrightarrow \underset{CH_3}{\overset{+}{N}}\text{—}CHNO\overset{O}{\underset{|}{P}}\text{—}O\text{—}R + HO\text{—}E$$

2. **巯基酶抑制剂**　某些重金属离子（Hg^{2+}、As^{2+}、Ag^+ 等）、路易士毒气（含砷的化合物）等,可与酶的必需基团巯基结合,抑制酶的活性,使人畜中毒或死亡。此类中毒可以用二巯丙醇（BAL）解毒,恢复酶的活性。

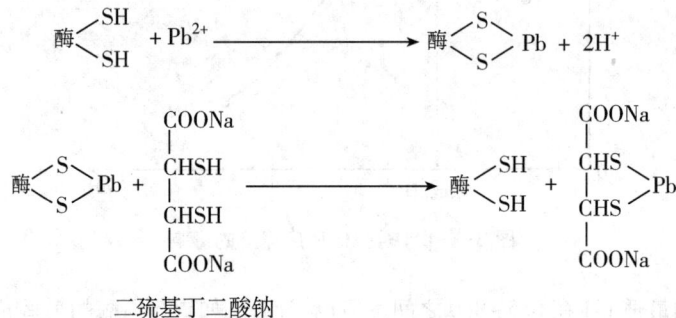

$$\text{酶}\overset{SH}{\underset{SH}{\big\langle}} + Pb^{2+} \longrightarrow \text{酶}\overset{S}{\underset{S}{\big\rangle}}Pb + 2H^+$$

$$\text{酶}\overset{S}{\underset{S}{\big\rangle}}Pb + \overset{\overset{COONa}{|}\ \ CHSH}{\underset{\underset{COONa}{|}\ \ CHSH}{}} \longrightarrow \text{酶}\overset{SH}{\underset{SH}{\big\langle}} + \overset{\overset{COONa}{|}\ \ CHS}{\underset{\underset{COONa}{|}\ \ CHS}{\big\rangle}}Pb$$

二巯基丁二酸钠

（二）可逆性抑制

可逆性抑制剂以非共价键与酶结合,使酶活性降低或丧失,这类抑制剂能以透析或超滤等方法除去,使酶恢复活性,由此引起的抑制作用称为可逆性抑制。可逆性抑制常见的有三类:

1. **竞争性抑制**　竞争性抑制剂（I）与底物（S）结构相似,可与底物竞争酶的活性中心,阻碍底物与酶结合形成中间产物,使酶促反应速度减慢,这种抑制作用称为竞争性抑制。由于 I 与 S 结构类似,因此两者互相竞争结合酶的活性中心,若 I 与 E 形成 EI 复合物,就不能再结合 S,而当 S 与 E 形成 ES 复合物,也不能再结合 I。但 E 与 I 形成 EI 不能催化 I 发生变化（图3-10）。

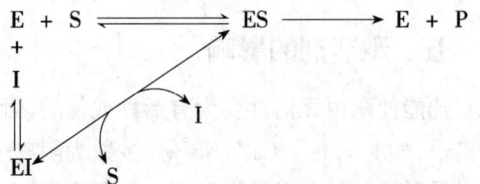

例如:丙二酸对琥珀酸脱氢酶的抑制作用是竞争

图3-10　竞争性抑制的反应过程

性抑制。丙二酸与琥珀酸结构相似,是琥珀酸脱氢酶的竞争性抑制剂,当丙二酸的浓度较高时,抑制作用较强;若增加反应体系中的琥珀酸浓度,此抑制作用则可减弱。

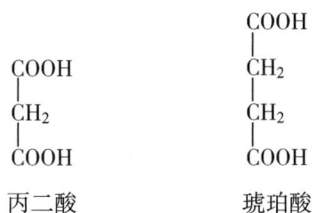

$$
\begin{array}{ccc}
& & \text{COOH} \\
& & | \\
\text{COOH} & & \text{CH}_2 \\
| & & | \\
\text{CH}_2 & & \text{CH}_2 \\
| & & | \\
\text{COOH} & & \text{COOH} \\
\text{丙二酸} & & \text{琥珀酸}
\end{array}
$$

实验证明,当琥珀酸的浓度不变时,增加丙二酸浓度,抑制作用增强;若丙二酸浓度不变,增加琥珀酸的浓度,抑制作用减弱。可见,竞争性抑制剂对酶活性的抑制程度,取决于 I 与 S 浓度的相对比例,若 I 浓度大于 S 浓度,抑制作用则强,反之则弱。当抑制剂浓度不变时,增加 S 浓度可减弱或解除抑制作用。

竞争性抑制剂的作用机制在临床治疗疾病中应用十分广泛。许多药物都是酶的竞争性抑制剂。例如磺胺类药物抑制某些细菌生长的作用机制即是竞争性抑制作用的典型代表。对磺胺类药物敏感的细菌在生长繁殖时,不能直接利用环境中的叶酸,只能在菌体内二氢叶酸合成酶的催化下,以对氨基苯甲酸(PABA)等物质为原料合成二氢叶酸,进而还原形成四氢叶酸,四氢叶酸是细菌体内合成核苷酸的辅酶。其合成反应如下:

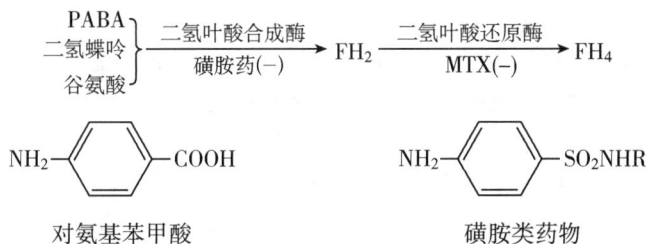

$$
\begin{array}{c}
\text{PABA} \\
\text{二氢蝶呤} \\
\text{谷氨酸}
\end{array}
\xrightarrow[\text{磺胺药}(-)]{\text{二氢叶酸合成酶}}
\text{FH}_2
\xrightarrow[\text{MTX}(-)]{\text{二氢叶酸还原酶}}
\text{FH}_4
$$

$$
\text{NH}_2 \text{—} \bigcirc \text{—COOH} \qquad\qquad \text{NH}_2 \text{—} \bigcirc \text{—SO}_2\text{NHR}
$$

对氨基苯甲酸　　　　　　　　　　　磺胺类药物

磺胺类药物的化学结构与对氨基苯甲酸的结构相似,能与对氨基苯甲酸竞争二氢叶酸合成酶的活性中心,从而竞争性地抑制二氢叶酸合成酶,使细菌体内二氢叶酸生成减少,核酸的合成受阻,细菌繁殖受到抑制,达到抑菌的目的。人体能直接利用食物中的叶酸,故核酸的合成短期的不受磺胺类药物的干扰。根据竞争性抑制作用的特点,在临床应用磺胺类药物时,必须维持磺胺药物在血液中的有效浓度,才能达到有效的抑菌效果。

许多抗癌药物也是相应酶的竞争性抑制剂。如甲氨蝶呤(MTX)是二氢叶酸还原酶的竞争性抑制剂,5-氟尿嘧啶(5-FU)是胸腺嘧啶核苷酸合成酶的竞争性抑制剂,6-巯基嘌呤(6-MP)能竞争性地抑制次黄嘌呤-鸟嘌呤磷酸核糖转移酶。它们分别通过抑制肿瘤细胞内四氢叶酸、胸苷酸、次黄嘌呤和鸟嘌呤核苷酸合成,从而抑制肿瘤细胞的生长达到治疗的目的。

$$
\begin{array}{ccccc}
\text{E} + \text{S} & \rightleftharpoons & \text{ES} & \longrightarrow & \text{E} + \text{P} \\
+ & & + & & \\
\text{I} & & \text{I} & & \\
\updownarrow & & \updownarrow & & \\
\text{EI} + \text{S} & \rightleftharpoons & \text{ESI} & &
\end{array}
$$

图 3-11　非竞争性抑制的反应过程

2. **非竞争性抑制**　非竞争性抑制剂与底物结构不相似,抑制剂不与底物竞争酶的活性中心,而是结合于酶的活性中心外,使酶的活性受到影响,这种抑制作用称非竞争性抑制。酶可同时与底物、抑制剂结合形成 ESI 或 EIS 的复合物,使其不能进一步分解成产物(图 3-11)。

例如毒毛花苷 G 是细胞膜上 Na^+,K^+-ATP 酶的非竞争性抑制剂;氰化物对细胞色素氧化酶的抑制也属非竞争性抑制作用等。

3. **反竞争性抑制**　抑制剂不能与游离的酶结合,只能与酶-底物复合物(ES)结合生成 ESI,减少了中间产物转化为产物的量。在反应体系中由于 ESI 的形成,使 ES 的量下降,增加了酶与底物的亲和力,从而增加了酶与底物的结合,这种抑制作用称为反竞争性抑制(图 3-12)。该反应体系中的有效酶浓度下降,V_{max} 下降;而当 I 与 ES 结合后,又会使更多的 S 加速向 ESI 趋近,故 S 与 E 的亲和力增加,K_m 值减小。

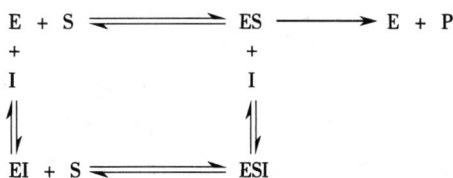

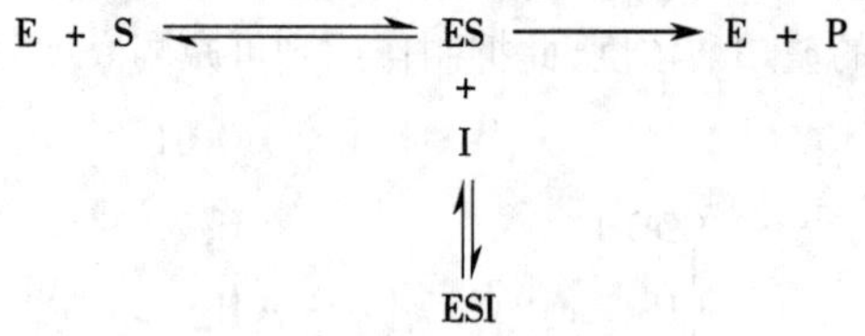

$$E + S \rightleftarrows ES \longrightarrow E + P$$
$$+$$
$$I$$
$$\big\updownarrow$$
$$ESI$$

图 3-12 反竞争性抑制的反应过程

第四节 酶与医学的关系

酶催化体内物质代谢有条不紊地进行,同时又对物质代谢过程发挥调节作用,酶在生物体内物质代谢及调节过程中的重要作用,使酶在医学领域得到了广泛的应用。人类的许多疾病与酶的质与量的改变有关。同时,体液中酶活性的改变对许多疾病的发生、发展及预后判断具有重要意义

一、酶与疾病的关系

(一)酶与疾病的发生

现在已发现某些疾病的发生是由于酶的先天遗传性缺陷或活性受到抑制所引起的。如酪氨酸酶缺乏会引起白化病;苯丙氨酸羟化酶缺乏可引起苯丙酮尿症;6-磷酸葡萄糖脱氢酶缺乏引起蚕豆病等。酶的活性也会因受到某些环境的影响而受抑制。如前所述的重金属盐中毒、CO 中毒和有机磷中毒等。由此可见,酶的缺乏或活性受到抑制都直接或间接地引起了疾病的发生。

(二)酶与疾病的诊断

正常人血液等体液中含有多种酶,且酶的活性也稳定在一定的范围。某些疾病可引起血、尿等体液中酶活性的改变,故测定血清等体液中酶的活性有助于对临床诊断疾病及判断疾病的预后。血中酶活性改变的常见几种病理情况如下:

1. 组织细胞损伤、坏死或膜通透性增加,都能使细胞内大量酶释放入血。如急性胰腺炎时,血清中淀粉酶(AMS)增高;急性肝炎时,血清中丙氨酸转氨酶(ALT)增高;急性心肌梗死时,血清中肌酸激酶(CK)、乳酸脱氢酶(LDH)增高等。

2. 酶合成减少或受抑制时,血清酶活性降低。如肝功能严重受损时,凝血酶原、凝血因子Ⅶ等合成障碍;有机磷中毒时,胆碱酯酶受抑制等。

3. 酶的合成增加或清除受阻,血清酶活性增高。如佝偻病患者,成骨细胞活性增强,合成碱性磷酸酶增加;肝硬化时血清碱性磷酸酶不能及时清除,引起血清中该酶活性增高。

(三)酶与疾病的治疗

酶制剂作为药物已广泛用于治疗疾病,如胃蛋白酶合剂用于消化不良;胰凝乳蛋白酶、链激酶、胰蛋白酶等用于外科创伤化脓伤口的净化、防止腹膜粘连;链激酶、尿激酶、纤溶酶等用于治疗血凝、血栓等疾病;弹性蛋白酶用于治疗高脂蛋白血症,防治动脉硬化症;天冬酰胺酶等用于治疗癌症。临床上还应用一些辅酶(如 CoQ 等)作为心、肝、脑、肾等疾病的辅助治疗,并常与细胞色素 c 和 ATP 等组成"能量合剂"使用。然而酶是蛋白质,有抗原性,可引起免疫反应,因此酶作为药物在应用上受到一定限制。

二、酶在其他领域的应用

酶作为检测试剂用于临床检验。临床上利用酶标记测定法检测某些微量物质时,将酶与被检测物质结合,从而使该物质被酶所标记,通过测定酶的活性来判断被标记物质或与其定量结合的物质的存在和含量。

某些酶作为基因工程常用的工具酶用于科学研究。人们利用酶具有高度特异性的特点,将酶作为工具,在分子水平上对某些生物大分子进行定向的分割与连接。如限制性核酸内切酶、TaqDNA 聚合酶和 DNA 连接酶等。

此外,酶在工业和日常生活中的应用也非常广泛,如特定的酶合成抗生素;加酶洗衣粉帮助去除衣物上的污渍和油渍等。

本章小结

　　酶是活细胞产生的、能在体内外对其作用物起同样催化作用的生物大分子,其化学本质主要是蛋白质,可分为单纯酶与结合酶。结合酶由酶蛋白和辅因子组成,酶蛋白决定反应的特异性,辅因子决定反应的性质。酶的活性中心是酶产生催化功能的结构域,包括结合基团和催化基团。酶具有高度催化效率、高度特异性、高度不稳定性与酶活性的可调节性等特点。酶原和同工酶是酶的两种特殊存在形式,具有重要的临床意义。

　　影响酶促反应速度的因素有底物浓度、酶浓度、温度、酸碱度、激活剂与抑制剂。抑制作用包括不可逆抑制和可逆抑制,可逆抑制又分为竞争性抑制、非竞争性抑制与反竞争性抑制。

（杨　华）

扫一扫,测一测

思考题

1. 影响酶促反应速度的因素有哪些? 简要说明温度对酶促反应的双重影响。
2. 什么是酶原的激活? 举例说明。
3. 简述磺胺药、解磷定药物作用的生化机制。

第四章　维生素化学

04章PPT

学习目标

1. 掌握脂溶性维生素的主要生化作用及相应缺乏症;水溶性维生素在体内的活性形式、主要生化作用及相应缺乏症。
2. 熟悉维生素概念、命名及分类;维生素缺乏的原因。
3. 了解维生素的化学本质及性质,维生素的主要来源。
4. 能运用所学维生素知识,辨别维生素的缺乏或中毒,并能分析导致其缺乏或中毒的原因。

维生素(vitamin)是维持人体正常生命活动过程所必需的,但在体内不能合成或合成量甚少,不能满足机体需要,必须由食物供给的一组低分子有机化合物。维生素是必需营养素,它们以其本体或其有活性的前体形式存在于天然食物中,主要作用是参与调节人体物质代谢及维持机体正常的生理功能。但是维生素不是构成机体组织的组成成分,也不是供能物质。

0401 案例导学解析

案例导学

某年,某研究小组在某国家级贫困县调研,抽查某镇中心小学四年级某班学生进行体征检查和血常规分析,结果表明52人中有36人存在不同程度的营养缺乏,表现为低体重、消瘦、头发枯黄、皮肤干燥、牙龈出血、疲乏无力、注意力不集中等症状。对学生能量和营养素的摄入情况调查结果显示:能量、蛋白质、钙、锌、维生素 A、E、C 的平均摄入量均低于膳食营养素推荐摄入量,尤其是钙、维生素 A、C 的平均摄入量不足膳食营养素推荐摄入量的50%。

问题与思考:

1. 案例中的孩子们对多种营养素出现不同程度的缺乏,讨论分析导致孩子们维生素缺乏的原因可能有哪些?
2. 维生素缺乏对机体有何影响?
3. 维生素 A、C 缺乏可能引起孩子们出现哪些症状?

笔记

第一节 概 述

一、维生素的命名与分类

（一）命名

维生素的命名方法通常有三种：①按其被发现的先后顺序，以拉丁字母命名，如维生素 A、B、C、D、E 等；②按其化学结构特点命名，如硫胺素、核黄素等；③按其生理功能和治疗作用命名，如抗眼干燥症维生素、抗坏血酸维生素、抗佝偻病维生素等。此外，有些维生素在最初发现时认为是一种，后经证明是多种维生素混合存在，命名时在拉丁字母的右下方标注 1、2、3 等数字加以区别，如维生素 B_1、B_2、B_6、B_{12} 等。

（二）分类

维生素种类多，化学结构差异大。习惯上根据维生素的溶解性不同，将其分为脂溶性维生素（lipid-soluble vitamin）和水溶性维生素（water-soluble vitamin）两大类。脂溶性维生素包括维生素 A、D、E、K，水溶性维生素包括 B 族维生素和维生素 C。B 族维生素又包括维生素 B_1、B_2、B_6、B_{12}、维生素 PP、泛酸、叶酸、生物素等。

二、维生素的需要量与缺乏症

（一）维生素的需要量

维生素的需要量是指能保持人体健康、达到机体应有的发育水平和高效完成各项体力和脑力活动所需要的维生素的必需量。维生素的需要量可通过人群调查验证和实验研究两种形式确定，人体每天对维生素的需要量很少，常以毫克或微克计。

（二）维生素缺乏的原因

一般情况下，机体可通过合理膳食来得到所需的全部维生素。但某些原因会导致机体长期缺乏某种维生素，继而发生物质代谢障碍，并出现相应的维生素缺乏症（avitaminosis）。引起维生素缺乏的常见原因如下：

1. 摄入量不足　主要由于膳食调配不合理、严重偏食，或食物的处理、烹调、贮存方法不当，造成维生素的大量破坏与丢失，从而导致机体某些维生素的摄入不足。如淘米过度、米面加工过细、煮稀饭加碱等可导致维生素 B_1 的丢失或破坏等。

2. 吸收障碍　多见于消化系统疾病患者，如长期腹泻、消化道梗阻、胆道疾病患者等。此外，摄入脂肪量过少人群，常伴有脂溶性维生素的吸收障碍。

3. 需要量增加　如孕妇、乳母、生长发育期儿童、某些疾病（如慢性消耗性疾病）患者等，均对维生素的需要量相对增加，如不及时补充，则可引起维生素的相对缺乏。

4. 体内维生素生成不足或障碍　如长期服用广谱抗菌药物可抑制肠道正常菌群的生长，从而影响维生素 K、B_6、叶酸、PP、生物素等的产生；日光照射不足可使皮肤内的维生素 D_3 生成不足，易造成小儿佝偻病或成人软骨病等。

第二节 脂溶性维生素

脂溶性维生素包括维生素 A、D、E、K。它们的共同特点为：①不溶于水，而易溶于脂类及多数有机溶剂；②在食物中常与脂类共同存在，并随脂类一同吸收，在血液中与脂蛋白或某些特殊的结合蛋白相结合而被运输；③可通过胆汁酸代谢排出体外，但排泄效率低。在体内主要储存于肝脏，不需每日供给。若长期过量摄入可在体内蓄积而引起慢性中毒。

一、维生素 A

（一）化学本质与性质

维生素 A 又称抗眼干燥症维生素，是由 β-白芷酮环和两分子异戊二烯构成的不饱和一元醇。其化学性质活泼,易氧化,遇光和热更易被氧化而失活,故应在棕色瓶内避光保存。冷藏食品可保存食物中的大部分维生素 A。此外,维生素 A 的结构中含有共轭双键,具有紫外吸收性质。

天然的维生素 A 有 A₁(视黄醇)和 A₂(3-脱氢视黄醇)两种形式。A₁ 有活性,存在于哺乳动物及咸水鱼的肝脏中;A₂ 无活性,存在于淡水鱼的肝脏中。视黄醇在醇脱氢酶催化下脱氢氧化生成视黄醛,视黄醛又可在醛脱氢酶催化下氧化生成视黄酸。视黄醇、视黄醛和视黄酸是维生素 A 在体内的活性形式。

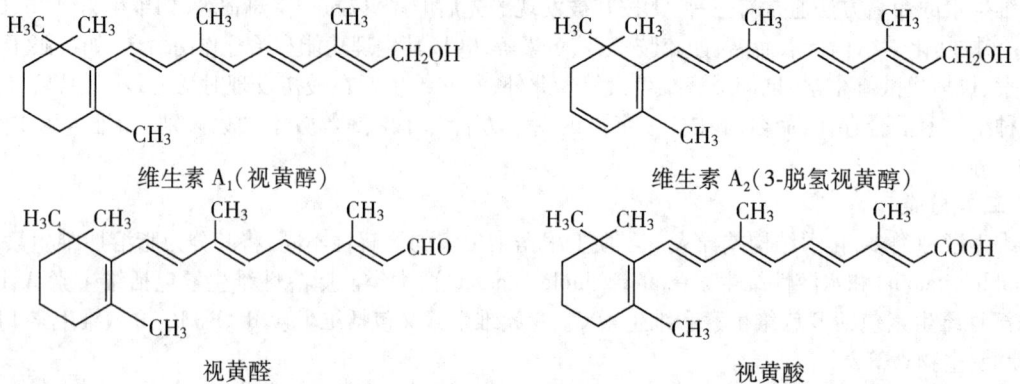

维生素 A₁(视黄醇)　　　　　　　　　　维生素 A₂(3-脱氢视黄醇)

视黄醛　　　　　　　　　　　　　　　视黄酸

维生素 A 主要来源于动物性食品,如肝、肉类、蛋黄、乳制品、鱼肝油等。植物性食物如胡萝卜、菠菜、番茄、枸杞子、红辣椒等不含维生素 A,但含有多种胡萝卜素,它们在体内可转变为维生素 A,被称为维生素 A 原。β-胡萝卜素是最重要的维生素 A 原,可在小肠黏膜细胞 β-胡萝卜素加氧酶的作用下,加氧断裂,生成 2 分子的视黄醛,再经还原生成 2 分子视黄醇。

(二) 生化作用

1. **参与合成视紫红质,维持眼的暗视觉**　视紫红质是一种对弱光或暗光敏感的物质,由光敏感视蛋白与其辅基 11-顺视黄醛结合生成,可保证视杆细胞持续感光出现暗视觉,并通过视循环进行转变(图 4-1)。因此,维生素 A 缺乏,可导致 11-顺视黄醛的补充不足,视紫红质合成减少,对弱光敏感性降低,轻者暗适应时间延长,严重时可导致"夜盲症"。

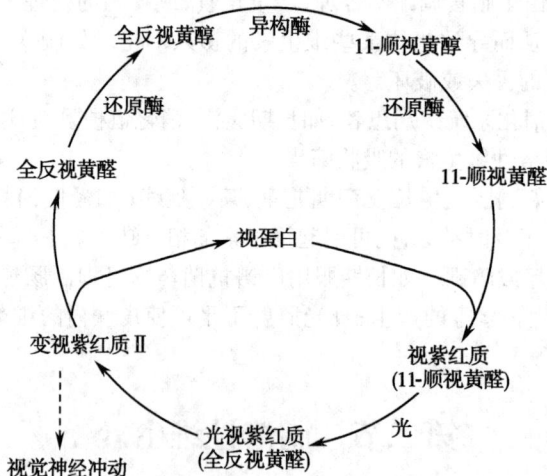

图 4-1　视循环

2. **维持上皮组织的功能和促进生长发育**　维生素 A 的代谢中间产物——视黄酸,可参与糖蛋白的合成,促进上皮细胞的发育和分化,维持上皮组织的正常形态和生长。当维生素 A 缺乏时,可引起上皮组织干燥、增生和角质化,表现为皮肤粗糙、毛囊角质化等。眼部的病变表现为角膜和结膜表皮细胞退变、泪腺上皮不健全、泪液分泌减少甚至停止,出现角膜干燥和角质化,称为眼干燥症(俗称干眼病)。

此外,视黄酸在基因表达和人体生长、发育、细胞分化等过程中具有重要的调控作用。当维生素 A 缺乏时,儿童可出现生长缓慢、发育不良。

3. 具有抗氧化作用　维生素 A 和胡萝卜素是有效的抗氧化剂,在氧分压较低的条件下,能直接清除自由基,防止细胞膜和富含脂质组织的脂质过氧化,故能防止自由基蓄积引起的肿瘤和多种疾病的发生。此外,动物实验证明,维生素 A 及其衍生物可诱导肿瘤细胞分化和凋亡、减轻致癌物的作用,抑制肿瘤的生长。

维生素 A 摄入过多可引起中毒,多见于婴幼儿,一般是因为鱼肝油服用过量引起。维生素 A 中毒的主要表现有头痛、恶心、共济失调、肝大、易于出血等。孕妇摄入过多易发生胎儿畸形,因而应当适量摄取。

> **知识拓展**
>
> **维生素 A 的衍生物—— 全反式维 A 酸**
>
> 全反式维 A 酸(ATRA)是维生素 A 的天然衍生物之一,也是目前国内治疗急性早幼粒细胞白血病(APL)的临床首选化疗药物,但是其治疗 APL 的确切机制尚不清楚。近年来大量研究表明,ATRA 具有抑制部分致癌基因的活性,诱导肿瘤细胞分化和凋亡,增加癌细胞对化疗药物的敏感性,促进上皮细胞分化与生长,维持上皮组织的正常角化过程,减少皮脂的分泌等功能。ATRA 具有疗效高、不良反应小等一系列优点。目前已成为各种皮肤病、部分恶性血液病、某些肿瘤及血管相关疾病治疗的重要药物之一。

二、维生素 D

(一)化学本质与性质

维生素 D 又称抗佝偻病维生素,是类固醇的衍生物,含有环戊烷多氢菲结构。其性质比较稳定,不易被热、酸、碱和氧破坏。天然维生素 D 主要有维生素 D_2(麦角钙化醇)和维生素 D_3(胆钙化醇)两种形式。维生素 D_3 被吸收后经肝脏、肾脏的羟化作用,生成其活性形式 1,25-二羟维生素 D_3 [1,25-$(OH)_2$-D_3]。

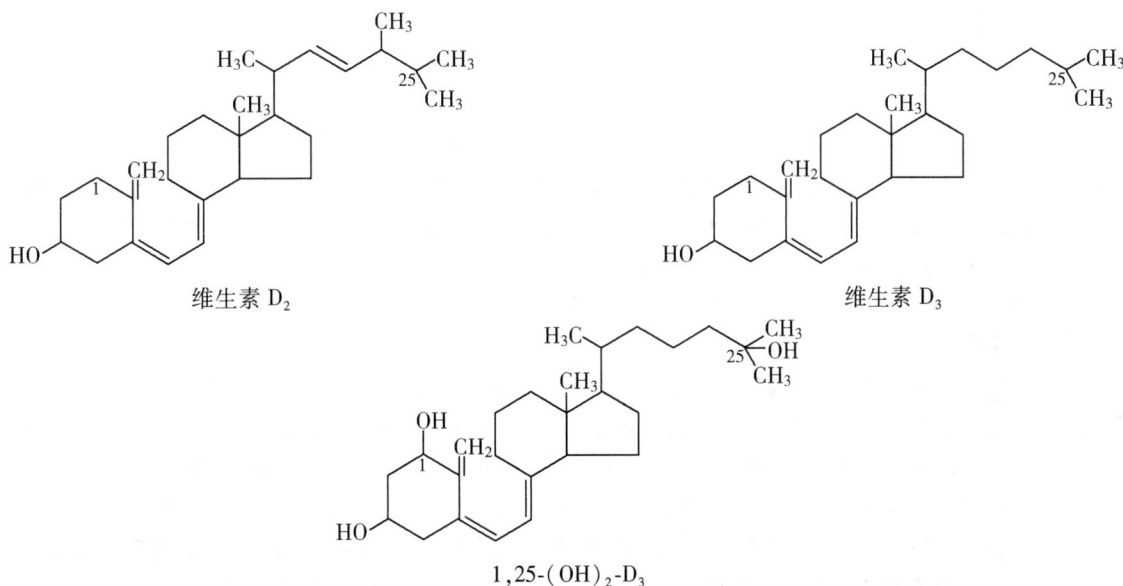

维生素 D_2　　　　　　　　　　　维生素 D_3

1,25-$(OH)_2$-D_3

动物性食品如鱼油、蛋黄、乳汁、肝等富含维生素 D_3。人体皮肤中储存有由胆固醇脱氢生成的 7-脱氢胆固醇,后者在紫外线照射下,可转变成维生素 D_3,故 7-脱氢胆固醇又被称为维生素 D_3 原。植物性食品如植物油和酵母中含有维生素 D_2 原,即麦角固醇。

(二)生化作用

1,25-$(OH)_2$-D_3 可促进小肠对钙、磷的吸收,促进肾小管对钙磷的重吸收,可促进肾小管上皮细胞对钙、磷的重吸收,从而维持血浆中钙、磷浓度的正常水平,有利于新骨的生成与钙化。维生素 D 还可促进成骨细胞的形成及钙在骨质中的沉积,有利于骨骼和牙齿的形成与钙化。当维生素 D 缺乏时,儿童可导致佝偻病,成人则引起软骨病。长期过量摄入维生素 D 可导致中毒,引起高钙血症、高钙尿症、高血压以及软组织钙化等。

知识拓展

25-羟维生素 D_3

维生素 D_3 在肝脏中经 25-羟化酶催化生成 25-羟基维生素 D_3[25-(OH)-D_3],后者是维生素 D_3 的重要衍生物,也是维生素 D_3 在人体代谢循环中的主要形式,常作为体内维生素 D_3 营养水平的评价指标。近年来,大量的研究表明,血清 25-(OH)-D_3 水平与儿童佝偻病、骨质疏松症、帕金森病、高血压、慢性肾病、2 型糖尿病和肿瘤等疾病的发生相关。因此,开展 25-羟维生素 D_3 的检测对疾病的预防有着重要意义。

25-羟维生素 D_3 的检测方法较多,按照检测原理分为免疫法和色谱法两大类。每种方法各有特点,可根据检测目的、检测对象、实验室人员技术能力和实验设备等因素综合考虑,选择合适的检测方法。

三、维生素 E

(一)化学本质与性质

维生素 E 属于酚类化合物,是苯骈二氢吡喃的衍生物,包括生育酚和生育三烯酚两大类。每类又可根据环上甲基的数目和位置不同,分为 α、β、γ、δ 四种。自然界中以 α-生育酚生理活性最高、分布最广。

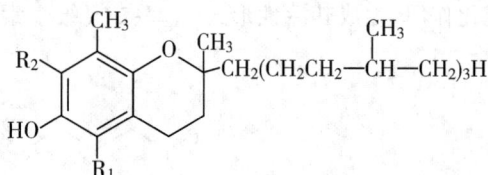
生育酚

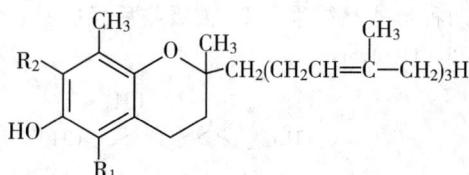
生育三烯酚

维生素 E 为微带黏性的淡黄色油状物。在无氧条件下对热稳定,对酸和碱有一定抗力;但对氧敏感,易被氧化,以保护其他物质不被氧化,故具有抗氧化作用。维生素 E 可被紫外线破坏,它与酸结合生成的酯类是较稳定的形式,也是在临床上的药用形式。

维生素 E 主要存在于植物油、油性种子、麦芽及绿叶蔬菜中。

(二)生化作用

1. 抗氧化作用 维生素 E 能清除自由基,防止生物膜的不饱和脂肪酸被氧化产生脂质过氧化物,从而保护细胞膜的结构与功能。当维生素 E 缺乏时,红细胞膜容易被氧化破坏,发生溶血。

2. 抗不育作用 动物实验证明,维生素 E 缺乏可导致动物生殖器官受损,甚至不育。但它对人类生殖功能的影响尚不明确,临床上常用维生素 E 防治先兆流产及习惯性流产。

3. 促进血红素代谢 维生素 E 能提高血红素合成过程中的关键酶 δ-氨基-γ-酮戊酸(δ-aminolevulinic acid, ALA)合酶和 ALA 脱水酶的活性,促进血红素的合成。新生儿缺乏维生素 E 可引起轻度溶血性贫血,可能与血红蛋白合成减少及红细胞寿命缩短有关。因此,孕妇、哺乳期妇女及新生儿应注意补充维生素 E。

由于维生素 E 在一般食品中含量充分,在体内保存时间长,故一般不易引起缺乏。

四、维生素 K

(一)化学本质与性质

维生素 K 又称凝血维生素,是 2-甲基-1,4-萘醌的衍生物,其化学性质稳定,耐热耐酸,但易被光和碱的破坏,故应避光保存。维生素 K 在自然界中主要以维生素 K_1 和维生素 K_2 两种形式存在。

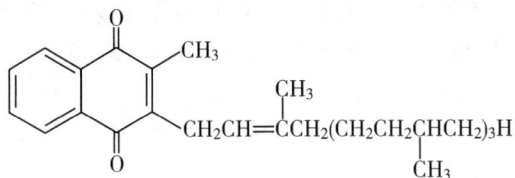

维生素 K_1

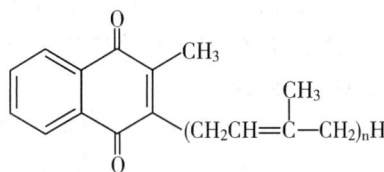

维生素 K_2

维生素 K_1 主要存在于绿叶蔬菜中,维生素 K_2 是肠道细菌的产物。维生素 K 主要在小肠被吸收,经淋巴入血,在血液中随 β-脂蛋白转运至肝脏储存。

（二）生化作用

凝血因子 Ⅱ、Ⅶ、Ⅸ、Ⅹ 及抗凝血因子蛋白 C 和蛋白 S 在体内激活时,需在以维生素 K 为辅酶的 γ-谷氨酰羧化酶的作用下完成。因此,维生素 K 是合成凝血因子 Ⅱ、Ⅶ、Ⅸ、Ⅹ 所必需的,可维持它们的正常水平,促进凝血作用。当维生素 K 缺乏时,凝血因子合成障碍,凝血时间延长,易引起凝血障碍,发生皮下、肌肉及内脏出血。维生素 K 是目前常用的止血剂之一。

维生素 K 一般不易缺乏。但因维生素 K 不能通过胎盘,新生儿出生后肠道内又无细菌,故易发生维生素 K 的缺乏;胰腺、胆道疾病及肠黏膜萎缩、脂肪便、长期应用广谱抗生素等也可引起维生素 K 缺乏。

第三节 水溶性维生素

水溶性维生素包括 B 族维生素和维生素 C。B 族维生素又包括维生素 B_1、B_2、B_6、B_{12}、PP、泛酸、叶酸、生物素和硫辛酸等。水溶性维生素的主要特点包括:①能溶于水,可随尿液排出体外;②大多数水溶性维生素在体内无储存,必须从膳食中不断供给;③除维生素 B_{12} 和大部分叶酸外,其余水溶性维生素能自由吸收,并可在体液中自由转运;④B 族维生素的主要作用是在体内构成酶的辅因子,影响酶的活性,进而影响物质代谢,维生素 C 则在一些氧化还原及羟化反应中起作用。

一、B 族维生素

（一）维生素 B_1

1. 化学本质与性质 维生素 B_1 又称抗脚气病维生素,是由含硫的噻唑环和含氨基的嘧啶环通过甲烯基连接而成的化合物,故又称硫胺素(thiamine)。其纯品多以盐酸盐形式存在,为白色结晶,极易溶于水,耐热耐酸,但碱性条件下加热易分解。

维生素 B_1 在有氧化剂存在时,易被氧化转变为脱氢硫胺素(又称硫色素),后者在紫外光下呈现蓝色荧光,可用于维生素 B_1 的检测和定量分析。

硫胺素易被小肠吸收,入血后主要在肝及脑组织中经硫胺素焦磷酸激酶的催化生成焦磷酸硫胺素(thiamine pyrophosphate,TPP),以构成某些酶的辅酶。因此,TPP 是维生素 B_1 在体内的活性形式。

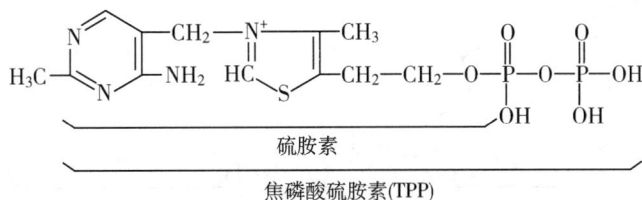

焦磷酸硫胺素(TPP)

维生素 B_1 广泛分布于动植物性食物中,如谷类和豆类的种皮、酵母、干果、蔬菜等含丰富的维生素 B_1;动物的肝、肾、脑、瘦肉及蛋类含量也较多。精白米和精白面粉中维生素 B_1 含量远不及标准米、标准面粉的含量高。

2. 生化作用 TPP 是 α-酮酸氧化脱羧酶(如丙酮酸氧化脱氢酶系、α-酮戊二酸脱氢酶系等)的辅酶,在糖的氧化供能代谢中发挥重要作用。当维生素 B_1 缺乏时,TPP 合成不足,导致糖代谢中间产物

脂溶性维生素的总结

α-酮酸的氧化脱羧反应发生障碍,一方面导致神经组织的能量供应不足以及神经细胞膜髓鞘磷脂合成受阻;另一方面使糖代谢中间产物如丙酮酸、乳酸等堆积,刺激神经末梢,从而导致慢性多发性周围性神经炎;严重时心肌能量供应也减少,出现心动过速、心力衰竭、四肢无力、肌肉萎缩,甚至出现下肢水肿等症状,俗称"脚气病"。

维生素 B_1 也是转酮醇酶的辅酶,在磷酸戊糖途径中起重要作用。当维生素 B_1 缺乏时,可影响体内核苷酸的合成及神经髓鞘中的磷酸戊糖代谢的正常进行。

维生素 B_1 还可影响乙酰胆碱的合成与分解,在神经传导中起一定作用。当维生素 B_1 缺乏时,可引起乙酰胆碱的合成减少、分解增强,影响神经传导,出现消化液分泌减少、胃肠蠕动变慢、食欲减退、消化不良等症状。

维生素 B_1 缺乏的常见原因是膳食中含量不足,如长期以精白米或精白面为主食的人群等。另外,吸收障碍、需要量增加,及酒精中毒等也可导致维生素 B_1 的缺乏。

0403

维生素 B_1
和脚气病

课堂讨论

脚气病就是我们平常说的脚气吗?如何防治脚气病?

0404

课堂讨论分析 1

(二)维生素 B_2

1. **化学本质与性质** 维生素 B_2 是由 D-核糖醇与 7,8-二甲基异咯嗪的缩合物,又称核黄素。维生素 B_2 为橙黄色针状晶体,在酸性环境中稳定,在碱性环境下不耐热;对光敏感,遇光易被破坏,故应用棕色瓶避光保存。维生素 B_2 的水溶液呈绿色荧光,其强弱与核黄素含量成正比,可用于定量分析。

维生素 B_2 在肠道吸收后经小肠黏膜黄素激酶催化转变成黄素单核苷酸(flavin mononucleotide,FMN),FMN 在焦磷酸化酶的催化下进一步生成黄素腺嘌呤二核苷酸(flavin adenine dinucleotide,FAD)。FMN 和 FAD 是维生素 B_2 的活性形式。FAD 和 FMN 的结构中异咯嗪环上 N_1 位和 N_{10} 位与活泼的双键连接,此 2 个氮原子可反复接受或释放氢,因而具有可逆的氧化还原性。

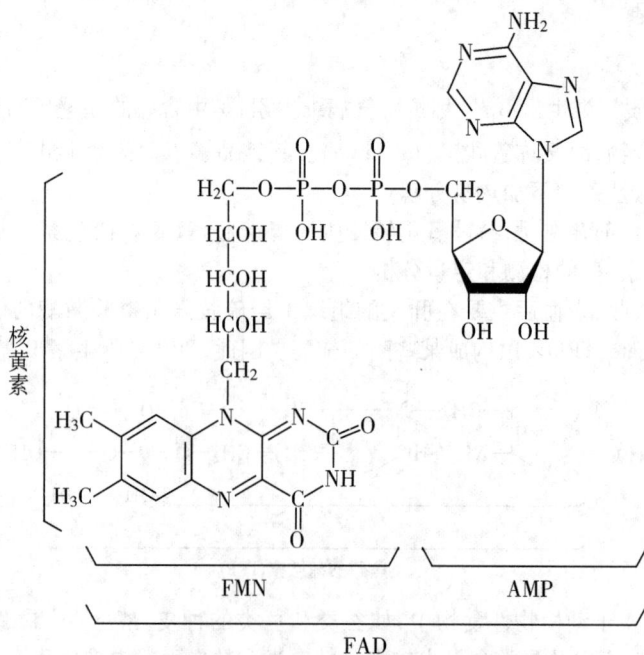

维生素 B_2 分布广泛,尤其是奶及奶制品、肝、蛋类和肉类等含量丰富。

2. **生化作用** FMN 和 FAD 是体内氧化还原酶(如琥珀酸脱氢酶、脂酰辅酶 A 脱氢酶、L-氨基酸氧化酶及黄嘌呤氧化酶等)的辅基,主要起递氢作用。维生素 B_2 广泛参与体内的各种氧化还原反应,能

笔记

促进糖、脂肪和蛋白质的代谢,对维持皮肤、黏膜和视觉的正常功能均有一定作用。缺乏维生素 B_2 时,可引起口角炎、舌炎、唇炎、阴囊炎、眼睑炎等。

维生素 B_2 缺乏的主要原因是膳食供应不足或食物烹调不当。临床上用光照疗法治疗新生儿黄疸时,在破坏皮肤胆红素的同时,核黄素也可同时被破坏,引起新生儿维生素 B_2 缺乏症。因此,对于新生儿黄疸,在治疗原发病的同时,还应注意补充维生素 B_2。

(三)维生素 PP

1. 化学本质与性质 维生素 PP 又称抗癞皮病维生素,是吡啶衍生物,包括烟酸(nicotinic acid)和烟酰胺(nicotinamide),曾分别称为尼克酸和尼克酰胺,两者在体内可相互转化。

维生素 PP 为白色结晶,性质稳定,不易被酸、碱和热破坏。与溴化氰作用可生成黄绿色化合物,此性质可用于维生素 PP 的定量分析。

维生素 PP 在体内的活性形式是烟酰胺腺嘌呤二核苷酸(nicotinamide adenine dinucleotide,NAD^+,辅酶 I)或烟酰胺腺嘌呤二核苷酸磷酸(nicotinamide adenine dinucleotide phosphate,$NADP^+$,辅酶 II)。NAD^+ 和 $NADP^+$ 的功能基团在烟酰胺上。烟酰胺分子中的吡啶氮为五价,能可逆接受电子变成三价,其对侧的碳原子性质活泼,能可逆的加氢或脱氢。故烟酰胺每次可接受一个氢原子和一个电子,另一个质子游离于介质中。

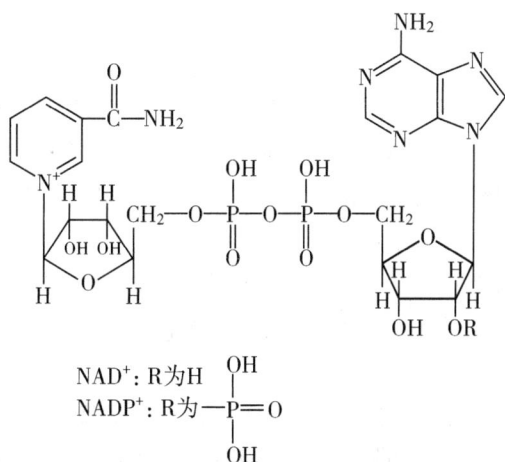

NAD^+:R 为 H

$NADP^+$:R 为 $-\overset{\underset{\displaystyle OH}{|}}{\underset{\underset{\displaystyle OH}{|}}{P}}=O$

维生素 PP 广泛存在于动、植物食物中,尤以肉类、酵母、马铃薯、谷类及花生中含量丰富。人体可以利用色氨酸合成少量的维生素 PP,但转化效率较低,不能满足人体需要。

2. 生化作用 NAD^+ 和 $NADP^+$ 是多种不需氧脱氢酶的辅酶,在生物氧化过程中起递氢作用,广泛参与体内各种代谢,如糖代谢、脂类代谢及氨基酸代谢等。维生素 PP 缺乏时可引起癞皮病,主要表现为皮炎、腹泻、痴呆。皮炎常对称出现于皮肤暴露部位,痴呆则是神经组织变性的结果。

烟酸还可抑制脂肪动员,使肝脏中极低密度脂蛋白(VLDL)的合成下降,降低血浆中胆固醇。近年来,临床上将烟酸用于治疗高胆固醇血症。但服用过量烟酸或烟酰胺可引起血管扩张、脸颊潮红、痤疮及胃肠不适等毒性症状。长期日服用量超过 500mg 可引起肝损伤。

抗结核药物异烟肼与维生素 PP 结构相似,二者有拮抗作用,若长期服用异烟肼,可能会引起维生素 PP 的缺乏。玉米中的烟酸是结合型的,不能被人体直接利用,且玉米中色氨酸含量极低,故长期以玉米为主食者易缺乏维生素 PP。

(四)维生素 B_6

1. 化学本质与性质 维生素 B_6 是吡啶衍生物,包括吡哆醇、吡哆醛和吡哆胺,在体内以磷酸酯的形式存在。维生素 B_6 在酸性环境中稳定,但在碱性环境中易被破坏,遇光、紫外线、高温可迅速被破坏。维生素 B_6 与三氯化铁作用呈红色,与对氨基苯磺酸作用呈橘红色,此两种性质可用于维生素 B_6 的定量测定。

维生素 B_6 的活性形式是磷酸吡哆醛和磷酸吡哆胺,二者可以相互转化。

$$磷酸吡哆醛 \xrightleftharpoons[- \; -NH_2]{+ \; -NH_2} 磷酸吡哆胺$$

维生素 B_6 广泛存在于动、植物食品中,肝、鱼、肉类、全麦、米糠、坚果、酵母、蛋黄、肾及绿叶蔬菜等含量均丰富。肠道细菌可合成维生素 B_6。

2. 生化作用 磷酸吡哆醛是多种酶的辅酶,在体内多个代谢途径中发挥着重要作用。

磷酸吡哆醛是转氨酶和脱羧酶的辅酶,在氨基酸代谢中起重要作用。如磷酸吡哆醛作为谷氨酸脱羧酶的辅酶,可促进谷氨酸脱羧生成 γ-氨基丁酸(GABA),后者是一种抑制性神经递质,对中枢神经有抑制作用。临床上常用维生素 B_6 治疗小儿惊厥、妊娠呕吐和精神焦虑等。

磷酸吡哆醛也是 δ-氨基-γ-酮戊酸(ALA)合酶的辅酶,参与血红素的合成。当维生素 B_6 缺乏时,可影响血红蛋白的合成,造成低血红蛋白小细胞性贫血。

磷酸吡哆醛还是同型半胱氨酸分解代谢酶的辅酶。维生素 B_6 缺乏时,同型半胱氨酸分解受阻,可引起高同型半胱氨酸血症(hyperhomocysteinemia),进而导致心脑血管疾病,如高血压、血栓形成、动脉粥样硬化等。

人类至今尚未发现维生素 B_6 缺乏引起的典型疾病。抗结核药异烟肼可与磷酸吡哆醛的醛基结合形成腙从尿中排出,引起维生素 B_6 缺乏。故在服用异烟肼时,应注意及时补充维生素 B_6。维生素 B_6 过量服用可引起中毒。日摄入量超过 200mg 可以引起神经损伤,主要表现为周围感觉神经病。

(五)泛酸

1. 化学本质与性质 泛酸(pantothenic acid)又称遍多酸,维生素 B_5,是由二甲基羟丁酸和 β-丙氨酸组成,因广泛存在于动植物组织中而得名。泛酸为淡黄色油状物,在中性环境中对热稳定,但是在酸、碱环境中加热易被破坏。

泛酸在肠道内被吸收后,经磷酸化后与半胱氨酸反应,获得巯基乙胺而生成 4-磷酸泛酰巯基乙胺,后者是辅酶 A(coenzyme A,CoA)和酰基载体蛋白(acyl carrier protein,ACP)的组成成分,参与酰基转移反应。CoA 和 ACP 是泛酸在体内的活性形式。

2. 生化作用及缺乏症 CoA 和 ACP 是构成酰基转移酶的辅酶,在代谢中起传递酰基的作用,广泛参与糖、脂类、蛋白质的代谢及肝的生物转化作用。体内约有 70 多种酶需 CoA 和 ACP。

由于泛酸在自然界分布广泛,肠道细菌也能合成,故未出现缺乏。

(六)生物素

1. 化学本质与性质 生物素(biotin)又称维生素 H、维生素 B_7、辅酶 R 等,是由噻吩环和尿素结合形成的双环化合物,其侧链有一个戊酸。生物素为无色针状结晶体,耐酸不耐碱,氧化剂和高温可使其失活。自然界存在的生物素至少有 α-生物素和 β-生物素。

生物素在动植物中分布广泛,如肝、蛋类、酵母、鱼类、花生、牛奶、蔬菜、谷类等食物中含量丰富,啤酒中含量较高,肠道细菌也能合成。

2. 生化作用 生物素本身就具有生理活性,是体内多种羧化酶(如丙酮酸羧化酶、乙酰辅酶 A 羧化酶等)的辅基,起传递羧基的作用,参与 CO_2 的固定和羧化过程,在脂肪及糖代谢中起重要作用。

生物素很少出现缺乏。大量食用生鸡蛋清可造成生物素的缺乏,因为新鲜鸡蛋清中有一种抗生物素蛋白,它能与生物素结合,妨碍生物素的吸收,蛋清加热后这种蛋白遭到破坏而失去作用。生物素缺乏的主要症状有疲乏、恶心、呕吐、食欲减退、皮炎及脱屑性红皮病。

(七)叶酸

1. 化学本质与性质 叶酸(folic acid)又名蝶酰谷氨酸,由 2-氨基-4-羟基-6-甲基蝶呤啶、对氨基苯甲酸(p-aminobenzoic acid,PABA)和 L-谷氨酸三部分组成,因绿叶中含量丰富故而得名。

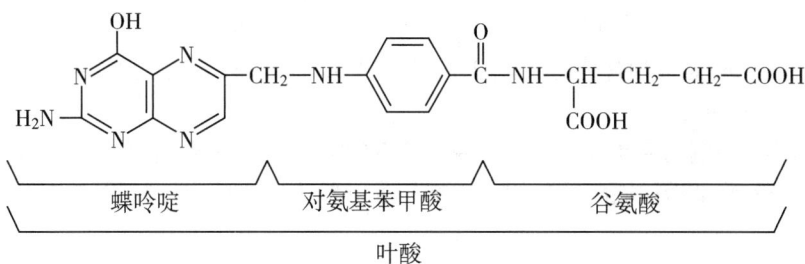

叶酸

叶酸为黄色结晶,在中性及碱性环境中耐热,但在酸性环境中不稳定,加热或光照易被分解破坏,故应避光冷藏。

叶酸经二氢叶酸还原酶催化生成二氢叶酸,后者再进一步还原为5,6,7,8-四氢叶酸(tetrahydrofolic acid,THFA 或 FH_4)。FH_4 为叶酸在体内的活性形式。

叶酸在植物的绿叶中大量存在,肝、酵母、水果中含量也很丰富;且肠道细菌亦可以合成。

2. 生化作用　FH_4 是体内一碳单位转移酶的辅酶,分子中 N^5 和 N^{10} 是结合、携带一碳单位的部位。一碳单位在体内参与嘌呤、胸腺嘧啶核苷酸等多种物质的合成。当叶酸缺乏时,骨髓幼红细胞 DNA 合成减少,细胞分裂速度减慢,细胞体积变大,造成巨幼细胞贫血。

叶酸还可影响同型半胱氨酸甲基化生成甲硫氨酸。叶酸缺乏时,可能引起高同型半胱氨酸血症,增加发生动脉粥样硬化、血栓和高血压的危险性。

叶酸缺乏多见于需要量增加,但未及时补充的人群,如孕妇及哺乳期妇女等。这类人群因代谢较旺盛,应适量补充叶酸。长期口服避孕药、抗惊厥药或肠道抑菌药,会干扰叶酸的吸收及代谢,可造成缺乏,应考虑补充叶酸。

(八)维生素 B_{12}

1. 化学本质与性质　维生素 B_{12} 又称钴胺素(cobalamine),其结构中含有金属元素钴,是体内唯一含有金属元素的维生素。维生素 B_{12} 在弱酸性水溶液中稳定,但易日光、氧化剂及还原剂破坏,尤其在强酸、强碱条件下极易被破坏。

维生素 B_{12} 在体内因结合的基团不同,可有多种存在形式,如羟钴胺素、氰钴胺素、甲钴胺素、5′-脱氧腺苷钴胺素等,其中甲钴胺素和5′-脱氧腺苷钴胺素是维生素 B_{12} 的活性形式,也是血液中存在的主要形式。

肝、肾、瘦肉、鱼及蛋类食物中的维生素 B_{12} 含量较高,肠道细菌也能合成。但维生素 B_{12} 的吸收需要一种由胃壁细胞分泌的高度特异的糖蛋白——称为内因子的参与。

2. 生化作用　甲钴胺素是转甲基酶(如 N^5—CH_3—FH_4 转甲基酶)的辅酶,参与甲基的转移。N^5—CH_3—FH_4 转甲基酶催化同型半胱氨酸和 N^5—CH_3—H_4 反应生成甲硫氨酸和 FH_4。维生素 B_{12} 缺乏时,N^5—CH_3—FH_4 的甲基不能转移出去,一方面使甲硫氨酸再生减少,同型半胱氨酸堆积,可影响体内广泛的甲基化反应,并造成高同型半胱氨酸血症;另一方面可影响 FH_4 的再生,组织中游离的 FH_4 含量减少,导致一碳单位的代谢障碍,核酸合成受阻,进而引起巨幼细胞贫血。故临床上常将维生素 B_{12} 和叶酸合用治疗巨幼细胞贫血。

5′-脱氧腺苷钴胺素是 L-甲基丙二酰 CoA 变位酶的辅酶,催化琥珀酰 CoA 的生成。维生素 B_{12} 缺乏时,可引起 L-甲基丙二酰 CoA 大量堆积。因其结构与脂肪酸合成的中间产物丙二酰 CoA 相似,可影响脂肪酸的正常合成。脂肪酸合成障碍又可影响神经髓鞘质的转换,造成髓鞘质变性退化,进而引发进行性脱髓鞘等神经组织病变。所以,维生素 B_{12} 具有营养神经的作用。

正常膳食很少发生维生素 B_{12} 的缺乏。但萎缩性胃炎、胃大部分切除术后患者等,因内因子分泌减少,可引起维生素 B_{12} 的缺乏。

课堂讨论

叶酸和维生素 B_{12} 缺乏都能引起巨幼细胞贫血,请问两者的机制是否一致?

课堂讨论分析2

（九）硫辛酸

硫辛酸（lipoic acid）是一种含硫的八碳酸，其结构是6,8-二硫辛酸，能还原为二氢硫辛酸，为硫辛酸乙酰转移酶的辅酶。

硫辛酸是丙酮酸脱氢酶系和α-酮戊二酸脱氢酶系的辅因子之一，起着酰基转移的作用。此外，硫辛酸还有抗脂肪肝和降低血胆固醇的作用。它极易进行氧化还原反应，可保护巯基酶免受金属离子的损害。

二、维生素C

（一）化学本质与性质

维生素C又称L-抗坏血酸，是一种含有六碳原子的不饱和多羟基内酯化合物，呈酸性。其烯醇式结构中C_2和C_3位羟基上2个氢原子可以氧化脱去生成氧化型抗坏血酸，后者可再接受氢还原型抗坏血酸。

维生素C为无色片状结晶，具有很强的还原性，遇碱、热、氧化剂等易被氧化分解，在酸性环境（pH<5.5）中较为稳定。

维生素C广泛存在于新鲜的蔬菜、水果中，尤其是柑橘类、猕猴桃、番茄、辣椒及鲜枣等含量丰富。植物中含有的抗坏血酸氧化酶可将维生素C氧化为无活性的二酮古洛糖酸，所以久存的水果和蔬菜中维生素C含量会大量减少。烹饪不当也可引起维生素C的大量流失。

（二）生化作用

1. 维生素C作为羟化酶的辅酶，参与体内多种羟化反应 体内胶原蛋白的合成、胆固醇的转化、芳香族氨基酸的代谢、肉碱的合成及非营养物质的转化等过程都需要依赖维生素C的羟化酶参与。例如维生素C是胶原合成中脯氨酸羟化酶和赖氨酸羟化酶的辅因子，可促进胶原蛋白的合成。胶原是毛细血管、结缔组织和骨的重要组成成分。维生素C缺乏时，胶原蛋白合成不足，可出现毛细血管通透性和脆性增加，易破裂出血，以及牙龈出血、牙齿松动、骨折和创伤不易愈合等症状，称为维生素C缺乏症（坏血病）。此外，体内肉碱的合成也需依赖维生素C的羟化酶。维生素C缺乏时，肉碱合成减少，使脂肪酸β-氧化减弱，患者出现倦怠乏力，这也是维生素C缺乏症的症状之一。

2. 维生素C作为抗氧化剂，参与体内氧化还原反应 维生素C具有较强还原性，可通过氧化自身来维持谷胱甘肽的还原性；可将Fe^{3+}还原成Fe^{2+}，促进体内铁的吸收，恢复血红蛋白的运氧能力；维生素C还可保护维生素A、E及B族维生素免遭氧化，并能促进叶酸还原，转变成其活性形式FH_4。

3. 维生素C具有增强机体免疫力的作用 维生素C能促进淋巴细胞的增殖和趋化作用，促进免疫球蛋白的合成，提高吞噬细胞的吞噬能力，从而提高机体免疫力。临床上用于心血管疾病、病毒性疾病等的支持治疗。

病例讨论

患者，女，3个月，因哭闹5d加重伴呼吸困难1d入院。入院后查体：体温37.8℃，脉搏168次/min，呼吸急促、发绀，肺部可闻及大量湿啰音，肝大，四肢末端冰凉。通过询问病史获知，患儿为足月低体重儿，母乳喂养，胃纳欠佳，其母亲在妊娠期及分娩后均以精白面为主食，且食欲差。入院后给予大剂量维生素B_1治疗，病情迅速好转。

请分析：

1. 维生素B_1治疗该患者后病情迅速好转说明什么？

2. 维生素B_1缺乏为什么会出现以上症状？

笔记

本章小结

维生素是维持人体正常生命活动过程所必需的营养素,但其在体内不能合成或合成量甚少,不能满足机体需要,必须由食物供给的一组低分子有机化合物。正常情况下,人体对维生素的需要量很小,但也不能缺乏。若长期缺乏某种维生素,可导致机体发生物质代谢障碍,出现相应的缺乏症。维生素根据其溶解性不同可分为脂溶性维生素和水溶性维生素两大类。

脂溶性维生素包括维生素 A、D、E、K 四种,它们在食物中常与脂类共存,并随脂类一同吸收、运输,在体内有储存,不需每日供给。若摄入过量可在体内蓄积而引起中毒,但若长期摄入不足,也可引起缺乏症,如维生素 A 缺乏可导致夜盲症、眼干燥症;维生素 D 缺乏可导致佝偻病;维生素 K 缺乏可引起凝血功能障碍等。

水溶性维生素包括 B 族维生素和维生素 C。B 族维生素包括维生素 B_1、B_2、B_6、B_{12}、PP、泛酸、叶酸、生物素和硫辛酸等,它们主要是以其本身或活性形式作为酶的辅因子,参与结合酶的构成,在物质代谢过程发挥重要作用。维生素 C 主要参与体内多种羟化及氧化还原反应,在多种物质(如胶原、肉碱等)的合成、芳香族氨基酸的代谢、非营养物质的转化、还原型谷胱甘肽的维持等方面具有重要作用。水溶性维生素能溶于水,可随尿液排出体外。因此,大多数水溶性维生素在体内无储存,必须从膳食中不断供给,易因摄入不足等原因引起缺乏,出现相应缺乏症,如维生素 B_1 缺乏可导致脚气病;维生素 B_2 缺乏可引起口角炎、舌炎、阴囊炎等;维生素 PP 缺乏可导致癞皮病;叶酸和维生素 B_{12} 缺乏可导致巨幼细胞贫血;维生素 C 缺乏可导致维生素 C 缺乏症等。

(夏 艳)

扫一扫,测一测

思考题

1. 为什么维生素 A 缺乏可导致夜盲症?

2. 癞皮病是哪种维生素缺乏引起的? 为什么长期单食玉米的地区,有可能发生癞皮病?

3. 为什么维生素 C 缺乏可导致维生素 C 缺乏症?

4. 有人认为"新鲜生鸡蛋的营养价值高于熟鸡蛋,长期食用对人体有益",您赞同这种说法对吗,为什么?

5. 为什么维生素 B_6 可用于治疗妊娠呕吐?

第五章　糖代谢

05章PPT

案例导学解析

学习目标

1. 掌握糖酵解、有氧氧化、磷酸戊糖途径、糖异生的概念、反应部位与生理意义;三羧酸循环;糖原合成与分解的生理意义;血糖的来源与去路,高血糖与低血糖。

2. 熟悉糖的生理功能;糖酵解、有氧氧化、糖异生途径的反应过程;糖原的合成与分解;血糖浓度的调节。

3. 了解糖代谢概况;磷酸戊糖途径过程;糖耐量试验。

4. 认识临床糖代谢异常的相关疾病。

5. 根据糖尿病的发病机制,了解糖尿病科学防治策略。

案例导学

女性,64 岁,多饮多食、消瘦十余年,下肢水肿伴麻木一个月。十年前无明显诱因出现烦渴、多饮,饮水量每日达 4 000ml,伴尿量增多,主食由 300g/d 增至 500g/d,体重在 6 个月内下降 5kg,门诊查血糖 12.5mmol/L,尿糖(++++),服用降糖药物治疗好转。近一年来逐渐出现双下肢麻木,时有针刺样疼痛,伴有下肢水肿。大便正常,睡眠差。既往 7 年来有时血压偏高,无药物过敏史,个人史和家族史无特殊。

查体:T 36℃,P 78 次/min,R 18 次/min,BP 160/100mmHg,无皮疹,浅表淋巴结未触及,巩膜不黄,双晶体稍混浊,颈软,颈静脉无怒张,心肺无异常。腹平软,肝脾未触及,双下肢可凹性水肿,感觉减退,膝腱反射消失,Babinski(−)。

化验:Hb 23g/L(120~160g/L),WBC $6.5×10^9$/L($4×10^9$~$10×10^9$/L),N 65%,L 35%,PLT 235×10^9/L,尿蛋白(+),尿糖(+++),WBC 0~3/高倍,血糖 13mmol/L,BUN 7.0mmol/L。

临床诊断:2 型糖尿病及并发症;高血压。

问题与思考:

1. 临床上 1 型糖尿病和 2 型糖尿病的发病机制是什么?

2. 实验室还需要进一步进行哪些项目检测支持临床医生的诊断?

3. 科学治疗糖尿病的策略有哪些?

笔记

食物中的糖类

人类食物中的糖主要有植物淀粉、动物糖原及少量二糖如蔗糖、麦芽糖和乳糖。淀粉和糖原都是葡萄糖以 α-糖苷键连接形成的大分子。食物中除了淀粉之外,还含有大量的纤维素,是葡萄糖以 β-1,4 糖苷键相连聚合成的大分子,由于人体内无 β-糖苷酶故不能消化食物中的纤维素,但它可促进胃肠蠕动,对健康有益。肠黏膜细胞还存在蔗糖酶和乳糖酶等,分别水解蔗糖和乳糖。先天性缺乏乳糖酶的人,在食用牛奶后发生乳糖消化障碍,而引起腹胀、腹泻等症状,此时可改食酸牛奶以防止其发生。

糖是食物中含量最多的营养成分,是人体所需三大营养物质之一。糖的化学本质是多羟基醛或多羟基酮及其脱水缩合物,根据构件分子数目的不同,糖可分为单糖、寡聚糖和多糖。单糖是不能发生水解反应的糖,常见的单糖有葡萄糖、果糖、核糖等;寡聚糖是指十糖以下的聚糖,最常见的是二糖,如蔗糖、麦芽糖、乳糖等;多糖是十糖以上的聚糖,例如植物中的淀粉、纤维素,动物组织中的糖原。糖广泛存在于生物体内,以植物中含量最为丰富,占其干重的 85%~95%,糖占人体干重的 2%。糖在人体内主要以葡萄糖和糖原两种形式存在。糖原是糖在体内的贮存形式,而葡萄糖为糖的功能和运输形式,是糖代谢过程中最重要的单糖。

第一节 概 述

一、糖的生理功能

糖在生命活动中的主要作用是提供能源和碳源。

(一) 氧化分解、供应能量

糖是生命活动中最主要的能源物质。正常情况下人体所需能量的 50%~70% 来自于糖的氧化分解。1mol 葡萄糖彻底氧化为 CO_2 和 H_2O,可释放 2 840kJ(679kcal)的能量,这些能量一部分以热能形式散发维持体温,一部分(约 40%)转化为高能化合物(如 ATP)供应机体进行各种生理活动需要。

(二) 储存能量、维持血糖

糖原是糖在体内的储存形式,是机体储存能源的重要方式。当机体需要时,糖原分解释放入血,可有效地维持正常血糖浓度,保证脑、心肌等重要生命器官的能量供应。

(三) 提供碳源、合成其他物质

糖分解代谢的中间产物可为机体内其他含碳化合物的合成提供原料。例如糖代谢的中间产物在体内可转变为脂肪酸和甘油,进而合成脂肪;可转变为某些氨基酸参与机体蛋白质的合成;可转变为葡糖醛酸参与机体的生物转化等;糖的磷酸衍生物是形成许多重要生物活性物质的原料,如 NAD^+、FAD、DNA、RNA、ATP 等。因而糖是人体重要的碳源。

(四) 参与组织细胞的构造

糖是人体组织重要的结构物质,例如核糖、脱氧核糖是核酸的组成成分;糖蛋白构成细胞表面受体,其糖链部分还参与细胞间的识别、粘着及信息传递等过程;蛋白聚糖是结缔组织的重要成分。糖脂是神经组织和细胞膜中的组成成分。

(五) 其他功能

糖能参与构成体内一些具有生理功能的物质,如免疫球蛋白、血型物质、部分激素及绝大部分凝血因子等。

二、糖的代谢概况

知识拓展

糖的消化、吸收与转运

食物中的糖类进入消化道,在消化酶的作用下水解成葡萄糖等单糖的过程称为糖的消化。糖的消化从口腔开始在肠腔完成,虽然唾液和胰液中都含有可水解淀粉的 α-淀粉酶,但是由于食物在口腔中停留的时间短,故淀粉的消化主要在小肠进行。在小肠内,食物淀粉由胰液中的 α-淀粉酶催化水解为麦芽糖,在小肠刷状缘麦芽糖经麦芽糖酶进一步水解为葡萄糖。

肠腔里的葡萄糖经小肠黏膜细胞进入血液的过程称为糖的吸收。糖在小肠被消化成单糖后以主动转运方式被吸收,再经门静脉入肝。小肠黏膜细胞对葡萄糖的吸收依赖于特定载体,同时伴随有 Na^+ 转运,这类葡萄糖转运体被称为 Na^+ 依赖型葡萄糖转运体(SGLT),它们主要存在于小肠黏膜和肾小管细胞。

血液中的葡萄糖经体循环到达并进入组织细胞的过程称为糖的转运。葡萄糖吸收入血后,经过体循环达到机体各组织,葡萄糖转运体(GLUT)将葡萄糖转运进入细胞内进行糖代谢。现已发现有五种葡萄糖转运体(GLUT 1~5),分别存在于不同的组织细胞中。如 GLUT1 主要存在于红细胞中,其次存在于脑和肾;而 GLUT4 主要存在于心肌、骨骼肌和脂肪组织,且受胰岛素调节(图 5-1)。

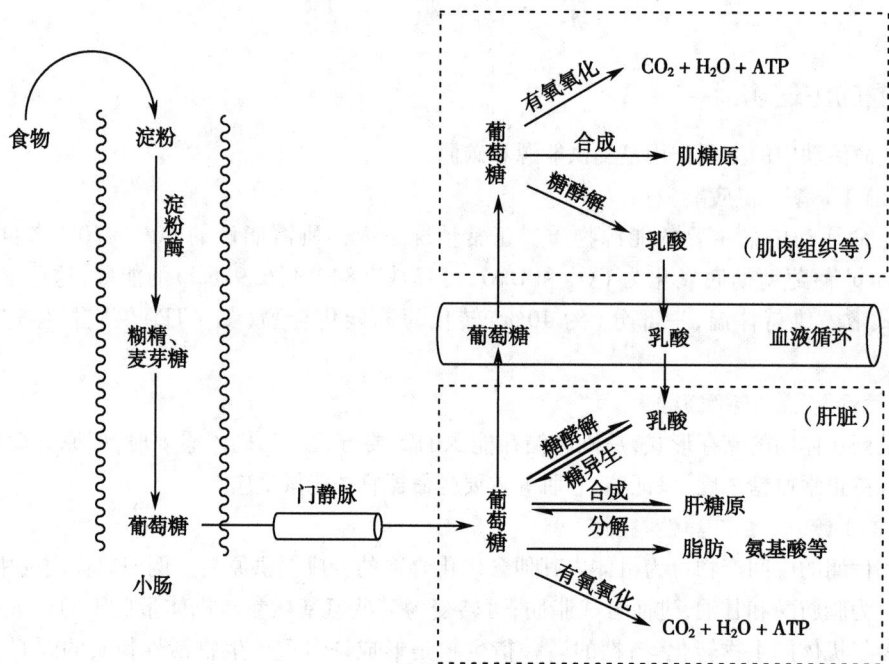

图 5-1　糖代谢概况

糖代谢主要是指葡萄糖在组织细胞内发生的一系列复杂的化学反应。在不同条件下,不同组织细胞内糖代谢的途径也有所不同。机体内糖代谢途径包括合成代谢和分解代谢两个方向:糖的合成代谢包括糖原合成和糖异生;糖的分解代谢方式受机体供氧情况的不同而不同,主要包括糖酵解(无氧氧化)、有氧氧化、磷酸戊糖途径、糖原分解等。糖的分解代谢主要用于能量供应,而糖的合成代谢主要用以协调糖的储存和利用及完成糖的构造作用。

笔记

第二节 糖的分解代谢

葡萄糖进入组织细胞后,根据机体生理需要在不同组织进行分解代谢,按其反应条件和反应途径的不同可分为三种:糖的无氧氧化(糖酵解)、糖的有氧氧化和磷酸戊糖途径。

一、糖酵解

(一)概念与部位

葡萄糖或糖原在机体缺氧或无氧条件下,分解生成乳酸的过程称为糖的无氧氧化。由于此过程与细菌分解葡萄糖生成乙醇的发酵过程相似,故糖的无氧氧化又称为糖酵解(glycolysis)。糖酵解的全过程在各组织细胞的胞质中进行,尤以肌肉组织、红细胞、皮肤和肿瘤组织中旺盛。

(二)糖酵解的反应过程

糖酵解的反应过程可分为两个阶段:第一阶段是葡萄糖(或糖原)分解生成丙酮酸的过程,称为糖酵解途径;第二阶段是丙酮酸还原生成乳酸的过程。

1. 糖酵解途径 葡萄糖分解生成丙酮酸。

(1)葡萄糖磷酸化生成葡糖-6-磷酸:进入细胞的葡萄糖首先在己糖激酶(hexokinase,HK)催化下进行磷酸化反应生成葡糖-6-磷酸(glucose-6-phosphate,G-6-P)和ADP,这是糖酵解的第一次磷酸化过程,该反应既能活化葡萄糖使之进一步代谢,又能阻止其逸出细胞。此反应因释放了大量自由能,是不可逆反应,需要Mg^{2+}参与,由ATP提供能量和磷酸基团。

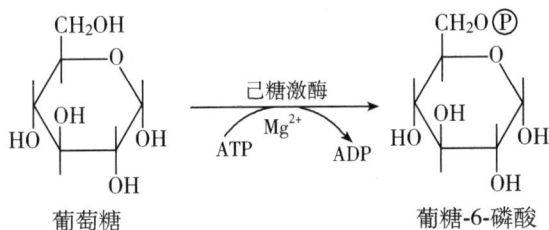

葡萄糖 → 葡糖-6-磷酸(己糖激酶,Mg^{2+},ATP→ADP)

己糖激酶是糖酵解的关键酶之一,哺乳动物体内已发现有四种己糖激酶同工酶,分别称为Ⅰ~Ⅳ型。Ⅰ、Ⅱ、Ⅲ型己糖激酶主要存在于肝外组织,特异性不强,可作用于葡萄糖、果糖等多种己糖,该酶对葡萄糖有较强的亲和力,在糖浓度较低时仍可发挥较强的催化作用,从而保证在饥饿、血糖浓度降低的情况下,脑等重要的生命器官有效地摄取利用葡萄糖以维持能量供应。Ⅳ型己糖激酶即葡糖激酶(glucokinase,GK),主要存在于肝脏,特异性强,只能催化葡萄糖磷酸化,但与葡萄糖的亲和力较小,只有当葡萄糖浓度较高时才能充分发挥催化活性。

糖原进行糖酵解时,非还原末端的葡萄糖单位首先由糖原磷酸化酶催化,在磷酸参与下发生磷酸化,分解生成葡糖-1-磷酸(glucose-1-phosphate,G-1-P),再经变位酶作用生成葡糖-6-磷酸,无须消耗ATP。

(2)葡糖-6-磷酸异构化生成果糖-6-磷酸:葡糖-6-磷酸在磷酸己糖异构酶(需要Mg^{2+}参与)催化下发生醛糖与酮糖的异构反应,转化为果糖-6-磷酸(fructose-6-phosphate,F-6-P),该反应能可逆进行。

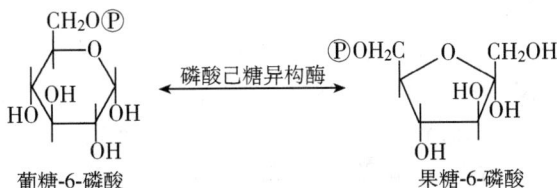

葡糖-6-磷酸 ⇌ 果糖-6-磷酸(磷酸己糖异构酶)

(3)果糖-6-磷酸磷酸化生成果糖-1,6二磷酸:在磷酸果糖激酶-1(phosphofructokinase-1,PFK-1)催化下,果糖-6-磷酸利用ATP提供的磷酸基和能量,进一步磷酸化,生成果糖-1,6-磷酸(fructose-1,6-bisphosphate,F-1,6-BP),该反应是不可逆反应,需要Mg^{2+}参与。磷酸果糖激酶-1是糖酵解途径的主要关键酶,是糖酵解过程中的主要调节点。

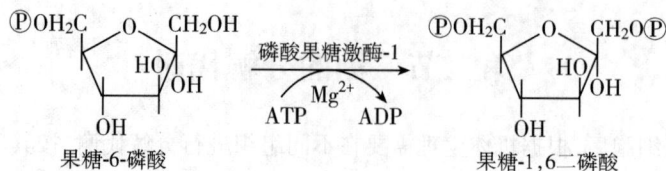

果糖-6-磷酸 —磷酸果糖激酶-1／ATP Mg²⁺ ADP→ 果糖-1,6二磷酸

（4）果糖-1,6二磷酸果糖裂解生成 2 分子磷酸丙糖：在醛缩酶的催化下，果糖-1,6二磷酸裂解生成 3-磷酸甘油醛和磷酸二羟丙酮，反应是可逆的，且有利于己糖的合成，故称为醛缩酶。

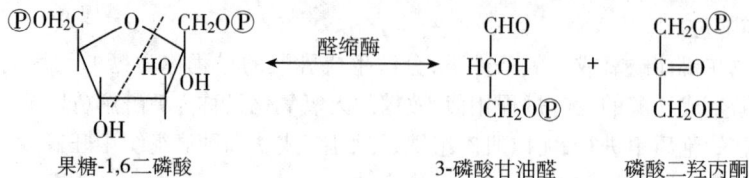

果糖-1,6二磷酸　　醛缩酶　　3-磷酸甘油醛　+　磷酸二羟丙酮

（5）磷酸丙糖的异构化：3-磷酸甘油醛和磷酸二羟丙酮互为同分异构体，在磷酸丙糖异构酶的作用下可相互转变，当 3-磷酸甘油醛在下一步反应中被消耗时，磷酸二羟丙酮迅速转变为 3-磷酸甘油醛继续进行糖酵解。所以 1 分子果糖-1,6二磷酸相当于生成 2 分子 3-磷酸甘油醛。

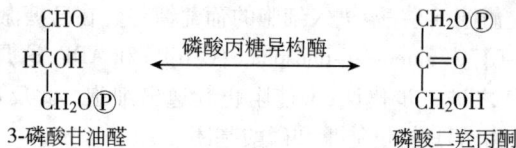

3-磷酸甘油醛　　磷酸丙糖异构酶　　磷酸二羟丙酮

第一步至第五步反应是糖酵解途径中的耗能阶段，1 分子葡萄糖消耗 2 分子 ATP（从糖原开始，一个葡萄糖单位只消耗 1 分子 ATP），裂解生成 2 分子 3-磷酸甘油醛。

（6）3-磷酸甘油醛氧化生成 1,3-二磷酸甘油酸：由 3-磷酸甘油醛脱氢酶催化，3-磷酸甘油醛的醛基氧化为羧基，再磷酸化生成含有高能磷酸键的化合物 1,3-二磷酸甘油酸（1,3-bisphosphoglycerate，1,3-BPG），这一分子磷酸是由体内的无机磷酸提供的。此反应是糖酵解途径中唯一的脱氢氧化反应，该酶的辅酶是 NAD^+，接受氢和电子生成 $NADH+H^+$，此反应可逆。

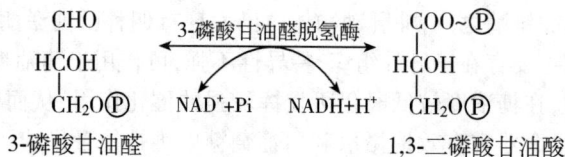

3-磷酸甘油醛　　3-磷酸甘油醛脱氢酶　NAD^++Pi　$NADH+H^+$　　1,3-二磷酸甘油酸

（7）1,3-二磷酸甘油酸转变为 3-磷酸甘油酸：在磷酸甘油酸激酶的催化下，高能化合物 1,3-二磷酸甘油酸发生第一次底物水平磷酸化，把高能键转移至 ADP，促使 ADP 磷酸化为 ATP，并生成 3-磷酸甘油酸。

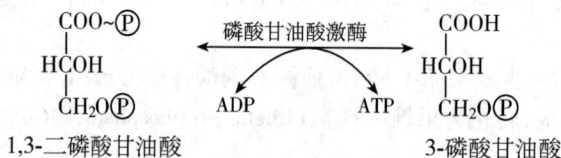

1,3-二磷酸甘油酸　　磷酸甘油酸激酶　ADP　ATP　　3-磷酸甘油酸

（8）3-磷酸甘油酸生成 2-磷酸甘油酸：受磷酸甘油酸变位酶的催化，3-磷酸甘油酸的磷酸基转移到甘油酸的 2 位碳原子生成 2-磷酸甘油酸，反应可逆进行。

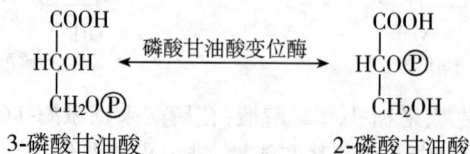

3-磷酸甘油酸　　磷酸甘油酸变位酶　　2-磷酸甘油酸

（9）2-磷酸甘油酸生成磷酸烯醇式丙酮酸：烯醇化酶催化 2-磷酸甘油酸脱水生成磷酸烯醇式丙酮酸，反应引起分子内部的电子重排和能量重新分布，形成了高能磷酸化合物——磷酸烯醇式丙酮酸

（phosphoenolpyruvate，PEP）。

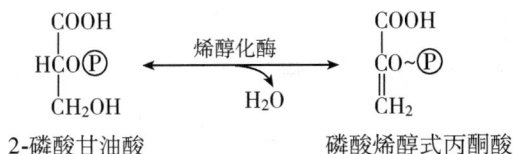

$$
\begin{array}{ccc}
\text{COOH} & & \text{COOH} \\
| & \xrightarrow{\text{烯醇化酶}} & | \\
\text{HCO}\textcircled{P} & & \text{CO}\sim\textcircled{P} \\
| & \searrow & || \\
\text{CH}_2\text{OH} & \text{H}_2\text{O} & \text{CH}_2 \\
\text{2-磷酸甘油酸} & & \text{磷酸烯醇式丙酮酸}
\end{array}
$$

（10）丙酮酸的生成：在丙酮酸激酶（pyruvate kinase，PK）催化下，磷酸烯醇式丙酮酸将高能磷酸键转移至 ADP 生成 ATP，同时生成不稳定的烯醇式丙酮酸，并立即自发转变为稳定的丙酮酸。这是糖酵解途径的第二次底物水平磷酸化产生 ATP 的步骤，也是第三个不可逆反应，丙酮酸激酶是糖酵解的第三个关键酶。

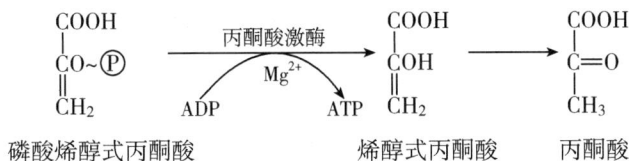

$$
\begin{array}{ccccc}
\text{COOH} & & \text{COOH} & & \text{COOH} \\
| & \xrightarrow{\text{丙酮酸激酶}} & | & \longrightarrow & | \\
\text{CO}\sim\textcircled{P} & \text{Mg}^{2+} & \text{COH} & & \text{C}=\text{O} \\
|| & \nearrow\searrow & || & & | \\
\text{CH}_2 & \text{ADP}\quad\text{ATP} & \text{CH}_2 & & \text{CH}_3 \\
\text{磷酸烯醇式丙酮酸} & & \text{烯醇式丙酮酸} & & \text{丙酮酸}
\end{array}
$$

第六步至第十步反应是糖酵解途径的产能阶段，2 分子 3-磷酸甘油醛生成 2 分子丙酮酸，2 分子 NADH+H$^+$，经过底物水平磷酸化共生成 4 分子 ATP。

2. 丙酮酸加氢还原生成乳酸 机体缺氧时，丙酮酸在乳酸脱氢酶的催化下，由其辅酶 NADH+H$^+$ 作为供氢体还原生成乳酸。NADH+H$^+$ 来自于糖酵解途径中 3-磷酸甘油醛的脱氢氧化反应，这使糖酵解途径中产生的 NADH+H$^+$ 可不需氧参与重新转变成 NAD$^+$，使糖酵解过程在无氧条件下得以继续运行；机体在有氧条件下，糖酵解途径中产生的 NADH+H$^+$ 作为供氢体将进入线粒体发生氧化磷酸化。

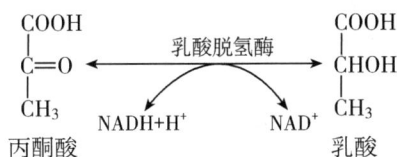

$$
\begin{array}{ccc}
\text{COOH} & & \text{COOH} \\
| & \xrightarrow{\text{乳酸脱氢酶}} & | \\
\text{C}=\text{O} & & \text{CHOH} \\
| & \nearrow\searrow & | \\
\text{CH}_3 & \text{NADH+H}^+\quad\text{NAD}^+ & \text{CH}_3 \\
\text{丙酮酸} & & \text{乳酸}
\end{array}
$$

（三）糖酵解的特点

1. 产物与部位 糖酵解是机体缺氧时糖的不完全氧化分解途径，终产物是乳酸，整个过程在组织细胞的胞质中进行，没有氧的参与，无 NADH 净生成。糖酵解过程中 3-磷酸甘油醛脱氢生成 1,3-二磷酸甘油酸，脱下的氢由 NAD$^+$ 接受生成 NADH+H$^+$，但 NADH+H$^+$ 又作为供氢体参与丙酮酸还原为乳酸的反应，使 NADH+H$^+$ 又转变为 NAD$^+$ 再参与脱氢反应，使糖酵解得以持续进行。

2. 能量与产能方式 1 分子葡萄糖经糖酵解净生成 2 分子 ATP；糖原糖酵解时，每氧化 1 分子葡萄糖基净生成 3 分子 ATP，底物水平磷酸化是糖酵解生成 ATP 的方式。

3. 关键酶 己糖激酶、磷酸果糖激酶-1 和丙酮酸激酶是糖酵解途径的关键酶，催化糖酵解全过程中的三个不可逆反应。其中磷酸果糖激酶-1 对调节糖酵解速率最为重要。糖酵解反应过程归纳如图 5-2。

（四）糖酵解的生理意义

糖酵解是生物界普遍存在的供能途径，是糖有氧氧化的前提，释放的能量虽少，但具有重要的生理意义。

1. 糖酵解是机体在缺氧条件下快速补充能量的方式 糖酵解最主要的意义在于机体缺氧时，能迅速提供能量，供机体急需。在生理性缺氧情况下，如剧烈运动时，能量需求增加，肌肉处于相对缺氧状态，而肌肉 ATP 含量很低，仅 5~7μmol/g 新鲜组织，只要肌收缩几秒钟即可耗尽，此时骨骼肌主要通过糖酵解迅速获得急需的能量。在病理性缺氧情况下，如心肺疾病、呼吸或循环功能障碍、严重贫血、大量失血等，组织细胞处于缺血、缺氧状态，通过加强糖酵解来满足机体的能量需求。如机体相对缺氧时间较长而导致糖酵解过度，乳酸产生过多，可能导致代谢性乳酸酸中毒。

2. 糖酵解是成熟红细胞的唯一供能途径 成熟的红细胞没有线粒体，不能进行糖的有氧氧化，完全依赖糖酵解供给能量。

3. 糖酵解是某些组织生理情况下的供能途径 视网膜、睾丸、神经髓质和皮肤等少数组织即使在

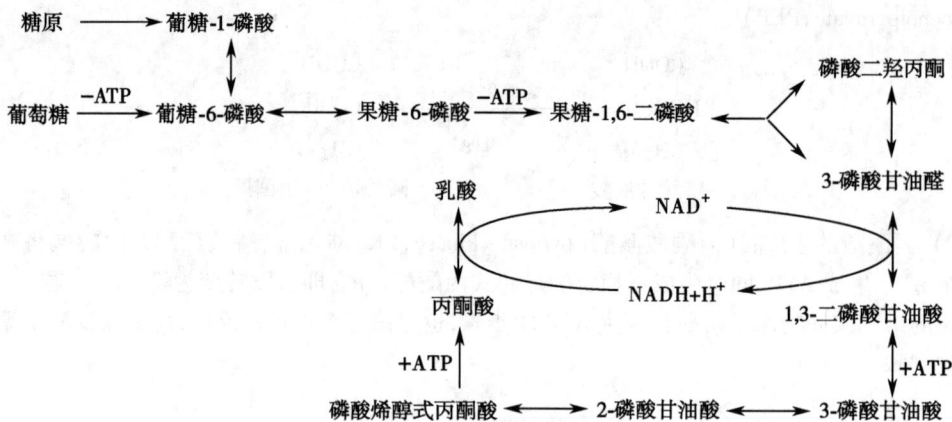

图 5-2 糖酵解反应过程

机体供氧充足的情况下,仍以糖酵解为主要的供能途径。神经、白细胞、骨髓等代谢极为活跃,即使不缺氧也常由糖酵解提供部分能量,肿瘤细胞也以糖酵解作为主要的供能途径,并表现出无氧酵解抑制有氧氧化的现象。

知识拓展

红细胞内的 2,3-二磷酸甘油酸旁路

人体红细胞每天利用 25~30g 葡萄糖,其中 90%经糖酵解代谢。与一般细胞不同,红细胞内的糖酵解还存在着中间产物 1,3-二磷酸甘油酸(1,3-BPG)经变位酶催化可转变为 2,3-二磷酸甘油酸(2,3-bisphosphoglycerate,2,3-BPG),后者经 3-磷酸甘油酸沿酵解途径生成乳酸,该途径为红细胞内的 2,3-二磷酸甘油酸旁路。

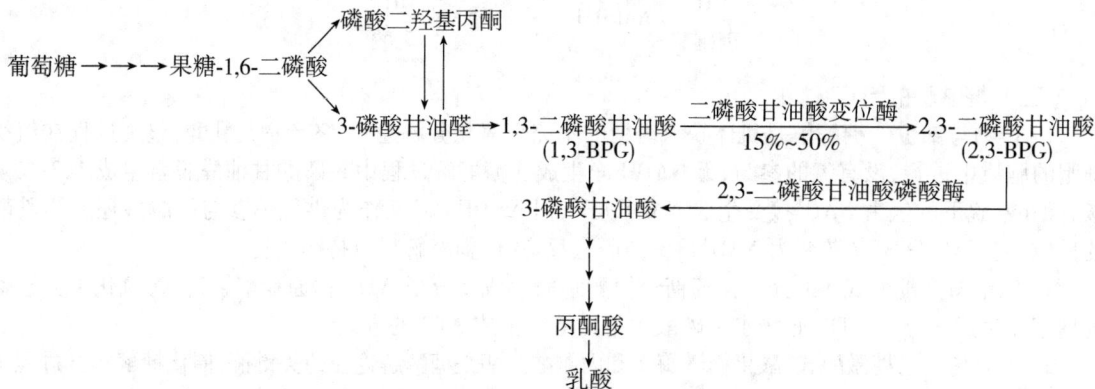

正常情况下,2,3-二磷酸甘油酸对二磷酸甘油酸变位酶的负反馈作用大于对 3-磷酸甘油酸激酶的抑制作用,所以红细胞的 2,3-二磷酸甘油酸旁路仅占糖酵解的 15%~50%,但是由于 2,3-二磷酸甘油酸磷酸酶的活性较低,2,3-二磷酸甘油酸升高。2,3-二磷酸甘油酸的主要作用是调节血红蛋白的运氧功能,降低血红蛋白对 O_2 的亲和力,利于组织细胞获得氧;红细胞不能贮存葡萄糖,但 2,3-二磷酸甘油酸含量高,氧化时可生成 ATP,故 2,3-二磷酸甘油酸可看作是红细胞内能量的贮存形式。

二、糖的有氧氧化

(一)概念和部位

葡萄糖或糖原在机体有氧条件下彻底氧化分解生成 CO_2 和 H_2O 并释放大量能量的过程称为糖的有氧氧化(aerobic oxidation)。有氧氧化是糖分解代谢的主要途径,反应在细胞质和线粒体内进行,绝

大多数组织细胞都通过有氧氧化获得能量。

（二）糖有氧氧化的反应过程

根据反应的部位和反应特点不同,有氧氧化反应过程可分为三个阶段:①葡萄糖或糖原经糖酵解途径转变为丙酮酸;②丙酮酸进入线粒体氧化脱羧生成乙酰辅酶 A;③乙酰 CoA 经三羧酸循环和氧化磷酸化,彻底氧化生成 CO_2、H_2O 和 ATP。

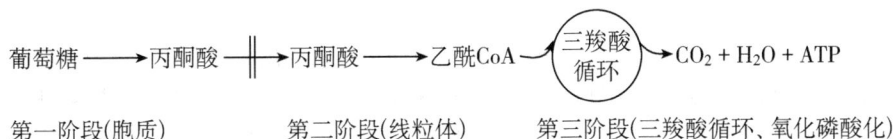

$$葡萄糖 \longrightarrow 丙酮酸 \Vert \longrightarrow 丙酮酸 \longrightarrow 乙酰CoA \longrightarrow \boxed{三羧酸循环} \longrightarrow CO_2 + H_2O + ATP$$

第一阶段(胞质)　　　　第二阶段(线粒体)　　　第三阶段(三羧酸循环、氧化磷酸化)

1. 葡萄糖或糖原生成丙酮酸　在胞质中,1mol 葡萄糖经糖酵解途径净生成 2mol 的丙酮酸,此途径无论是机体有氧还是缺氧都能进行,属于糖酵解和有氧氧化的共同通路。与糖酵解不同的是胞质中 3-磷酸甘油醛脱氢产生的 $NADH+H^+$,在有氧条件下不再还原丙酮酸使其生成为乳酸,而是转运到线粒体内经呼吸链氧化生成水并释放能量。

2. 丙酮酸氧化脱羧生成乙酰 CoA　在有氧条件下,胞质中经糖酵解生成的丙酮酸被转运进入线粒体内,在丙酮酸脱氢酶复合体(pyruvate dehydrogenase complex,PDH)催化下,发生氧化脱羧反应生成高能化合物乙酰 CoA,脱下的 2H 由 NAD^+ 接受,经电子传递链氧化磷酸化生成 2.5 分子 ATP,此为不可逆反应。总反应式为:

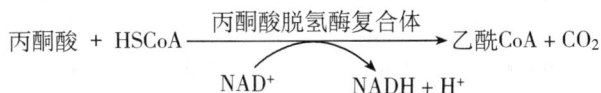

$$丙酮酸 + HSCoA \xrightarrow[\substack{NAD^+ \quad\quad NADH + H^+}]{丙酮酸脱氢酶复合体} 乙酰CoA + CO_2$$

丙酮酸脱氢酶复合体是糖有氧氧化的关键酶,存在于线粒体内,是由三种酶蛋白和五种辅酶辅基组成的多酶体,其组成见表 5-1。丙酮酸脱氢酶复合体的作用机制见图 5-3。

表 5-1　丙酮酸脱氢酶复合体的组成

酶	辅酶	所含维生素
丙酮酸脱氢酶(E_1)	TPP	维生素 B_1
二氢硫辛酰胺转乙酰基酶(E_2)	二氢硫辛酸、辅酶 A	硫辛酸、泛酸
二氢硫辛酰胺脱氢酶(E_3)	FAD、NAD^+	维生素 B_2、维生素 PP

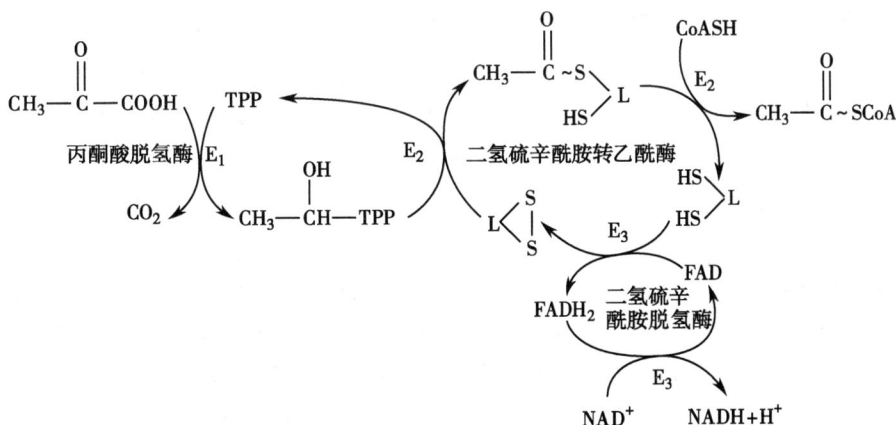

图 5-3　丙酮酸脱氢酶复合体作用机制

（1）丙酮酸脱氢酶催化丙酮酸脱羧,生成的羟乙基衍生物与 TPP 结合。

（2）羟乙基衍生物被氧化并与硫辛酸结合形成乙酰二氢硫辛酸。

（3）乙酰二氢硫辛酸的乙酰基转移给辅酶 A 生成乙酰辅酶 A。以上两步反应由二氢硫辛酰胺转乙酰基酶催化。

（4）二氢硫辛酸脱氢氧化,脱下的 2H 由 FAD 接受生成 $FADH_2$。

（5）$FADH_2$ 将 2H 交给 NAD^+ 使之生成 $NADH+H^+$。以上两步反应由二氢硫辛酰胺脱氢酶催化。

丙酮酸脱氢酶复合体中含有 5 种维生素,这些维生素缺乏可能影响丙酮酸的氧化脱羧反应,如缺乏维生素 B_1,体内 TPP 不足,丙酮酸氧化脱羧受阻,造成神经系统和心肌能量供应不足,而引发多发性神经炎和心力衰竭。

知识拓展

辅酶 A——糖酵解和三羧酸循环之间的桥梁

弗里茨·阿尔贝特·李普曼(Fritz Albert Lipmann)是生于德国的犹太裔美国籍生物化学家,1932～1939 年他围绕着糖酵解的关键产物——丙酮酸的氧化进行研究。证明丙酮酸的氧化和脱羧必须有维生素 B_1 参加。1941～1957 年用大量猪肝提炼成功了辅酶 A,确定了它的构造式。从此在糖酵解和三羧酸循环之间架起了一座桥梁,证明了辅酶 A 和三羧循环同是活细胞代谢的核心。他因发现辅酶 A 和它在中间代谢中的重要意义而与英国的克雷布斯教授分享了 1953 年的诺贝尔生理学及医学奖金。

(三)三羧酸循环

三羧酸循环(tricarboxylic acid cycle,TAC)在组织细胞的线粒体内进行,是乙酰 CoA 彻底氧化的途径。从乙酰辅酶 A 与草酰乙酸缩合生成柠檬酸开始,经过一系列的反应,最终仍生成草酰乙酸而构成循环,由于此过程是由含有三个羧基的柠檬酸作为起始物的循环反应,故常称为三羧酸循环或柠檬酸循环,为纪念德国科学家 Hans Krebs 在阐明三羧酸循环方面所作的突出贡献,这一循环又被称为 Krebs 循环。反应过程如下:

1. 柠檬酸的生成 在柠檬酸合酶(citrate synthase,CS)催化下,乙酰 CoA 与草酰乙酸缩合生成含有三个羧基的柠檬酸,此反应是三羧酸循环的第一个不可逆反应,柠檬酸合酶是三羧酸循环的关键酶。

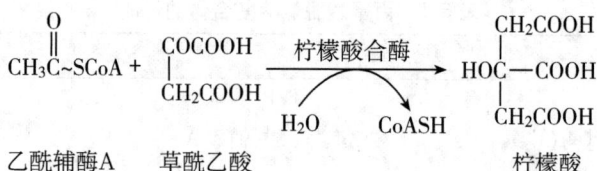

$$
\underset{\text{乙酰辅酶A}}{CH_3\overset{O}{C}{\sim}SCoA} + \underset{\text{草酰乙酸}}{\overset{COCOOH}{\underset{CH_2COOH}{|}}} \xrightarrow[H_2O \quad CoASH]{\text{柠檬酸合酶}} \underset{\text{柠檬酸}}{\overset{CH_2COOH}{\underset{CH_2COOH}{|}}HOC-COOH}
$$

2. 柠檬酸异构化生成异柠檬酸 顺乌头酸酶催化柠檬酸与异柠檬酸发生异构互变,柠檬酸先脱水生成顺乌头酸,再加水改变分子内-OH 和 H 的位置,生成异柠檬酸。

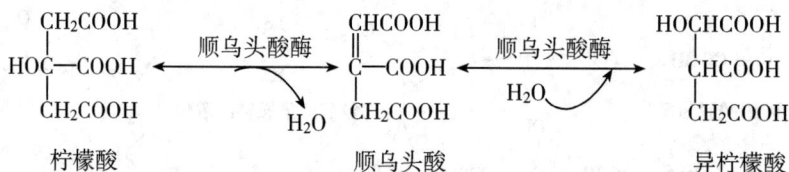

$$
\underset{\text{柠檬酸}}{\overset{CH_2COOH}{\underset{CH_2COOH}{|}}HOC-COOH} \underset{H_2O}{\overset{\text{顺乌头酸酶}}{\rightleftharpoons}} \underset{\text{顺乌头酸}}{\overset{CHCOOH}{\underset{CH_2COOH}{|}}C-COOH} \underset{H_2O}{\overset{\text{顺乌头酸酶}}{\rightleftharpoons}} \underset{\text{异柠檬酸}}{\overset{HOCHCOOH}{\underset{CH_2COOH}{|}}CHCOOH}
$$

3. 异柠檬酸氧化脱羧生成 α-酮戊二酸 在异柠檬酸脱氢酶(isocitrate dehydrogenase,IDH)作用下,异柠檬酸氧化脱羧生成 α-酮戊二酸,反应脱下的 2H 由 NAD^+ 接受生成 $NADH+H^+$,经呼吸链传递氧化磷酸化生成 2.5 分子 ATP。这是三羧酸循环的第一次氧化脱羧,生成 1 分子 CO_2,异柠檬酸脱氢酶是三羧酸循环中的第二个关键酶,其活性受 ADP 的别构激活,受 ATP 的别构抑制。

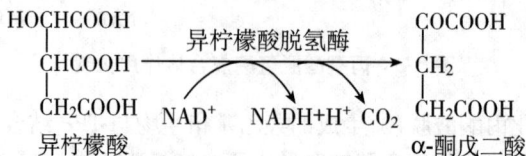

$$
\underset{\text{异柠檬酸}}{\overset{HOCHCOOH}{\underset{CH_2COOH}{|}}CHCOOH} \xrightarrow[NAD^+ \quad NADH+H^+ \quad CO_2]{\text{异柠檬酸脱氢酶}} \underset{\alpha\text{-酮戊二酸}}{\overset{COCOOH}{\underset{CH_2COOH}{|}}CH_2}
$$

4. α-酮戊二酸氧化脱羧生成琥珀酰 CoA 这是三羧酸循环的第二次氧化脱羧,反应由 α-酮戊二酸脱氢酶复合体(α-ketoglutarate dehydrogenase complex,α-KGDH)催化。α-酮戊二酸脱氢酶复合体是三羧酸循环的第三个关键酶,其结构、功能和催化机制与丙酮酸脱氢酶复合体极为相似,由 α-酮戊二酸脱羧酶、二氢硫辛酸琥珀酰转移酶和二氢硫辛酸脱氢酶组合而成,需要 TPP、硫辛酸、辅酶 A、FAD、

NAD^+ 五种辅酶参与。

$$
\begin{array}{c}
\text{COCOOH} \\
| \\
\text{CH}_2 \\
| \\
\text{CH}_2\text{COOH}
\end{array}
\ + \text{HSCoA} \quad
\xrightarrow[\text{NAD}^+ \quad \text{NADH+H}^+ \quad \text{CO}_2]{\alpha\text{-酮戊二酸脱氢酶复合体}} \quad
\begin{array}{c}
\text{CH}_2\text{CO~SCoA} \\
| \\
\text{CH}_2\text{COOH}
\end{array}
$$

α-酮戊二酸　　　　　　　　　　　　　　　　　　　　　　　　琥珀酰辅酶A

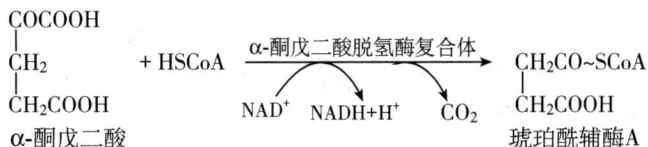

5. **琥珀酸的生成**　琥珀酰 CoA 是高能化合物,含有高能硫酯键,受琥珀酰硫激酶(又称琥珀酰 CoA 合成酶)催化,琥珀酰 CoA 将高能键转移给 GDP 生成 GTP,自身转变成琥珀酸,这是三羧酸循环中唯一的底物水平磷酸化反应。生成的 GTP 可直接利用,也可将高能磷酸键转移给 ADP 生成 ATP。

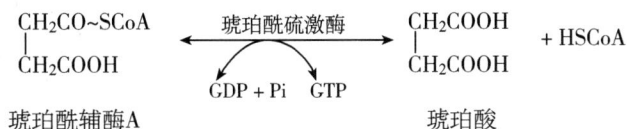

$$
\begin{array}{c}
\text{CH}_2\text{CO~SCoA} \\
| \\
\text{CH}_2\text{COOH}
\end{array}
\quad
\underset{\text{GDP + Pi} \quad \text{GTP}}{\overset{\text{琥珀酰硫激酶}}{\rightleftharpoons}}
\quad
\begin{array}{c}
\text{CH}_2\text{COOH} \\
| \\
\text{CH}_2\text{COOH}
\end{array}
\ + \text{HSCoA}
$$

琥珀酰辅酶A　　　　　　　　　　　　　　　琥珀酸

6. **琥珀酸氧化生成延胡索酸**　由琥珀酸脱氢酶催化,琥珀酸脱氢氧化生成延胡索酸,反应脱下的氢由 FAD 接受,生成 $FADH_2$。

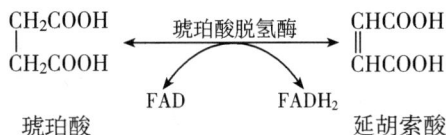

$$
\begin{array}{c}
\text{CH}_2\text{COOH} \\
| \\
\text{CH}_2\text{COOH}
\end{array}
\quad
\underset{\text{FAD} \quad \text{FADH}_2}{\overset{\text{琥珀酸脱氢酶}}{\rightleftharpoons}}
\quad
\begin{array}{c}
\text{CHCOOH} \\
\| \\
\text{CHCOOH}
\end{array}
$$

琥珀酸　　　　　　　　　　　　　　　延胡索酸

7. **苹果酸的生成**　延胡索酸酶催化延胡索酸加水生成苹果酸,反应能可逆进行。

$$
\begin{array}{c}
\text{CHCOOH} \\
\| \\
\text{CHCOOH}
\end{array}
\quad
\underset{\text{延胡索酸酶}}{\overset{\text{H}_2\text{O}}{\rightleftharpoons}}
\quad
\begin{array}{c}
\text{HOCHCOOH} \\
| \\
\text{CH}_2\text{COOH}
\end{array}
$$

延胡索酸　　　　　　　　　　　　　苹果酸

8. **草酰乙酸的再生**　在苹果酸脱氢酶催化下,苹果酸脱氢氧化生成草酰乙酸,脱下的氢由 NAD^+ 接受生成 $NADH+H^+$。再生的草酰乙酸可进入下一轮三羧酸循环。

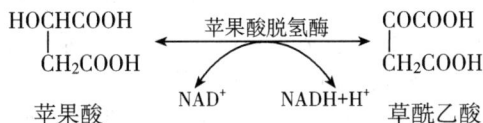

$$
\begin{array}{c}
\text{HOCHCOOH} \\
| \\
\text{CH}_2\text{COOH}
\end{array}
\quad
\underset{\text{NAD}^+ \quad \text{NADH+H}^+}{\overset{\text{苹果酸脱氢酶}}{\rightleftharpoons}}
\quad
\begin{array}{c}
\text{COCOOH} \\
| \\
\text{CH}_2\text{COOH}
\end{array}
$$

苹果酸　　　　　　　　　　　　　草酰乙酸

三羧酸循环的总反应为:

$$CH_3CO\text{~}SCoA + 3NAD^+ + FAD + GDP + Pi + 2H_2O \longrightarrow 2CO_2 + HSCoA + 3NADH + 3H^+ + FADH_2 + GTP$$

三羧酸循环从 2 个碳原子的乙酰 CoA 与 4 个碳原子的草酰乙酸缩合生成 6 个碳原子的柠檬酸开始,经历两次脱羧反应生成 2 分子 CO_2,这是体内 CO_2 的主要来源;经历四次脱氢反应,生成 3 分子 $NADH+H^+$ 和 1 分子 $FADH_2$,进一步通过电子传递体氧化磷酸化产生 H_2O 和 ATP;经历 1 次底物水平磷酸化反应生成 1 分子 GTP。三羧酸循环反应过程可归纳如图 5-4 所示。

🔍 知识拓展

三羧酸循环——三大代谢的枢纽

1937 年英国生物化学家汉斯・阿道夫・克雷布斯(Hans Adolf Krebs)发现了三羧酸循环(又称柠檬酸循环或克雷布斯循环)。该循环揭示了生物体内的糖经过酵解途径变为三碳物质后,进一步氧化为二氧化碳和水的途径以及代谢能的主要来源。这一循环与糖、脂肪、蛋白质等的代谢都有密切关系,是所有需氧生物代谢中的重要环节。这一发现被公认为代谢研究的里程碑,因此,荣获 1953 年的诺贝尔生理学或医学奖。

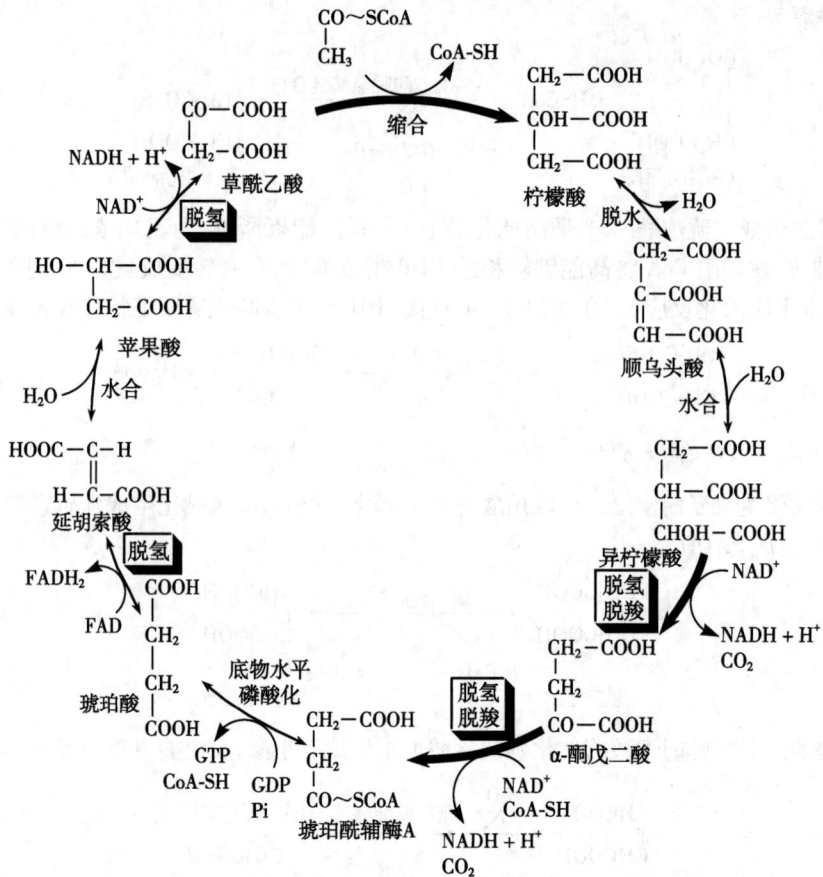

图 5-4 三羧酸循环反应过程

（四）三羧酸循环的特点

1. 三羧酸循环是机体主要的产能途径　三羧酸循环一周经历 4 次脱氢反应,共生成 3 分子 NADH+H⁺和 1 分子 FADH₂,经氧化磷酸化生成水并释放能量。每对氢经 NADH 氧化呼吸链传递产生 2.5 分子 ATP,而经 FADH₂ 氧化呼吸链传递产生 1.5 分子 ATP,循环中还经历 1 次底物水平磷酸化反应生成 1 分子 ATP,所以 1 分子乙酰 CoA 经三羧酸循环彻底氧化共产生 10 分子 ATP。

2. 三羧酸循环是需氧代谢过程　在循环中产生的 3 分子 NADH+H⁺和 1 分子 FADH₂ 必须经电子传递链传递给氧生成水并重新氧化成 NAD⁺和 FAD。由此可见,三羧酸循环是在有氧条件下运转的。

3. 三羧酸循环是单向反应体系　三羧酸循环的关键酶柠檬酸合酶、α-酮戊二酸脱氢酶复合体和异柠檬酸脱氢酶催化的反应是不可逆反应,故整个三羧酸循环不能逆转。

4. 三羧酸循环必须不断补充中间产物　三羧酸循环的中间产物在反应过程中起着催化剂作用,本身并没有量的变化。从理论上讲,三羧酸循环的中间产物可以循环使用而不被消耗,但由于体内各代谢途径的相互交汇和转化,这些中间产物常移出循环体系参与其他代谢反应而被消耗,例如草酰乙酸可转变为天冬氨酸、α-酮戊二酸可转变为谷氨酸参与蛋白质的合成,琥珀酰辅酶 A 可参与血红素的合成等。因此必须不断补充被消耗的中间产物,以维持三羧酸循环的正常进行。由其他物质转变为三羧酸循环中间产物的反应称为回补反应。

草酰乙酸是三羧酸循环的重要启动物质,是乙酰基进入三羧酸循环的重要载体,因而草酰乙酸的回补反应最为重要,三羧酸循环中的草酰乙酸主要由丙酮酸在线粒体内羧化形成,其次可通过苹果酸脱氢获得。

（五）糖有氧氧化的生理意义

1. 糖的有氧氧化是机体获得能量的主要方式　1 分子葡萄糖经有氧氧化彻底分解,生成 CO_2 和 H_2O,净生成 32 分子(或 30 分子)ATP(表 5-2);若从糖原开始,一个葡萄糖残基进行有氧氧化,净生成 33 分子(或 31 分子)ATP。脑组织几乎以葡萄糖为唯一能源物质,每天大约消耗 100g 葡萄糖,主要以

表 5-2　葡萄糖有氧氧化生成的 ATP

	反应	辅酶	ATP 数
第一阶段糖酵解途径	葡萄糖→葡糖-6-磷酸		−1
	果糖-6-磷酸→果糖-1,6-二磷酸		−1
	2×3-磷酸甘油醛→2×1,3-二磷酸甘油酸	NAD⁺	2×2.5(或 2×1.5)*
	2×1,3-二磷酸甘油酸→2×3-磷酸甘油酸		2×1
	2×磷酸烯醇式丙酮酸→2×丙酮酸		2×1
第二阶段	2×丙酮酸→2×乙酰 CoA	NAD⁺	2×2.5
第三阶段三羧酸循环	2×异柠檬酸→2×α-酮戊二酸	NAD⁺	2×2.5
	2×α-酮戊二酸→2×琥珀酰 CoA	NAD⁺	2×2.5
	2×琥珀酰 CoA→2×琥珀酸		2×1
	2×琥珀酸→2×延胡索酸	FAD	2×1.5
	2×苹果酸→2×草酰乙酸	NAD⁺	2×2.5
合计	净生成 ATP 数		32(或 30)

注*:胞质中的 NADH+H⁺经苹果酸-天冬氨酸穿梭进入线粒体产生 2.5 个 ATP;经 α-磷酸甘油穿梭进入线粒体,则产生 1.5 个 ATP。

有氧氧化方式供能,故有氧氧化对维持脑功能有重要意义。

2. 三羧酸循环是体内三大营养物质彻底氧化的共同途径　糖、脂肪、蛋白质经各自的分解代谢途径后均生成乙酰 CoA,然后进入三羧酸循环和氧化磷酸化彻底氧化生成 CO_2、H_2O,并释放出大量 ATP 供生命活动需要。

3. 三羧酸循环是三大营养物质代谢联系的枢纽　三羧酸循环是一个开放系统,它的许多中间产物与其他代谢途径相沟通,使糖、脂肪、氨基酸相互转化。如某些氨基酸的糖异生作用依赖于三羧酸循环;转氨基作用中所需要的 α-酮戊二酸也由三羧酸循环提供,脂肪酸、胆固醇、氨基酸、血红素等的合成也需要三羧酸循环协助提供前提物质。

知识拓展

巴斯德效应

当机体供氧充足时,糖的有氧氧化抑制糖酵解的现象称为巴斯德效应。这个效应是法国微生物学家路易斯·巴斯德在研究酵母菌使葡萄糖发酵时发现的,人体组织中也同样存在此效应。当组织供氧充足时,丙酮酸进入线粒体氧化脱羧生成乙酰 CoA,经三羧酸循环彻底氧化分解,胞质中生成的 NADH+H⁺可经穿梭机制进入线粒体呼吸链传递氧化,从而抑制乳酸的生成,因此糖的有氧氧化抑制糖酵解。机体缺氧时,氧化磷酸化受阻,ADP 与 Pi 不能转变为 ATP,ADP/ATP 比值升高,促使磷酸果糖激酶-1 和丙酮酸激酶活性增强,丙酮酸在胞质中被还原为乳酸,加速葡萄糖沿糖酵解分解。

三、磷酸戊糖途径

（一）概念与部位

磷酸戊糖途径(pentose phosphate pathway)是以葡糖-6-磷酸为起始物,生成具有重要生理功能的核糖-5-磷酸(R-5-P)和 NADPH 的过程。磷酸戊糖途径主要在红细胞、肝、脂肪组织、哺乳期的乳腺、肾上腺皮质、性腺、骨髓等组织细胞的胞质中进行。

（二）反应过程

磷酸戊糖途径可分为两个阶段,第一阶段是不可逆的脱氢氧化反应,生成磷酸戊糖、NADPH 和 CO_2;第二阶段是可逆的非氧化反应,包括一系列的基团转移反应,生成糖酵解的中间产物。

1. **葡糖-6-磷酸氧化生成磷酸戊糖** 经葡糖-6-磷酸脱氢酶(glucose-6-phosphate 1-dehydrogenase, G6PD)催化,葡糖-6-磷酸首先加水脱氢生成6-磷酸葡糖酸,后者由6-磷酸葡糖酸脱氢酶催化发生氧化脱羧生成核酮糖-5-磷酸。生成的核酮糖-5-磷酸经异构化生成核糖-5-磷酸,也可在差向异构酶催化下转化成木酮糖-5-磷酸。1分子葡糖-6-磷酸生成核糖-5-磷酸经历2次脱氢反应生成2分子NADPH+H^+,一次脱羧反应生成1分子CO_2,葡糖-6-磷酸脱氢酶是该途径的关键酶,此酶活性受NADPH浓度的反馈抑制。

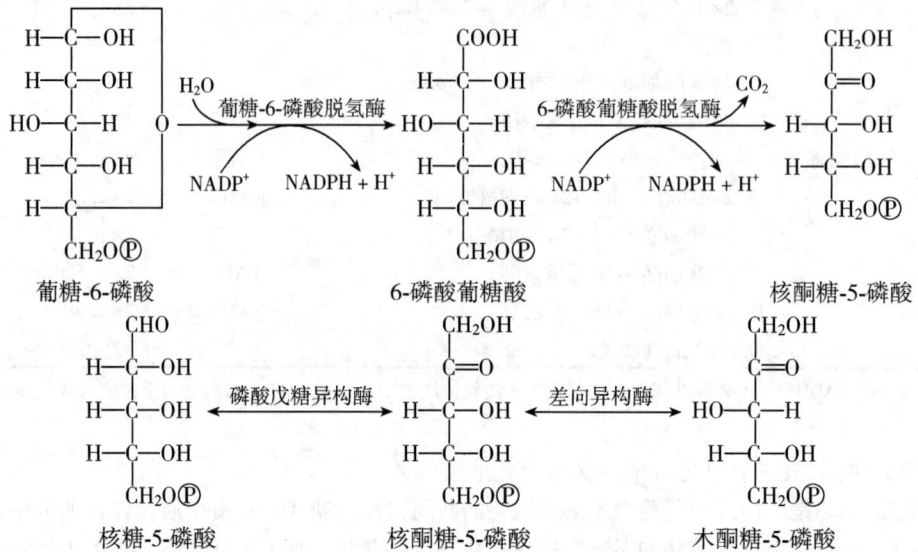

2. **基团转移反应** 此阶段在各单糖之间通过一系列可逆的基团移换反应,进行酮基和醛基的转移,产生丙糖(3碳糖)、丁糖(4碳糖)、戊糖(5碳糖)、已糖(6碳糖)和庚糖(7碳糖),最终生成果糖-6-磷酸和3-磷酸甘油醛汇入糖酵解途径进行代谢,因此磷酸戊糖途径又称为磷酸已糖旁路。磷酸戊糖途径反应过程如图5-5所示。

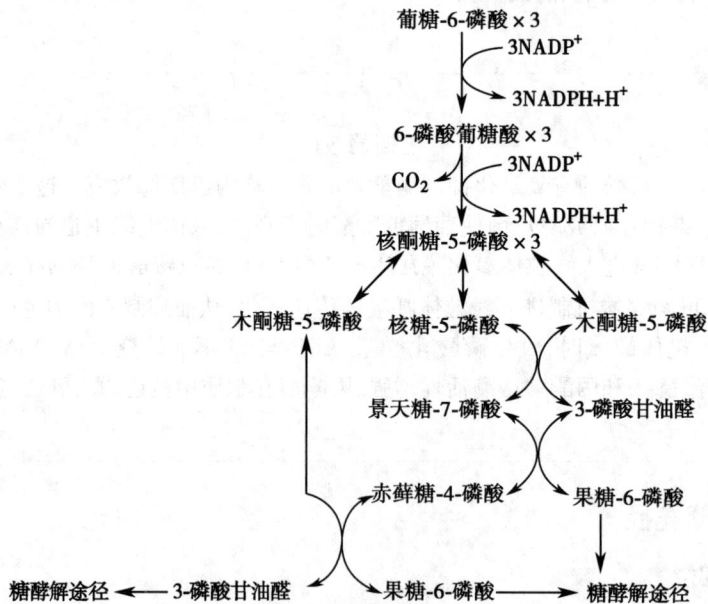

图5-5 磷酸戊糖途径

(三)生理意义

磷酸戊糖途径的主要功能不是生成ATP供能,而是生成对细胞生命活动具有重要意义的磷酸核糖和NADPH。

1. **提供磷酸核糖** 磷酸戊糖途径是葡萄糖在体内生成磷酸核糖的唯一途径。磷酸核糖是合成核苷酸及其衍生物的重要原料,故受伤后修复再生的组织、更新旺盛的组织,如肾上腺皮质、梗死后的心肌、部分切除后的肝等此代谢途径都比较活跃。

2. 生成大量 NADPH 磷酸戊糖途径是体内 NADPH+H$^+$生成的主要途径。NADPH+H$^+$作为供氢体参与体内多种代谢反应:

(1) NADPH+H$^+$参与体内多种物质的合成:NADPH+H$^+$作为供氢体参与体内脂肪酸、胆固醇、皮质激素、性激素等物质合成的反应,故脂类合成旺盛的组织,磷酸戊糖途径也比较活跃。

(2) NADPH+H$^+$参与体内的羟化反应:NADPH+H$^+$作为单加氧酶的辅酶在体内的羟化反应中起重要作用。如从胆固醇合成胆汁酸、类固醇激素,药物、毒物和激素在肝中的生物转化都需 NADPH+H$^+$参与的羟化反应。

(3) NADPH+H$^+$是谷胱甘肽还原酶的辅酶:谷胱甘肽还原酶以 NADPH+H$^+$为辅酶,催化氧化型谷胱甘肽(GSSG)还原成还原型谷胱甘肽(GSH),从而维持体内还原性谷胱甘肽的正常含量。还原型谷胱甘肽是体内重要的抗氧化剂,可保护巯基酶和巯基蛋白免受氧化剂的破坏。在红细胞中还原型谷胱甘肽具有更重要的作用,它可以保护红细胞膜上含巯基的蛋白质或酶免遭氧化,维持红细胞膜的完整性。此外 GSH 对维持红细胞中血红蛋白的亚铁状态也十分重要。

> **知识拓展**
>
> **蚕 豆 病**
>
> 葡糖-6-磷酸脱氢酶是磷酸戊糖途径的关键酶,先天性缺乏此酶的患者进食蚕豆后或服用氯喹类、磺胺类等药物后,机体内产生过多的 H_2O_2 不能及时清除,而破坏红细胞膜,诱发溶血性黄疸及贫血,临床上称之为蚕豆病。蚕豆病的发病机制是由于患者遗传性缺乏葡糖-6-磷酸脱氢酶,导致机体红细胞中磷酸戊糖途径受阻,不能得到充足的 NADPH 来维持还原型谷胱甘肽(GSH)的正常含量,造成红细胞膜稳定性降低,易于损伤发生破裂造成溶血性黄疸及贫血。

3. 使各种单糖可以相互转化 在第二阶段中,3-磷酸甘油醛、赤藓糖-4-磷酸、木酮糖-5-磷酸、核酮糖-5-磷酸、核糖-5-磷酸、果糖-6-磷酸和景天糖-7-磷酸之间通过可逆的基团转移,实现丙糖、丁糖、戊糖、己糖和庚糖之间的相互转化。

第三节 糖原的合成与分解

一、概述

糖原(glycogen,Gn)是葡萄糖聚合形成的分支状大分子化合物,是糖在动物体内的储存形式。糖原分子中葡萄糖主要以 α-1,4-糖苷键相连形成直链,以 α-1,6-糖苷键相连构成支链(图 5-6)。糖原分

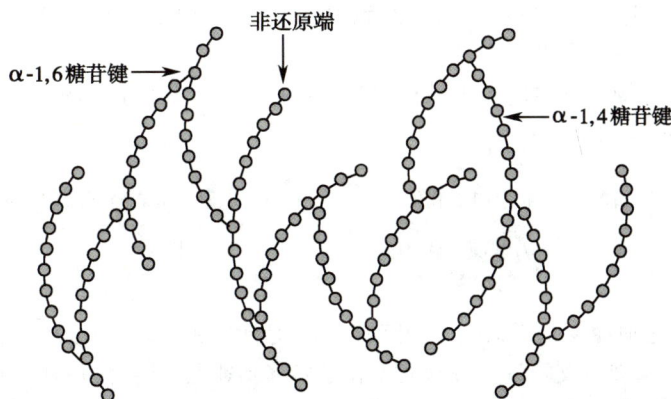

图 5-6 糖原的结构示意图

子有许多非还原性分支末端,是糖原合成、分解关键酶作用的位点。

食物中的糖类首先经过分解代谢供机体需要,剩余的葡萄糖大部分转变为脂肪(甘油三酯)后储存于脂肪组织内,只有少部分以糖原形式储存在肝脏和肌组织中。储存于肝脏中的糖原称为肝糖原,总量 70~100g,占肝重的 6%~8%,肝糖原分解主要用于维持血糖浓度,是空腹时血糖的重要来源,这对依赖于葡萄糖供能的脑组织及红细胞有重要意义。储存于肌组织中的糖原称为肌糖原,总量 250~400g,占肌肉重量的 1%~2%,肌糖原分解主要提供肌组织自身收缩时的能量。

二、糖原的合成

(一)概念与部位

由单糖(主要是葡萄糖)合成糖原的过程称为糖原合成(glycogenesis),整个反应过程主要在肝脏、肌组织细胞的胞质中进行,除需要 ATP 供能外,还需要 UTP。

(二)反应过程

1. 葡萄糖磷酸化　在葡糖激酶 GK(肝脏)或己糖激酶 HK(肌组织)催化下,葡萄糖利用 ATP 供能发生磷酸化生成葡糖-6-磷酸。

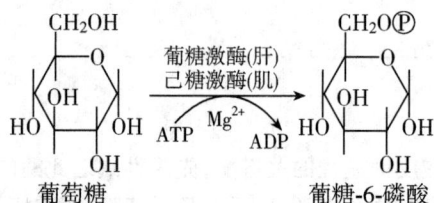

2. 生成葡糖-1-磷酸　葡糖-6-磷酸在磷酸葡糖变位酶催化下,异构化生成葡糖-1-磷酸。

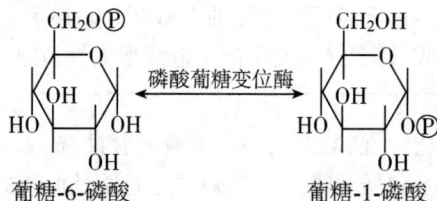

3. 生成尿苷二磷酸葡糖(UDPG)　由尿苷二磷酸葡糖 UDPG 焦磷酸化酶催化,葡糖-1-磷酸与 UTP 作用生成尿苷二磷酸葡糖(UDPG)。

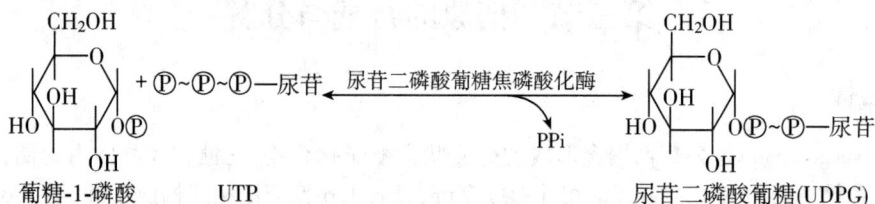

反应能可逆进行,但由于焦磷酸(PPi)在细胞内迅速被焦磷酸酶水解成 2 分子磷酸,使反应向右进行。UDPG 可看作“活性葡萄糖”,它是糖原合成中葡萄糖基的供体。

4. 合成糖原　在糖原合酶催化下,UDPG 将葡萄糖基转移到糖原引物的非还原末端上形成 α-1,4 糖苷键,反复进行使糖链不断延长。

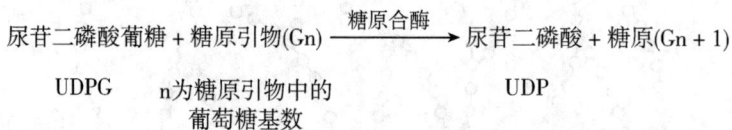

$$尿苷二磷酸葡糖 + 糖原引物(Gn) \xrightarrow{糖原合酶} 尿苷二磷酸 + 糖原(Gn+1)$$

　　　　UDPG　　　n为糖原引物中的　　　　　　　UDP
　　　　　　　　　葡萄糖基数

糖原合酶只能催化葡萄糖基以 α-1,4 糖苷键连接使糖链延长,不能形成分支,当糖链长度达到 12~18 个葡萄糖基时,需要分支酶将 6~7 个葡萄糖基转移到邻近糖链上,并以 α-1,6 糖苷键连接形成糖原的支链,分支酶的作用如图 5-7 所示。

在糖原合酶与分支酶的交替作用下,糖原分子变大,分支变多。分支的形成不仅可增加糖原

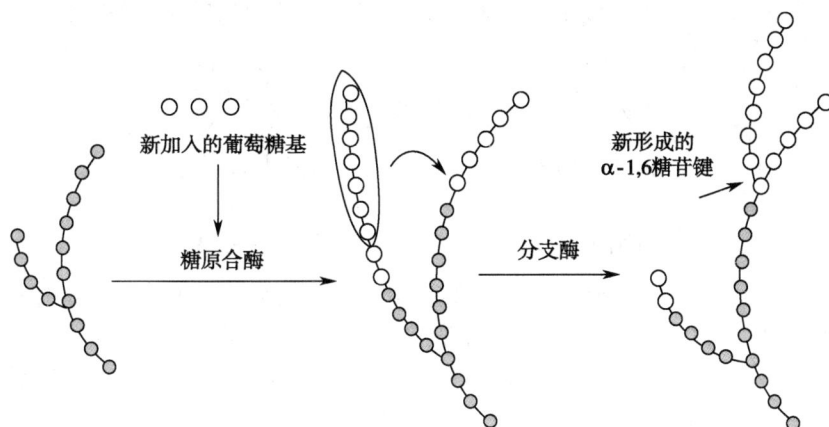

图 5-7　分支酶的作用示意图

的水溶性,更重要的是可增加糖原非还原末端的数目,以便多个糖原磷酸化酶同时作用迅速使其分解。

（三）糖原合成的特点

葡萄糖合成糖原是一个耗能过程,在糖链的非还原末端上每增加一分子葡萄糖基需要消耗 2 分子 ATP,其中的一分子 ATP 用于葡萄糖磷酸化,另一分子(UTP)用于葡萄糖活化生成尿苷二磷酸葡萄糖(UDPG)。糖原合酶是糖原合成的关键酶,葡糖-6-磷酸是其别构激活剂。

三、糖原的分解

（一）概念与部位

肝糖原分解为葡萄糖以补充血糖的过程称为糖原分解(glycogenolysis)。反应在肝细胞的胞质中进行。

（二）反应过程

1. 糖原磷酸化分解生成葡糖-1-磷酸　肝糖原分解反应的位点是糖链的非还原端。糖原磷酸化酶作用于糖链非还原端的 α-1,4-糖苷键,逐个催化 α-1,4-糖苷键断裂并使葡萄糖基磷酸化生成葡糖-1-磷酸。

$$糖原(Gn) + Pi \xrightarrow{糖原磷酸化酶} 糖原(Gn\text{-}1) + 葡糖\text{-}1\text{-}磷酸$$

糖原磷酸化酶是糖原分解的关键酶,该酶只能催化 α-1,4 糖苷键断裂使糖链缩短,但对 α-1,6 糖苷键不起作用,当糖链上的葡萄糖基逐个磷酸化至分支点 4 个葡萄糖基时,必须由脱支酶将 3 个葡萄糖基转移到邻近糖链的末端,并以 α-1,4 糖苷键连接,剩下的 1 个以 α-1,6 糖苷键连接的葡萄糖基由脱支酶催化水解生成游离葡萄糖。分支酶作用如图 5-8 所示。

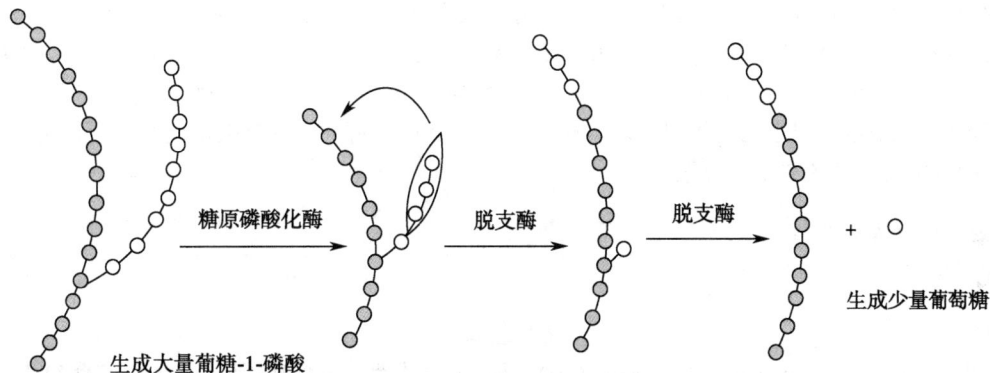

图 5-8　脱支酶的作用示意图

2. 葡糖-6-磷酸的生成   磷酸己糖变位酶催化葡糖-1-磷酸变位生成葡糖-6-磷酸。

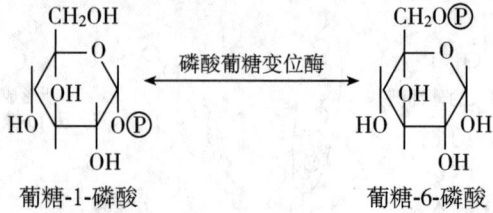

葡糖-1-磷酸   葡糖-6-磷酸

3. 葡萄糖的生成   在葡糖-6-磷酸酶的作用下,葡糖-6-磷酸水解生成葡萄糖释放入血,该酶主要存在于肝和肾细胞中,所以只有肝糖原才能分解直接补充血糖。由于肌组织中缺乏葡糖-6-磷酸酶,肌糖原分解为葡糖-6-磷酸后不能直接分解生成葡萄糖,只能进入糖酵解途径生成乳酸或进入有氧氧化,而不能直接分解成葡萄糖。

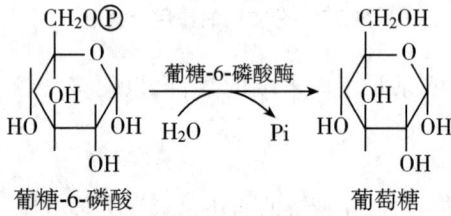

葡糖-6-磷酸   葡萄糖

糖原合成与分解的过程可总结如图 5-9 所示。

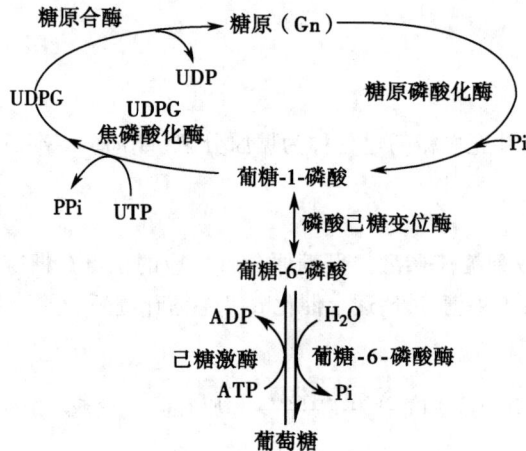

图 5-9   糖原合成与分解

四、糖原合成与分解的生理意义

糖原合成是机体储存葡萄糖的形式,也是储存糖类能量的一种方式,同时对维持血糖浓度的恒定有主要作用。当机体糖供应丰富(例如饱食)或供能充足时,机体即进行糖原合成储存能量,避免血糖浓度过度升高;当机体糖供应不足(例如空腹)或能量需求增加时,肝糖原迅速分解为葡萄糖,维持血糖浓度恒定,保证组织细胞能量代谢得以实现。所以糖原的合成与分解对维持血糖浓度的恒定,保证机体组织细胞对能量的需求十分重要。

知识拓展

糖原贮积症

糖原贮积症(glycogen storage disease,GSD)是一类遗传性代谢疾病,特点是体内某些组织器官中有大量糖原堆积。糖原贮积症的病因是患者先天性缺乏与糖原代谢特别是糖原分解有关的酶类。根据所缺陷的酶在糖原代谢中的作用,受累的器官不同,糖的结构亦有差异,对健康或生命的影响程度也不同。例如,缺乏肝糖原磷酸化酶时,婴儿仍可成长,肝糖原堆积导致肝大,并无严重后果;肝内缺乏葡糖-6-磷酸酶以致不能动用糖原维持血糖,将引起严重后果,是最常见的糖原贮积症;溶酶体的 α-葡萄糖苷酶可分解 α-1,4 糖苷键和 α-1,6 糖苷键,缺乏此酶所有组织均受损,常因心肌受损而突然死亡。

第四节　糖　异　生

一、糖异生的概念与部位

在饥饿情况下,机体将非糖物质转变为葡萄糖或糖原的过程称为糖异生(gluconeogenesis)。能进行糖异生的物质主要有乳酸、丙酮酸及三羧酸循环中的有机酸、甘油、生糖氨基酸等。肝脏细胞和肾脏细胞的线粒体和胞质是糖异生的部位,正常情况下,肝脏是体内糖异生的主要器官,长期饥饿或酸中毒时,肾脏的糖异生作用可大为加强。

二、糖异生途径

由丙酮酸生成葡萄糖的过程称为糖异生途径。该途径基本上是糖酵解途径的逆过程,乳酸等其他的非糖物质可先转变为丙酮酸或糖酵解途径的中间产物再进行糖异生。糖酵解途径中由己糖激酶、磷酸果糖激酶-1 和丙酮酸激酶催化的三个不可逆反应,都有很大的能量变化,这些反应的逆过程均需要通过其他酶的作用消耗一定的能量,常称之为糖异生的"能障反应"。绕过糖酵解的三个"能障"实现糖异生所需酶即称为糖异生途径的关键酶。

(一)丙酮酸生成磷酸烯醇式丙酮酸

在丙酮酸羧化酶和磷酸烯醇式丙酮酸羧激酶催化下,丙酮酸越过糖异生途径中的第 1 个"能障",逆向转变为磷酸烯醇式丙酮酸,此过程称为丙酮酸羧化支路(pyruvate carboxylation shunt)。

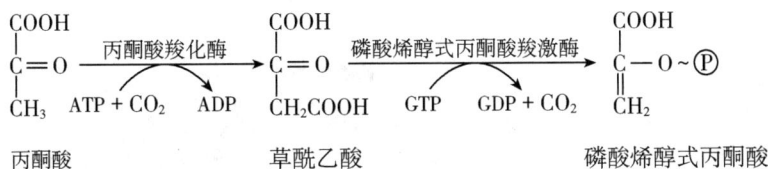

在线粒体内,利用 ATP 供能,丙酮酸首先由丙酮酸羧化酶催化发生羧化反应生成草酰乙酸,草酰乙酸不能直接通过线粒体内膜,需要借助转变为苹果酸或天冬氨酸的方式转入胞质。草酰乙酸可以在磷酸烯醇式丙酮酸羧激酶催化下脱羧直接转化为磷酸烯醇式丙酮酸后进入胞质;也可以在线粒体内先转化为苹果酸(或经转氨基作用生成天冬氨酸)进入胞质后再转变为草酰乙酸,在胞质中草酰乙酸利用 GTP 供能,由磷酸烯醇式丙酮酸羧激酶催化脱羧生成磷酸烯醇式丙酮酸,经过丙酮酸羧化支路,丙酮酸绕过第 1 个"能障"需要消耗 2 分子 ATP,整个反应不可逆。

(二)果糖-1,6-二磷酸生成果糖-6-磷酸

这是糖异生途径的第 2 个能障反应,果糖-1,6-二磷酸在果糖二磷酸酶-1 催化下水解生成果糖-6-磷酸。

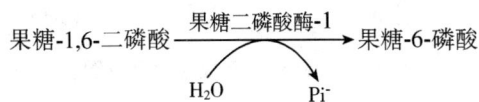

(三)葡糖-6-磷酸生成葡萄糖

在葡糖-6-磷酸酶催化下,葡糖-6-磷酸水解生成葡萄糖,完成己糖激酶催化反应的逆过程,所生成的葡萄糖释放到血液可补充血糖。葡糖-6-磷酸酶仅存在于肝和肾组织中,肌肉组织中不含此酶,故糖异生作用只能在肝、肾组织中进行。

$$葡糖-6-磷酸 \xrightarrow[\substack{H_2O \quad\quad Pi}]{葡糖-6-磷酸酶} 葡萄糖$$

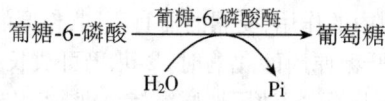

　　丙酮酸羧化酶、磷酸烯醇式丙酮酸羧激酶、果糖二磷酸酶-1 和葡糖-6-磷酸酶是糖异生途径的关键酶，某些非糖物质通过这些酶催化能越过"能障"，转变为葡萄糖或糖原。例如乳酸脱氢生成丙酮酸后遵循糖异生途径生成糖；甘油磷酸化为 α-磷酸甘油，再脱氢生成磷酸二羟丙酮汇入糖异生途径生成糖；生糖氨基酸经三羧酸循环转化成糖有氧氧化的中间产物进入糖异生途径生成糖。糖异生反应过程归纳如图 5-10。

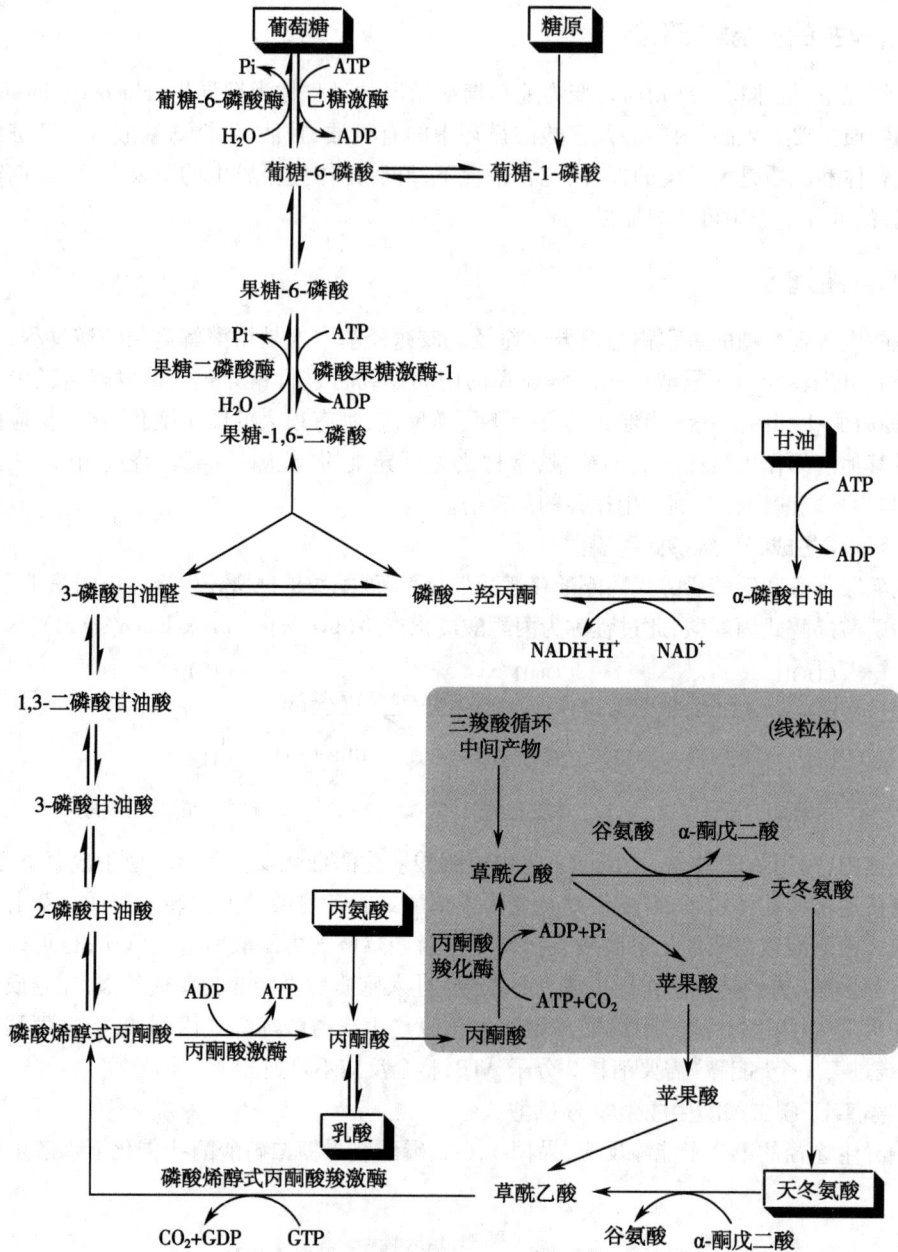

图 5-10　糖异生反应过程示意图

三、糖异生的生理意义

（一）维持血糖浓度相对恒定

糖异生最主要的生理意义就是在机体血糖来源不足时,肝和肾利用非糖物质转变为葡萄糖以维持血糖浓度的相对恒定。人体储存糖原的能力有限,实验证明,在禁食12h后肝糖原耗尽,在饥饿或长期饥饿情况下,糖异生作用是机体补充血糖的主要来源。长期饥饿状态下,糖异生作用的存在对于维持血糖浓度的恒定,保证脑、红细胞等组织器官的葡萄糖供应是十分必要的。

（二）协助氨基酸代谢

蛋白质中的生糖氨基酸在体内分解代谢过程中可转化为丙酮酸、α-酮戊二酸、草酰乙酸等糖代谢的中间产物,在肝内经糖异生作用转变为葡萄糖。在补充血糖浓度的同时,加速了蛋白质的分解代谢。实验证明,进食蛋白质后,肝糖原含量增加;饥饿时,组织蛋白分解增强,血中氨基酸水平升高,糖异生作用活跃。由此可见,蛋白质的分解可弥补血糖浓度的不足,糖异生作用能协助氨基酸的分解代谢。

（三）调节酸碱平衡

长期饥饿时,肾脏的糖异生作用增强,可促进肾小管细胞分泌氨,使 NH_3 与 H^+ 结合生成 NH_4Cl 排出体外,加速肾脏的排氢保钠作用,有利于维持酸碱平衡,对防止酸中毒有重要意义。

（四）有利于乳酸的利用

乳酸是糖异生的重要原料,当剧烈运动或某些原因导致机体缺氧时,肌肉中的葡萄糖或肌糖原酵解产生大量乳酸,由于肌组织内不能进行糖异生,乳酸经血液循环运输至肝脏,在肝内经糖异生作用生成葡萄糖,释放入血的葡萄糖又被肌组织细胞摄取利用,这样构成的循环称为乳酸循环,也称为 Cori 循环(图 5-11)。乳酸循环的生理意义第一是有利于肌肉中乳酸的回收利用,有效防止和改善因乳酸堆积引起的代谢性酸中毒;第二是乳酸经糖异生作用生成葡萄糖或肝糖原,不仅有利于肝糖原的更新和补充,而且使不能直接分解为葡萄糖的肌糖原通过乳酸循环间接的变成血糖。

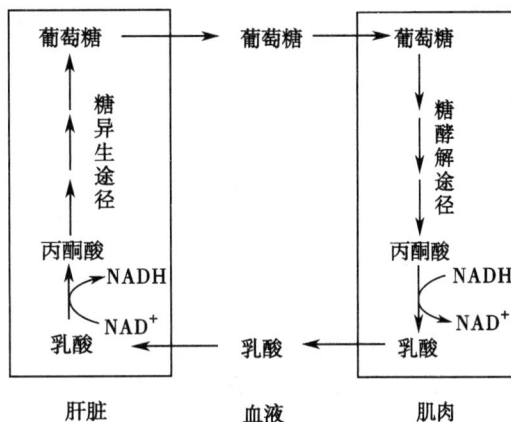

图 5-11　乳酸循环示意图

乳酸循环

第五节　血　糖

血糖(blood sugar)主要是指血液中的葡萄糖,是体内糖的运输形式和利用形式。用葡萄糖氧化酶法测得正常人空腹血糖浓度为 3.89~6.11mmol/L 或 70~110mg/dl,血糖浓度是反映体内糖代谢状况的一项重要指标。正常情况下,血糖浓度保持相对恒定,有利于组织细胞摄取葡萄糖氧化供能,这对保证组织器官正常的生理功能极为重要,特别是脑组织和红细胞,因为它们主要靠血糖供能。血糖浓度的相对恒定是机体对血糖的来源和去路进行精细调节,使之维持动态平衡的结果。

一、血糖的来源和去路

（一）血糖的来源

1. **食物淀粉**　食物中的淀粉等糖类物质在胃肠道消化并吸收进入血液,这是血糖的主要来源。

2. **肝糖原分解**　肝糖原分解生成葡萄糖释放入血,是空腹时血糖的直接来源。

3. **糖异生作用**　饥饿或长期饥饿时,肝或肾可通过糖异生作用将大量非糖物质转变为葡萄糖,继续维持血糖的正常水平。

4. **其他单糖的转化**　肝脏可以将饮食中摄取的其他己糖如果糖、半乳糖等转变为葡萄糖供机体利用。

笔记

（二）血糖的去路

1. **氧化分解供应能量** 正常情况下，血糖被组织细胞摄取，通过糖酵解和有氧氧化分解供应能量是血糖最主要的去路。

2. **合成糖原** 饱食后，部分葡萄糖可被合成肝糖原和肌糖原储存在肝脏和肌组织中。

3. **转变其他物质** 血糖被组织细胞摄取后可转变为脂肪、非必需氨基酸等非糖物质；也可转变为核糖、氨基糖、葡糖醛酸等其他糖及其衍生物。

4. **随尿排出** 当血糖浓度高于 $8.89 \sim 10.0mmol/L$ 时，超过肾小管对糖的重吸收能力，糖可随尿排出体外而出现糖尿现象，尿排糖是血糖的异常去路。尿中出现葡萄糖时的最低血糖浓度称为肾糖阈。

二、血糖浓度的调节

血糖浓度维持在恒定范围内不仅是糖、脂肪、氨基酸代谢协调的结果，而且是肝脏、肌肉、肾脏、脂肪组织等器官代谢协调的结果。正常情况下，机体通过神经系统、激素和组织器官的调节，保持血糖来源与去路的动态平衡。

（一）神经系统调节

神经系统对血糖的调节属于整体调节，通过调节各种促激素或激素的分泌，影响各代谢途径中的酶活性或酶含量而完成调节作用。如情绪激动时，交感神经兴奋，可使肾上腺髓质增加肾上腺素的分泌，促进肝糖原分解、肌糖原酵解和糖异生作用，从而使血糖浓度升高；当处于静息状态时，迷走神经兴奋，使胰岛素分泌增加，使血糖水平降低。

（二）激素调节

激素调节是维持血糖浓度恒定的主要因素。调节血糖的激素有两类：

1. **降低血糖的激素** 由胰岛 β 细胞分泌的胰岛素（insulin），是体内唯一能降低血糖的激素，也是唯一同时促进糖原、脂肪、蛋白质合成的激素。

2. **升高血糖的激素** 升高血糖的激素有胰岛 α 细胞分泌的胰高血糖素、肾上腺皮质分泌的糖皮质激素、肾上腺髓质分泌的肾上腺素、腺垂体分泌的生长素等。

正常情况下，这两类激素的作用相互拮抗、相互制约，它们通过调节各条糖代谢途径的关键酶的活性或含量来调节血糖浓度恒定。各激素对血糖的调节机制见表 5-3。

表 5-3 激素对血糖浓度的调节机制

激素	调节机制
降低血糖的激素	
胰岛素	促进葡萄糖进入肌肉、脂肪等组织细胞；活化糖原合酶，促进糖原合成；加速糖原合成，抑制糖原分解；诱导糖酵解 3 个关键酶合成，激活丙酮酸脱氢酶复合体，促进糖的有氧氧化；抑制糖原磷酸化酶，抑制糖原分解；抑制糖异生的 4 个关键酶，促进氨基酸合成蛋白质，减少糖异生原料，抑制糖异生；抑制激素敏感性脂肪酶，减少脂肪动员
升高血糖的激素	
胰高血糖素	活化糖原磷酸化酶，促进肝糖原分解；激活激素敏感性脂肪酶，加速脂肪分解；抑制磷酸果糖激酶-2，减少果糖-2,6-二磷酸的合成，抑制糖酵解，促进糖异生；抑制糖原合酶，抑制糖原合成
肾上腺素	促进肝糖原分解；加强肌糖原酵解成乳酸，促进糖异生；促进脂肪动员；抑制糖酵解
肾上腺糖皮质激素	引发细胞内依赖 cAMP 的磷酸化级联反应，加速肝糖原分解；促进蛋白质和脂肪组织分解，为糖异生提供原料；抑制肝外组织细胞摄取利用葡萄糖

（三）器官调节

1. **肝脏调节** 肝脏是调节血糖浓度稳定的最重要器官。肝细胞内的糖代谢途径很多，而且糖原的合成与分解和糖异生作用等肝脏所特有的代谢途径，对糖代谢具有双向调控功能，可有效地维持血糖浓度的相对恒定。进食糖类食物后血糖浓度增高，肝组织从血液中摄取葡萄糖增多，肝糖原合成作用增加，并抑制肝糖原分解，促进糖转变为脂肪，使血糖水平不至于过度升高；空腹状态下血糖浓度降低时,肝糖原分解加强直接分解为葡萄糖用以补充血糖;饥饿或禁食情况下肝糖原耗尽,肝脏糖异生作用加强,将乳酸、丙酮酸、甘油、生糖氨基酸等非糖物质转变为葡萄糖释放入血,进而维持血糖浓度的相对稳定。

2. **肾脏调节** 肾小管对葡萄糖有很强的重吸收能力,它犹如一个阀门控制葡萄糖的重吸收与排出,当血糖浓度大于 8.89~10.0mmol/L 时,即超过肾小管重吸收能力时则出现糖尿。当血糖浓度小于 8.89~10.0mmol/L 时,滤入肾小管管腔内的葡萄糖几乎全部重吸收入血。所以,正常人尿液中一般检测不出葡萄糖。此外,当长期饥饿时,肾脏糖异生作用大为增强,成为糖异生的重要器官。

上述血糖调节的几方面作用并非孤立进行,而是既互相协同又互相制约地协调一致,以维持血糖浓度的相对恒定。

三、高血糖与低血糖

人体内糖代谢的中心问题是维持血糖浓度的相对恒定,当机体某一调节功能障碍时,如神经系统功能紊乱、内分泌失调、某些酶的先天性缺陷、肝或肾功能障碍等都可能引起糖代谢紊乱,都可导致血糖水平的异常。临床上重要的糖代谢障碍主要是血糖浓度过高或过低出现的高血糖症或低血糖症。

（一）高血糖

临床上一般是通过葡萄糖氧化酶法测定血糖浓度,当空腹血糖浓度超过 7.22mmol/L（130mg/dl）时称为高血糖,当血糖浓度超过肾糖阈 8.89~10.0mmol/L 或 160~180mg/dl 时,葡萄糖即可随尿液排出,临床称此现象为糖尿。高血糖分为生理性和病理性两类。

1. **生理性高血糖** 在生理条件下,机体因糖来源过度增加引起的一过性高血糖称为生理性高血糖。例如正常人一次性摄入过多的糖类食物或静脉输入大量葡萄糖（每小时每千克体重超过 22~28mmol/L）时,使血糖浓度急剧增高,称为饮食性高血糖;情绪激动,交感神经兴奋引起肾上腺素分泌增加,肝糖原加速分解为葡萄糖释放入血,使血糖浓度升高,称为情感性高血糖。

2. **病理性高血糖** 病理性高血糖多见于内分泌紊乱的人群。如升高血糖的激素分泌亢进或胰岛素分泌障碍均可导致高血糖,甚至出现糖尿,临床上称为病理性高血糖。临床上将因胰岛素分泌或利用障碍所引起的高血糖和糖尿称为糖尿病（diabetes mellitus,DM）。

糖尿病是一种由于胰岛素分泌不足或胰岛素作用低下而引起的代谢性疾病,其特征是高血糖症。由于胰岛素绝对或相对不足或胰岛素抵抗,使糖的氧化分解减少造成机体能量缺乏,又引起脂肪大量动员,进而导致脂代谢紊乱,并继发维生素、电解质代谢障碍并发酮症酸中毒可危及生命。糖尿病呈持续性高血糖和糖尿,表现出多饮、多食、多尿、体重减少的"三多一少"症状,有时伴有视力下降,并容易继发感染,青少年患者可出现生长发育迟缓。长期的高血糖症将导致多种器官的损伤、功能紊乱和衰竭,尤其是眼、肾、神经、心血管系统。

3. **肾性糖尿** 由于肾功能先天不足或肾疾病引起的肾糖阈值降低引起的糖尿称为肾性糖尿。肾性糖尿病患者的血糖浓度可以升高,也可以在正常范围,糖代谢并未发生紊乱,而是由于肾小管的重吸收功能减退所致。

（二）低血糖

临床上将空腹血糖浓度低于 2.8mmol/L 时称为低血糖。脑组织正常能量供应主要依赖血液供给葡萄糖。血糖浓度过低,导致脑组织能量不足,可出现头晕、乏力、心悸、手颤;当血糖浓度低于 2.5mmol/L 时,可出现低血糖昏迷（低血糖休克）,甚至死亡。病理性低血糖出现的原因有:①胰岛 β 细胞功能亢进或胰岛 α 细胞功能低下;②严重肝疾病;③内分泌异常,如垂体功能低下;④进食障碍;⑤肿瘤等。

（三）糖代谢障碍临床检测

目前糖代谢障碍的临床检测项目主要有空腹血糖浓度测定、餐后血糖浓度测定、糖耐量试验、糖化血红蛋白检测。血糖测试结果反映的是即刻血糖水平,糖耐量试验用于评价机体血糖调节能力,糖化血红蛋白测定反映患者自测定之日前 8~12 周的血糖控制情况,用于糖尿病的诊断、治疗和预后监测。

1. **糖耐量与糖耐量试验** 机体处理摄入葡萄糖的能力称为葡萄糖耐量（glucose tolerance）或耐糖

胰岛素与糖尿病

现象。正常人的体内有一套精细调节糖代谢的机制,即使一次性摄入大量葡萄糖,其血糖水平也只是暂时升高,不久恢复到正常水平,不会持续升高,也不会出现很大的波动,这是正常的耐糖现象;如果摄取葡萄糖后血糖上升但恢复缓慢,或者血糖升高不明显甚至不升高,说明机体血糖调节障碍,称为耐糖失常。

临床上常用口服葡萄糖耐量试验(oral glucose tolerance test,OGTT)检测人体血糖水平,辅助诊断糖代谢紊乱的相关疾病。OGTT测定推荐使用葡萄糖氧化酶法测定静脉血浆葡萄糖值,首先测定受试者清晨空腹血糖浓度,然后一次性进食100g葡萄糖(或按1.5~1.75g/kg体重计算),在进食后0.5h、1h、2h、3h及4h的时候分别测定一次血糖。以时间为横坐标,血糖浓度为纵坐标绘制糖耐量曲线(图5-12)。

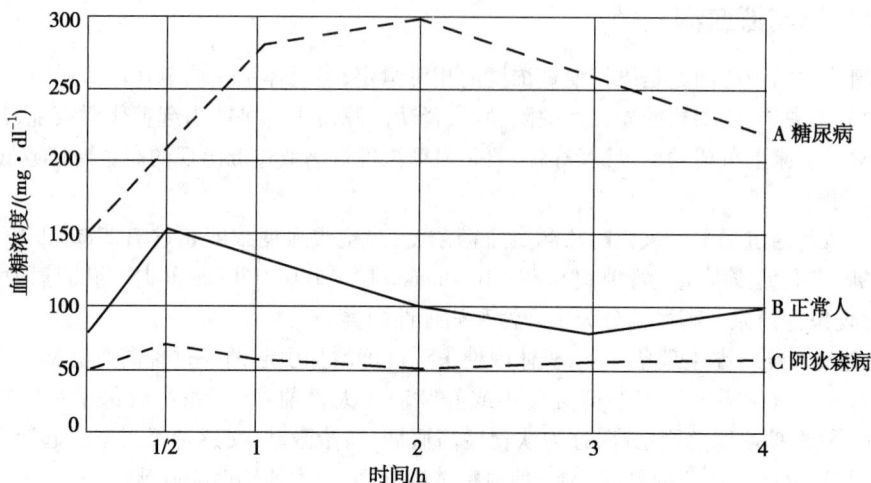

图 5-12 糖耐量曲线示意

正常人糖耐量曲线的特点是:空腹血糖浓度正常;进食后血清葡萄糖浓度升高,0.5~1h达到高峰,一般不超过8.89mmol/L(160mg/dl);此后血糖浓度迅速降低,在2h内降至正常水平。糖尿病患者因胰岛素分泌不足或机体对胰岛素的敏感性降低,其糖耐量曲线表现为:空腹血糖浓度高于正常值,进食后血糖浓度迅速升高,并可超过肾糖阈值;在2h内不能恢复至空腹血糖水平。口服葡萄糖后2h血糖水平是诊断糖尿病的依据,判断为正常或异常的分割点主要是依据血糖水平对人类健康的危害程度人为制定的。

艾迪生病患者由于肾上腺皮质功能减退,其糖耐量曲线表现为:空腹血糖浓度低于正常值;进食后血糖浓度升高不明显;短时间就恢复到空腹血糖水平。

2. 糖化血红蛋白测定 正常人红细胞中的血红蛋白由HbA1(97%)、HbA2(2.5%)和HbF(0.5%)组成。血红蛋白HbA1可缓慢地与糖类(主要是葡萄糖)结合形成糖化血红蛋白(glycosylated hemoglobin,GHb),血红蛋白的糖基化作用是一种缓慢且不可逆非酶促反应过程,GHb一旦形成就不再解离。通常血糖浓度高,与血红蛋白作用的时间长,生成的糖化血红蛋白量就多。临床上常用离子交换层析微柱法测定糖化血红蛋白,求GHb占总Hb的百分比,正常参考值5.6%~7.6%。由于这种非酶促结合反应需要较长的时间,所以临床上测得的糖化血红蛋白数值与测定时血糖的浓度和短期内血糖的波动无关,只能反映患者在测定日之前近8~12周的血糖控制情况,糖化血红蛋白是糖尿病诊断的新标准和治疗及预后检测的金标准。

本章小结

糖酵解(糖的无氧氧化)在细胞胞质中进行,终产物是乳酸,关键酶是己糖激酶、磷酸果糖激酶-1和丙酮酸激酶,其中磷酸果糖激酶-1对调节糖酵解速率最为重要;1分子葡萄糖(或糖原)经酵解生成 2 分子乳酸,净生成 2(或 3)分子 ATP,生理意义是机体在缺氧条件下获得能量的有效方式,是红细胞获得能量的唯一方式,某些组织(如视网膜)获得能量的主要方式。糖的有氧氧化是糖氧化供能的主要方式,在组织细胞的胞质和线粒体进行,终产物是 CO_2 和 H_2O,1 分子乙酰 CoA进入三羧酸循环一周共生成 10 分子 ATP,1 分子葡萄糖彻底氧化分解生成 32 或 30 分子 ATP。糖有氧氧化的关键酶是己糖激酶、磷酸果糖激酶-1 和丙酮酸激酶、丙酮酸脱氢酶复合体、柠檬酸合酶、异柠檬酸脱氢酶和 α-酮戊二酸脱氢酶复合体,生理意义是机体获能的主要途径,三羧酸循环是三大营养物质最终彻底氧化分解的共同途径,也是三大代谢相互联系的枢纽。磷酸戊糖途径在胞质中进行,主要生理意义在于该途径提供 NADPH 和核糖-5-磷酸,关键酶是葡糖-6-磷酸脱氢酶,先天缺乏此酶可导致蚕豆病。糖原合成在肝和肌细胞的胞质中进行,关键酶是糖原合酶。肝糖原分解是空腹时血糖的重要来源,关键酶是糖原磷酸化酶;主要生理意义是维持正常的血糖浓度。糖异生在饥饿时维持血糖浓度的相对恒定,肝和肾是其主要场所,关键酶是丙酮酸羧化酶、磷酸烯醇式丙酮酸羧激酶、果糖二磷酸酶-1 和葡糖-6-磷酸酶,生理意义是维持饥饿状态下血糖浓度的相对恒定,更新肝糖原,防止酸中毒。正常人空腹时血糖浓度相对恒定,维持在 3.89~6.11mmol/L 之间,血糖的来源主要有:①食物糖;②肝糖原分解;③糖异生;④其他单糖的转化。血糖的主要去路有:①氧化分解供能;②合成糖原储存;③转化成非糖物质(脂肪、某些氨基酸等)。胰岛素是降低血糖的激素,升高血糖的激素有胰高血糖素、肾上腺素、肾上腺糖皮质激素和生长素。肝脏是调节血糖的主要器官,通过肝糖原合成与分解、糖异生维持血糖浓度恒定。血糖浓度的相对恒定是血糖的来源与去路维持动态平衡的结果,机体通过神经体液因素调节血糖浓度,胰岛素是唯一的降糖激素。临床常见糖代谢紊乱疾病有低血糖(空腹血糖低于 2.8mmol/L)和高血糖(空腹血糖高于 7.22mmol/L)。

(孔晓朵)

扫一扫,测一测

思考题

1. 为什么剧烈运动后,肌肉常有酸痛的感觉? 哪些情况下,机体会加强糖酵解供能?
2. 简述血糖的来源与去路,血糖调节的方式有哪些?

06章 PPT

学习目标

1. 掌握生物氧化的概念和特点;体内两条重要呼吸链;ATP 的生成方式。
2. 熟悉 CO_2 的生成;呼吸链的组成和作用;氧化磷酸化的概念和影响因素;能量的转移和利用。
3. 了解生物氧化的有关酶类;氧化磷酸化的机制;线粒体外 NADH 的氧化;其他氧化体系。
4. 能应用生物氧化所学内容解释人体内氧气的消耗、二氧化碳的生成、营养物质的氧化和体内能量生成的关系,运用线粒体氧化体系知识解释氧气对机体的重要性。
5. 会用所学知识解释低氧血症、碳氧血红蛋白等生化检验项目。

案例导学

女性,35 岁,头晕,呕吐半小时,洗澡时煤气泄漏,出现头晕,胸闷,眩晕,恶心,站立不稳,呼吸困难,呕吐 2 次,急送医院救治,未见异常药瓶。无肝、肾和糖尿病史,无药物过敏史。查体:T:37.2℃,P:98 次/min,R:25 次/min,BP:132/88mmHg,神志尚清,精神差,呼吸音粗,四肢冰凉,口唇樱桃红色,余无特殊。初步诊断:CO 中毒。

问题与思考:
1. 如何诊断 CO 中毒?请用所学知识选择此病例的实验室检查项目。
2. CO 中毒的生化机制是怎样的?用所学的生化知识解释症状及生化指标变化的机制。
3. 从生化角度拟定治疗方案。

0601

案例导学解析

第一节 概 述

一、生物氧化的概念和类型

物质在体内的氧化反应的过程称为生物氧化(biological oxidation)。生物氧化主要指体内糖、脂肪、蛋白质等有机物的氧化,这些营养物质在生物体内氧化生成 CO_2 和 H_2O 的过程中伴随着能量的生成和释放,其中一部分能量以热能的形式释放,还有一部分能量以化学能的形式转化到 ATP 分子中,以满足生物体的机械能、化学能、电能等体内的能量需要。营养物质的氧化,消耗氧气,同时产生二氧

笔记

化碳,有 ATP 的生成,所以生物氧化又称为组织呼吸或细胞呼吸,因主要在细胞的线粒体中进行,称为线粒体氧化体系。一些药物、毒物、异物和某些代谢物的氧化在微粒体、过氧化物酶体等线粒体外进行,氧化时不伴有 ATP 的生成,称为其他氧化体系,这些部位的生物氧化与机体内某些代谢、药物及毒物的清除、排泄有关。

二、生物氧化的特点

生物氧化通过加氧、脱氢、脱电子等方式进行,反应的总结果与体外燃烧相同,生成的最终产物都是 CO_2 和 H_2O,释放的总能量也相同。但生物氧化与体外燃烧相比有显著的不同,生物氧化有以下特点:

1. **反应条件**　生物氧化在体内近 37℃,pH 接近中性的环境中进行,反应条件比较温和。体外燃烧在高温、高压等较剧烈的条件下进行。

2. **氧化方式**　加氧、脱氢、脱电子是生物氧化的氧化方式,以脱电子方式为主,生物氧化的 CO_2 是有机酸,经脱羧基产生的,H_2O 是由代谢物脱下的氢经线粒体中的呼吸链传递给氧才生成的。体外燃烧是碳、氢和氧直接化合的结果。

3. **能量形式**　生物氧化的化学反应是酶促反应,反应逐步进行,物质中的能量逐步释放,有利于机体捕获能量,提高 ATP 生成的效率。释放的能量一部分以热能的形式维持体温,一部分以化学能的形式贮存(ATP)。体外燃烧过程没有酶的催化,瞬间完成,释放的能量多以热和光的形式骤然释放。

4. **调节**　生物氧化的酶促反应主要在细胞内进行,酶活性受许多因素影响,受到机体的精密调节。体外燃烧过程没有酶的催化,不受调节。

生物氧化特点可简单归纳于表 6-1。

表 6-1　生物氧化特点

内容	特点
反应条件	比较温和,近 37℃、大气压下、pH 近中性环境
氧化方式	氧化反应以加氧、脱氢、脱电子等方式进行,CO_2 由有机酸脱羧基产生,代谢物脱氢,经线粒体内膜呼吸链传给氧生成 H_2O
能量的形式	化学能(ATP)、热能
调节	生物氧化反应在细胞内由酶催化,酶促反应受机体调节

三、参与生物氧化的酶类

生物体内的物质氧化是在一系列酶的催化下进行的,参与生物氧化反应的酶类有多种,如氧化酶类、需氧脱氢酶类、不需氧脱氢酶类等。

1. **氧化酶类**　以氧为直接受氢体,该酶通常催化代谢物脱氢,氧分子接受氢生成水。抗坏血酸氧化酶、细胞色素氧化酶等属于此类酶,该类酶的辅基常含有铁、铜等金属离子。

$$抗坏血酸 + \frac{1}{2} O_2 \xrightarrow{\text{抗坏血酸氧化酶}} 脱氢抗坏血酸 + H_2O$$

2. **需氧脱氢酶**　需氧脱氢酶是以 FMN 或 FAD 为辅基的一类黄素蛋白,也称黄素酶,以氧为直接受氢体,该酶催化代谢物脱氢,直接被氧接受生成 H_2O_2,如黄嘌呤氧化酶。

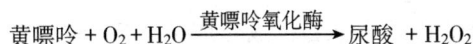

$$黄嘌呤 + O_2 + H_2O \xrightarrow{\text{黄嘌呤氧化酶}} 尿酸 + H_2O_2$$

3. **不需氧脱氢酶**　不需氧脱氢酶是指能催化代谢物脱氢,但不能以氧为直接受氢体,该类酶按辅因子的不同可分为两类:一类以 NAD^+ 为辅酶的不需氧脱氢酶,如乳酸脱氢酶、苹果酸脱氢酶等;另一类以 FAD 为辅基的不需氧脱氢酶,如琥珀酸脱氢酶、脂酰辅酶 A 脱氢酶等。

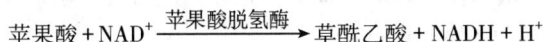

$$苹果酸 + NAD^+ \xrightarrow{\text{苹果酸脱氢酶}} 草酰乙酸 + NADH + H^+$$

4. 其他酶类　除上述酶外,体内还有一些氧化酶类,如过氧化氢酶、超氧化物歧化酶、单加氧酶和过氧化物酶等参与生物氧化。

第二节　线粒体氧化体系

线粒体(mitochondria)是生物氧化的主要场所,人类通过呼吸作用吸入氧气,排出二氧化碳,吸入的氧气主要在线粒体中参与有机营养物质的氧化,营养物质氧化时,消耗氧气、产生二氧化碳、生成水以及并释放能量,这些过程都与线粒体有关。

一、CO_2 的生成

糖、脂肪、蛋白质等物质在体内氧化过程中,产生许多不同的有机酸,某些有机酸在酶的作用下脱去羧基,生成 CO_2。根据脱去的羧基的位置不同,分为 α-脱羧和 β-脱羧两种。又根据脱羧反应是否伴随脱氢,分为单纯脱羧和氧化脱羧。

1. α-单纯脱羧　有机酸在 α 位碳原子上脱去羧基,不伴有脱氢反应。如氨基酸脱羧酶催化氨基酸的 α-羧基脱羧生成 CO_2 和相应胺类物质。

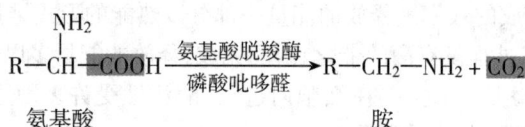

$$R-\underset{\underset{\text{NH}_2}{|}}{CH}-COOH \xrightarrow[\text{磷酸吡哆醛}]{\text{氨基酸脱羧酶}} R-CH_2-NH_2 + CO_2$$

氨基酸　　　　　　　　　　　　　胺

2. α-氧化脱羧　有机酸在 α 位碳原子上脱去羧基,伴有脱氢反应。如丙酮酸脱氢酶系(复合体)催化丙酮酸的 α-羧基脱羧生成 CO_2 和乙酰辅酶 A,同时伴有脱氢反应。

$$CH_3-\underset{\underset{O}{||}}{C}-COOH + HSCoA \xrightarrow[\text{NAD}^+ \searrow \text{NADH + H}^+]{\text{丙酮酸脱氢酶系}} CH_3CO\sim SCoA + CO_2$$

丙酮酸　　　　　　　　　　　　　　　　　　　　乙酰辅酶A

3. β-单纯脱羧　有机酸在 β 位碳原子上脱去羧基,不伴有脱氢反应。如草酰乙酸脱羧酶催化草酰乙酸的 β 位羧基脱羧生成 CO_2 和丙酮酸。

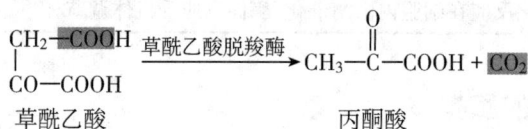

$$\underset{\underset{CO-COOH}{|}}{CH_2-COOH} \xrightarrow{\text{草酰乙酸脱羧酶}} CH_3-\underset{\underset{O}{||}}{C}-COOH + CO_2$$

草酰乙酸　　　　　　　　　　　丙酮酸

4. β-氧化脱羧　有机酸在 β 位碳原子上脱去羧基,伴有脱氢反应。苹果酸酶催化苹果酸的 β 位羧基脱羧生成 CO_2 和丙酮酸,同时伴有脱氢反应。

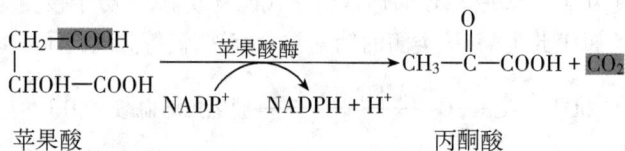

$$\underset{\underset{CHOH-COOH}{|}}{CH_2-COOH} \xrightarrow[\text{NADP}^+ \searrow \text{NADPH + H}^+]{\text{苹果酸酶}} CH_3-\underset{\underset{O}{||}}{C}-COOH + CO_2$$

苹果酸　　　　　　　　　　　　丙酮酸

二、水的生成

线粒体中水的生成与呼吸链有关,呼吸链的成分是存在于线粒体内膜上的一些酶与辅酶,它们能传递氢原子或者传递电子。生物氧化过程中,代谢物脱下的氢以 $NADH+H^+$ 或 $FADH_2$ 的形式经一系列酶或辅酶的传递,最终与氧结合生成水。在这一过程中,起传递氢原子作用的酶或辅酶称为递氢体,起传递电子作用的酶或辅酶称为递电子体。它们按一定顺序排列在线粒体内膜上组成递氢或递电子反应体系,称为电子传递链(electron transfer chain)。该体系进行的一系列连锁反应与细胞摄取氧的呼吸过程有关,故又称为呼吸链(respiratory chain)。

（一）呼吸链的组成和作用

现在研究人员已经可以用实验手段将线粒体内膜中的呼吸链成分进行分离,从人的线粒体内膜上,可分离得到复合体Ⅰ、Ⅱ、Ⅲ、Ⅳ四种酶复合体(表6-2)和泛醌、细胞色素 c 两种游离成分。分离得到的这些酶复合体仍具有传递电子功能,其中复合体Ⅰ、Ⅲ和Ⅳ完全镶嵌在线粒体内膜中,复合体Ⅱ嵌在线粒体内膜的基质侧。

表 6-2　组成呼吸链的酶复合物

名称	质量/kDa	多肽链数	辅因子
复合体Ⅰ(NADH-泛醌还原酶)	850	43	FMN,Fe-S
复合体Ⅱ(琥珀酸-泛醌还原酶)	140	4	FAD,Fe-S
复合体Ⅲ(泛醌-细胞色素 c 还原酶)	250	11	血红素 b_L,b_H,c_1,Fe-S
复合体Ⅳ(细胞色素氧化酶)	160	13	血红素 a,血红素 a_3,Cu_A,Cu_B

1. 复合体Ⅰ　复合体Ⅰ又称 NADH 脱氢酶或 NADH-泛醌还原酶,它是由 43 条多肽链组成的巨大的酶复合体,镶嵌在线粒体内膜上,此酶复合物含有以黄素单核苷酸(FMN)为辅基的黄素蛋白和以铁硫簇(Fe-S)为辅基的铁硫蛋白,黄素蛋白和铁硫蛋白均具有催化功能。复合体Ⅰ在电子传递过程中的作用是将质子和电子从 NADH 经复合体Ⅰ传递到泛醌。

$$NADH \rightarrow 复合体Ⅰ \rightarrow 泛醌$$

复合体Ⅰ除传递电子的功能外兼有质子泵功能,能将质子从线粒体内膜基质侧泵到膜间腔侧。复合体Ⅰ主要成分有:

(1)烟酰胺核苷酸:它是多种脱氢酶的辅酶,包括烟酰胺腺嘌呤二核苷酸(NAD⁺)或称辅酶Ⅰ(CoⅠ)和烟酰胺腺嘌呤二核苷酸磷酸(NADP⁺)或称辅酶Ⅱ(CoⅡ)(图6-1)。

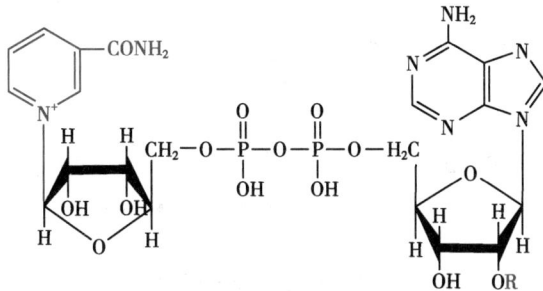

R=H 烟酰胺腺嘌呤二核苷酸,即NAD⁺
R=PO₃H₂ 烟酰胺腺嘌呤二核苷酸磷酸,即NADP⁺

图 6-1　烟酰胺腺嘌呤二核苷酸和烟酰胺腺嘌呤二核苷酸磷酸结构

氧化型 NAD⁺ 能接受从底物上脱下的 2H(2H⁺+2e),然后传递给以 FMN 为辅基的黄素蛋白。在生理 pH 条件下,氧化型 NAD⁺ 中的吡啶氮为五价氮,它能可逆的接受电子而成为三价氮,与氮对位的碳较活泼,可以可逆的加氢脱氢,烟酰胺在加氢反应时只能接受一个氢原子和一个电子,将另一个 H⁺ 游离出来,因此将还原型的 NAD⁺ 和 NADP⁺ 分别写成 NADH + H⁺(NADH)和 NADPH+H⁺(NADPH),故可将 NAD⁺ 视为可传递一个氢原子和一个电子的递氢体(图6-2)。

(2)黄素蛋白:以黄素单核苷酸(FMN)和黄素腺嘌呤二核苷酸(FAD)为辅基的黄素蛋白(flavoprotein,FP),又称为黄素酶,种类很多,其辅基的成分中均含有核黄素(图6-3)。FMN、FAD 分子异咯嗪环上的第 1 及第 10 位氮原子与活泼的双键连接,此两个氮原子可反复接受氢或释放氢,进行可逆的脱氢或加氢反应,故可将 FMN、FAD 视为可传递二个氢原子的递氢体(图6-4)。

黄素酶催化底物脱氢,脱下的氢被该酶的辅基 FMN 或 FAD 接受。NADH-脱氢酶是黄素酶的一

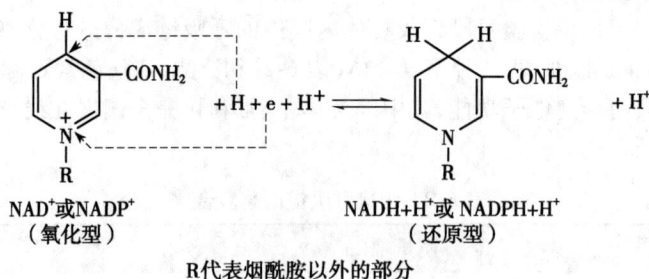

NAD$^+$或NADP$^+$
（氧化型）　　　　　NADH+H$^+$或NADPH+H$^+$
　　　　　　　　　　（还原型）

R代表烟酰胺以外的部分

图 6-2　烟酰胺核苷酸的氧化还原反应

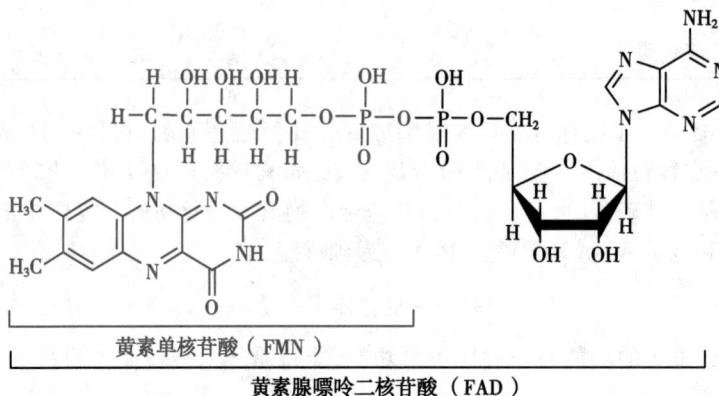

黄素单核苷酸（FMN）

黄素腺嘌呤二核苷酸（FAD）

图 6-3　黄素单核苷酸和黄素腺嘌呤二核苷酸结构

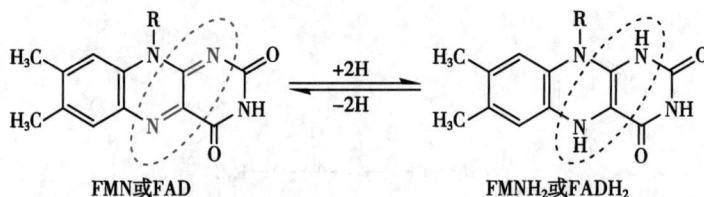

FMN或FAD　　　　　　　　　　　FMNH$_2$或FADH$_2$

图 6-4　FMN 或 FAD 的加氢或 FMNH$_2$ 或 FADH$_2$ 脱氢反应

种，它将氢由 NADH+H$^+$ 转移到酶的辅基 FMN 上，使 FMN 还原为 FMNH$_2$。

（3）铁硫簇：又称铁硫中心（iron-sulfur center，Fe-S）是铁硫蛋白（iron-sulfur protein）的辅基，Fe-S 与蛋白质结合为铁硫蛋白，存在于线粒体内膜上。Fe-S 是 NADH-泛醌还原酶的第二种辅基。铁硫簇含有等量的铁原子与硫原子，有几种不同的类型，有的只含有一个铁原子[FeS]，有的含有两个铁原子[2Fe2S]，有的含有四个铁原子[4Fe4S]（图 6-5），已发现的铁硫蛋白主要为 Fe$_2$S$_2$ 和 Fe$_4$S$_4$。铁原子除与无机硫原子连接外，还与蛋白质分子中半胱氨酸的巯基硫连接。铁硫蛋白分子中的一个铁可呈二价或三价，能可逆地进行氧化还原反应，每次只能传递一个电子，为单电子传递体。在复合体 Ⅰ 中，铁硫蛋白的功能是将 FMNH$_2$ 的电子传递给泛醌。

2. 泛醌　又称为辅酶 Q（coenzyme Q，CoQ），是一种脂溶性的醌类化合物，广泛分布于生物界故叫泛醌（ubiquinone，UQ）（图 6-6）。它有多个异戊二烯（2-甲基丁烯）单位互相连接构成较长的侧链。具有疏水基团，分离时可从线粒体内膜中游离出来，在呼吸链的成分中不包含在上述复合体中，属呼吸链的游离的成分。泛醌为唯一不与蛋白质紧密结合的递氢体，容易在线粒体内膜中移动，在电子传递过程中的作用是将电子从复合体 Ⅰ 或复合体 Ⅱ 经泛醌传递到复合体 Ⅲ，然后释放氢质子。

复合体 Ⅰ 或复合体 Ⅱ →泛醌→复合体 Ⅲ

3. 复合体 Ⅱ　复合体 Ⅱ 又称为琥珀酸-泛醌还原酶，是嵌在线粒体内膜基质侧的酶复合体，人复

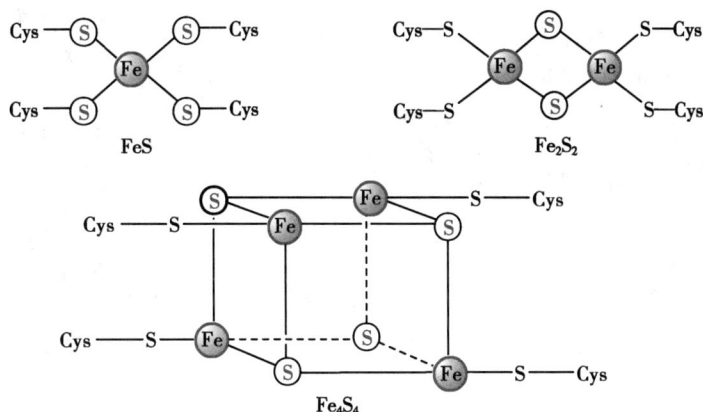

图 6-5 线粒体中铁硫中心的结构

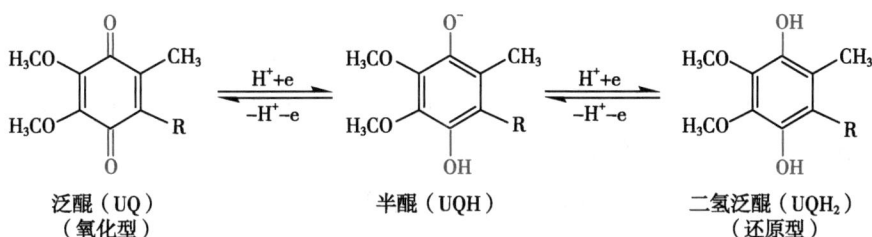

图 6-6 泛醌的加氢和脱氢反应

合体 Ⅱ 中含有以 FAD 为辅基的黄素蛋白、铁硫蛋白和细胞色素 b_{560}。以 FAD 为辅基的琥珀酸脱氢酶、脂酰辅酶 A 脱氢酶、α-磷酸甘油脱氢酶等催化相应底物脱氢后，使 FAD 还原为 $FADH_2$，$FADH_2$ 传递电子到铁硫中心，然后传递给泛醌，故复合体 Ⅱ 在电子传递过程中的作用是将电子从 $FADH_2$ 经复合体 Ⅱ 传递到泛醌。复合体 Ⅱ 无质子泵功能。

$$FADH_2 \rightarrow 复合体 Ⅱ \rightarrow 泛醌$$

4. **复合体Ⅲ** 复合体Ⅲ称为泛醌-细胞色素 c 还原酶（ubiquinone-cytochrome c reductase），是由 11 条多肽链组成的酶复合体，此复合体镶嵌在线粒体内膜上，能将电子从泛醌传递给细胞色素 c。人复合体Ⅲ含有两种细胞色素 b（Cyt b_{562}，b_{566}）、细胞色素 c_1、铁硫蛋白以及其他多种蛋白质。复合体Ⅲ在电子传递过程中的作用是将电子从辅酶 Q 经复合体Ⅲ传递给细胞色素 c，复合体Ⅲ也有质子泵功能，能将质子从线粒体内膜基质侧泵到膜间腔侧。

$$CoQH_2 \rightarrow 复合体Ⅲ \rightarrow Cyt\ c$$

细胞色素（cytochrome，Cyt）是以血红素（heme）为辅基的电子传递蛋白质，因具有颜色故名细胞色素，细胞色素分为 Cyt a、Cyt b、Cyt c 三类，每类又有各种亚类（图 6-7）。在呼吸链中的细胞色素有 b、c_1、c、a、a_3。各个细胞色素的血红素中均含铁离子，可以得失电子，进行可逆的氧化还原反应，起到传递电子的作用，为单电子递体。

$$Fe^{2+} \underset{+e}{\overset{-e}{\rightleftharpoons}} Fe^{3+}$$

5. **细胞色素 c** 细胞色素 c 是呼吸链中唯一水溶性的球状蛋白，分子量较小，在线粒体内膜膜间腔侧与内膜疏松结合，易与线粒体内膜分离，故不包含在上述复合体中，Cyt c 是可在线粒体内膜膜间腔移动的递电子体，在电子传递过程中的作用是将电子从复合体Ⅲ经 Cyt c 传递到复合体Ⅳ。

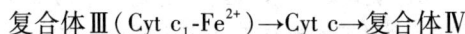

$$复合体Ⅲ（Cyt\ c_1\text{-}Fe^{2+}）\rightarrow Cyt\ c \rightarrow 复合体Ⅳ$$

6. **复合体Ⅳ** 人复合体Ⅳ是含 13 条多肽链的酶复合体，包括细胞色素 a 及 a_3，Cyt a 与 Cyt a_3 很

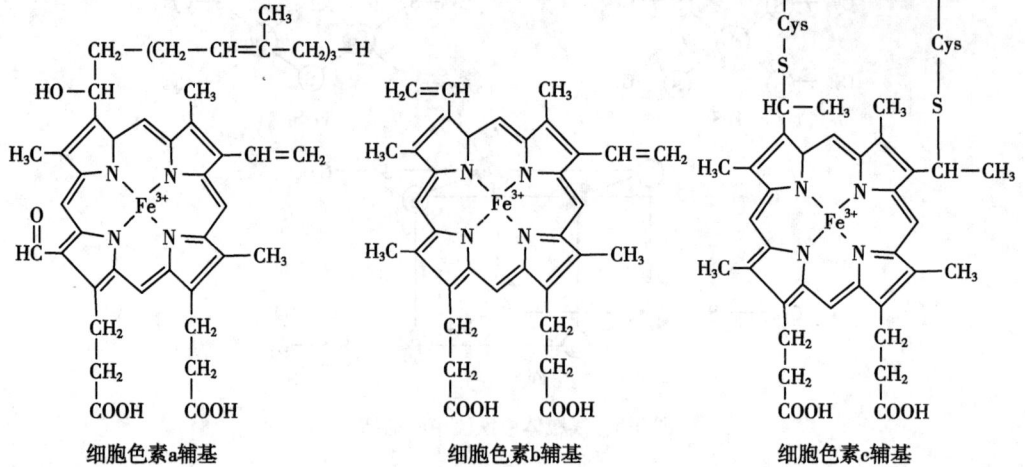

图 6-7 细胞色素 a、b、c 的辅基

难分开,组成一复合体(图 6-8)。Cyt aa$_3$ 是唯一能将电子传给氧的细胞色素,故又称为细胞色素氧化酶(cytochrome oxidase)。来自还原型 Cyt c 的电子通过复合体Ⅳ传给 O$_2$。复合体Ⅳ也有质子泵功能,可将质子从线粒体内膜基质侧泵到膜间腔。

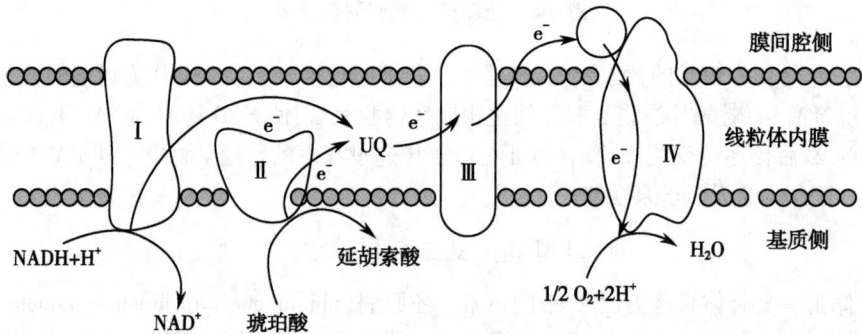

$$Cyt\ c\text{-}Fe^{2+} \rightarrow 复合体Ⅳ \rightarrow O_2$$

图 6-8 呼吸链 4 个复合体传递顺序示意图

呼吸链组成
成分及作用
小结

(二)体内两条重要的呼吸链

目前认为,人体内线粒体中重要的呼吸链有两条,分别是 NADH 氧化呼吸链和 FADH$_2$ 氧化呼吸链。

1. NADH 氧化呼吸链　NADH 氧化呼吸链是体内最常见的呼吸链,细胞线粒体基质内许多不需氧脱氢酶以 NAD$^+$ 为辅酶,将代谢物脱下的 2H,使 NAD$^+$ 还原为 NADH+H$^+$,NADH+H$^+$ 经复合体Ⅰ将 2H 传递给泛醌形成还原型泛醌,还原型泛醌在复合体Ⅲ作用下脱下 2H,其中 2H$^+$ 游离于介质中,而 2e 则通过一系列细胞色素体系的 Fe^{3+} 接受还原生成 Fe^{2+},并沿着 b→c$_1$→c→aa$_3$→O$_2$ 顺序逐步传递给氧生成氧离子(O^{2-}),后者与介质中的 2H$^+$ 结合生成水。代谢物脱下的氢从 NADH 开始传递到氧生成水就是 NADH 氧化呼吸链。电子传递顺序是:

$$NADH+H^+ \rightarrow 复合体Ⅰ \rightarrow 泛醌 \rightarrow 复合体Ⅲ \rightarrow Cyt\ c \rightarrow 复合体Ⅳ \rightarrow O_2$$

体内多种代谢物如丙酮酸、异柠檬酸、α-酮戊二酸、苹果酸、β-羟脂酰 CoA 等可在相应不需氧脱氢酶的催化下脱氢,进入 NADH 氧化呼吸链生成水,释放能量,供机体利用。

2. FADH$_2$ 氧化呼吸链　FADH$_2$ 氧化呼吸链因最早发现琥珀酸脱下的氢经此条呼吸链传递生成水故又为琥珀酸氧化呼吸链。代谢物脱下的氢使 FAD 还原为 FADH$_2$,经复合体Ⅱ传递给泛醌,再经复合体Ⅲ、Cyt c、复合体Ⅳ传给氧生成水,代谢物脱下的氢从 FADH$_2$ 开始传递到氧生成水就是 FADH$_2$ 氧化呼吸链。其电子传递顺序是：

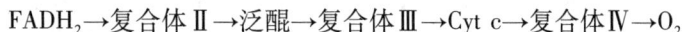

$$FADH_2 \rightarrow 复合体 II \rightarrow 泛醌 \rightarrow 复合体 III \rightarrow Cyt\ c \rightarrow 复合体 IV \rightarrow O_2$$

琥珀酸脱氢酶、脂酰辅酶 A 脱氢酶和 α-磷酸甘油脱氢酶催化相应底物脱下的氢,进入 $FADH_2$ 氧化呼吸链生成水,释放能量,供机体利用。

（三）呼吸链组分的排列顺序

在呼吸链中各种电子传递体是按氧化还原电位从低到高排列的,通过测定呼吸链各组分的标准氧化还原电位可以确定呼吸链组分的排列顺序。氧化还原电位表示氧化剂得到电子的能力或还原剂失去电子的能力(表 6-3),呼吸链中电子流动趋向从还原电位低(电子亲和力弱)的成员向还原电位高(电子亲和力强)的成员方向流动,据此可以推论呼吸链中电子传递的方向。

表 6-3 与呼吸链相关的电子传递体的标准氧化还原电位

氧化还原反应	$E^{o'}/V$	氧化还原反应	$E^{o'}/V$
$-2H^+ + 2e^- \rightarrow 2H$	-0.41	$Cyt\ c_1(Fe^{3+}) + e^- \rightarrow Cyt\ c_1(Fe^{2+})$	0.22
$NAD^+ + 2H^+ + 2e^- \rightarrow NADH + H^+$	-0.32	$Cyt\ c(Fe^{3+}) + e^- \rightarrow Cyt\ c(Fe^{2+})$	0.25
$FMN + 2H^+ + 2e^- \rightarrow FMNH_2$	-0.22	$Cyt\ a(Fe^{3+}) + e^- \rightarrow Cyt\ a(Fe^{2+})$	0.29
$FAD + 2H^+ + 2e^- \rightarrow FADH_2$	-0.22	$Cyt\ a_3(Fe^{3+}) + e^- \rightarrow Cyt\ a_3(Fe^{2+})$	0.35
$UQ + 2H^+ + 2e^- \rightarrow UQH_2$	0.06	$1/2 O_2 + 2H^+ + 2e^- \rightarrow H_2O$	0.82
$Cyt\ b(Fe^{3+}) + e^- \rightarrow Cyt\ b(Fe^{2+})$	0.077		

$E^{o'}$ 表示在 pH 为 7.0,25℃,1mol/L 反应物浓度测得的标准氧化还原电位。

三、ATP 的生成

（一）高能化合物

糖、脂肪、蛋白质是人类重要的供能营养素,但人体并不能直接利用这些分子中的化学能,而是需要将它们氧化分解转变成可利用的能量形式 ATP 分子。当机体需要能量时,再由 ATP 分子提供能量。ATP 分子是核苷酸,含有三个磷酸酯键,这些磷酸酯键水解时释放的能量并不相同,ATP 分子末端两个磷酸酯键水解时释放的能量比较高,达到高能键的标准,故 ATP 上有两个高能键,生物化学中把每摩尔化学键水解时释出的能量>21kJ(21kJ/mol)者称为高能键(energy-rich bond),常以 ~ 表示,如高能磷酸键(energy-rich phosphate bond)以 ~P 表示。含高能键的化合物称为高能化合物。体内的高能化合物有多种如磷酸肌酸、多磷酸核苷酸、1,3-二磷酸甘油酸、磷酸烯醇式丙酮酸、琥珀酰 CoA 等,但以 ATP 最重要,几乎所有的组织细胞均能直接利用 ATP。

（二）ATP 的生成方式

ATP 由 ADP 磷酸化而来,体内 ADP 的磷酸化有底物水平磷酸化和氧化磷酸化两种方式。

1. **底物水平磷酸化** 某些代谢物在分解过程中,由于脱氢或脱水而引起分子内部能量重新分布产生高能键,这种含高能键的底物在酶催化下可直接将高能键转移给 ADP(或 GDP)生成 ATP(或 GTP),这种由底物上的高能键转移到 ADP(或 GDP)上生成 ATP(或 GTP)的反应称为底物水平磷酸化(substrate level phosphorylation)。目前,已知体内有三个底物水平磷酸化反应:

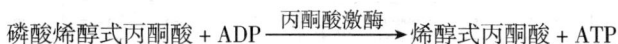

$$1,3\text{-二磷酸甘油酸} + ADP \xrightarrow{磷酸甘油酸激酶} 3\text{-磷酸甘油酸} + ATP$$

$$磷酸烯醇式丙酮酸 + ADP \xrightarrow{丙酮酸激酶} 烯醇式丙酮酸 + ATP$$

$$琥珀酰辅酶A + GDP + H_3PO_4 \xrightarrow{琥珀酰辅酶A合成酶} 烯醇式丙酮酸 + GTP + CoA$$

2. **氧化磷酸化** 氧化磷酸化是体内生成 ATP 的主要方式,体内约 80% 的 ATP 由氧化磷酸化生成,氧化磷酸化生成 ATP 与线粒体内膜上的呼吸链有关,需消耗营养物质和氧气,是生命活动所需能量的主要来源。

笔记

（1）氧化磷酸化的概念：在生物氧化过程中，代谢物脱下的氢经呼吸链传递给氧生成水的同时，释放出的能量可用于 ADP 磷酸化生成 ATP，这种物质氧化与 ADP 磷酸化相偶联的过程称为氧化磷酸化（oxidative phosphorylation）。物质的氧化反应是放能反应，而 ADP 磷酸化生成 ATP 的反应是吸能反应，放能反应与吸能反应偶联完成了能量从营养物质分子转移 ATP 分子的过程。由于线粒体内物质脱氢氧化生成水的过程，释放的能量可同时偶联 ADP 磷酸化，形成 ATP 分子中高能磷酸键，故线粒体被比喻为体内能量的"发生器"。

（2）氧化磷酸化偶联部位：氧化磷酸化偶联部位可根据下述实验方法及数据大致确定。

1）P/O 比值：P/O 比值（P/O ratio）是指物质氧化时，每消耗 1mol 氧原子所消耗的无机磷的摩尔数，即生成 ATP 的摩尔数。通过测定离体线粒体内几种物质氧化时的 P/O 比值，可大致推出氧化磷酸化偶联部位。如 β-羟丁酸脱下的氢是经复合体 I 到 CoQ、复合体 III、Cyt c、复合体 IV 再到氧，测得 P/O 比值约 2.5，NADH 氧化呼吸链可能存在三个偶联部位；琥珀酸脱下的氢经复合体 II 到 CoQ、复合体 III、Cyt c、复合体 IV 再到氧，测得 P/O 比值接近约 1.5，FADH$_2$ 氧化呼吸链可能存在两个偶联部位；还原型细胞色素 c 经复合体 IV 到氧，P/O 比值接近约 1，复合体 IV 到氧之间可能存在一个偶联部位。由此推测在 NAD$^+$—复合体 I >CoQ 之间，CoQ→复合体 III→Cyt c 之间，Cyt c→复合体 IV→O$_2$ 之间存在偶联部位（表 6-4）。

表 6-4 线粒体离体实验测得的一些底物的 P/O 比值

底物	呼吸链的组成	P/O 比值	生成 ATP 数
β-羟丁酸	NAD$^+$→FMN→CoQ→Cyt→O$_2$	2.4~2.8	2.5
琥珀酸	FAD→CoQ→Cyt→O$_2$	1.7	1.5
抗坏血酸	Cyt c→Cyt aa$_3$→O$_2$	0.88	0.5
细胞色素 c（Fe^{2+}）	Cyt aa$_3$→O$_2$	0.61~0.68	0.5

2）自由能：计算各阶段所释放的自由能来推测偶联部位，在氧化还原反应或电子传递反应中自由能变化（$\Delta G^{\circ\prime}$）和电位变化（$\Delta E^{\circ\prime}$）之间的关系如下：

$$\Delta G^{\circ\prime} = -nF\Delta E^{\circ\prime}$$

n 为传递电子数，F 为法拉第常数，其数值为 96.5kJ/（mol·V）

现已知每产生 1mol ATP，需要能量 30.5kJ（或 7.3kcal），根据以上公式计算电子传递链有三处较大的自由能变化。部位①在 NADH 和 CoQ 之间：$\Delta E^{\circ\prime}$=0.38V，相应 $\Delta G^{\circ\prime}$=−73.34kJ/mol；部位②在 CoQ 和 Cyt c 之间：$\Delta E^{\circ\prime}$=0.19V，相应 $\Delta G^{\circ\prime}$=−36.67kJ/mol；部位③在 Cyt aa$_3$ 和 O$_2$ 之间：$\Delta E^{\circ\prime}$=0.53V，相应的 $\Delta G^{\circ\prime}$=−102.29kJ/mol（图 6-9）。

电子传递链的其他部位释出的能量不足以合成一个 ATP，故以热能形式散发。

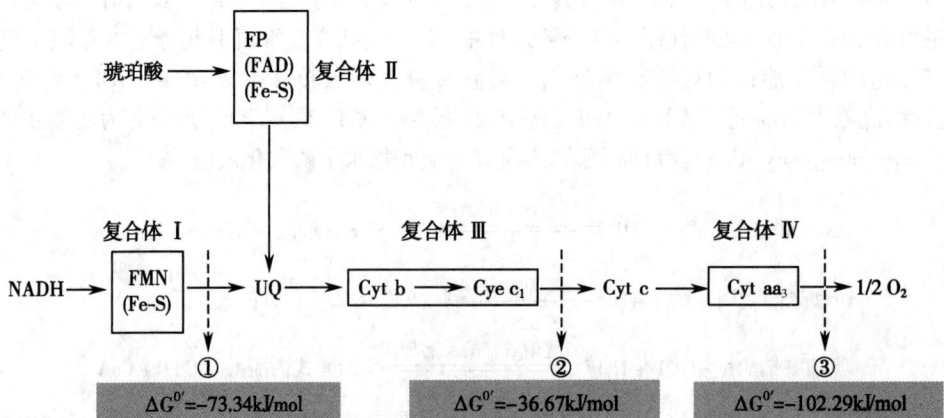

图 6-9 氧化磷酸化偶联部位

（3）氧化磷酸化偶联机制：氧化磷酸化的偶联机制尚不完全明确，有多种假说，目前被普遍接受的是英国科学家 Peter Mitchell，在 1961 年提出的化学渗透假说（chemiosmotic hypothesis），这个假说有许多实验成果支持，1978 年 Peter Mitchell 获诺贝尔化学奖。

化学渗透假说基本要点：电子经呼吸链传递给氧的过程中，通过复合体的质子泵功能将质子（H^+）从线粒体内膜基质侧泵到膜间腔侧。由于质子不能自由穿过线粒体内膜，因此产生跨线粒体内膜的 H^+ 浓度梯度，即线粒体内膜膜间腔侧 H^+ 浓度高于基质侧，当氢离子顺浓度梯度从膜间腔侧经 ATP 合酶回流到基质时，驱动 ADP 加上无机磷酸生成 ATP。呼吸链每传递一对氢原子中的两个电子，复合体 I 可泵出 4 个质子、复合体 III 可泵出 4 个质子、复合体 IV 可泵出 2 个质子，能分别生成 1 个 ATP、1 个 ATP、0.5 个 ATP，而复合体 II 无质子泵功能，故不形成 ATP。因此，NADH 氧化呼吸链每传递 2H 给氧生成一分子水，从线粒体内膜基质侧泵出 10 个质子到膜间腔侧，这些质子再经 ATP 合酶回流时可合成 2.5 分子 ATP，$FADH_2$ 氧化呼吸链每传递 2H 给氧生成一分子水，从线粒体内膜基质侧泵出 6 个质子到膜间腔侧，这些质子再经 ATP 合酶回流时可合成 1.5 分子 ATP。

（4）ATP 合酶（ATP synthase）：又称为复合体 V，是存在于线粒体内膜上的跨膜蛋白，线粒体内膜基质面和脊的表面有许多颗粒就是 ATP 合酶（图 6-10），ATP 合酶是一个巨大的膜蛋白复合体，主要由疏水的 F_0 部分和亲水的 F_1 部分组成，F_0 部分镶嵌在线粒体内膜中，是跨膜氢离子通道；F_1 部分呈颗粒状突向线粒体内膜的基质侧，是催化生成 ATP 的部分。当氢离子顺浓度梯度经 F_0 回流时，F_1 催化 ADP 和无机磷酸生成 ATP。

（5）影响氧化磷酸化的因素

1）ADP 和 ATP 比值的调节：机体细胞中的 ADP 和 ATP 比值是影响氧化磷酸化速度的主要因素。当细胞内因某些需能活动，ATP 分解为 ADP 和无机磷酸的速度加快，细胞内 ADP 增加，ATP 减少，ADP/ATP 比值增大，氧化磷酸化的速度就加快。反之，细胞内能量消耗减少，ADP 减少，ATP 增加，ADP/ATP 比值降低，氧化磷酸化速度就减慢。细胞

图 6-10　ATP 合酶结构模式图

内 ADP 和 ATP 比值的变化能有效影响氧化磷酸化的速度，这种调节作用可使机体内营养物质的氧化，ATP 的生成速度总是与机体生理需要相适应。机体运动时氧化磷酸化的速度加快，体内营养物质的氧化加快，产热量增加，氧气消耗量增加。

2）甲状腺激素的调节：甲状腺素可诱导细胞膜上的 Na^+-K^+-ATP 酶（钠钾泵）的合成，使细胞中 ATP 加速分解为 ADP 和无机磷酸，细胞内 ADP 增加，ATP 减少，ADP/ATP 比值增大，从而加快氧化磷酸化的速度；另外甲状腺素（T_3）还能使线粒体内膜上的解偶联蛋白表达增加，解偶联蛋白可使线粒体膜间腔的氢离子经解偶联蛋白进入线粒体基质，部分氢离子不经过 ATP 合酶回流，ATP 合成减少，从而引起机体营养物质氧化速度加快，耗氧量和产热量增加，ATP 生成减少，所以甲状腺功能亢进的患者怕热、多汗、消瘦、易饥、乏力、多食，基础代谢率增高，营养物质消耗比常人多。

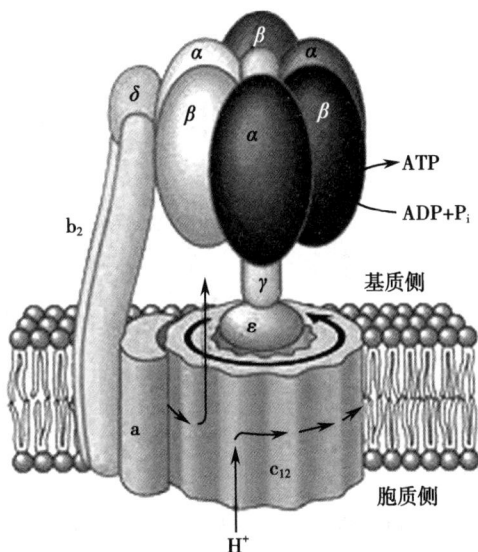

病例讨论

男性，29 岁，消瘦、乏力、怕热、心悸、手颤 8 个月余，周期性双下肢肌无力 2 个月，发作时伴饥饿感，无黑矇、眩晕等。查体：心率 88 次/min，律齐，血压 140/85mmHg，重度突眼，甲状腺弥漫性肿大，膝反射减退。实验室检查：T_3、T_4 值高，TSH 降低。既往无高血压病、肝、肾和糖尿病史，无药物过敏史。初步诊断：甲状腺功能亢进。

请分析:
1. 对该患者的初步诊断依据有哪些?从生化角度解释上述症状的机制。
2. 请从生化角度解释周期性双下肢肌无力的原因。
3. 请用所学的生化知识制定治疗方案。

　　3)抑制剂:现已发现许多有毒的物质通过各种机制,使呼吸链中氢和电子的传递不能正常进行,抑制氧化磷酸化过程,细胞内的 ATP 合成减少,造成机体能量代谢障碍而产生严重后果。氧化磷酸化的抑制剂根据机制不同分三类:

　　A. 电子传递抑制剂:通过抑制呼吸链中的不同组成成分,使呼吸链的电子传递过程受阻,质子泵不能将氢离子从线粒体基质侧泵到膜间腔,跨线粒体内膜氢离子浓度梯度不能建立,则 ADP 的磷酸化也无法进行。这类抑制剂常见的有鱼藤酮、粉蝶霉素 A、异戊巴比妥,它们均能与复合体 I 结合,萎锈灵能与复合体 II 结合,抗霉素 A 能与复合体 III 结合,CO、CN^-、H_2S、N_3 能与复合体 IV 结合等。具体抑制部位见图 6-11。

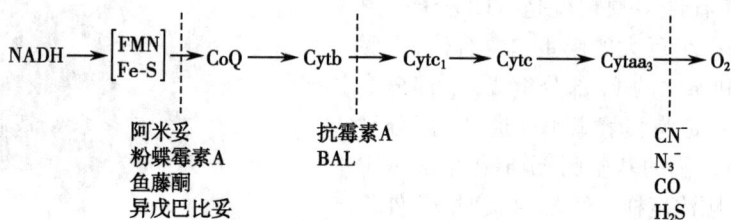

图 6-11　电子传递链抑制剂的作用部位

知识拓展

CO 中毒机制

　　CO 俗称煤气,是一种无色、无味、无臭的气体,生产和生活环境中,含碳物质不完全燃烧就可产生,煤炉、柴炉、煤气热水器使用不当,通风不良就有可能发生 CO 中毒的危险。CO 中毒会影响血液氧的运输和组织氧的利用,CO 吸入人体后,可与红细胞中的血红蛋白结合生成碳氧血红蛋白(HbCO),妨碍了血红蛋白与氧气的结合,使红细胞中的氧合血红蛋白(HbO_2)减少,红细胞运输氧气的能力下降,造成全身组织细胞缺氧,影响营养物质的有氧氧化;同时 CO 还能与线粒体内膜上复合体 IV(细胞色素氧化酶)结合,阻断呼吸链的电子传递,使细胞氧化磷酸化的速度明显下降,抑制细胞呼吸。低氧血症和组织呼吸受抑制,机体能量代谢障碍可造成严重后果甚至危及生命。由于 CO 可与血红蛋白结合生成 HbCO,故血浆 HbCO 测定可作为 CO 中毒的重要指标。

　　B. 解偶联剂(uncoupler):只是抑制氧化磷酸化的偶联过程,并不影响呼吸链中的电子传递。最常见的解偶联剂是 2,4-二硝基苯酚(dinitrophenol,DNP)。DNP 是脂溶性物质,在线粒体内膜中可以自由移动,在膜间腔侧结合 H^+,返回基质侧释出 H^+,从而破坏了线粒体内膜两侧的氢离子浓度梯度,氢离子不经 ATP 合酶回流,故不能合成 ATP,导致电子传递和 ADP 磷酸化过程解偶联。

知识拓展

解偶联蛋白与新生儿寒冷损伤综合征

　　线粒体内膜呼吸链在传递电子过程中,由于质子泵的作用,将氢离子从内膜基质侧泵入膜间腔侧,使线粒体内膜膜间腔侧氢离子浓度高于基质侧,氢离子经内膜 ATP 合酶回流至基质时可合成 ATP,如果氢离子经线粒体内膜上解偶联蛋白流入基质,可产生热量;新生儿的棕色脂肪组织富含线粒体,其线粒体内膜上有较多解偶联蛋白,氢离子经解偶联蛋白流入基质,新生儿可通过这种机制产热,以维持体内温度,故棕色脂肪组织具有良好的产热效果,早产儿、低体重儿棕色脂肪组织少,易发生新生儿寒冷损伤综合征。

各种抑制剂对电子传递链的影响

C. ATP 合酶抑制剂:寡霉素(oligomycin)可结合 ATP 合酶 F_0 部分有关亚基,阻断质子从 F_0 质子通道回流,抑制 ATP 的合成。因氢离子回流减少,线粒体内膜两侧电化学梯度增高,又反过来影响呼吸链质子泵的功能,继而抑制电子传递及磷酸化过程。

（三）ATP 的贮存、转移和利用。

生物体内每天均有一定量的糖、脂、蛋白质,经过机体分解代谢释放能量,通过底物水平磷酸化和氧化磷酸化生成 ATP,细胞内有一定量的 ATP 贮存,但 ATP 分子容易被细胞分解利用,故在细胞中贮存量有限,当细胞内 ATP 浓度高时,ATP 分子中的高能键,在肌酸激酶(creatine kinase,CK)的作用下转移到肌酸分子上,生成磷酸肌酸(creatine phosphate,C～P),实现高能键的转移和贮存。磷酸肌酸是高能键的贮存形式,本身不能直接利用,当肌肉收缩时,ATP 降低,磷酸肌酸上的高能键又可转移给ADP,使 ADP 重新生成 ATP,以供机体需要,磷酸肌酸是脑组织和骨骼肌、心肌组织中能量的重要贮存形式。

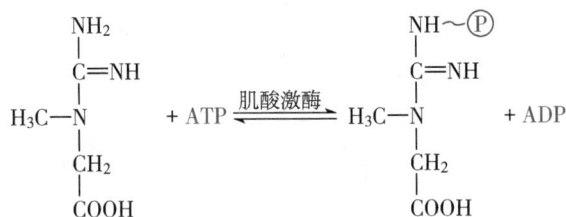

ATP 上的高能键还能转移到其他核苷酸分子上,以满足一些物质合成所需,如糖原合成所需的UTP,磷脂合成需要的 CTP,蛋白质合成需要的 GTP。这些核苷三磷酸的生成和补充,不能从物质氧化过程中直接生成,而可由 ATP 分子上的高能键转移至相应的核苷二磷酸分子上来生成和补充。反应如下:

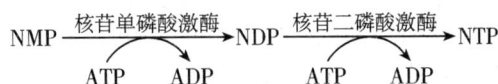

ATP 是生物体内能量的直接供应者,ATP 水解时释放的能量可供肌肉收缩、生物合成、离子转运、生物电等机械能、化学能、渗透能、电能、热能,以保障生命活动之需要。

现将体内能量的贮存、转移和利用的关系总结见图 6-12。

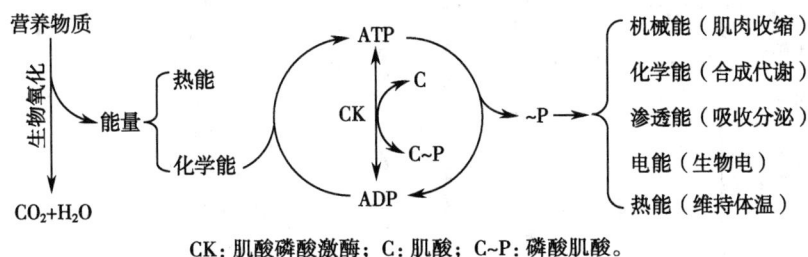

CK:肌酸磷酸激酶；C:肌酸；C～P:磷酸肌酸。

图 6-12　ATP 的生成、储存和利用

四、线粒体外 NADH 的氧化

线粒体内的代谢物被不需氧脱氢酶催化,脱下的氢生成 NADH 或 $FADH_2$,可直接进入相应呼吸链生成水,释放的能量用于合成 ATP,但胞质中生成的 NADH,不能直接通过线粒体内膜,故线粒体外NADH 所携带的氢必须通过某些物质转运穿梭,才能进入线粒体进行氧化磷酸化,这种转运穿梭机制

主要有 α-磷酸甘油穿梭(glycerol-α-phosphate shuttle)和苹果酸-天冬氨酸穿梭(malate-aspartate shuttle)两种。

1. α-磷酸甘油穿梭　如图 6-13 所示,脑和骨骼肌的胞质中 NADH+H$^+$,在细胞质中的 α-磷酸甘油脱氢酶(此酶的辅酶是 NADH)催化下,使磷酸二羟丙酮还原成 α-磷酸甘油,α-磷酸甘油通过线粒体外膜进入膜间腔,再经位于线粒体内膜上的 α-磷酸甘油脱氢酶(此酶的辅基是 FAD)催化脱氢氧化生成磷酸二羟丙酮,磷酸二羟丙酮可穿出线粒体至胞质,继续进行穿梭作用,脱下的氢由 FAD 接受生成 FADH$_2$,FADH$_2$ 进入 FADH$_2$ 氧化呼吸链生成水,故脑和骨骼肌的胞质中 NADH 经 α-磷酸甘油穿梭,脱下的 2H 经线粒体内膜上的 FADH$_2$ 氧化呼吸链生成水可生成 1.5 分子 ATP。

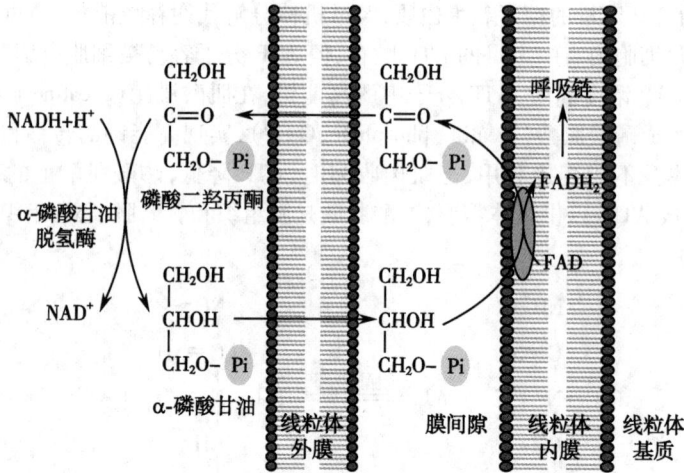

图 6-13　α-磷酸甘油穿梭

2. 苹果酸-天冬氨酸穿梭　如图 6-14 所示,肝细胞和心肌细胞胞质中的 NADH+H$^+$ 在胞质苹果酸脱氢酶催化下使草酰乙酸还原为苹果酸,苹果酸通过线粒体内膜上的二羧酸转运蛋白(转运苹果酸和 α-酮戊二酸)进入线粒体,在线粒体基质苹果酸脱氢酶的催化下重新生成草酰乙酸和 NADH+H$^+$。NADH+H$^+$进入 NADH 氧化呼吸链生成水,可生成 2.5 分子 ATP。草酰乙酸不能穿过线粒体内膜,可在天冬氨酸转氨酶催化下,与谷氨酸进行转氨基作用,生成天冬氨酸和 α-酮戊二酸,天冬氨酸由酸性氨基酸转运蛋白(转运天冬氨酸和谷氨酸)转运至胞质,再进行转氨基生成草酰乙酸和谷氨酸,继续进行穿梭。

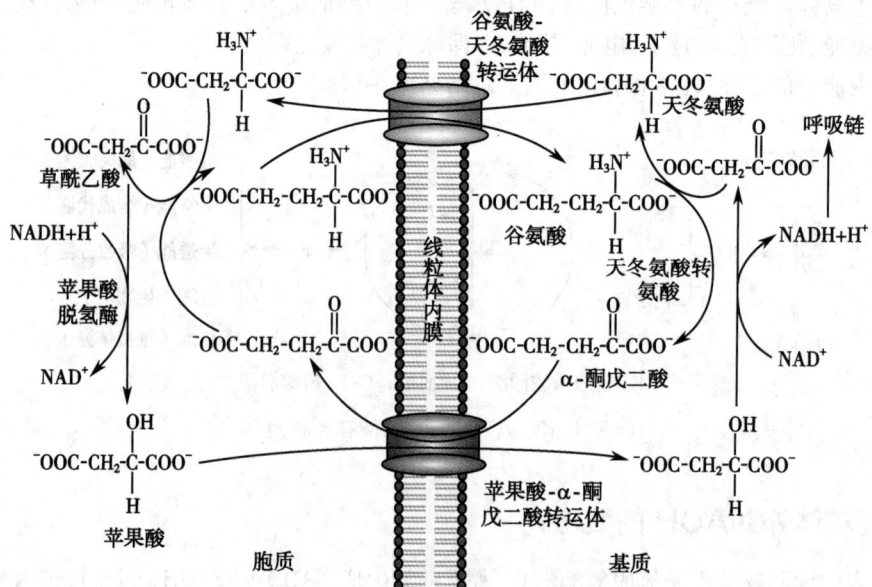

图 6-14　苹果酸-天冬氨酸穿梭

第三节 其他氧化体系

细胞中的其他细胞器如微粒体、过氧化物酶体也能进行生物氧化。但代谢物在微粒体、过氧化物酶体中进行生物氧化时不伴有 ADP 磷酸化生成 ATP，故这些部位的生物氧化不产生 ATP，它们主要与药物、毒物、异物等物质在体内的生物转化有关，有些氧化反应与细胞中某些生物活性成分的生成相关，有些氧化反应还与细胞老化、细胞成分的损伤和破坏相关。

一、微粒体氧化酶系

微粒体（microsome）中催化加氧反应的酶称为加氧酶（oxygenase）。根据向底物分子中加入氧原子的数目，又可分为单加氧酶（mono-oxygenase）和双加氧酶（dioxygenase）。

（一）单加氧酶

单加氧酶又称多功能氧化酶、混合功能氧化酶、羟化酶。主要分布在肝、肾组织细胞的微粒体中，催化一个氧原子加到底物分子上（羟化），另一个氧原子被氢（来自 NADPH+H^+）还原形成 H_2O，故又称混合功能氧化酶或羟化酶，所催化的反应如下：

$$RH + O_2 + NADPH + H^+ \xrightarrow{\text{单加氧酶}} ROH + NADP^+ + H_2O$$

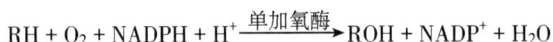

单加氧酶主要参与类固醇激素（性激素、肾上腺皮质激素）、胆汁酸、胆色素、活性维生素 D_3 的生成和某些药物、毒物的生物转化过程。

（二）双加氧酶

双加氧酶（dioxygenase）催化 O_2 分子中的两个原子直接加到底物分子中构成双键的两个碳原子上，如色氨酸双加氧酶、胡萝卜素双加氧酶。

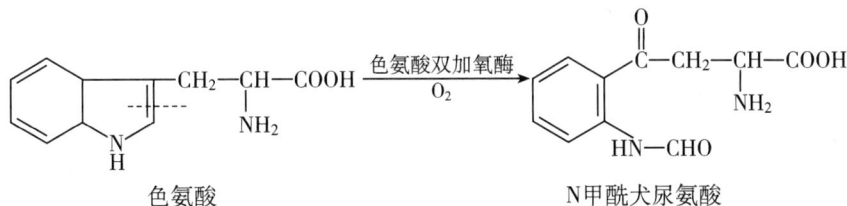

色氨酸　　　　　　　　　　　　　　　N甲酰犬尿氨酸

二、抗氧化酶体系

（一）过氧化物酶体氧化体系

生物氧化过程中 O_2 分子必须接受细胞色素氧化酶的四个电子才能被彻底还原成 2 个 O^{2-}，最后与 H^+ 生成 H_2O。但是有的时候产生一些部分还原的氧的形式。O_2 得到一个电子生成超氧阴离子（superoxide anion，O_2^-，）接受两个电子生成过氧化氢（hydrogen peroxide），接受三个电子生成羟自由基（hydroxyl free radical，·OH）。O_2^-、H_2O_2、·OH 统称为活性氧簇。其中 O_2^- 和 ·OH 称为自由基。H_2O_2 不是自由基，但是可以转变成羟自由基。

H_2O_2 在体内有一定的生理作用，如中性粒细胞产生的 H_2O_2 可用于杀死吞噬的细菌，甲状腺中产生的 H_2O_2 可使酪氨酸碘化生成甲状腺素。但对于大多数组织来说，活性氧则会对细胞有毒性作用。在体内 H_2O_2 可被过氧化氢酶、过氧化物酶清除，超氧阴离子可被超氧化物歧化酶清除。

1. 过氧化氢酶　过氧化氢酶（catalase）又称触酶，其辅基含有 4 个血红素，可催化两分子 H_2O_2 反应生成水，并放出 O_2。催化反应如下：

$$2H_2O_2 \xrightarrow{\text{过氧化氢酶}} 2H_2O + O_2$$

2. 过氧化物酶　过氧化物酶（peroxidase）以血红素为辅基，它催化 H_2O_2 分解生成 H_2O，并释放出氧原子直接氧化酚类或胺类化合物，既清除了 H_2O_2 又去除了酚类、胺类物质对机体的损伤，对机体有双重保护作用。反应如下：

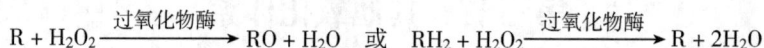

$$R + H_2O_2 \xrightarrow{\text{过氧化物酶}} RO + H_2O \quad 或 \quad RH_2 + H_2O_2 \xrightarrow{\text{过氧化物酶}} R + 2H_2O$$

某些组织细胞内还存在一种含硒的谷胱甘肽过氧化物酶(glutathione peroxidase)，利用还原型谷胱甘肽(G-SH)使 H_2O_2 或其他过氧化物(ROOH)还原，对组织细胞具有保护作用(图6-15)。

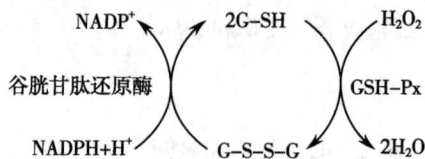

图 6-15　谷胱甘肽过氧化物酶作用机制

（二）超氧化物歧化酶

超氧化物歧化酶(superoxide dismutase，SOD)可清除超氧阴离子，是 Fridovich 在 1969 年发现的一种普遍存在于生物体内的酶。能防御人体内、外环境中产生的超氧离子，催化超氧离子的氧化还原，生成 H_2O_2 与分子氧。SOD 可防御人体内、外环境中超氧阴离子对人体的侵害。反应如下：

$$2O_2^- + 2H^+ \longrightarrow H_2O_2 + O_2$$

本章小结

物质在生物体内氧化反应称为生物氧化。生物氧化分线粒体氧化体系和其他氧化体系，参与生物氧化反应的酶有氧化酶、需氧脱氢酶、不需氧脱氢酶等。生物氧化特点是反应条件相对温和，脱氢、脱电子是主要氧化方式，释放的能量形式有热能和化学能 ATP，酶促反应受机体调节。

生物氧化产生 CO_2 和 H_2O。CO_2 是有机酸脱羧基而生成。H_2O 是代谢物脱氢经呼吸链传递给氧而生成。呼吸链是由位于线粒体内膜上，起递氢体和递电子体作用的酶和辅因子，按一定顺序排列组成的链式反应体系。其组成成分主要由复合体Ⅰ、Ⅱ、Ⅲ、Ⅳ、泛醌和 Cyt c 组成，线粒体内膜上还有 ATP 合酶，它与 ATP 合成有关。体内有 NADH 氧化呼吸链和 $FADH_2$ 氧化呼吸链两条重要的呼吸链。

ATP 生成有底物水平磷酸化和氧化磷酸化两种方式，以氧化磷酸化为主。通过 P/O 比值测定、自由能变化等方法可大致推测氧化磷酸化的偶联部位。每传递 1 对氢原子经 NADH 氧化呼吸链可生成 2.5 分子 ATP，经 $FADH_2$ 氧化呼吸链可生成 1.5 分子 ATP。化学渗透学说用于解释氧化磷酸化机制。细胞内 ADP 和 ATP 比值、甲状腺激素及某些抑制剂可影响氧化磷酸化速度。ATP 是细胞直接利用能量的形式，除可直接分解产能以能满足细胞各种生命活动所需外，还能将分子上的高能键转移到肌酸或其他核苷酸分子上实现能量的储存、转移，故 ATP 为生物体内能量代谢的中心。

线粒体氧化体系主要与产生能量有关，而微粒体，过氧化物酶体中的其他氧化体系，主要参与药物和毒物的生物转化。

（何国产）

扫一扫,测一测

思考题

1. 组成呼吸链的成分有哪些? 各有何作用?
2. 体内重要的呼吸链有哪两条? 简述其传递过程。
3. 体内 ATP 生成的方式有哪些? 简述其影响因素。

笔记

第七章　脂类代谢

学习目标

1. 掌握甘油三酯的分解代谢；胆固醇合成原料、关键酶及胆固醇的转化；血浆脂蛋白的组成、分类及生理功能。
2. 熟悉甘油三酯的合成代谢；甘油磷脂代谢；血浆脂蛋白代谢异常及高脂血症。
3. 了解脂类的分布、生理功能及消化吸收；血脂的种类与含量。
4. 运用本章知识解释脂类代谢紊乱性疾病的发病原因与防治策略，并能进行相应的临床应用。
5. 培养学生树立通过养成良好生活习惯、科学合理的营养膳食、加强体育锻炼防止脂类代谢紊乱性疾病的理念，并形成通过身体力行积极宣传健康生活方式的意识。

案例导学

某女，52 岁，因"烦渴、多饮、多尿、消瘦 13 年，咳嗽 3d，伴意识模糊 1d"为主诉入院。患者既往曾有糖尿病史 13 年，血糖控制情况不详。3d 前患感冒出现咳嗽，未及时治疗。一天前患者出现意识不清、呼吸急促，呼出的气味伴有"烂苹果味"。

体格检查：重度脱水貌，浅昏迷，呼气带有烂苹果味；双肺可闻及湿啰音。

生化检查：空腹血糖 45.72mmol/L，β-羟丁酸 11.2mmol/L，乙酰乙酸 4.6mmol/L；动脉血气分析：pH 7.096，CO_2 分压 4.4kPa/33mmHg，O_2 分压 5.7kPa/43mmHg，碱剩余 −18.7mmol/L，HCO_3^- 10.2mmol/L；尿常规：尿酮体(+++)，尿糖(++++)。

问题与思考：
1. 如何诊断酮症酸中毒？
2. 酮症酸中毒的生化机制是怎样的？
3. 用所学的生化知识，分析相关生化指标并拟定治疗方案。

脂类(lipids)是一类不溶于水而溶于有机溶剂(如乙醚、氯仿、苯等)的有机化合物，包括脂肪(fat)和类脂(lipoid)两大类。脂肪是由 1 分子甘油与 3 分子脂肪酸通过酯键结合而生成，故又称甘油三酯(triglyceride，TG)。类脂是某些物理性质与脂肪相似的物质，包括磷脂(phospholipid，PL)、糖脂(glycolipid，GL)、胆固醇(cholesterol，Ch)及胆固醇酯(cholesteryl ester，CE)。

第一节 概　述

一、脂类在体内的分布

（一）脂肪的分布

脂肪的含量因人而异，成年男性的脂肪含量一般占体重的 10%~20%，女性稍高一些。脂肪主要分布于脂肪组织，以皮下、肠系膜、大网膜和肾周围储存较多，这些部位也称为脂库。由于脂肪具有疏水性，在体内储存时几乎不与水结合，因而所占体积较小，仅为同等重量的糖原所占体积的 1/4 左右。脂肪的含量受膳食、运动、疾病等多种因素的影响而发生变动，所以称为可变脂。

（二）类脂的分布

类脂约占体重的 5%，广泛分布于全身各组织。类脂是生物膜的基本组成成分，在各器官和组织中含量恒定，基本不受膳食、运动等因素的影响，故称为固定脂或基本脂。

知识拓展

瘦素与肥胖

瘦素（leptin，LP）是一种主要由脂肪细胞分泌的蛋白类激素。LP 具有广泛的生物学效用，其中较重要的是作用于下丘脑的代谢调节中枢，发挥抑制食欲、减少能量摄取、增加能量消耗、抑制脂肪合成的作用。研究表明瘦素是肥胖基因（obese，Ob）在脂肪细胞内的表达产物，分子量 16 000，含 167 个氨基酸残基的单链蛋白质。缺失 Ob 基因的大鼠，食欲旺盛，体重显著增加，导致病态肥胖。

二、脂类的生理功能

（一）脂肪的功能

1. **储能和供能**　脂肪在体内最重要的生理功能是储能和供能。1g 脂肪在体内完全氧化时可释放出 38kJ（9.3kcal）能量，比 1g 糖或蛋白质所释放出的能量多 1 倍以上。体内可贮存大量的脂肪，当机体需要时，可及时动员分解，供给机体能量。空腹时，机体 50% 以上的能源来自脂肪氧化。因此，脂肪是机体饥饿或禁食时能量的主要来源。

2. **维持体温和保护内脏**　皮下脂肪能防止热量散失而维持体温。内脏周围的脂肪能减少脏器间的摩擦，缓冲机械碰撞，具有保护内脏的作用。

3. **提供必需脂肪酸**　必需脂肪酸是维持人体正常生理功能所必需的、体内不能自行合成而必须由食物（主要是植物油）供给的脂肪酸，又称营养必需脂肪酸。包括亚油酸（$18:2\Delta^{9,12}$）、亚麻酸（$18:3\Delta^{9,12,15}$）和花生四烯酸（$20:4\Delta^{5,8,11,14}$），是维持机体生长发育和皮肤正常代谢不可缺少的多不饱和脂肪酸。

4. **促进脂溶性维生素的吸收**　食物中的脂溶性维生素由于不溶于水，需要溶解在肠道内的脂类物质中伴随脂类一起吸收，当人体脂类消化吸收障碍时，会出现脂溶性维生素的缺乏。

（二）类脂的功能

1. **构成生物膜**　类脂是生物膜的基本组成成分，其中的磷脂具有极性头部和疏水尾部，它的疏水尾部互相聚集，自动排列构成生物膜脂质双分子层的基本骨架。胆固醇也是两性分子，其疏水性的环戊烷多氢菲母核及侧链插入生物膜的脂双层之中，而其极性的羟基分布于膜的亲水界面。

2. **转变成多种重要的活性物质**　胆固醇在体内可转变成胆汁酸、类固醇激素和维生素 D_3 等具有重要功能的物质。

3. **参与血浆脂蛋白的构成**　磷脂、胆固醇及胆固醇酯是各种血浆脂蛋白的组成成分，参与血浆脂蛋白的形成，起运输脂类物质的作用。

4. 作为第二信使参与代谢调节 细胞膜上的磷脂酰肌醇-4,5-二磷酸(phosphatidylinositol, PIP$_2$)在激素等作用下可裂解为甘油二酯(DG)和三磷酸肌醇(IP$_3$),二者均为胞内传递信号至细胞核的第二信使。

三、脂类的消化吸收

(一)脂类的消化

食物中的脂类主要是甘油三酯,还有少量磷脂和胆固醇酯。脂类的消化主要在小肠上段进行,消化酶有胰腺分泌的胰脂酶、磷脂酶 A$_2$、胆固醇酯酶等。脂类难溶于水,需肝分泌的胆汁酸盐乳化成微小的颗粒溶于消化液中才能被脂酶消化。甘油三酯在胰脂酶作用下逐步水解,生成甘油、脂肪酸及少量的甘油一酯;磷脂在磷脂酶的作用下被水解,生成游离脂肪酸和溶血磷脂;而胆固醇酯则在胆固醇酯酶的作用下,产生游离脂肪酸和游离胆固醇。

(二)脂类的吸收

脂类的吸收主要在十二指肠下段和空肠上段。大部分甘油三酯水解至甘油一酯后即被吸收,极少量的甘油三酯经胆汁酸乳化后被直接吸收,在肠黏膜细胞内脂肪酶的作用下,水解为脂肪酸及甘油通过门静脉入血。中链、短链脂肪酸(<C$_{12}$)吸收迅速,通过门静脉入血。长链脂肪酸(C$_{12}$~C$_{26}$)在肠黏膜细胞内再合成甘油三酯,与载脂蛋白、胆固醇等结合成乳糜微粒经淋巴入血,最后输送到各部分组织,被机体所利用。

第二节 血脂和血浆脂蛋白

一、血脂

血浆中的脂类物质统称为血脂,总量为 4.0~7.0g/L。包括甘油三酯、磷脂、胆固醇、胆固醇酯和游离脂肪酸等。血脂的来源有两种:①外源性,即从食物消化吸收的脂类;②内源性,由肝、脂肪组织等合成后释放入血。血脂的去路主要有:①经血液循环到各组织氧化供能;②进入脂库储存;③作为生物膜合成的原料;④转变成其他物质(图 7-1)。

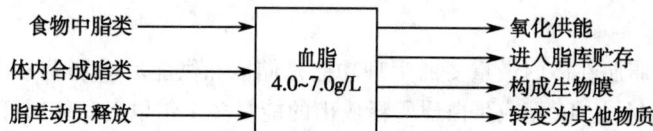

图 7-1 血脂的来源与去路

正常情况下,血脂的来源与去路处于动态平衡状态,血脂含量相对稳定,当长期摄入高脂高糖饮食后,可导致血脂含量升高。此外,血脂含量远不如血糖恒定,易受膳食、年龄、性别、职业及代谢等影响,波动范围较大。正常成人空腹 12~14h 血脂的组成与含量见表 7-1。

表 7-1 正常成人空腹血脂的组成及含量

组 成	血脂含量		空腹主要来源
	mg/dl	mmol/L	
甘油三酯	10~150	0.11~1.69	肝
总胆固醇	100~250	2.59~6.47	肝
胆固醇脂	70~200	1.81~5.17	
游离胆固醇	40~70	1.03~1.81	
卵磷脂	50~200	16.1~64.6	肝
脑磷脂	15~35	4.8~13.0	肝
神经磷脂	50~130	16.1~42.0	肝
游离脂肪酸	5~20	0.5~0.7	脂肪组织

血脂含量虽只占全身脂类总量的极少部分,但外源性和内源性脂类物质都通过血液运转于各组织之间。因此,血脂含量可以反映体内脂类代谢情况。临床上可作为高脂血症、动脉粥样硬化和冠心病的辅助诊断指标。

进食高脂肪膳食后,血浆脂类含量大幅度上升。但这种膳食所造成的影响只是暂时的,通常在12h内可逐渐趋于正常。正是由于这种原因,临床上做血脂测定时应在正常膳食的情况下,空腹12~14h后采血,这样才能较为可靠地反映患者血脂水平的真实情况。另一方面,短期饥饿和糖尿病患者的血脂水平常见升高,这是脂肪动员的结果。血浆胆固醇及甘油三酯水平的升高与动脉粥样硬化的发生有一定的关系,因此了解正常血脂含量及其动态变化,对这类疾病的防治具有重要意义。

二、血浆脂蛋白

在血浆中,脂类与蛋白质结合成脂蛋白的形式存在,脂蛋白是脂类在血中的运输形式。

（一）血浆脂蛋白的分类

由于脂蛋白所含脂类和蛋白质量的不同,各种脂蛋白的理化性质(密度、颗粒大小、表面电荷、电泳速率等)差异较大,用电泳法和超速离心法均可将血浆脂蛋白分为四类。

1. 电泳法 各类脂蛋白中的载脂蛋白不同,决定其表面电荷多少不同,因此,在电泳时迁移率的大小不同,按移动速度的快慢可分为四条区带,依次是 α-脂蛋白、前 β-脂蛋白、β-脂蛋白和乳糜微粒(图 7-2)。

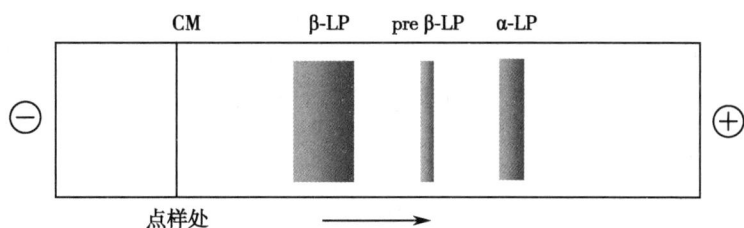

图 7-2 血浆脂蛋白琼脂糖凝胶电泳示意图

2. 超速离心法 各类脂蛋白中蛋白质与脂类的比例不同,其密度也各不相同(脂类含量比较高的脂蛋白密度相对小)。因此,血浆在一定密度的盐溶液中超速离心(50 000r/min)时,血浆中的各种脂蛋白沉降速度也不同。按密度从低到高可将血浆脂蛋白分成四类,分别为乳糜微粒(chylomicron, CM)、极低密度脂蛋白(very low density lipoprotein, VLDL)、低密度脂蛋白(low density lipoprotein, LDL)和高密度脂蛋白(high density lipoprotein, HDL)。

（二）血浆脂蛋白的组成

血浆脂蛋白由脂类和蛋白质(载脂蛋白)两部分组成。

1. 脂类 组成血浆脂蛋白的脂类主要包括甘油三酯、磷脂、胆固醇及其酯等成分,其含量及组成比例在各类血浆脂蛋白中有很大差异(表 7-2)。

表 7-2 血浆脂蛋白的性质、组成和主要功能

分类	超速离心法 电泳法	CM CM	VLDL 前 β-脂蛋白	LDL β-脂蛋白	HDL α-脂蛋白
性质	密度(g/ml)	< 0.95	0.95~1.006	1.006~1.063	1.063~1.210
	漂浮系数(Sf)	> 400	20~400	0~20	–
	颗粒直径(nm)	80~500	25~80	20~25	7.5~10
组成/%	蛋白质	1~2	5~10	20~25	45~55
	脂质	98~99	90~95	75~80	45~55
	甘油三酯	80~95	50~70	10	5
	磷脂	5~7	15	20	25
	总胆固醇	4~5	15~19	48~50	20~23

血浆脂蛋白
超速离心法
的分类和结
构特征

笔记

续表

分类	超速离心法 电泳法	CM CM	VLDL 前β-脂蛋白	LDL β-脂蛋白	HDL α-脂蛋白
	游离胆固醇 胆固醇酯	1~2 3	5~7 10~12	8 40~42	5~6 15~17
合成部位		小肠	肝	血浆	肝、小肠
主要功能		转运外源性甘油三酯和胆固醇	转运内源性甘油三酯和胆固醇	转运胆固醇到肝外组织	逆向转运胆固醇到肝

2. 载脂蛋白 血浆脂蛋白中的蛋白质部分称为载脂蛋白（apolipoprotein，apo），目前人体中发现的载脂蛋白至少有 20 种。主要分为 apo A、B、C、D、E 五类，各类载脂蛋白又可分为许多亚类，如 apo A 有 AⅠ、AⅡ、AⅢ、AⅣ；apo B 又可分为 B_{100} 及 B_{48}；apo C 又可分 CⅠ、CⅡ、CⅢ 等。不同的脂蛋白中含不同的载脂蛋白。研究表明，载脂蛋白不但在结合和转运脂质及稳定脂蛋白的结构方面发挥重要作用，而且还可调节脂蛋白代谢中关键酶的活性。此外，载脂蛋白还参与脂蛋白受体的识别，在脂蛋白代谢上发挥极为重要的作用。人血浆中主要载脂蛋白的分布、功能及含量见表 7-3。

表 7-3 人血浆主要载脂蛋白的分布、功能及含量

载脂蛋白	分布	主要功能	血浆含量/$(mg \cdot dl^{-1})$
AⅠ	HDL	激活 LCAT，识别 HDL 受体	123.8±4.7
AⅡ	HDL	稳定 HDL 结构，激活 HL	33±5
B_{100}	VLDL，LDL	识别 LDL 受体	87.3±14.3
B_{48}	CM	促进 CM 合成	?
CⅡ	CM，VLDL，HDL	激活 LPL	5.0±1.8
CⅢ	CM，VLDL，HDL	抑制 LPL，抑制肝 apo E 受体	11.8±3.6
E	CM，VLDL，HDL	识别 LDL 受体	3.5±1.2
(a)	LP(a)	抑制纤溶酶活性	0~120

（三）血浆脂蛋白的结构

各种血浆脂蛋白的结构基本相似，疏水性较强的甘油三酯和胆固醇酯位于脂蛋白的内核，载脂蛋白、磷脂、游离胆固醇则以单分子层借其疏水基团与内部通过疏水键相连接，覆盖于脂蛋白表面，亲水极性基团朝外，呈球形，具有微团结构（图 7-3）。

（四）血浆脂蛋白代谢及功能

参与脂蛋白代谢的酶类主要有脂蛋白脂肪酶（LPL）、肝脂肪酶（HL）和卵磷脂胆固醇脂酰基转移酶（LCAT）。前两种脂肪酶的功能是作用于脂蛋白颗粒中甘油三酯，使其水解为甘油与脂肪酸，从而促进脂蛋白的代谢。LCAT 的作用是催化胆固醇进行酯化。

血浆脂蛋白的受体是一类位于细胞膜上的糖蛋白，能识别相应的脂蛋白并与之结合，从而介导细胞对脂蛋白的摄取与代谢。主要类型有 VLDL 受体、LDL 受体、HDL 受体及清

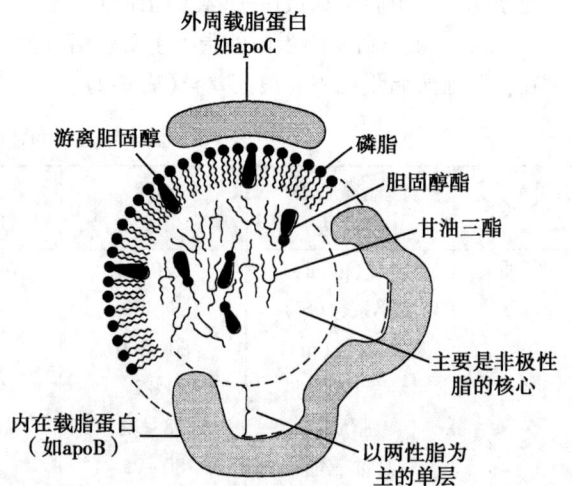

图 7-3 血浆脂蛋白结构示意图

外周载脂蛋白
如apoC

游离胆固醇

磷脂

胆固醇酯

甘油三酯

主要是非极性脂的核心

内在载脂蛋白
（如apoB）

以两性脂为主的单层

道夫受体。前三者在体内各组织分布广泛,主要作用是分别与血浆中的 VLDL、LDL 及 HDL 结合,使它们进入细胞内代谢,而清道夫受体主要存在于巨噬细胞及血管内皮细胞表面,能摄取血浆中被修饰的 LDL(如氧化型 LDL),并与动脉粥样硬化(atherosclerosis,AS)的形成有关。

1. 乳糜微粒(CM) CM 由小肠黏膜细胞合成,富含甘油三酯(80%~95%)。CM 是运输外源性甘油三酯及胆固醇的主要形式。小肠黏膜细胞将吸收的脂肪酸和甘油一酯等重新合成甘油三酯及磷脂,连同吸收及合成的胆固醇,再与 apo B_{48}、apo A 等共同形成新生的 CM,经淋巴入血,接受 HDL 转移来的 apo C 及 apo E 后,同时将部分 apo A 转移给 HDL,形成成熟的 CM。成熟 CM 中的 apo CⅡ能激活肌肉、脂肪组织等处毛细血管内皮细胞表面的 LPL,使血液 CM 中的甘油三酯水解成甘油和脂肪酸,供组织摄取利用。随着甘油三酯的逐步水解,CM 颗粒逐渐变小,最后转变成富含胆固醇酯及 apo B_{48}、apo E 的 CM 残粒。CM 残粒因其表面含有 apo E,能够识别肝细胞膜表面的 apoE 受体并与之结合,最终被肝细胞摄取、利用。因此,CM 的功能是运输外源性甘油三酯至骨骼肌、心肌、脂肪等组织;运输外源性胆固醇至肝。

由于乳糜微粒颗粒大,能使光线散射而呈乳浊样外观,这是饭后血浆混浊的原因。正常人 CM 在血浆中的代谢很快,半寿期仅 5~15min,因此摄入大量脂肪后血浆混浊只是暂时的,空腹 12~14h 后血浆中不再含有 CM,这种现象称为脂肪廓清。

2. 极低密度脂蛋白(VLDL) VLDL 主要由肝合成和分泌。VLDL 是运输内源性甘油三酯的主要形式。肝细胞利用自身合成的甘油三酯、胆固醇、胆固醇酯、磷脂和载脂蛋白 B_{100} 及 C 等合成 VLDL。VLDL 代谢与 CM 基本一致,进入血液的 VLDL,从 HDL 处获得 apo C 及 E,形成成熟的 VLDL,其中 apo CⅡ激活肝外组织毛细血管内皮细胞表面的 LPL,使 VLDL 中的甘油三酯被水解释出甘油和脂肪酸为组织所利用。随着甘油三酯的水解,VLDL 颗粒逐渐变小,其表面过剩的磷脂、游离胆固醇及 apo C 转移至 HDL 上,由 HDL 提供的胆固醇酯转运给 VLDL 进行交换。此时,VLDL 的胆固醇含量及 apo B_{100}、apo E 含量相对增加,密度逐渐增大,转变成中间密度脂蛋白(IDL)。

IDL 主要有两条代谢途径:一部分 IDL 可被肝细胞膜的 apo E 受体识别、摄取进行代谢;未被肝细胞摄取的 IDL 经 HL 作用进一步水解,转变为 LDL,经 LDL 受体代谢。因此,VLDL 的功能是将肝内合成的甘油三酯运至肝外组织代谢利用。VLDL 在血中的半寿期 6~12h。

3. 低密度脂蛋白(LDL) LDL 是在血液中由 VLDL 代谢转变而生成的。LDL 中主要脂类是胆固醇及胆固醇酯,载脂蛋白为 apo B_{100}。它是转运肝合成的内源性胆固醇至肝外的主要形式。LDL 是空腹时血浆的主要脂蛋白,含量占血浆脂蛋白总量的 1/2~2/3,半衰期为 2~4d。

LDL 的主要代谢途径为 LDL 受体途径。LDL 受体广泛分布于肝、动脉壁细胞等全身各组织的细胞表面。LDL 与 LDL 受体结合后,被溶酶体中的酶水解,apo B_{100} 被水解为氨基酸,胆固醇酯被水解成游离胆固醇及脂肪酸。游离胆固醇可用于构成细胞膜、类固醇激素的合成,还可反馈抑制细胞内胆固醇的合成(图 7-4)。若发生 LDL 受体缺陷,可导致血浆 LDL 升高,成为 AS 发生的重要机制。

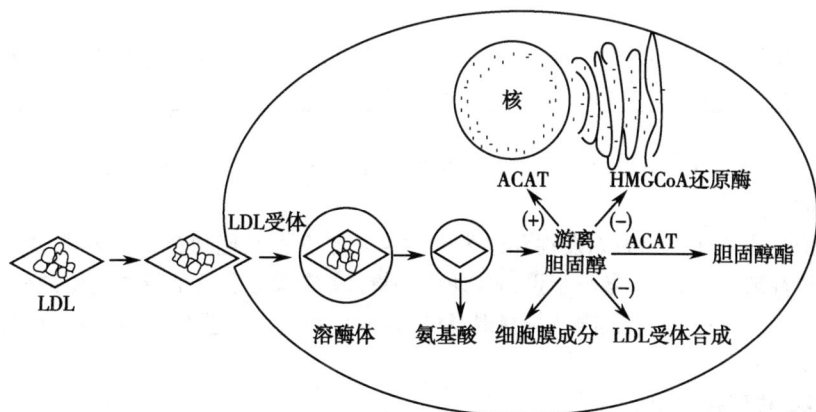

图 7-4 LDL 受体途径

4. 高密度脂蛋白(HDL)　HDL 主要在肝,其次在小肠合成。HDL 的主要功能是参与胆固醇的逆向转运(reverse cholesterol transport, RCT)。HDL 按其密度高低又可分为 HDL$_1$、HDL$_2$ 及 HDL$_3$。血浆中主要含 HDL$_2$ 及 HDL$_3$。HDL$_1$ 又称 HDLc,仅在摄取高胆固醇膳食时才在血中出现。

HDL 的 RCT 分为两个步骤:①胆固醇自肝外细胞包括动脉壁细胞、平滑肌细胞及巨噬细胞移出。肝合成的新生 HDL 以磷脂 和 apo A I、apo C、apo E 为主,形成圆盘状磷脂双层结构,几乎不含胆固醇,是外周细胞游离胆固醇最好的接受体。②HDL 所运载的胆固醇酯化为胆固醇酯(CE)以及 CE 的转运。肝细胞合成的新生 HDL 入血后,在 LCAT 的作用下,将胆固醇变成胆固醇酯,通过胆固醇酯转运蛋白(CETP)将胆固醇酯转入 HDL 的内核。在此过程中所消耗的磷脂酰胆碱及游离的胆固醇又不断地从外周细胞膜、CM 及 VLDL 得到补充,再由 LCAT 催化生成胆固醇酯进入内核,使 HDL 内核中的胆固醇酯逐步增加,并接受由 CM 及 VLDL 释出的磷脂、apo A I、A II 等。同时,其表面的 apo C 及 apo E 转移到 CM 及 VLDL 上,即转变为成熟的 HDL。成熟的 HDL 由肝细胞膜上的 HDL 受体识别而被摄取、降解、清除。

HDL 的 RCT 是将肝外组织的胆固醇转运至肝内转化成胆汁酸盐或通过胆汁直接排出体外的过程。从而促进外周组织胆固醇的清除,降低组织胆固醇的沉积,故 HDL 具有抗 AS 的作用。

0704

血浆脂蛋白
的代谢途径

三、临床常见的血浆脂蛋白代谢异常与疾病

(一)高脂血症

空腹时血浆中的脂类有一种或几种浓度高于正常参考值上限,即为高脂血症。因血脂是以脂蛋白形式存在,所以也称为高脂蛋白血症。正常血脂参考值上限标准因地区、膳食、年龄、劳动状况、职业以及测定方法不同而有差异。一般以成人空腹 12~14h 血甘油三酯超过 2.26mmol/L,胆固醇超过 6.21mmol/L,儿童胆固醇超过 4.14mmol/L,为高脂血症标准。

世界卫生组织(WHO)于 1970 年建议将高脂蛋白血症分为六型,各型高脂蛋白血症血浆脂蛋白及脂类含量变化见表 7-4。

表 7-4　高脂蛋白血症分型

分型	病名	流行度	血脂变化	病因
I	家族性高 CM 血症	极罕见	CM↑、TG↑↑↑、Ch↑	LPL 或 apo C II 遗传缺陷
II a	家族性高胆固醇血症	常见	LDL↑、Ch↑↑	apo B$_{100}$、E 受体功能缺陷
II b		常见	LDL↑、VLDL↑、Ch↑↑、TG↑↑	VLDL 及 apo B$_{100}$、E 合成↑
III	家族性异常 β 脂蛋白血症	不常见	LDL↑、Ch↑↑、TG↑↑	apoE 异常,干扰 CM
IV	高前 β 脂蛋白 血症	很常见	VLDL↑、TG↑↑	VLDL 合成↑或降解↓
V	混合性高 TG 血症	少见	CM↑、VLDL↑、TG↑↑↑、Ch↑	LPL 或 apo C II 缺陷

目前临床上将高脂血症简单分为 4 类:高甘油三酯血症、高胆固醇血症、混合型高脂血症和低高密度脂蛋白血症。

按发病原因高脂血症可分为原发性和继发性两类。原发性高脂血症原因不明,但现已证明有些高脂血症是遗传性缺陷所致,如参与脂蛋白代谢的关键酶、载脂蛋白及脂蛋白受体的先天缺陷。继发性高脂血症是继发于糖尿病、甲状腺功能减退及肝、肾病变引起的脂蛋白代谢紊乱,也多见于肥胖、酗酒等。

(二)动脉粥样硬化

AS 是一类动脉壁退行性病理变化,其病理基础之一是大量脂质沉积在大、中动脉内膜上,形成粥样斑块,引起局部坏死、结缔组织增生、血管壁纤维化和钙化等病理改变,使血管腔狭窄。冠状动脉若

笔记

发生这种变化,常引起心肌缺血,导致冠状动脉粥样硬化性心脏病,简称冠心病。近来研究表明,动脉粥样硬化的发生发展过程与血浆脂蛋白代谢密切相关。

流行病学调查表明,血浆 LDL 水平升高与 AS 的发病率呈正相关,而 HDL 的浓度与 AS 的发生呈负相关,因此临床上认为 LDL 是致动脉粥样硬化的危险因子,而 HDL 是抗动脉粥样硬化的"保护因子"。所以,如患者血中 LDL 含量升高,再伴随 HDL 含量降低,即是动脉粥样硬化最危险的因素。

研究证明,遗传缺陷与 AS 关系密切。参与脂蛋白代谢的关键酶 LPL 及 LCAT,载脂蛋白 apo C I、apo B、apo E、apo A I 和 apo C II,以及 LDL 受体的遗传缺陷均能引起脂蛋白代谢异常和高脂血症的发生。已证实 LPL 缺陷可导致 I 或 IV 型高脂血症;apo C II 基因缺陷则不能激活 LPL,可产生与 LPL 缺陷相似的高脂血症;LDL 受体缺陷则是引起家族性高胆固醇血症的重要原因。

(三)肥胖症

全身性脂肪堆积过多,导致体内发生一系列病理生理变化,称为肥胖症。肥胖症是一组异质性疾病,病因未明,目前认为与遗传、中枢神经系统异常、内分泌功能紊乱、营养过剩、体力活动过少等原因有关。最常见的原因是热量摄入过多,体力活动过少,致使过多的糖、脂肪酸、甘油、氨基酸等转变成甘油三酯储存于脂肪组织中,该原因引发的肥胖为单纯性肥胖。还有一种肥胖往往存在明确的病因,如下丘脑-垂体感染、肿瘤、皮质醇增多症、甲状腺功能减退等,去除原发病,症状大多可减轻或消失,称为继发性肥胖。

目前国际上用体重指数(body mass index,BMI)作为肥胖度的衡量标准。$BMI = 体重(kg)/身高^2 (m^2)$。我国规定 BMI 在 24～26 为轻度肥胖;在 26～28 为中度肥胖;大于 28 为重度肥胖。肥胖患者常合并有糖尿病、冠心病、高血压、脑血管病以及胆囊炎、胆石症和痛风等,肥胖症及其相关疾病可损害患者身心健康,使生活质量下降,寿命缩短,成为重要的世界性健康问题之一。

第三节　甘油三酯的代谢

甘油三酯是机体内含量最多的脂类,是机体重要的能量来源。正常情况下,甘油三酯的合成与分解处于动态平衡。机体各组织中的甘油三酯不断地进行自我更新,其中脂肪组织和肝有较高的更新率,其次是小肠黏膜细胞和肌细胞,皮肤和神经组织中的更新率最低。

一、甘油三酯的分解代谢

(一)脂肪动员

储存在脂肪细胞中的甘油三酯,被脂肪酶逐步水解为游离脂肪酸(free fatty acid,FFA)和甘油并释放入血,再经血液运输至全身各组织氧化利用的过程称为脂肪动员。脂肪动员的过程如下:

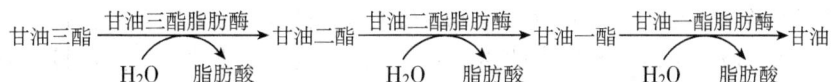

$$\text{甘油三酯} \xrightarrow[\substack{H_2O \quad 脂肪酸}]{甘油三酯脂肪酶} \text{甘油二酯} \xrightarrow[\substack{H_2O \quad 脂肪酸}]{甘油二酯脂肪酶} \text{甘油一酯} \xrightarrow[\substack{H_2O \quad 脂肪酸}]{甘油一酯脂肪酶} \text{甘油}$$

其中,甘油三酯脂肪酶是脂肪动员的关键酶,受多种激素的调节,故又称激素敏感性甘油三酯脂肪酶。肾上腺素、去甲肾上腺素、胰高血糖素、肾上腺皮质激素等能使该酶活性增强,促进脂肪动员,称为脂解激素;胰岛素、前列腺素 E_2 可使该酶活性降低,抑制脂肪动员,故称为抗脂解激素。这两类激素的协同作用使体内脂肪的水解速度得到有效的调节。

(二)脂肪酸的氧化分解

脂肪动员所产生的游离脂肪酸释放入血后,与清蛋白结合形成脂肪酸-清蛋白复合物,随血液循环运输到全身各组织利用。除脑组织和成熟红细胞外,体内大多数组织都能氧化利用脂肪酸,但以肝和肌肉组织最为活跃。脂肪酸的氧化分解过程分为以下四阶段。

1. 脂肪酸的活化　脂肪酸先要经过活化后才能进行分解,活化反应在胞质中完成。在 ATP、CoASH 和 Mg^{2+} 参与下,脂肪酸在脂酰 CoA 合成酶的催化下,生成脂酰 CoA。

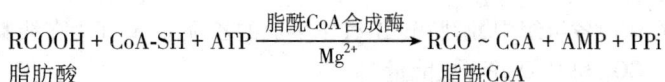

$$\text{RCOOH} + \text{CoA-SH} + \text{ATP} \xrightarrow[\substack{Mg^{2+}}]{脂酰CoA合成酶} \text{RCO} \sim \text{CoA} + \text{AMP} + \text{PPi}$$
$$\text{脂肪酸} \qquad\qquad\qquad\qquad\qquad\qquad \text{脂酰CoA}$$

反应过程中生成的焦磷酸（PPi）立即被细胞内的焦磷酸酶水解，所以此反应共消耗了两个高能磷酸键，也阻止了逆向反应的进行。生成的脂酰 CoA 分子中含有高能硫酯键，极性增加，代谢活性增强。

2. **脂酰 CoA 进入线粒体**　脂肪酸氧化的酶系存在于线粒体基质内，而长链脂酰 CoA 不能直接通过线粒体内膜，需线粒体内膜两侧的特异转运载体——肉碱转运，并在位于线粒体内膜两侧的肉碱-脂酰转移酶 I（carnitine acyl transferase I，CAT I）和肉碱-脂酰转移酶 II（CAT II）的催化下，穿过线粒体内膜转入线粒体基质中进行氧化分解（图 7-5）。

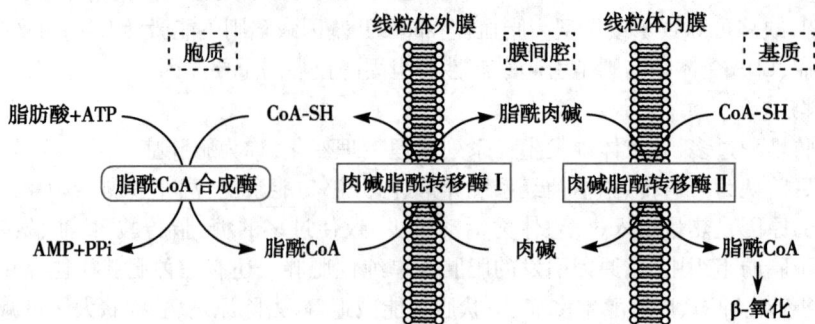

图 7-5　脂酰 CoA 进入线粒体示意图

此转运过程是脂肪酸氧化的限速步骤，肉碱-脂酰转移酶 I 是关键酶。当饥饿、高脂低糖膳食或糖尿病等情况下，机体糖的利用障碍，需脂肪酸氧化供能时，该酶活性增高，脂肪酸氧化供能增加。

知识拓展

左旋肉碱与减肥

左旋肉碱（L-carnitine），又称 L-肉碱、维生素 BT，化学名称 β-羟-γ-三甲氨基丁酸，是一种促使脂肪转化为能量的类氨基酸，红色肉类是左旋肉碱的主要来源，对人体无毒副作用。左旋肉碱是脂肪代谢过程中一种必需的载体，能促进脂肪酸进入线粒体进行氧化分解。但左旋肉碱只是一种运载工具，至于到底消耗多少脂肪，并不取决于左旋肉碱的量多少，而是取决于机体能量消耗的多少。因此，单一应用左旋肉碱来减肥，并不一定能实现很好减肥效果，必须要配合适当的运动，控制饮食。

3. **脂酰 CoA 的 β-氧化**　脂酰 CoA 进入线粒体基质后，在脂肪酸 β-氧化多酶复合体的催化下，从脂酰基 β-碳原子开始，进行脱氢、加水、再脱氢和硫解四步连续反应，每进行一次 β-氧化，生成一分子乙酰 CoA 和一分子比原来少两个碳原子的脂酰 CoA。由于氧化反应主要发生在脂酰基的 β-碳原子上，所以称为 β-氧化。β-氧化反应过程如下：

（1）**脱氢**：在脂酰 CoA 脱氢酶的催化下，脂酰 CoA 从 α 和 β 碳原子上各脱去一个氢原子，生成反 Δ^2-烯脂酰 CoA，脱下的氢由该酶的辅基 FAD 接受，生成 $FADH_2$。

（2）**加水**：在反 Δ^2-烯脂酰 CoA 水化酶的催化下，反 Δ^2-烯脂酰 CoA 加水生成 L-β-羟脂酰 CoA。

（3）**再脱氢**：在 β-羟脂酰 CoA 脱氢酶的催化下，L-β-羟脂酰 CoA 再脱下 2 个氢原子，生成 β-酮脂酰 CoA，脱下的氢由该酶的辅基 NAD^+ 接受，生成 $NADH+H^+$。

（4）**硫解**：在 β-酮脂酰 CoA 硫解酶的催化下，β-酮脂酰 CoA 加 1 分子 CoASH 使 α 与 β 碳原子之间的化学键断裂，生成 1 分子乙酰 CoA 和 1 分子比原来少 2 个碳原子的脂酰 CoA。

上述生成的比原来少 2 个碳原子的脂酰 CoA 可反复进行脱氢、加水、再脱氢和硫解反应，最终使体内偶数碳原子的饱和脂肪酸完全降解为乙酰 CoA（图 7-6）。

4. **乙酰 CoA 的去向**

（1）**彻底氧化**：在体内各组织中，脂肪酸 β-氧化生成的乙酰 CoA 直接在线粒体中进入三羧酸循环彻底氧化分解，生成 CO_2 和 H_2O 并释放能量。

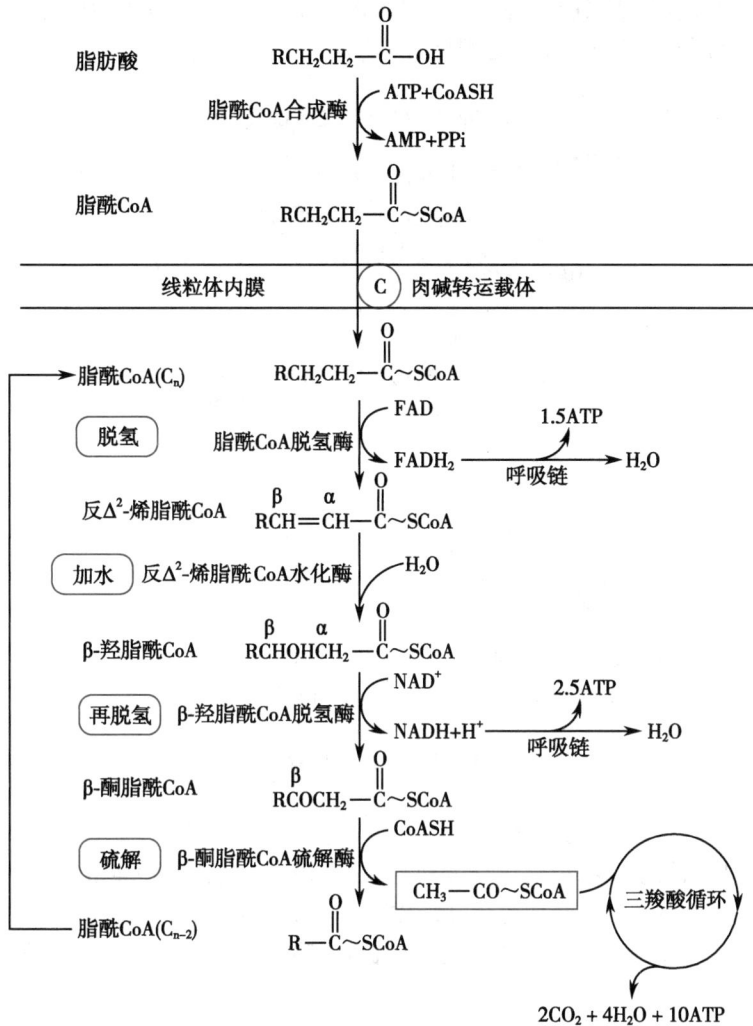

图 7-6 脂肪酸的 β-氧化

（2）转变成其他中间产物：在肝除了上述途径外，还有一部分乙酰 CoA 能在肝细胞线粒体酶的催化下生成酮体，并通过血液循环运往肝外组织氧化利用。

脂肪酸经上述过程彻底氧化分解后能产生大量的能量。以 16 碳的软脂酸为例，先在胞质中活化生成软脂酰 CoA，然后进入线粒体经 7 次 β-氧化，生成 7 分子 $FADH_2$、7 分子 $NADH+H^+$ 和 8 分子乙酰 CoA。1 分子 $FADH_2$ 通过呼吸链氧化产生 1.5 分子 ATP，1 分子 $NADH+H^+$ 氧化产生 2.5 分子 ATP，1 分子乙酰 CoA 通过三羧酸循环氧化产生 10 分子 ATP。因此，1 分子软脂酸彻底氧化共生成 $(7×1.5)+(7×2.5)+(8×10)= 108$ 分子 ATP。减去活化时消耗的 2 分子 ATP，净生成 106 分子 ATP。

（三）酮体的生成与利用

脂肪酸在心肌、骨骼肌等组织中能够彻底氧化成 CO_2 和 H_2O，同时释放能量。而由于肝细胞中具有活性较强的酮体合成酶系，因此 β-氧化生成的乙酰 CoA，在肝细胞中除了进入三羧酸循环外，大部分转变为乙酰乙酸、β-羟丁酸和丙酮，三者统称为酮体（ketone bodies），酮体是脂肪酸在肝中分解氧化时特有的中间代谢物，其中 β-羟丁酸约占酮体总量的 70%，乙酰乙酸约占 30%，丙酮含量极微。

1. 酮体的生成　酮体在肝细胞线粒体内，以乙酰 CoA 为原料合成，基本过程是：

（1）2 分子乙酰 CoA 在乙酰乙酰 CoA 硫解酶催化下缩合成乙酰乙酰 CoA，并释放出 1 分子 CoASH。

（2）乙酰乙酰 CoA 在羟甲基戊二酸单酰 CoA 合酶的催化下，再与 1 分子乙酰 CoA 缩合生成羟甲基戊二酸单酰 CoA（3-hydroxy-3-methyl glutaryl CoA，HMG CoA），并释放出 1 分子 CoASH。

（3）HMG CoA 在 HMG CoA 裂解酶催化下裂解，生成 1 分子乙酰乙酸和 1 分子乙酰 CoA。大部分乙酰乙酸在线粒体内膜 β-羟丁酸脱氢酶催化下被还原成 β-羟丁酸（此过程为可逆反应），部分乙酰乙酸自发脱羧生成少量丙酮。酮体的生成过程见图 7-7。

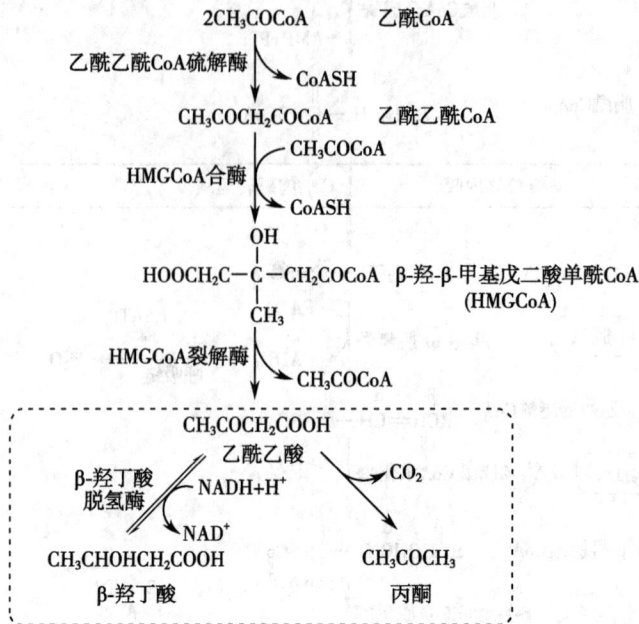

2CH₃COCoA 乙酰CoA

乙酰乙酰CoA硫解酶 → CoASH

CH_3COCH_2COCoA 乙酰乙酰CoA

CH_3COCoA

HMGCoA合酶 → CoASH

OH
|
$HOOCH_2C—C—CH_2COCoA$ β-羟-β-甲基戊二酸单酰CoA
| (HMGCoA)
CH_3

HMGCoA裂解酶 → CH_3COCoA

CH_3COCH_2COOH
乙酰乙酸

β-羟丁酸脱氢酶 NADH+H⁺ CO_2

NAD⁺

$CH_3CHOHCH_2COOH$ CH_3COCH_3
β-羟丁酸   丙酮

图 7-7 酮体的生成

HMG CoA 合酶是酮体生成的关键酶。

肝具有较强合成酮体的酶系，但缺乏分解利用酮体的酶类，所以肝中生成的酮体，需透过细胞膜进入血液，运输到肝外组织进一步氧化分解，这也是酮体代谢的特点。

2. 酮体的利用 肝外许多组织如心肌、骨骼肌、肾、脑等组织中具有活性很强的利用酮体的酶（图 7-8）。

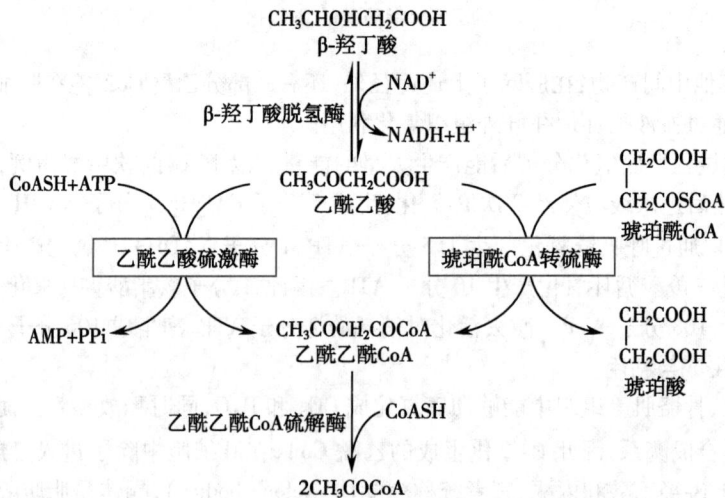

$CH_3CHOHCH_2COOH$
β-羟丁酸

β-羟丁酸脱氢酶 NAD⁺

NADH+H⁺

CH_2COOH
|
CoASH+ATP CH_3COCH_2COOH $CH_2COSCoA$
乙酰乙酸   琥珀酰CoA

乙酰乙酸硫激酶   琥珀酰CoA转硫酶

CH_2COOH
|
AMP+PPi CH_3COCH_2COCoA CH_2COOH
乙酰乙酰CoA   琥珀酸

乙酰乙酰CoA硫解酶 CoASH

$2CH_3COCoA$

图 7-8 酮体的利用

（1）乙酰乙酸硫激酶：催化乙酰乙酸生成乙酰乙酰 CoA。

（2）琥珀酰 CoA 转硫酶：催化琥珀酰 CoA 中的 CoASH 转移给乙酰乙酸，生成乙酰乙酰 CoA。

（3）乙酰乙酰 CoA 硫解酶：以上各种组织中生成的乙酰乙酰 CoA 在乙酰乙酰 CoA 硫解酶的催化下，生成 2 分子乙酰 CoA，乙酰 CoA 可进入三羧酸循环彻底氧化分解，并释放能量为这些组织利用。

笔记

酮体中的 β-羟丁酸可在 β-羟丁酸脱氢酶的催化下,脱氢生成乙酰乙酸,然后再沿上述途径被氧化分解。而丙酮含量很少,可随尿排出。当血液中酮体升高时,丙酮也可以通过肺部呼吸排出。

3. **酮体生成的生理意义** 酮体是肝内脂肪酸正常的中间代谢产物,是肝输出能源的一种形式。酮体分子小、易溶于水、便于血液运输,能通过血脑屏障和毛细血管壁。所以在正常情况下,肝生成的酮体能迅速被转移至肝外组织利用,是体内许多组织尤其是脑和肌肉组织的重要能源。脑组织不能氧化脂肪酸却能利用酮体,当长期饥饿、糖供应不足时,酮体可代替葡萄糖成为脑和肌肉等组织的主要能源。

正常人血中仅含有少量酮体,为 $0.03 \sim 0.5mmol/L(0.3 \sim 5mg/dl)$。在长期饥饿、高脂低糖膳食或严重糖尿病时,脂肪动员加强,脂肪酸在肝内分解增多,酮体生成增加,超过肝外组织利用的能力,引起血中酮体增多,称为酮血症。由于酮体中的乙酰乙酸、β-羟丁酸是有机酸,酮体过多可导致酮症酸中毒,并随尿排出,引起酮尿(可高达 5 000mg/24h 尿,正常为 ≤125mg/24h 尿)。尤其在未控制的糖尿病患者,血液酮体含量可高出正常情况的数十倍,这时,丙酮约占酮体总量的一半,可通过呼吸排出体外,甚至可闻到患者呼出的气体中有烂苹果味。

知识拓展

糖尿病与酮症酸中毒

酮症酸中毒(diabetes mellitus ketoacidosis,DKA)是严重糖尿病患者的并发症之一,诱发 DKA 的主要原因为感染、饮食或治疗不当及各种应激因素(如严重外伤、麻醉、手术、妊娠、分娩、精神刺激等),按其程度可分为轻度、中度及重度三种情况。轻度是指单纯酮症,并无酸中毒;有轻、中度酸中毒者可列为中度;重度则是指酮症酸中毒伴有昏迷者,或虽无昏迷但二氧化碳结合力低于 10mmol/L,后者很容易进入昏迷状态。此类患者应及时住院并进行相关的血液检查(如血糖、血酮体、pH、电解质等)及尿液检查(如尿糖、尿酮体、尿蛋白等),以免发生危险。

(四)甘油的代谢

脂肪动员所产生的甘油溶于水,直接由血液运输到肝、肾和小肠黏膜等组织细胞。甘油经甘油激酶催化生成 α-磷酸甘油后,再脱氢生成磷酸二羟丙酮,后者可进入糖代谢途径彻底氧化分解并释放能量;也可异生为葡萄糖和糖原。肌肉和脂肪组织因甘油激酶活性很低,对游离的甘油利用有限。

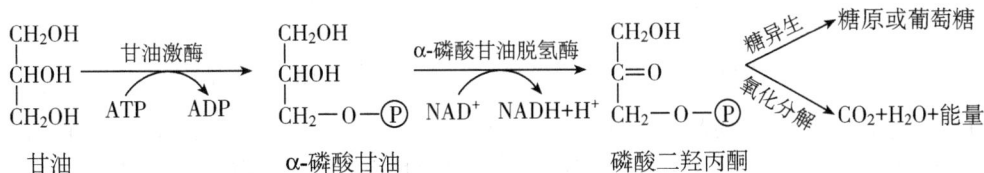

二、甘油三酯的合成代谢

甘油三酯的合成部位是肝、脂肪组织及小肠,其中肝的合成能力最强。脂肪酸和 α-磷酸甘油是合成甘油三酯的基本原料。

(一)脂肪酸的合成

1. **合成部位** 主要是肝,肾、脑、肺、乳腺及脂肪组织等也能合成脂肪酸,因为在这些组织细胞的胞质中都含有合成脂肪酸的酶系。

2. **合成原料** 主要是乙酰 CoA。还需要 ATP 供能、NADPH 供氢及其他因子。其中乙酰 CoA 主要来自糖代谢,NADPH 则主要来自磷酸戊糖途径。

由于细胞内的乙酰 CoA 全部在线粒体内产生,而脂肪酸的合成却在胞质。因此,必须把线粒体中的乙酰 CoA 转移进入胞质才能用于脂肪酸的合成。由于乙酰 CoA 不能自由透过线粒体内膜,必须通过柠檬酸-丙酮酸循环机制才能实现。反应过程如下:线粒体中的乙酰 CoA 先与草酰乙酸缩合生成柠檬酸,然后通过线粒体内膜上的载体转运进入胞质,由胞质中的柠檬酸裂解酶催化裂解生成乙酰 CoA 和草酰乙酸,乙酰 CoA 即可用于脂肪酸的合成,而草酰乙酸则在苹果酸脱氢酶的作用下,还原成苹果酸,苹果酸也可在苹果酸酶的作用下分解为丙酮酸,以上生成的苹果酸和丙酮酸经载体转运进入线粒体,最终均可转变成草酰乙酸,再参与转运乙酰 CoA(图 7-9)。

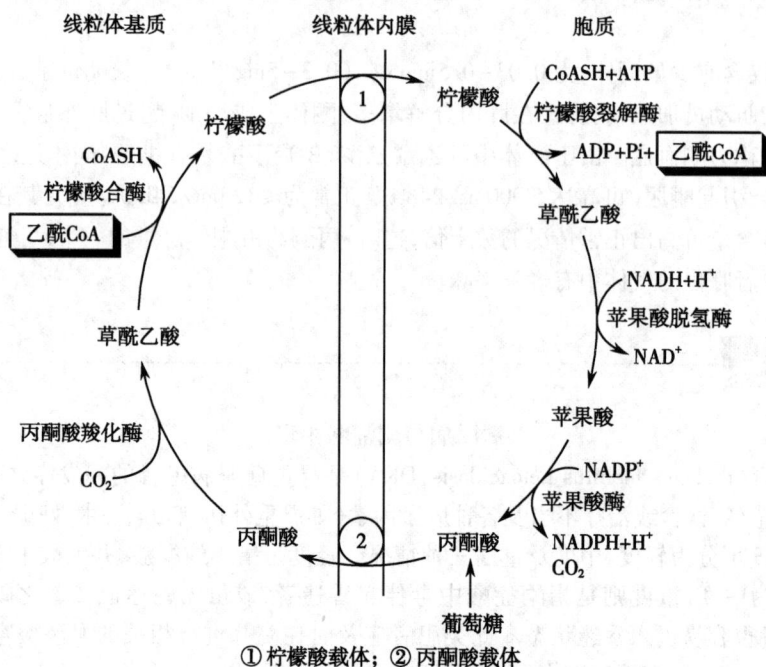

图 7-9　柠檬酸-丙酮酸循环

3. 合成过程

(1) 丙二酰 CoA 的合成:在乙酰 CoA 羧化酶的催化下,乙酰 CoA 羧化生成丙二酰 CoA,此酶是脂肪酸合成的限速酶,其辅基是生物素,Mn^{2+} 为激活剂,反应式如下:

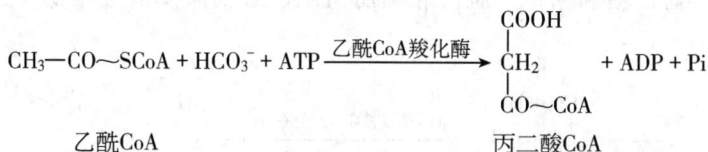

$$CH_3-CO\sim SCoA + HCO_3^- + ATP \xrightarrow{\text{乙酰CoA羧化酶}} \begin{array}{c} COOH \\ | \\ CH_2 \\ | \\ CO\sim CoA \end{array} + ADP + Pi$$

乙酰CoA　　　　　　　　　　　　　　　丙二酸CoA

(2) 软脂酸的合成:在脂肪酸合成酶系的催化下,1 分子乙酰 CoA 与 7 分子丙二酰 CoA 经过连续的加成反应,包括缩合、加氢、脱水和再加氢等反应,每次延长 2 个碳原子,7 次循环之后,最终合成 16 碳的软脂酸。

软脂酸合成的总反应式为:

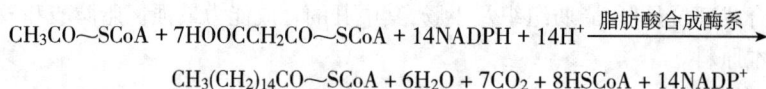

$$CH_3CO\sim SCoA + 7HOOCCH_2CO\sim SCoA + 14NADPH + 14H^+ \xrightarrow{\text{脂肪酸合成酶系}}$$
$$CH_3(CH_2)_{14}CO\sim SCoA + 6H_2O + 7CO_2 + 8HSCoA + 14NADP^+$$

体内合成的脂肪酸最初均为十六碳的软脂酸。更长碳链的脂肪酸是在肝细胞的线粒体或内质网对软脂酸进行加工使其碳链延长完成的,而碳链的缩短是在线粒体内通过 β-氧化进行的。

体内的不饱和脂肪酸软油酸($16:1, \Delta^9$)和油酸($18:1, \Delta^9$)是在 Δ^9 去饱和酶催化下,分别由软脂酸和硬脂酸转变而来的。而亚油酸、亚麻酸和花生四烯酸属于多不饱和脂肪酸,在体内不能合成,必须由食物供给。因为人体内缺乏 Δ^9 以上的去饱和酶,只有植物体内才含有这些酶。

反式脂肪酸

反式脂肪酸(trans fatty acids,TFA)是所有含反式双键的不饱和脂肪酸的总称,其双键上两个碳原子结合的两个氢原子分别在碳链的两侧,空间构象呈线性,与之相对应的是顺式脂肪酸,其双键上两个碳原子结合的两个氢原子在碳链的同侧,空间构象呈弯曲状。由于它们的立体结构不同,二者的物理性质也有所不同,顺式脂肪酸多为液态,熔点较低;而TFA多为固态或半固态,熔点较高。虽然摄入过多的反式脂肪酸对人体健康不利,但并不是所有的反式脂肪酸对人体的健康都有害,如共轭亚油酸就是一种有益的反式脂肪酸,它具有一定的抗肿瘤作用。

（二）α-磷酸甘油的生成

α-磷酸甘油主要来自糖代谢,糖代谢的中间产物磷酸二羟丙酮在α-磷酸甘油脱氢酶的催化下,被还原生成α-磷酸甘油。此外,食物消化吸收的甘油及体内脂肪动员释放的甘油也能在甘油激酶(肝、肾等)的催化下,生成α-磷酸甘油。

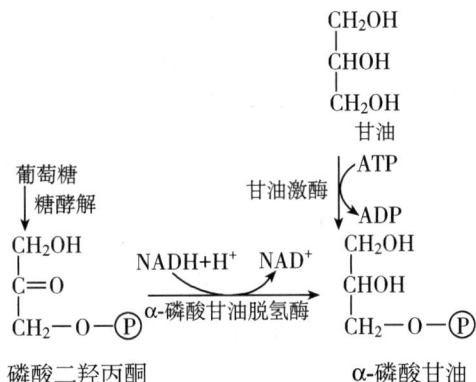

（三）甘油三酯的合成

1. 甘油一酯途径　小肠黏膜上皮细胞主要由此途径合成甘油三酯。主要是利用消化吸收的甘油一酯及脂肪酸再合成甘油三酯。反应过程如下：

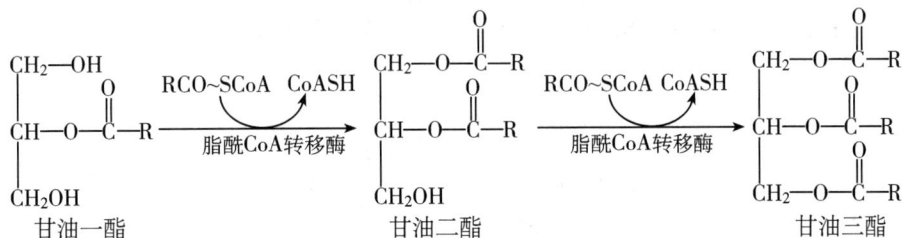

2. 甘油二酯途径　肝和脂肪组织主要由此途径合成甘油三酯。主要是利用糖代谢生成的α-磷酸甘油在脂酰CoA转移酶的催化下依次加上2分子脂酰基生成磷脂酸,磷脂酸在磷脂酸磷酸酶的作用下,脱去磷酸生成甘油二酯,最后在脂酰CoA转移酶的催化下,再加上1分子脂酰基生成甘油三酯。反应过程如下：

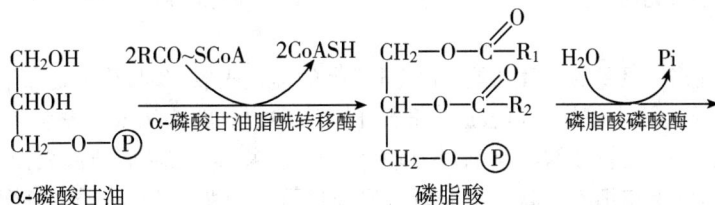

$$CH_2-O-C-R_1 \quad \quad CH_2-O-C-R_1$$
$$CH-O-C-R_2 \quad \xrightarrow[\text{甘油二酯脂酰转移酶}]{RCO\sim SCoA \quad CoASH} \quad CH-O-C-R_2$$
$$CH_2-OH \quad \quad CH_2-O-C-R_3$$
甘油二酯   甘油三酯

合成甘油三酯的三分子脂肪酸可相同也可不同,可以是饱和脂肪酸也可以是不饱和脂肪酸。甘油三酯的合成速率受多种激素的影响,胰岛素促进糖转变为甘油三酯,胰高血糖素、肾上腺皮质激素等抑制甘油三酯的生物合成。由于甘油三酯合成的原料主要来自糖代谢,人及动物即使完全不摄取脂肪,在体内也可由糖大量转变成脂肪,这也是食糖过多容易发胖的原因。

第四节 磷脂的代谢

一、概述

磷脂是含有磷酸的类脂,分为甘油磷脂与鞘磷脂两大类。由甘油构成的磷脂称为甘油磷脂,由鞘氨醇或二氢鞘氨醇构成的磷脂称为鞘磷脂。体内甘油磷脂含量较多。

甘油磷脂由甘油、脂肪酸、磷酸和含氮化合物组成,根据含氮化合物的不同分为不同类型的甘油磷脂。其结构如下:

$$CH_2-O-C-R_1$$
$$CH-O-C-R_2$$
$$CH_2-O-P-O-X$$
$$OH$$

X=胆碱、水、乙醇胺、丝氨酸、甘油、肌醇、甘油二酯等

此外,还有心磷脂(cardiolipin),是由甘油的 C_1 和 C_3 与 2 分子磷脂酸结合而成。心磷脂是线粒体内膜和细菌膜的重要成分,而且是唯一具有抗原性的磷脂分子。

鞘脂由鞘氨醇或二氢鞘氨醇、脂肪酸及取代基组成。按取代基的不同,分为鞘磷脂和鞘糖脂。其结构如下:

$$CHOHCH=CH(CH_2)_{12}CH_3 \quad \text{鞘氨醇}$$
$$CHNHCO(CH_2)_nCH_3 \quad \quad n=12\sim22$$
$$CH_2-O-P-O-CH_2CH_2N^+(CH_3)_3$$
$$OH \quad \text{胆碱}$$

鞘磷脂的取代基为磷酸胆碱或磷酸乙醇胺;鞘糖脂的取代基为糖基。人体内含量最多的鞘磷脂是神经鞘磷脂,由鞘氨醇、脂肪酸及磷酸胆碱所构成,是生物膜的组成成分,也是神经髓鞘的重要成分,神经髓鞘能防止神经冲动从一条神经纤维向周围神经纤维扩散,保证神经冲动的定向传导。

磷脂在体内还有其他重要的生理功能,如促进脂类的消化吸收,参与构成血浆脂蛋白及细胞信号的传导等。另外,Ⅱ型肺泡上皮细胞可合成由 2 分子软脂酸构成的特殊磷脂酰胆碱,其 1、2 位均为软脂酰基,称二软脂酰胆碱,是较强的乳化剂,是肺泡表面活性物质,能降低肺泡表面张力,有利于肺泡的伸张。如新生儿肺泡上皮细胞二软脂酰胆碱合成障碍可导致肺不张,易诱发呼吸困难综合征。血小板活化因子为血管内皮细胞、血小板、巨噬细胞等合成并释放的一种甘油磷脂,它有极强的生物活性,能引起血小板聚集和 5-羟色胺释放。

0709
体内几种重要的甘油磷脂

笔记

二、甘油磷脂的代谢

(一)甘油磷脂的合成

1. **合成部位** 全身各组织细胞(成熟红细胞除外)内质网均有合成磷脂的酶系,均能合成甘油磷脂,但以肝、肾及肠等组织最为活跃。

2. **合成原料** 合成甘油磷脂的原料为甘油二酯、胆碱、乙醇胺、丝氨酸和肌醇等。乙醇胺由丝氨酸脱羧生成,胆碱可从食物获得,也可在体内由丝氨酸接受 S-腺苷甲硫氨酸(SAM)的甲基生成。丝氨酸和肌醇主要来自食物。

3. **合成过程** 甘油磷脂的合成有两种途径。

(1)甘油二酯合成途径:磷脂酰胆碱及磷脂酰乙醇胺主要通过此途径合成。这两类磷脂在体内含量最多,占磷脂总量的75%以上。甘油二酯是合成过程的重要中间物。

乙醇胺和胆碱受相应激酶的作用,在 ATP 的参与下生成磷酸乙醇胺和磷酸胆碱,然后再与 CTP 作用,生成 CDP-乙醇胺和 CDP-胆碱(图7-10)。

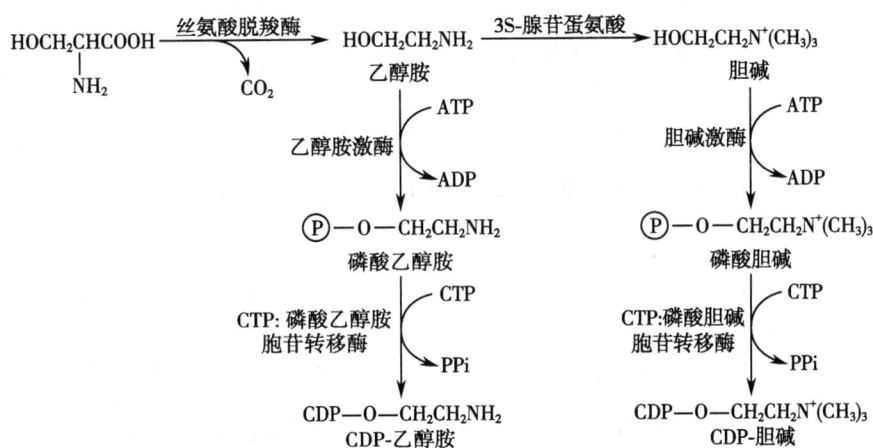

图 7-10 CDP-胆碱和 CDP-乙醇胺的合成

甘油二酯分别与 CDP-胆碱和 CDP-乙醇胺作用,生成磷脂酰胆碱(卵磷脂)和磷脂酰乙醇胺(脑磷脂)。另外,磷脂酰胆碱也可以由磷脂酰乙醇胺甲基化生成(图7-11)。

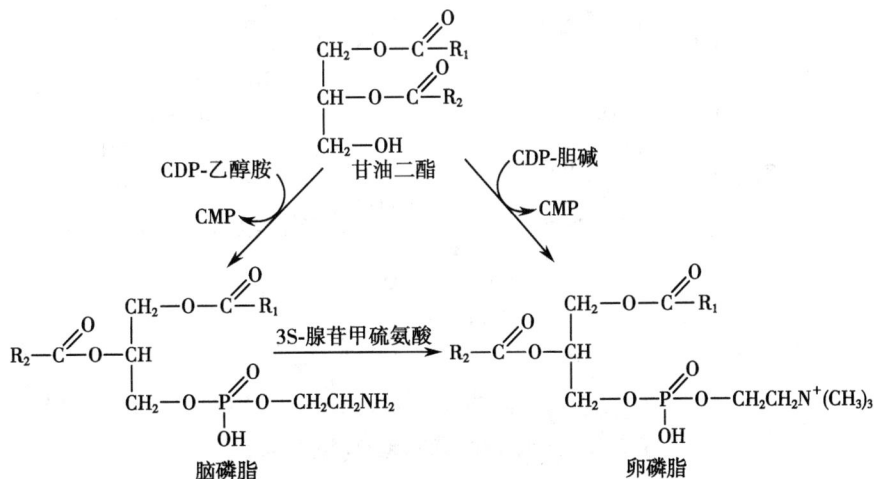

图 7-11 脑磷脂与卵磷脂的合成

(2)CDP-甘油二酯合成途径:磷脂酰肌醇、磷脂酰丝氨酸和心磷脂由此途径合成。CDP-甘油二酯是合成此类磷脂的直接前体和中间产物。反应过程见图7-12。

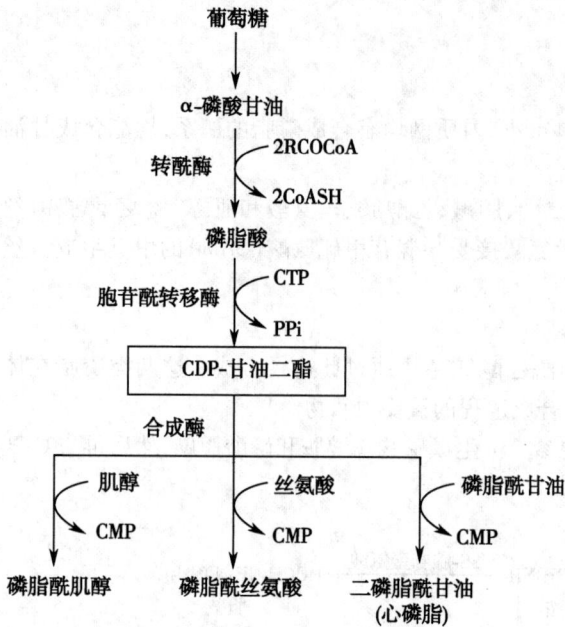

图 7-12 CDP-甘油二酯合成途径

（二）甘油磷脂的分解

体内存在各种磷脂酶，能作用于甘油磷脂分子中不同的酯键，使甘油磷脂逐步水解生成甘油、脂肪酸、磷酸及各种含氮化合物，这些产物在体内还要进一步代谢。其中的磷脂酶 A_1 和磷脂酶 A_2 分别作用于甘油磷脂的 1 位和 2 位酯键，磷脂酶 B_1 作用于溶血磷脂的 1 位酯键，磷脂酶 C 作用于 3 位的磷酸酯键，而磷脂酶 D 则作用于磷酸与含氮化合物之间的酯键（图 7-13）。

磷脂酶 A_2 以酶原形式存在于细胞膜及线粒体膜上。胰腺炎时，胰腺细胞膜上的磷脂酶 A_2 被未知因素激活，作用于胰腺细胞膜磷脂的 2 位酯键，产生多不饱和脂肪酸及溶血磷脂 1。溶血磷脂具有较强的表面活性，能使胰腺细胞膜受损，导致急性胰腺炎。另外，磷脂酶 A_1 存在于动物组织溶酶体中（蛇毒及某些微生物亦含有），能水解磷脂的 1 位酯键，产生脂肪酸及溶血磷脂 2，故被毒蛇咬伤后会出现红细胞大量溶血现象。

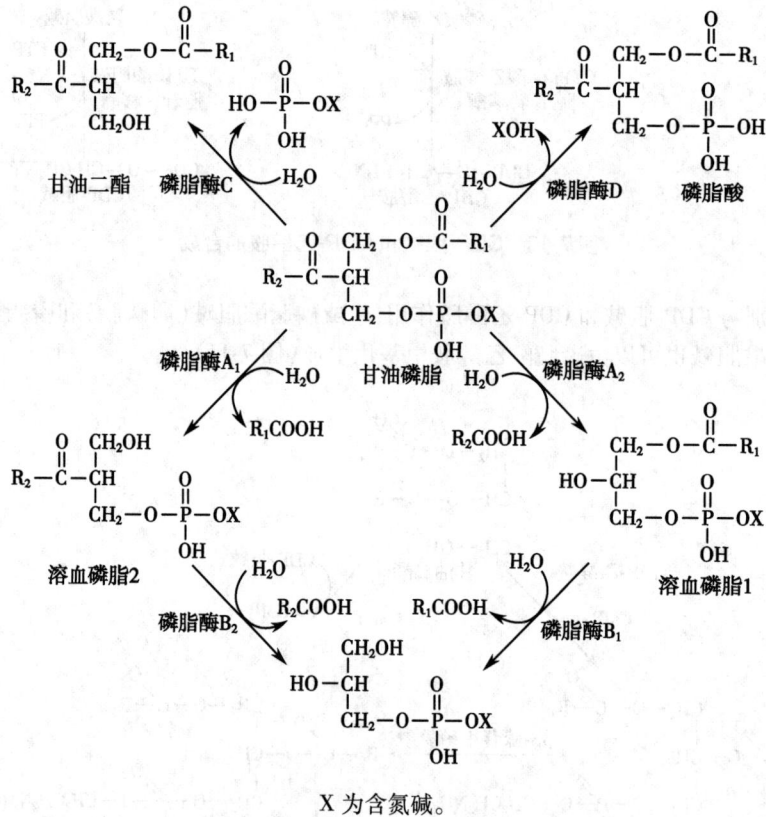

X 为含氮碱。

图 7-13 磷脂酶作用于磷脂化学键的部位

（三）甘油磷脂与脂肪肝

肝细胞虽能合成大量脂肪，但不能储存脂肪。肝合成的甘油三酯与载脂蛋白、磷脂和胆固醇组装成 VLDL，由肝细胞分泌入血，经血液循环向肝外组织输出。若脂肪在肝细胞中蓄积，则会导致脂肪肝。

正常人肝中脂类的含量占肝重的 3%~5%,脂类总量超过 10%,即称脂肪肝。形成脂肪肝的常见原因有以下三种:①肝内脂肪来源过多,例如高糖高热量饮食。②肝功能障碍,氧化脂肪酸的能力减弱,合成、释放脂蛋白的功能降低。③合成磷脂的原料不足,使得甘油二酯转变为磷脂的量减少,转而生成甘油三酯;同时由于磷脂合成量减少,导致 VLDL 生成障碍,使肝内脂肪输出困难,导致脂肪来源增多,输出减少,在肝细胞内堆积,形成脂肪肝。临床上常用磷脂及其合成原料(丝氨酸、甲硫氨酸、胆碱、肌醇及乙醇胺等)以及有关辅因子(叶酸、维生素 B_{12}、ATP 及 CTP 等)来防治脂肪肝。

第五节 胆固醇的代谢

胆固醇是具有环戊烷多氢菲烃核及一个羟基的固体醇类化合物,最早由动物胆石中分离出来,故称为胆固醇。体内胆固醇以游离胆固醇和胆固醇酯两种形式存在。

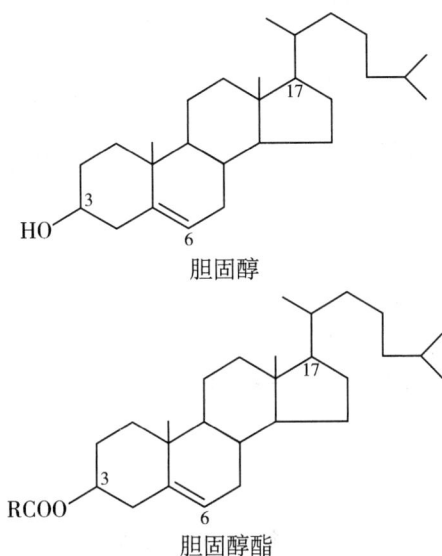

胆固醇

胆固醇酯

成人体内的胆固醇含量约为 140g,广泛分布于全身各组织中,大约 1/4 分布在脑及神经组织中。肝、肾、肠、肾上腺、卵巢等内脏,皮肤及脂肪组织均含较多的胆固醇。人体中的胆固醇主要由机体各组织合成,也可来源于食物。

胆固醇在体内有重要的生理功能,它是动物细胞膜的重要组成成分,也是合成类固醇激素、胆汁酸盐及维生素 D_3 的前体物质。

一、胆固醇的生物合成

(一)合成部位

除成年动物脑组织及成熟红细胞外,几乎全身各组织均可合成胆固醇,每天可合成 1g 左右。肝是胆固醇合成的主要场所,占合成总量的 70%~80%,其次是小肠,合成量约占 10%。

(二)合成原料

胆固醇的合成原料是乙酰 CoA 和 $NADPH+H^+$,并需要 ATP 供能。线粒体中的乙酰 CoA 通过柠檬酸-丙酮酸循环进入胞质参与胆固醇的合成。每合成 1 分子胆固醇需 18 分子乙酰 CoA、16 分子 NAD-$PH+H^+$ 及 36 分子 ATP。乙酰 CoA 及 ATP 大多来自糖的有氧氧化,而 $NADPH+H^+$ 则主要来自磷酸戊糖途径。因此,糖是胆固醇合成的主要原料来源。

(三)合成过程

胆固醇合成过程非常复杂,包括约 30 步化学反应,分为三个阶段。

1. 甲羟戊酸的生成 在胞质中,2 分子乙酰 CoA 在乙酰乙酰 CoA 硫解酶的催化下缩合生成乙酰乙酰 CoA;然后在 HMG CoA 合酶的催化下,再与 1 分子乙酰 CoA 缩合生成 HMG CoA;HMG CoA 由 HMG CoA 还原酶催化,NADPH 供氢,还原生成甲羟戊酸(mevalonic acid,MVA)。其中的 HMG CoA 还原酶是胆固醇合成的关键酶。

2. **鲨烯的生成** MVA 在一系列酶的催化下,由 ATP 供能,先磷酸化、脱羧等反应生成活泼的 5 碳焦磷酸化合物。然后 3 分子 5 碳焦磷酸化合物缩合生成 15 碳的焦磷酸法尼酯,2 分子焦磷酸法尼酯再缩合、还原即生成 30 碳的鲨烯。

3. **胆固醇的生成** 鲨烯与胆固醇结构相似,再经单加氧酶、环化酶等催化下生成羊毛固醇,最后经氧化、脱羧、还原等反应,脱去 3 分子 CO_2 生成 27 碳的胆固醇(图 7-14)。

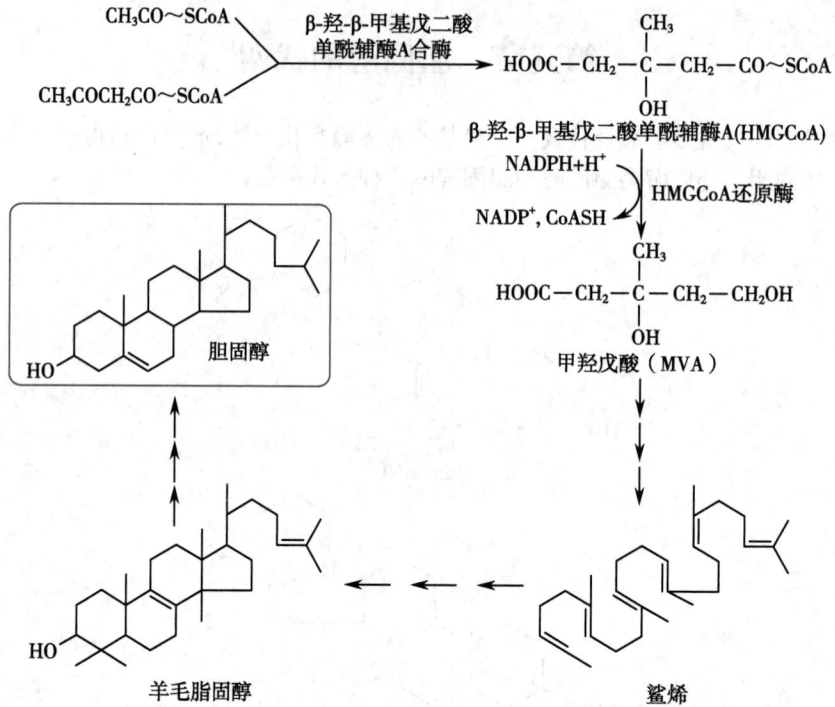

图 7-14 胆固醇的合成

(四)胆固醇合成的调节

HMG CoA 还原酶是胆固醇合成的关键酶,各种因素对胆固醇合成的调节,主要是通过影响 HMG CoA 还原酶的活性和含量来实现的。

1. **饥饿与饱食** 饥饿与禁食可抑制肝合成胆固醇。饥饿引起肝 HMG CoA 还原酶合成减少,酶活性降低。乙酰 CoA、ATP、$NADPH+H^+$ 等原料不足是肝胆固醇合成减少的重要原因。相反,摄取高糖、高脂肪饮食后,HMG CoA 还原酶活性升高,促进胆固醇合成。

2. **胆固醇** 食物胆固醇可反馈抑制肝 HMG CoA 还原酶的活性,从而抑制肝胆固醇的合成;相反,降低食物胆固醇量,可解除胆固醇对肝中 HMG CoA 还原酶的抑制作用,促进胆固醇合成。但食物胆固醇不能抑制小肠黏膜细胞合成胆固醇。

3. **激素** 胰岛素及甲状腺素能诱导肝 HMG CoA 还原酶的合成,从而增加胆固醇的合成。胰高血糖素及皮质醇激素则能抑制并降低 HMG CoA 还原酶的活性,因而减少胆固醇的合成。甲状腺素除能促进胆固醇的合成外,同时又促进胆固醇在肝中转变为胆汁酸,且后一作用较前者强,因而甲状腺功能亢进患者的血清胆固醇含量反而下降。

4. **药物的影响** 某些药物如洛伐他汀和辛伐他汀,能竞争性地抑制 HMG CoA 还原酶的活性,使体内胆固醇的合成减少。另外有些药物如阴离子交换树脂(考来烯胺)可通过干扰肠道胆汁酸盐的重吸收,促使体内更多的胆固醇转变为胆汁酸盐,降低血清胆固醇浓度。

二、胆固醇的酯化

细胞内和血浆中的游离胆固醇都可被酯化成胆固醇酯,但不同部位催化胆固醇酯化的酶及其反应过程不同。

（一）胞内胆固醇的酯化

在组织细胞内,游离胆固醇可在脂酰辅酶 A 胆固醇酰基转移酶(acyl-CoA cholesterol acyl transferase,ACAT)的催化下,接受脂酰辅酶 A 的脂酰基形成胆固醇酯。反应如下:

$$胆固醇 + RCO\sim SCoA \xrightarrow{ACAT} 胆固醇酯 + CoASH$$

（二）血浆内胆固醇的酯化

血浆中,游离胆固醇在卵磷脂胆固醇酰基转移酶(lecithin cholesterol acyl transferase,LCAT)的催化下,卵磷脂 C_2 位上的脂酰基(一般多是不饱和脂肪酸)转移至胆固醇 C_3 位的羟基上,生成胆固醇酯及溶血卵磷脂。反应如下:

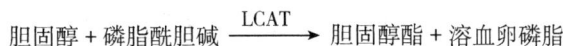

$$胆固醇 + 磷脂酰胆碱 \xrightarrow{LCAT} 胆固醇酯 + 溶血卵磷脂$$

LCAT 是由肝实质细胞合成,而后分泌入血,在血浆中发挥催化作用。肝实质细胞有病变或损害时,可使 LCAT 活性降低,引起血浆胆固醇酯含量下降。

三、胆固醇在体内的转变与排泄

胆固醇在体内不能被彻底氧化分解成 CO_2 和 H_2O,而是经氧化、还原等反应转变为其他具有重要生理功能的物质或排出体外。

（一）转化为胆汁酸

在肝中转化成胆汁酸是胆固醇在体内代谢的主要去路。正常人每天合成胆固醇 $1 \sim 1.5g$,其中 $0.4 \sim 0.6g$ 在肝转变成为胆汁酸,随胆汁排入肠道,促进脂类的消化和吸收,抑制胆汁中胆固醇的析出等。

（二）转化为类固醇激素

胆固醇是肾上腺皮质、睾丸、卵巢等内分泌腺合成及分泌类固醇激素的原料。肾上腺皮质球状带,束状带细胞可以以胆固醇为原料合成醛固酮、皮质醇和少量皮质酮,参与水、电解质、糖类、脂类和蛋白质代谢调节;性腺可以利用胆固醇为原料合成各种性激素。

（三）转化为维生素 D_3

胆固醇在体内可以被脱氢氧化生成 7-脱氢胆固醇,7-脱氢胆固醇随血液运至皮下,经日光中紫外线照射可转变为维生素 D_3。

（四）胆固醇的排泄

体内大部分胆固醇在肝内转变为胆汁酸随胆汁排出,这是胆固醇排泄的主要途径。还有一部分胆固醇也可直接随胆汁或通过肠道黏膜排入肠道。进入肠道的胆固醇,一部分被重吸收,另一部分则被肠道细菌还原为粪固醇,随粪便排出(图 7-15)。故胆管阻塞的患者血浆胆固醇含量会升高。

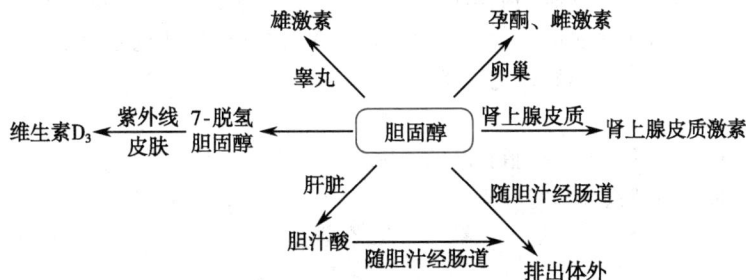

人体内利用胆固醇为原料合成的主要类固醇激素

图 7-15 胆固醇的转化与排泄

本章小结

脂类分为脂肪和类脂两大类。脂肪的主要功能是储能和供能;类脂包括磷脂、糖脂、胆固醇及胆固醇酯等,类脂是生物膜的重要成分。

血脂是血浆中脂类物质的总称。血脂在血浆中以脂蛋白的形式运输,电泳法及密度分类法都能将血浆脂蛋白分成四种成分。血脂含量超过正常值称为高脂血症,也称为高脂蛋白血症,是动脉粥样硬化的危险因素。

脂肪分解时先在脂肪酶作用下水解,又称脂肪动员。脂肪水解后释放甘油与脂肪酸,脂肪酸在肝及肌肉等组织代谢,先在胞质中活化后,进入线粒体进行反复的 β-氧化降解成乙酰 CoA,最后通过三羧酸循环彻底氧化分解,同时产生大量能量,成为空腹时人体的主要能源。

脂肪酸在肝氧化分解生成的乙酰 CoA 还能在肝特有酶系的催化下生成酮体,包括乙酰乙酸、β-羟丁酸和丙酮。这些成分要通过血液循环运往肝外组织进行氧化分解,为肝外组织提供能量,而肝本身不能利用酮体成分。在饥饿、高脂低糖膳食及糖尿病时会因为体内脂肪动员增强,导致酮体生成过多而出现酮血症、酮尿症及酮症酸中毒。

脂肪的合成主要在肝和脂肪组织,原料是脂肪酸和 α-磷酸甘油。前者以乙酰 CoA 为原料合成,后者主要来自糖代谢。

磷脂是含磷酸的脂类,分为甘油磷脂与鞘磷脂,其中甘油磷脂含量居多,主要有卵磷脂和脑磷脂。体内多数组织都能合成甘油磷脂,而磷脂的分解是在磷脂酶的作用下完成的。

胆固醇在体内有两种存在形式,即游离胆固醇与胆固醇酯。合成胆固醇的主要器官是肝,其次是小肠。胆固醇在体内能转化成具有重要生理功能的物质,如胆汁酸、类固醇激素及维生素 D_3。

(邵世滨)

07章 扫一扫,测一测

扫一扫,测一测

思考题

1. 试述饥饿或糖尿病患者出现酮症的原因。
2. 从生物化学角度,分析呼吸困难综合征的发病机制。
3. 某女,28 岁。2011 年,女儿的诞生为她美满的生活增添不少乐趣。美中不足的是,生育后,该女士体重一路飙升到 80kg,令她烦恼不已。但经过一年的减肥之后,体重是下来了,新的烦恼又来了。半年前,该女士出现食欲减退、恶心等症状,去医院检查,发现竟患上了重度脂肪肝。该女士大为惊讶,怎么人瘦下来了,却患上脂肪肝了呢?

问题讨论:
(1) 用本章知识解释减肥减出脂肪肝的原因?
(2) 预防脂肪肝的措施有哪些?

笔记

第八章　蛋白质分解代谢

08章 PPT

　　1. 掌握氮平衡的意义及三种类型的氮平衡;必需氨基酸的概念及种类;氨基酸脱氨基的方式;氨的来源、转运及去路;氨基酸的脱羧基作用;一碳单位的代谢。

　　2. 熟悉食物蛋白的营养价值;氨基酸代谢的概况;鸟氨酸循环的过程、肝性脑病的发病机制;含硫氨基酸的代谢。

　　3. 了解蛋白质的功能;蛋白质的腐败作用;α-酮酸的代谢;芳香族氨基酸的代谢。

　　4. 学会运用氨基酸分解代谢的理论知识解答临床相关疾病发生的分子机制、诊断依据和治疗原则。

　　5. 培养学生勤于思考、学以致用、爱岗敬业的进取精神。

案例导学

　　患者,男,58岁,间断腹胀5年,因昏迷3h入院。该患者5年前无明显诱因出现腹胀不适,偶有乏力,经相关检查明确诊断为丙型肝炎、原发性肝癌。2年前检查发现肝硬化及腹腔积液。因反复行为异常入院,考虑肝性脑病给予降氨等对症治疗,患者好转后出院。本次入院因昏迷3h,问话不答。门诊检查丙肝抗体阳性;乙肝六项阴性;血氨168μmol/L。入院诊断:肝硬化(肝功能失代偿期);肝性脑病。

　　问题与思考:

　　1. 请用本章学习内容解答患者发生昏迷的原因与机制?

　　2. 请简述肝性脑病的治疗原则与方法。

0801

案例导学解析

　　蛋白质是机体的重要组成成分,是生命的物质基础,其重要作用是其他物质无法取代的。氨基酸是蛋白质的基本组成单位,是机体合成蛋白质的原料。体内蛋白质的分解代谢过程是首先分解为氨基酸,然后再进行转化反应或氧化供能。本章重点介绍生物体内氨基酸的分解代谢及转化过程,蛋白质的生物合成过程将在第十三章专门介绍。

笔记

第一节 蛋白质的营养作用

一、蛋白质的生物学重要性

蛋白质是体现生命特征最重要的物质基础,在体内有以下重要的生理功能。

1. **维持组织细胞的生长、更新和修复** 蛋白质是组织细胞的主要组成成分,因此机体必须不断地从膳食中摄取足够量的优质蛋白质,才能满足组织细胞生长发育、更新和修复的需要。这是蛋白质所特有的功能,不能由糖或脂质代替。

2. **参与机体各种生理活动** 机体的各种生理活动,如催化作用、物质运输、免疫防御、代谢调节、基因调控、凝血与抗凝血等等,都需要蛋白质的直接或间接参与。此外,蛋白质分解产生的氨基酸,可进一步代谢生成胺类、神经递质及激素等生理活性物质,也可作为血红素、活性肽类、嘌呤和嘧啶等重要化合物的合成原料。

3. **氧化供能** 蛋白质还可作为能源物质氧化供能,每克蛋白质在体内彻底氧化分解可释放约17kJ(4.1kcal)的能量。一般情况下,成人每日约有18%的能量来自蛋白质,但供能不是蛋白质的主要功能,这种功能可由糖或脂肪代替。

二、蛋白质的消化、吸收与腐败作用

在正常消化吸收过程中,食物蛋白质约95%被消化吸收,仅有一小部分不被消化或消化不完全,也有小部分消化产物未被吸收。肠道细菌对未消化的蛋白质及未吸收的氨基酸、小肽的分解作用称为蛋白质的腐败作用(putrefaction)。腐败作用的产物大多数对人体有害,例如胺类、酚类、氨、吲哚及硫化氢等。

三、蛋白质的需要量与营养价值

(一)氮平衡试验

体内蛋白质的合成与分解经常处于动态平衡状态。正常成人的组织蛋白质每日有1%~2%被更新,组织蛋白质降解产生的氨基酸有3/4可再利用合成蛋白质,其余的1/4被氧化分解,因此每日需要从外界摄入一定量的蛋白质以补充消耗。蛋白质代谢的平衡状态通常用氮平衡进行评价。

氮平衡(nitrogen balance)是指机体每日摄入氮量与排出氮量的比较。食物中的含氮物质主要是蛋白质,机体排出的含氮物质主要来自蛋白质的分解代谢,因此氮平衡可间接反映体内蛋白质代谢的一般状况。氮平衡有三种情况:

1. **氮的总平衡** 摄入氮量=排出氮量,表明机体蛋白质的合成量与分解量处于动态平衡状态,见于正常成人的蛋白质代谢情况。

2. **氮的正平衡** 摄入氮量>排出氮量,表明体内蛋白质的合成量大于分解量,见于儿童、青少年、孕妇及疾病恢复期患者等。

3. **氮的负平衡** 摄入氮量<排出氮量,表明体内蛋白质的合成量小于分解量,见于长期饥饿、营养不良、消耗性疾病、严重烧伤、大量失血等。

(二)蛋白质的需要量

根据氮平衡实验测算得出60kg体重的健康成人每日蛋白质最低分解量约20g。由于食物蛋白质与人体蛋白质在氨基酸组成上的差异性,食物蛋白质分解的氨基酸不可能全部被人体利用,所以成人每日蛋白质的最低生理需要量为30~50g。为确保氮的总平衡,应适当提高蛋白质摄入量,2000年我国营养学会推荐成人每日蛋白质需要量为80g。

(三)蛋白质的营养价值

1. **必需氨基酸** 机体需要但体内不能合成,必须由食物供给的氨基酸被称为营养必需氨基酸(nutritionally essential amino acid)。能够被遗传密码编码的氨基酸有20种,其中的8种为营养必需氨基酸,包括:赖氨酸、色氨酸、苯丙氨酸、甲硫氨酸、苏氨酸、缬氨酸、异亮氨酸和亮氨酸。精氨酸和组氨酸在体内虽能合成,但合成量较少,若长期缺乏也会造成氮的负平衡,因此有人将精氨酸和组氨酸也归类为必需氨基酸;酪氨酸和半胱氨酸在体内分别由苯丙氨酸和甲硫氨酸转变而来,食物中这两种氨基酸含量充足时,机体可减少对苯丙氨酸和甲硫氨酸的消耗,故称酪氨酸和半胱氨酸为半必需氨基酸。

2. **蛋白质的营养价值** 食物蛋白质在机体内的利用率与蛋白质的营养价值密切相关,食物蛋白质的利用率愈高,其营养价值也愈高。蛋白质的营养价值主要取决于其必需氨基酸的种类、数量和比例。食物蛋白质所含必需氨基酸种类齐全、含量高、比例与人体接近,其营养价值高;反之则营养价值低。与植物性蛋白质比较,动物性蛋白质所含必需氨基酸的种类和比例更接近人体的需要,故其营养价值较高。若将营养价值较低的蛋白质混合食用,其必需氨基酸在种类和数量上可以互相补充,从而使蛋白质的营养价值提高,称为食物蛋白质的互补作用。例如谷类蛋白质色氨酸含量丰富,而赖氨酸含量较少,有些豆类蛋白质则是赖氨酸含量较多,色氨酸含量较少,两种食物混合食用即可明显提高蛋白质的营养价值。

第二节 氨基酸的一般代谢

一、氨基酸代谢概况

体内氨基酸的来源有食物蛋白质的消化吸收、组织蛋白质的降解和非必需氨基酸的合成。这三种来源的氨基酸混合在一起,分布于体内各组织细胞内和体液中,通过血液循环在各组织之间转运,共同参与代谢,构成氨基酸代谢库。氨基酸在体内各组织中的分布很不均匀,肌肉中的氨基酸占总代谢库的50%以上,肝约占10%,肾约占4%,血浆占1%~6%。由于肝、肾体积较小,实际上它们所含游离氨基酸的浓度很高,氨基酸的代谢也很旺盛。正常情况下,氨基酸代谢库中氨基酸的来源和去路维持动态平衡,如图 8-1。氨基酸在细胞内的主要功能是合成蛋白质和多肽;还有少量氨基酸可用于合成胺类和其他含氮化合物,如嘌呤、嘧啶、肌酸等;此外,有一部分氨基酸可转变为糖和脂类物质或氧化供能(图 8-1)。

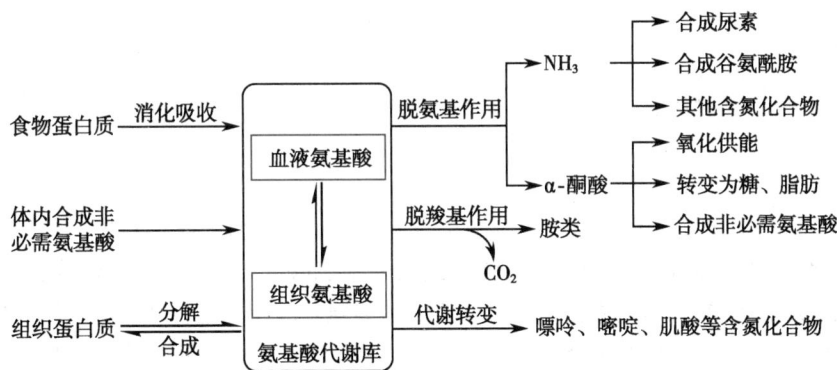

图 8-1 氨基酸代谢概况

由于各种氨基酸具有共同的结构特点,因此他们在代谢上也有相同的规律。多数氨基酸分解代谢的第一步是脱氨基作用,由此生成的 NH_3 和 α-酮酸再分别进行代谢。

二、氨基酸的脱氨基作用

氨基酸脱去 α-氨基生成 α-酮酸及 NH_3 的反应过程称为氨基酸脱氨基作用。脱氨基作用主要包括氧化脱氨基作用、转氨基作用、联合脱氨基作用和嘌呤核苷酸循环等方式,联合脱氨基作用是体内主要脱氨基作用方式。

(一)氧化脱氨基作用

氧化脱氨基作用是指在酶催化下氨基酸脱去氨基同时伴随脱氢氧化的过程。体内催化氨基酸氧化脱氨基作用的酶有多种,其中以 L-谷氨酸脱氢酶最为重要。此酶是以 NAD^+ 或 $NADP^+$ 为辅酶的不需

氧脱氢酶,它催化 L-谷氨酸脱氢生成亚谷氨酸,再水解生成 α-酮戊二酸和氨,其反应为:

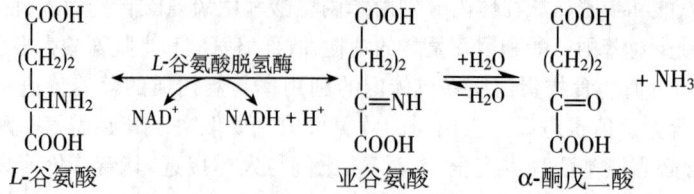

$$
\begin{array}{ccc}
\text{COOH} & \text{COOH} & \text{COOH} \\
| & | & | \\
(\text{CH}_2)_2 & (\text{CH}_2)_2 & (\text{CH}_2)_2 \\
| \quad \xrightarrow{\text{L-谷氨酸脱氢酶}} \quad | \quad \xrightarrow{+\text{H}_2\text{O}} & | & + \text{NH}_3 \\
\text{CHNH}_2 \qquad \text{NAD}^+ \quad \text{NADH} + \text{H}^+ \qquad \text{C}=\text{NH} \quad -\text{H}_2\text{O} & \text{C}=\text{O} \\
| & | & | \\
\text{COOH} & \text{COOH} & \text{COOH} \\
\text{L-谷氨酸} & \text{亚谷氨酸} & \text{α-酮戊二酸}
\end{array}
$$

L-谷氨酸脱氢酶广泛存在于肝、肾和脑等组织中,其活性很高,在体内氨基酸脱氨基作用中具有重要意义。但在骨骼肌和心肌中活性很低。

(二)转氨基作用

在转氨酶的催化下,氨基酸的 α-氨基可逆地转移到 α-酮酸的酮基上,生成相应的 α-氨基酸,原来的氨基酸则转变成相应的 α-酮酸,此反应过程称为转氨基作用(transamination)(图 8-2)。这是体内氨基酸脱氨基作用的一种重要方式。反应没有使氨基真正脱下,只是发生氨基转移。α-酮酸在此反应中接受转来的氨基合成相应氨基酸,因此该途径是合成非必需氨基酸的重要途径。

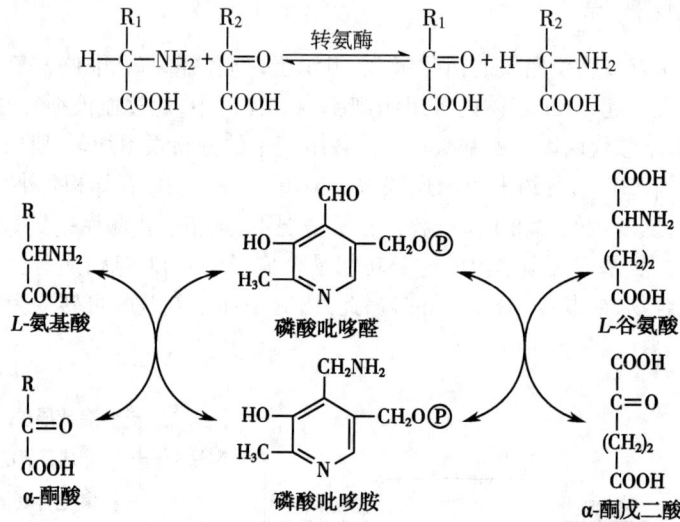

$$
\begin{array}{cccc}
\text{R}_1 & \text{R}_2 & \text{R}_1 & \text{R}_2 \\
| & | & | & | \\
\text{H}-\text{C}-\text{NH}_2 + \text{C}=\text{O} & \xrightarrow{\text{转氨酶}} & \text{C}=\text{O} + \text{H}-\text{C}-\text{NH}_2 \\
| & | & | & | \\
\text{COOH} & \text{COOH} & \text{COOH} & \text{COOH}
\end{array}
$$

图 8-2 转氨基作用

转氨酶(transaminase)又称氨基转移酶(aminotransferase),以磷酸吡哆醛或磷酸吡多胺为辅酶,分布广泛,特异性强。体内除赖氨酸、苏氨酸、脯氨酸及羟脯氨酸外,大多数氨基酸均能进行转氨基反应。多数转氨酶是以 α-酮戊二酸为氨基的受体,催化特异氨基酸与之进行转氨基反应,例如丙氨酸转氨酶(alanine transaminase,ALT)和天冬氨酸转氨酶(aspartate transaminase,AST)。ALT 又称谷丙转氨酶(glutamic pyruvic transaminase,GPT),AST 又称谷草转氨酶(glutamic oxaloacetic transaminase,GOT),这两种酶是体内分布很广、活性较高的转氨酶。

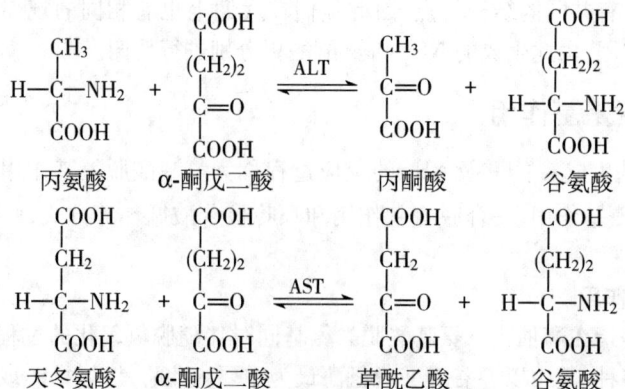

$$
\begin{array}{cccc}
\text{CH}_3 & \text{COOH} & \text{CH}_3 & \text{COOH} \\
| & | & | & | \\
& (\text{CH}_2)_2 & & (\text{CH}_2)_2 \\
\text{H}-\text{C}-\text{NH}_2 + & | & \xrightarrow{\text{ALT}} \quad \text{C}=\text{O} + & | \\
| & \text{C}=\text{O} & | & \text{H}-\text{C}-\text{NH}_2 \\
\text{COOH} & | & \text{COOH} & | \\
& \text{COOH} & & \text{COOH} \\
\text{丙氨酸} & \text{α-酮戊二酸} & \text{丙酮酸} & \text{谷氨酸}
\end{array}
$$

$$
\begin{array}{cccc}
\text{COOH} & \text{COOH} & \text{COOH} & \text{COOH} \\
| & | & | & | \\
\text{CH}_2 & (\text{CH}_2)_2 & \text{CH}_2 & (\text{CH}_2)_2 \\
| & | & | & | \\
\text{H}-\text{C}-\text{NH}_2 + & \text{C}=\text{O} & \xrightarrow{\text{AST}} \quad \text{C}=\text{O} + & \text{H}-\text{C}-\text{NH}_2 \\
| & | & | & | \\
\text{COOH} & \text{COOH} & \text{COOH} & \text{COOH} \\
\text{天冬氨酸} & \text{α-酮戊二酸} & \text{草酰乙酸} & \text{谷氨酸}
\end{array}
$$

转氨酶属于细胞内酶,正常情况下血清中的活性很低。当某种原因导致组织细胞受损或细胞膜通透性增高时,转氨酶可大量释放入血,造成血清中转氨酶活性显著升高。根据各组织细胞中转氨酶活性的差异(表 8-1),血清特定的转氨酶活性测定值可作为某种疾病诊断和观察预后的参考指标,例如急性肝炎患者血清中 ALT 活性明显升高,心肌梗死患者血清中 AST 活性显著上升。

表 8-1　正常人组织中 ALT 和 AST 的活性　　　　　　　　　　单位:U/g 组织

组织	ALT	AST	组织	ALT	AST
心	7 100	156 000	胰腺	2 000	28 000
肝	44 000	142 000	脾	1 200	14 000
骨骼肌	4 800	99 000	肺	700	10 000
肾	19 000	91 000	血清	16	20

（三）联合脱氨基作用

转氨基作用与谷氨酸氧化脱氨基作用联合进行,即转氨酶与 L-谷氨酸脱氢酶联合作用,使氨基酸脱去氨基的反应过程,称为联合脱氨基作用(图 8-3)。

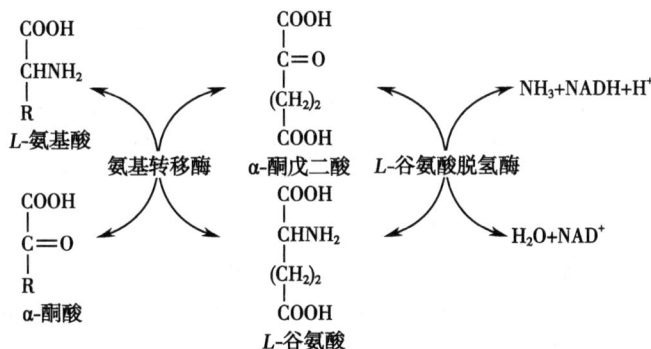

图 8-3　联合脱氨基作用

转氨酶在体内分布广、种类多、活性强,但它只能够将氨基酸的氨基转移到 α-酮酸上生成了新的氨基酸,并没有将氨基脱掉。多数转氨酶能够催化特异氨基酸与 α-酮戊二酸之间进行转氨基反应生成 L-谷氨酸。L-谷氨酸脱氢酶同样分布广、活性高(肌肉组织除外)、特异性强,只能催化 L-谷氨酸氧化脱氨基。因此,这两种酶的联合可使大多数氨基酸脱去氨基。

联合脱氨基作用的生理意义:①联合脱氨基作用是除肌肉组织以外的大多数组织的主要脱氨基方式;②联合脱氨基反应过程是可逆的,因此其逆反应过程也是体内非必需氨基酸合成的重要途径。

在骨骼肌和心肌组织中,L-谷氨酸脱氢酶的活性很低,这些组织的氨基酸难以通过上述联合脱氨基作用脱去氨基,而是通过嘌呤核苷酸循环方式脱去氨基(图 8-4)。

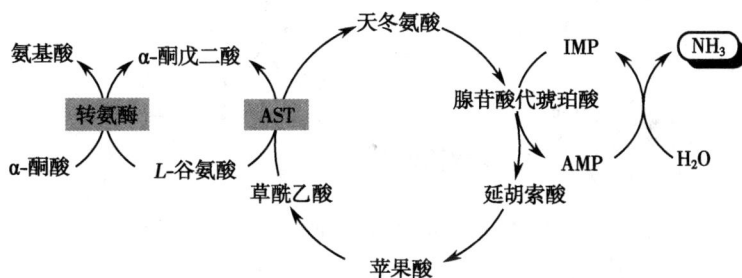

图 8-4　嘌呤核苷酸循环

三、氨的代谢

体内氨基酸分解代谢产生的氨以及由肠道吸收的氨进入血液形成血氨,氨是机体正常代谢的产物。动物实验证明氨是强烈的神经毒物,能透过细胞膜与血脑屏障,尤其对中枢神经系统的毒害作用尤为明显,可引起脑功能紊乱。正常人血氨浓度很低,大多在 $47\sim65\mu mol/L$,体内有解除氨毒的代谢途径,使血氨的来源和去路保持动态平衡,所以不发生堆积而引起中毒。

（一）体内氨的来源

体内氨的来源包括体内代谢产生、消化道吸收和肾小管细胞重吸收。

1. **体内代谢产生的氨**　组织细胞中氨基酸经脱氨基作用产生的氨是体内氨的主要来源。

2. **肠道吸收的氨**　肠道吸收的氨主要有两个来源,包括氨基酸在肠道细菌的作用下脱氨基生成的氨,以及血液中尿素渗入肠道经肠道细菌尿素酶水解生成的氨。肠道产氨量较多,每日约4g,主要在结肠被吸收入血。肠道吸收氨的速度与肠道内 pH 密切相关。当肠道 pH 偏低时,NH_3 与 H^+ 结合形成 NH_4^+ 并随粪便排出;肠道 pH 偏高时,NH_4^+ 易于转变成 NH_3,NH_3 比 NH_4^+ 易于透过细胞膜而被吸收入血。临床上给高血氨患者做结肠透析采用弱酸性透析液,禁止用碱性肥皂水灌肠,目的是降低肠道 pH,减少氨的吸收、促进氨的排泄。

3. **肾小管上皮细胞产生的氨**　肾小管上皮细胞中的谷氨酰胺在谷氨酰胺酶催化下,水解生成谷氨酸和氨。这部分氨的去向决定于尿液的 pH。若尿液 pH 偏酸,有利于氨分泌到肾小管管腔中,与尿液中的 H^+ 结合成 NH_4^+,并以铵盐的形式随尿液排出体外,这对调节机体的酸碱平衡起着重要作用。如果尿液偏碱性,则妨碍肾小管上皮细胞中氨的分泌,此时氨易被吸收入血,成为血氨的另一个来源。因此,临床上对肝硬化腹水的患者,不宜使用碱性利尿药,防止氨吸收增加引起血氨升高。

（二）体内氨的转运

体内各组织生成的氨必须以无毒的形式经血液运输到肝脏合成尿素解毒,或运至肾脏以铵盐形式随尿排出。氨在血液中主要以丙氨酸和谷氨酰胺两种形式运输。

1. **丙氨酸-葡萄糖循环**　丙氨酸的运氨作用是通过丙氨酸-葡萄糖循环实现的。肌肉中的氨基酸经过连续转氨基作用,最终将氨基转移至丙酮酸生成丙氨酸。丙氨酸通过血液运送到肝,在肝中,丙氨酸经联合脱氨基作用又转变成丙酮酸并释放出氨。氨用于合成尿素,丙酮酸则经糖异生作用转化为葡萄糖。葡萄糖由血液运输至肌肉,并循糖酵解途径又分解生成丙酮酸,后者可再次接受氨基生成丙氨酸。通过丙氨酸与葡萄糖的反复互变,从而将氨从肌肉中不断地转运到肝脏去合成尿素,因此,将这一途径称为丙氨酸-葡萄糖循环（alanine-glucose cycle）（图 8-5）。通过这一循环,不仅将肌肉中的氨以无毒的丙氨酸形式运输到肝脏,同时肝脏又为肌肉提供了生成丙酮酸的葡萄糖。

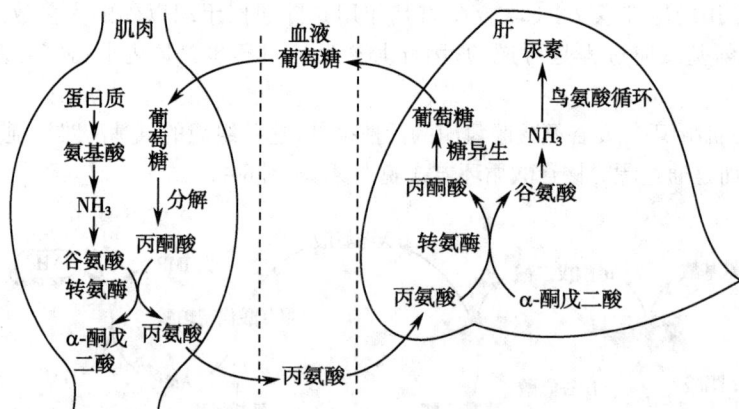

图 8-5　丙氨酸-葡萄糖循环

2. **谷氨酰胺转运氨**　脑和肌肉（约占 1/3）等组织可通过谷氨酰胺形式向肝或肾运送氨。这些组织中的氨与谷氨酸在谷氨酰胺合成酶的催化下合成谷氨酰胺,由血液运输到肝或肾,再经谷氨酰胺酶催化水解为谷氨酸和氨。谷氨酰胺的合成与分解是由不同的酶催化的不可逆反应。

（左侧栏）丙氨酸-葡萄糖循环

笔记

$$\text{谷氨酸} \quad \underset{\text{谷氨酰胺酶}}{\overset{\text{谷氨酰胺合成酶}}{\rightleftharpoons}} \quad \text{谷氨酰胺}$$

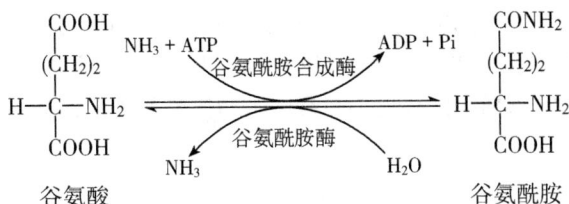

谷氨酰胺在脑组织中固定和转运氨的过程中发挥主要作用,成为脑组织氨解毒的重要方式,临床上氨中毒所致的肝性脑病患者可服用或输入谷氨酸盐以降低血氨浓度。此外,谷氨酰胺还能为体内嘌呤和嘧啶等含氮化合物的合成提供氨基。因此,谷氨酰胺既是氨的解毒产物,也是氨的贮存、利用和运输形式。

临床应用

天冬酰胺酶治疗白血病

在正常细胞谷氨酰胺可以为天冬氨酸提供氨基使其转变成天冬酰胺,这样能合成足量的天冬酰胺供蛋白质合成需要。但白细胞不能或很少合成天冬酰胺,必须由血液运输而来。因此临床上在治疗白血病时,可应用天冬酰胺酶催化天冬酰胺水解成天冬氨酸,从而减少血液中的天冬酰胺,使白细胞合成蛋白质原料不足,增殖受抑制,细胞大量破坏,达到治疗白血病的目的。

(三)体内氨的去路

1. 合成尿素　大部分氨在肝细胞中合成尿素,然后经血液运输至肾随尿排出体外。这是体内氨的主要去路,正常成人尿素可占排氮总量的 80%~90%。

(1)肝脏是合成尿素的主要器官:正常情况下,体内氨的主要去路是在肝内合成无毒的尿素,由肾排出。

(2)尿素的合成途径——鸟氨酸循环:大量的研究证实尿素是在肝脏通过鸟氨酸循环途径合成(图 8-6)。鸟氨酸循环的详细过程可分为以下四步:

1)氨基甲酰磷酸的合成:鸟氨酸循环启动的第一步是合成氨基甲酰磷酸。在肝细胞线粒体内氨基甲酰磷酸合成酶 I(carbamoyl phosphate synthetase I,CPS-I)的催化下,氨及二氧化碳缩合成氨基甲酰磷酸,反应需要 Mg^{2+}、ATP 及 N-乙酰谷氨酸(N-acetyl glutamic acid,AGA)等辅因子的参与。

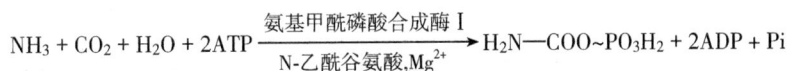

$$NH_3 + CO_2 + H_2O + 2ATP \xrightarrow[\text{N-乙酰谷氨酸,Mg}^{2+}]{\text{氨基甲酰磷酸合成酶 I}} H_2N-COO\sim PO_3H_2 + 2ADP + Pi$$

此反应需要消耗 2 分子 ATP,为酰胺键和酸酐键的合成提供能量;CPS-I 是鸟氨酸循环启动的关键酶,催化不可逆反应。

2)瓜氨酸的生成:在线粒体内鸟氨酸氨基甲酰转移酶(ornithine carbamoyl transferase,OCT)的催化下,将氨基甲酰磷酸的氨基甲酰基转移至鸟氨酸上生成瓜氨酸和磷酸。此反应不可逆。瓜氨酸合成后经线粒体内膜上的载体蛋白转运至胞质进行下一步反应。

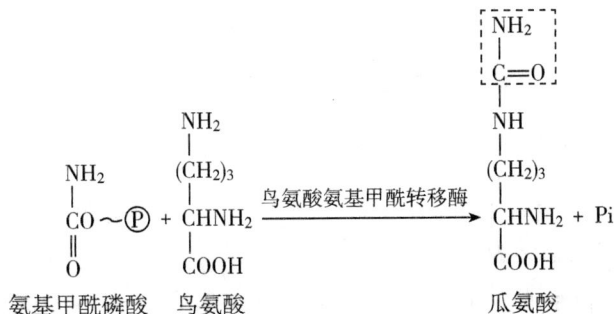

$$\text{氨基甲酰磷酸} + \text{鸟氨酸} \xrightarrow{\text{鸟氨酸氨基甲酰转移酶}} \text{瓜氨酸} + Pi$$

3）精氨酸的合成：此反应在胞质中完成，分两步进行。首先在精氨酸代琥珀酸合成酶（argininosuccinate synthetase）的催化下，由 ATP 供能，瓜氨酸与天冬氨酸反应，合成精氨酸代琥珀酸。然后在精氨酸代琥珀酸裂解酶的作用下，精氨酸代琥珀酸裂解为精氨酸和延胡索酸。其中，精氨酸代琥珀酸合成酶是尿素合成的限速酶。

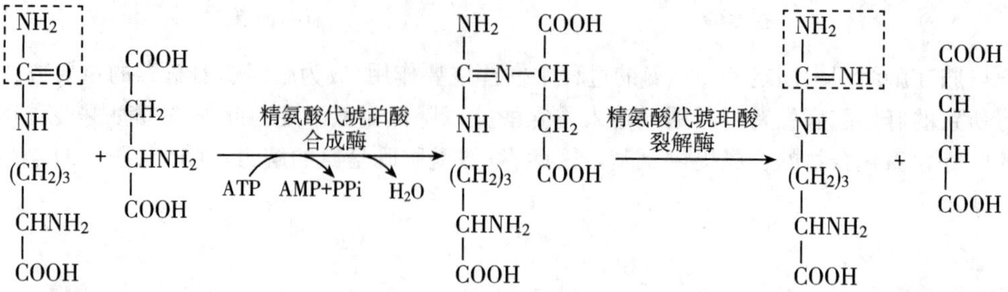

瓜氨酸　天冬氨酸　精氨酸代琥珀酸　精氨酸　延胡索酸

在上述反应过程中，天冬氨酸的氨基为尿素合成提供了第二个氮原子。由此生成的延胡索酸可经三羧酸循环的反应步骤转变成草酰乙酸，后者与谷氨酸经转氨基作用又可生成天冬氨酸继续参与尿素循环。而谷氨酸的氨基可通过转氨基作用来自体内多种氨基酸，使体内多种氨基酸的氨基均可以天冬氨酸的形式参与尿素合成，从而减少了有毒的游离 NH_3 的生成。

4）精氨酸水解生成尿素：在精氨酸酶的催化下，胞质中的精氨酸水解生成尿素和鸟氨酸。鸟氨酸经线粒体内膜上载体的转运再次进入线粒体，参与瓜氨酸的合成，进入下一轮鸟氨酸循环（图 8-6）。

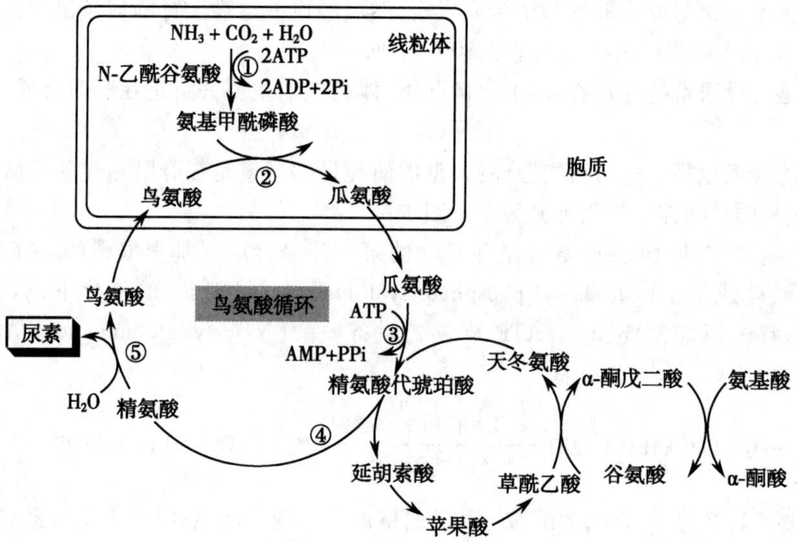

图 8-6　鸟氨酸循环

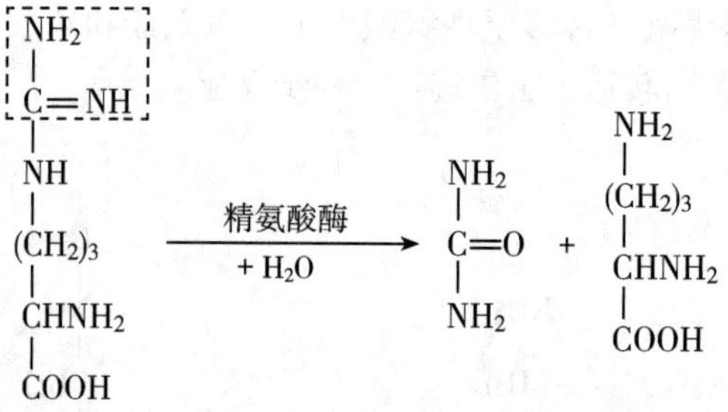

精氨酸　尿素　鸟氨酸

尿素合成的总反应式可总结为：

$$2NH_3 + CO_2 + 3ATP + 3H_2O \longrightarrow H_2N{-}CO{-}NH_2 + 2ADP + AMP + 4H_3PO_4$$

综上所述,合成尿素的两个氮原子,一个来自于肝脏的游离氨,另一个由天冬氨酸提供。因此尿素分子中的两个氮原子都是直接或间接来源于多种氨基酸的氨基。此外,尿素的合成是一个耗能过程,每进行一次鸟氨酸循环,2分子NH_3与1分子CO_2合成1分子尿素,需消耗4个高能磷酸键,相当于4分子ATP。尿素无毒、水溶性很强,合成后被分泌入血,运输至肾,从尿中排出体外。当肾功能障碍时,血液中尿素含量增高。因此,临床上常通过测定血清尿素含量作为反映肾功能的重要生化指标之一。

鸟氨酸循环

🔍 知识拓展

Krebs 与鸟氨酸循环

Hans Adolf Krebs 是一位英籍德裔的科学家。1932年,他与同事 Kurt Henseleit 一起研究动物尿素的产生过程,他们利用大鼠的肝脏经反复实验,最终提出了著名的尿素循环(鸟氨酸循环),阐述了人体尿素的代谢途径。之后经过不懈的努力,Krebs 还发现了柠檬酸循环(也称三羧酸循环、Krebs 循环)、乙醛酸循环等。Krebs 是一位伟大的生物化学家,他的一生都在为生物化学的发展而努力。1953年 Krebs 因发现三羧酸循环获得诺贝尔生理学/医学奖,以表彰他为医学发展所做的杰出贡献。

---

2. 合成谷氨酰胺 在脑和肌肉等组织中,有毒的氨与谷氨酸合成谷氨酰胺,谷氨酰胺是体内储存、转运以及解除氨毒的重要物质。

3. 其他代谢途径 氨可使α-酮戊二酸氨基化生成谷氨酸,谷氨酸再与其他α-酮酸进行转氨基作用逆反应,合成非必需氨基酸。氨还参与嘌呤核苷酸和嘧啶核苷酸等含氮化合物的合成。

(四)高氨血症与肝性脑病

正常生理情况下,血氨的来源和去路保持着动态平衡状态,肝合成尿素在维持这种平衡中发挥着关键作用,使血氨浓度处于较低水平。当肝功能严重损伤时,可导致尿素合成发生障碍,血氨浓度增高,形成高氨血症(hyperammonemia)。大量氨通过血脑屏障进入脑组织,与脑中的α-酮戊二酸结合生成谷氨酸,并进一步结合氨生成谷氨酰胺。脑中α-酮戊二酸含量减少,导致三羧酸循环和氧化磷酸化作用均减弱,脑细胞中ATP生成减少,脑细胞能量供应不足,脑功能发生障碍,表现为意识障碍、行为失常,严重时发生昏迷,称为肝性脑病。

⚛ 临床应用

肝性脑病治疗原则

从生化角度来讲,降低血氨浓度以及防止氨进入脑组织是治疗肝性脑病的关键。为了降低血氨浓度,临床上要求患者严格限制蛋白质的摄入量,以减少蛋白质在肠道通过腐败作用产氨,减少肠道吸收氨;采用口服酸性利尿剂、酸性盐水灌肠,促进氨从尿液和粪便排出体外;精氨酸代琥珀酸合成酶是尿素合成的限速酶,增加体内精氨酸的量可以增加该酶促反应速度,促进尿素合成,降低血氨浓度。谷氨酸在体内多数组织中都可以结合氨生成谷氨酰胺,解除氨的毒性,故临床上对肝性脑病患者可以口服或静脉输注谷氨酸盐以降低血氨的浓度。

四、α-酮酸的代谢

氨基酸经脱氨基作用后生成的α-酮酸,可进一步代谢,主要有以下三方面的代谢途径。

1. 氧化供能 各种氨基酸脱氨基生成的α-酮酸都可通过不同途径进入三羧酸循环及氧化磷酸化过程彻底氧化分解成CO_2和H_2O,同时释放能量供机体利用(图8-7)。

2. 转变为糖或脂类 各种氨基酸脱氨基后生成的α-酮酸可转变成糖和脂类。根据其转变途径和产物的不同,可将氨基酸分为三类:生糖氨基酸(glucogenic amino acid),即指可经糖异生途径转变为

笔记

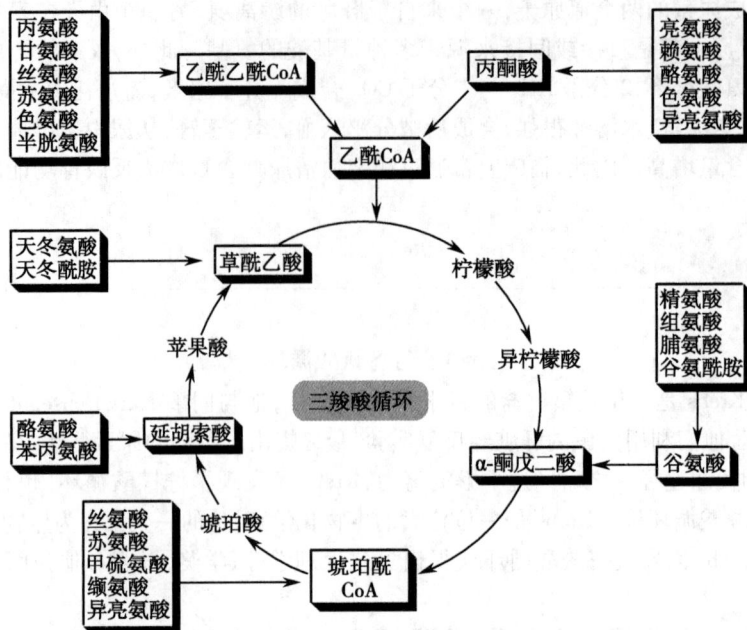

图 8-7 氨基酸进入三羧酸循环的途径

葡萄糖或糖原的氨基酸;生酮氨基酸(ketogenic amino acid),即指可沿脂肪酸分解代谢途径生成酮体的氨基酸;生糖兼生酮氨基酸(glucogenic and ketogenic amino acid),即能转变为糖又能转变为酮体的氨基酸(表 8-2)。

表 8-2 氨基酸按生糖及生酮性质的分类

类别	氨 基 酸
生酮氨基酸	赖氨酸、亮氨酸
生糖兼生酮氨基酸	苯丙氨酸、异亮氨酸、色氨酸、酪氨酸、苏氨酸
生糖氨基酸	丙氨酸、精氨酸、天冬氨酸、半胱氨酸、谷氨酸、甘氨酸、脯氨酸、甲硫氨酸、丝氨酸、缬氨酸、组氨酸、天冬酰胺、谷氨酰胺

3. 合成非必需氨基酸　氨基酸脱氨基生成的 α-酮酸并不一定全部要进入分解代谢或转变为糖和脂类物质,有一部分可再氨基化为原来的氨基酸,或经一定代谢后再氨基化成为某种氨基酸。

第三节　个别氨基酸的代谢

各种氨基酸的侧链 R 基团互不相同,在体内的代谢过程也各有其特点。某些氨基酸在代谢过程中还可形成具有重要功能的生理活性物质。本节仅叙述几种重要的氨基酸代谢途径。

一、氨基酸的脱羧基作用

氨基酸在氨基酸脱羧酶的催化下,脱去羧基生成胺类的过程称为氨基酸的脱羧基作用。氨基酸脱羧酶的辅酶均为磷酸吡哆醛。生成的胺类物质在体内虽然含量不高,但具有重要的生理功能。胺类物质可在单胺氧化酶(monoamine oxidase,MAO)催化下迅速氧化成醛类、NH_3 和 H_2O。醛进一步氧化成羧酸,羧酸可彻底氧化成 CO_2 和 H_2O 或从尿中直接排出。胺氧化酶类在肝中活性最高,属于黄素蛋白。

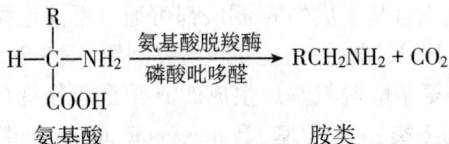

$$\underset{氨基酸}{H-\overset{\displaystyle R}{\underset{\displaystyle COOH}{C}}-NH_2} \xrightarrow[\text{磷酸吡哆醛}]{\text{氨基酸脱羧酶}} \underset{胺类}{RCH_2NH_2 + CO_2}$$

α-酮酸的代谢

Q807
病例讨论解析

病例讨论

患者,女,26岁。结婚4个月,停经1个月。感觉心胸烦闷、头晕乏力、没有食欲、恶心呕吐,近日加重,如刷牙等轻微刺激就能引起呕吐,有时会吐黄色苦水。来院就诊,妊娠试验阳性。医生安慰到不需太紧张,这是正常妊娠反应,注意保持良好的精神状态,并根据自己的喜好,给予易消化的食物分次进食,避免高脂肪的食品,再口服维生素 B_1、B_6、C,一般到妊娠12周后,这种反应会自行好转。

请分析:

请用本章学习内容解答医生让患者口服维生素 B_6 的原因是什么?

(一)γ-氨基丁酸

在 L-谷氨酸脱羧酶的催化下,谷氨酸脱羧基生成 γ-氨基丁酸(γ-aminobutyric acid,GABA)。谷氨酸脱羧酶在脑和肾组织中活性很高。GABA 是一种中枢神经系统的抑制性神经递质,对中枢神经元有普遍性抑制作用。临床上使用维生素 B_6 治疗妊娠呕吐及小儿惊厥以及抗结核药物异烟肼所引起的脑兴奋副作用等,都是基于维生素 B_6 能增强脱羧酶活性,促进 GABA 生成,故有镇静、抗惊厥及止吐等作用。

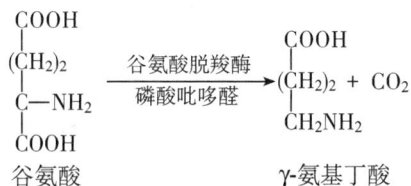

$$\text{谷氨酸} \xrightarrow[\text{磷酸吡哆醛}]{\text{谷氨酸脱羧酶}} \text{γ-氨基丁酸} + CO_2$$

Q808
甜睡氨基酸

(二)5-羟色胺

色氨酸首先由色氨酸羟化酶催化生成 5-羟色氨酸,后者再经 5-羟色氨酸脱羧酶的作用脱羧生成5-羟色胺(5-hydroxytryptamine,5-HT)。

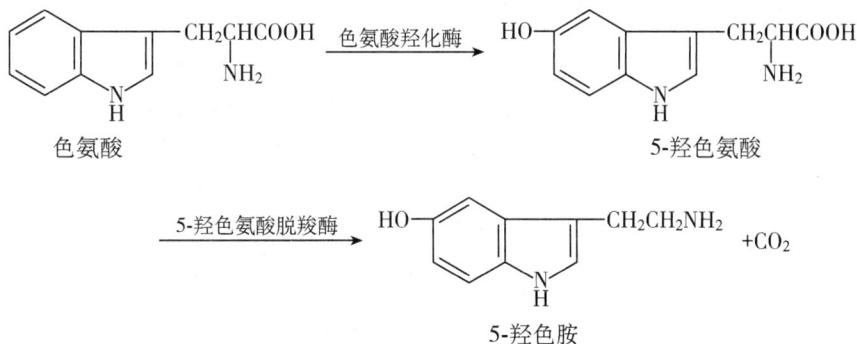

5-HT 广泛分布于体内各种组织,如神经组织、胃肠道、血小板及乳腺细胞中。脑组织中的 5-HT 是一种抑制性神经递质。在外周组织中,5-HT 具有很强的血管收缩作用。

(三)组胺

组胺(histamine)由组氨酸脱羧酶催化组氨酸脱羧生成。组胺广泛分布于体内各组织中,在肺、肝、胃黏膜、肌肉、乳腺及神经等组织中含量很高,主要由肥大细胞产生和释放。

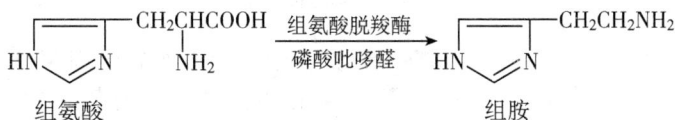

组胺具有强烈的血管舒张作用,并能使毛细血管的通透性增加。创伤性休克、炎症病变部位及过敏反应时,肥大细胞常释放大量组胺,可引起血管扩张、血压下降、水肿及支气管痉挛等临床表现。组胺还能刺激胃蛋白酶及胃酸分泌。

临床应用

抗组胺药物

白天鼻炎、鼻塞、连打喷嚏、鼻涕眼泪直流，晚上因鼻塞呼吸困难而无法入睡，以上是过敏性鼻炎患者发病时的典型症状。而这些症状是因为人体释放的一种物质——组胺。组胺可引起局部毛细血管扩张及通透性增加、平滑肌痉挛、分泌活动增强，临床表现为局部充血、水肿、分泌物增多、支气管和消化道平滑肌收缩，使呼吸阻力增加。组胺必须首先与细胞上的组胺受体结合，才能发挥作用。组胺受体有 H1 和 H2 两类。一般说的抗组胺药是指 H1 受体拮抗剂，可拮抗组胺对毛细血管、平滑肌、呼吸道分泌腺、唾液腺、泪腺的作用，有效缓解过敏性鼻炎的症状。现在临床常用 H1 受体拮抗剂有：马来酸氯苯那敏片（扑尔敏片，$C_{16}H_{19}ClN_2C_4H_4O_4$ 或 $C_{20}H_{23}ClN_2O_4$）、盐酸赛庚啶片（$C_{21}H_{21}N \cdot HCl$）等。

（四）牛磺酸

体内牛磺酸由半胱氨酸代谢生成。半胱氨酸首先氧化生成磺基丙氨酸，再由磺基丙氨酸脱羧酶催化脱去羧基，生成牛磺酸（taurine，Tau）。牛磺酸是结合胆汁酸的组成成分之一。现已发现脑组织中亦含有较多牛磺酸，表明它对脑组织可能具有重要的生理功能。

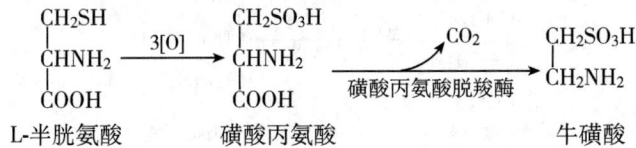

（五）多胺

某些氨基酸的脱羧基作用可以产生多胺（polyamines）类物质。例如，鸟氨酸在鸟氨酸脱羧酶的作用下可生成腐胺（putrescine），然后转变为精脒（spermidine）和精胺（spermine）（图 8-8）。精脒和精胺的分子中含有多个氨基，因此统称为多胺（polyamine）。

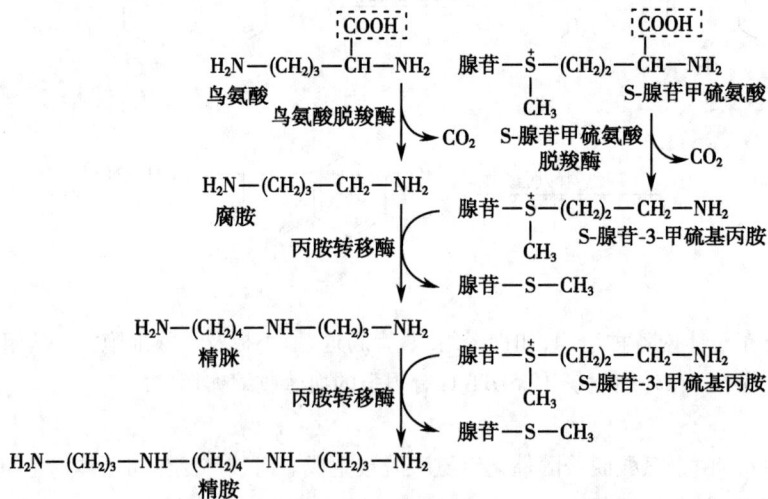

图 8-8 多胺的生成

鸟氨酸脱羧酶是多胺合成的关键酶。多胺是调节细胞生长的重要物质，能通过促进核酸和蛋白质合成来促进细胞分裂增殖。凡生长旺盛的组织如胚胎、生殖细胞、再生肝、癌瘤组织等多胺的含量较高。

二、一碳单位的代谢

（一）一碳单位的概念

体内某些氨基酸在分解代谢过程中产生含有一个碳原子的有机基团，称为一碳单位（one carbon

unit)。一碳单位包括甲基(—CH$_3$)、甲烯基或亚甲基(—CH$_2$—)、甲炔基或次甲基(—CH=)、甲酰基(—CHO)及亚氨甲基(—CH=NH)等。

（二）一碳单位的载体——四氢叶酸

一碳单位不能游离存在,需要与载体——四氢叶酸(tetra hydrofolic acid,FH$_4$)结合才能转运和参与代谢。FH$_4$ 是由叶酸在二氢叶酸还原酶的催化下还原生成的。FH$_4$ 的结构及其生成过程如下:

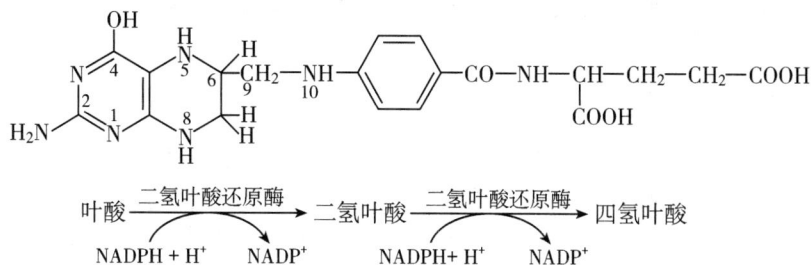

$$叶酸 \xrightarrow[\text{NADPH + H}^+ \quad \text{NADP}^+]{\text{二氢叶酸还原酶}} 二氢叶酸 \xrightarrow[\text{NADPH + H}^+ \quad \text{NADP}^+]{\text{二氢叶酸还原酶}} 四氢叶酸$$

FH$_4$ 的 N^5 和/或 N^{10} 位可与一碳单位通过共价键相连形成四氢叶酸衍生物,以此来携带一碳单位,主要有:N^5-甲基四氢叶酸(N^5—CH$_3$—FH$_4$),N^5-亚胺甲基四氢叶酸(N^5—CH=NH—FH$_4$),N^5,N^{10}-甲烯四氢叶酸(N^5,N^{10}—CH$_2$—FH$_4$),N^5,N^{10}-甲炔四氢叶酸(N^5,N^{10}=CH—FH$_4$),N^{10}-甲酰四氢叶酸(N^{10}—CHO-FH$_4$)。

（三）一碳单位的生成

一碳单位主要来源于丝氨酸、甘氨酸、组氨酸和色氨酸的分解代谢。

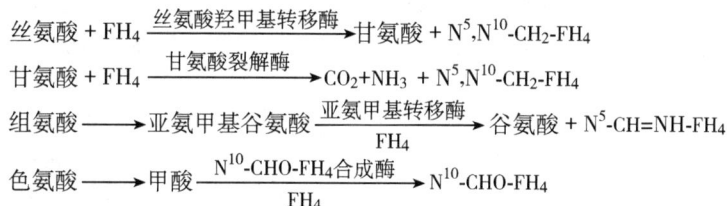

$$丝氨酸 + FH_4 \xrightarrow{\text{丝氨酸羟甲基转移酶}} 甘氨酸 + N^5,N^{10}\text{-}CH_2\text{-}FH_4$$

$$甘氨酸 + FH_4 \xrightarrow{\text{甘氨酸裂解酶}} CO_2 + NH_3 + N^5,N^{10}\text{-}CH_2\text{-}FH_4$$

$$组氨酸 \longrightarrow 亚氨甲基谷氨酸 \xrightarrow[FH_4]{\text{亚氨甲基转移酶}} 谷氨酸 + N^5\text{-}CH\text{=}NH\text{-}FH_4$$

$$色氨酸 \longrightarrow 甲酸 \xrightarrow[FH_4]{N^{10}\text{-}CHO\text{-}FH_4合成酶} N^{10}\text{-}CHO\text{-}FH_4$$

（四）一碳单位的相互转变

除 N^5—CH$_3$—FH$_4$ 外,其他不同形式的一碳单位之间可以在酶的催化下通过氧化还原反应互相转变(图 8-9)。N^5—CH$_3$—FH$_4$ 是在 N^5,N^{10}-甲烯四氢叶酸还原酶的催化下,由 N^5,N^{10}—CH$_2$—FH$_4$ 还原生成,此反应不可逆。

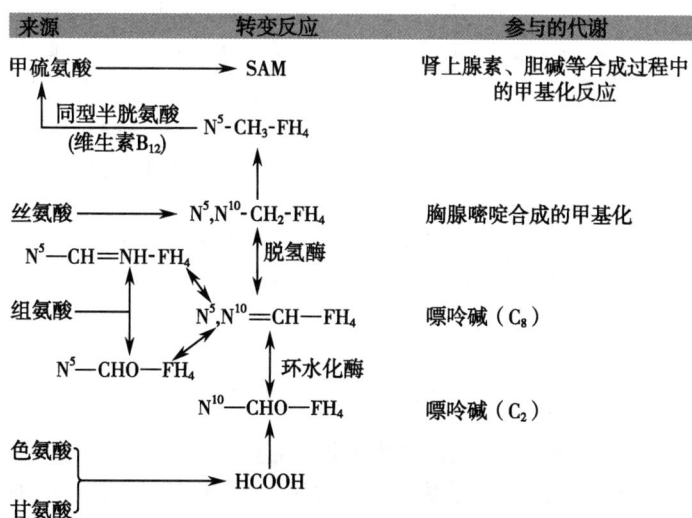

图 8-9 一碳单位的互变

（五）一碳单位的生理功能

1. **参与嘌呤和嘧啶核苷酸的合成** 例如 N^5,N^{10}—CH$_2$—FH$_4$ 为脱氧胸苷酸(dTMP)的合成提供 5

位的甲基;N^{10}—CHO—FH_4 和 N^5,N^{10}=CH—FH_4 分别参与嘌呤环中 C_2、C_8 的生成。一碳单位代谢障碍或游离 FH_4 不足时,嘌呤核苷酸和嘧啶核苷酸合成障碍,核酸的生物合成受到影响,导致细胞增殖、分化和成熟受阻,影响最显著的是红细胞的发育成熟,可引起巨幼细胞贫血。某些抗肿瘤药物如甲氨蝶呤就是能够抑制肿瘤细胞 FH_4 的合成,进一步影响一碳单位代谢和核酸合成,从而发挥抗肿瘤作用。磺胺类药物可抑制细菌合成叶酸,进而抑制细菌生长。因人体可利用外源(食物)叶酸,故短期内对人体影响不大。

2. 提供活性甲基 S-腺苷甲硫氨酸与 N^5—CH_3—FH_4 为体内的甲基化作用提供甲基,详见含硫氨基酸代谢。

三、含硫氨基酸的代谢

体内含硫氨基酸包括甲硫氨酸、半胱氨酸和胱氨酸三种,它们在体内的代谢相互联系。甲硫氨酸可以代谢转化为半胱氨酸,两个半胱氨酸可缩合成胱氨酸,但半胱氨酸和胱氨酸都不能转变成甲硫氨酸,因此甲硫氨酸属于营养必需氨基酸。当半胱氨酸和胱氨酸供给充足时,可减少甲硫氨酸的消耗。

(一)甲硫氨酸的代谢

1. 转甲基作用与甲硫氨酸循环

(1)S-腺苷甲硫氨酸的转甲基作用:在甲硫氨酸腺苷转移酶的催化下,甲硫氨酸接受由 ATP 提供的腺苷生成 S-腺苷甲硫氨酸(S-adenosyl methionine,SAM)。SAM 分子中的甲基活性很高,称为活性甲基。

SAM 是体内甲基的主要供体,在甲基转移酶(methyl transferase)的催化下,可为许多重要生物活性物质(如胆碱、肌酸、肉碱和肾上腺素等)的合成提供甲基。体内大约有 50 多种物质可接受 SAM 提供的甲基,生成甲基化合物。

(2)甲硫氨酸循环:S-腺苷甲硫氨酸转甲基后转变为 S-腺苷同型半胱氨酸,后者在裂解酶作用下水解脱去腺苷生成同型半胱氨酸。同型半胱氨酸从 N^5—CH_3—FH_4 获得甲基重新生成甲硫氨酸,由此形成一个循环,称为甲硫氨酸循环(图 8-10)。

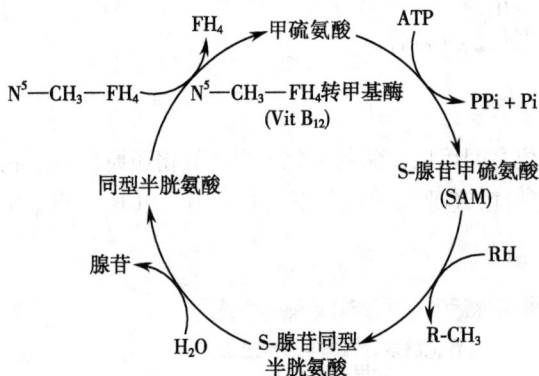

图 8-10 甲硫氨酸循环

甲硫氨酸循环的生理意义在于由 N^5—CH_3—FH_4 提供甲基再生甲硫氨酸,后者通过此循环进一步活化生成 SAM,为体内广泛存在的甲基化反应提供甲基。因此,SAM 是体内甲基的直接供体,N^5—CH_3—FH_4 则可看作是体内甲基的间接供体。

N^5-甲基四氢叶酸转甲基酶,催化由 N^5—CH_3—FH_4 提供甲基使同型半胱氨酸转变成甲硫氨酸的反应,其辅酶为维生素 B_{12}。此酶催化的反应是目前已知体内能利用 N^5—CH_3—FH_4 的唯一反应。当体内缺乏维生素 B_{12} 时,N^5—CH_3—FH_4 的甲基不能正常转移,这不仅影响甲硫氨酸的再生,而且也不利于四氢叶酸的再生,使组织中游离四氢叶酸的含量减少,从而影响其他一碳单位的转运和代谢,导致核酸合成障碍,影响细胞分裂,可引起巨幼细胞贫血。同时造成同型半胱氨酸在体内堆积,同型半胱氨酸在血液中浓度增高,可能是动脉粥样硬化和冠心病的独立危险因素。

临床应用

高同型半胱氨酸血症

同型半胱氨酸(homocysteine,Hcy)是非蛋白质 α-氨基酸,在甲硫氨酸循环中生成。甲硫氨酸/同型半胱氨酸代谢异常与多种病理状态(心脑血管疾病、糖尿病、肝病和慢性肾功能衰竭等)有关。研究结果表明血液中同型半胱氨酸水平升高(hyperhomocysteinemia,HHcy)是心血管疾病独立危险因素。HHcy 使血管内皮细胞更容易损伤,导致血管炎症,进一步引起动脉粥样硬化的形成,从而导致缺血性损伤。现在血 Hcy 浓度测定已经成为临床常规检测项目,用于指导心脑血管疾病、糖尿病及并发症等的防治。

2. 为肌酸合成提供甲基　肌酸是以甘氨酸为骨架,由 SAM 提供甲基、精氨酸提供脒基而合成,合成肌酸的主要器官是肝。肌酸由肌酸激酶(CK)催化,接受 ATP 的高能磷酸基团生成磷酸肌酸(图 8-11)。

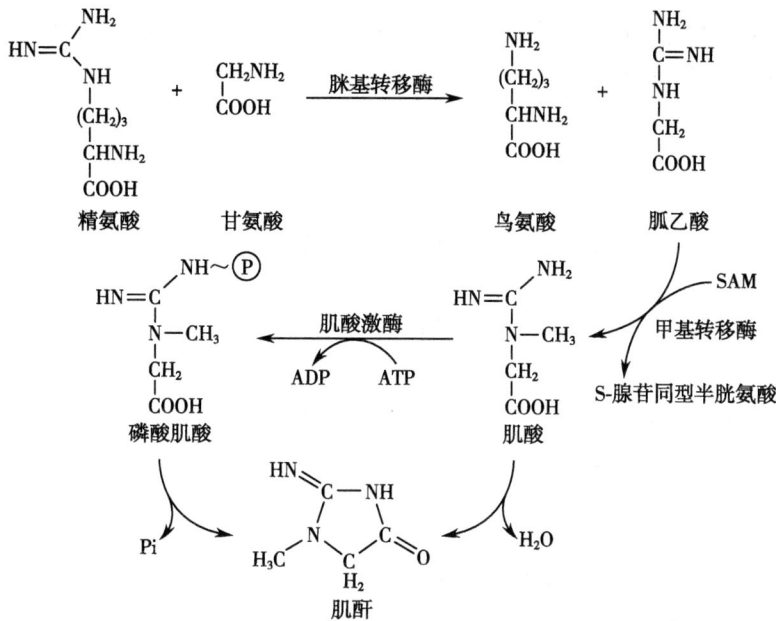

图 8-11　肌酸代谢

肌酸的代谢终产物是肌酐(creatinine),生成后随尿排出体外。正常人每日尿中的肌酐排出量恒定。当肾功能不全时,肌酐排出受阻,使血中肌酐浓度升高,因此测定血中肌酐的含量有助于肾功能不全的诊断。

（二）半胱氨酸和胱氨酸的代谢

1. 半胱氨酸与胱氨酸的互变　半胱氨酸分子中含有巯基(—SH),胱氨酸分子中含有二硫键(—S—S—),二者可相互转变。

在蛋白质分子中,由两个半胱氨酸残基间氧化脱氢形成的二硫键对维持蛋白质空间构象的稳定性起着重要作用。例如胰岛素的 A 链和 B 链之间通过 2 个二硫键连接起来的,若二硫键断裂,胰岛素因空间结构就被破坏失去其生物学活性。

2. 半胱氨酸生成活性硫酸根　体内含硫氨基酸经过氧化分解均能产生硫酸根,但硫酸根的主要来源是半胱氨酸。半胱氨酸可直接脱去巯基和氨基,生成丙酮酸、氨和 H_2S。H_2S 经过氧化生成 H_2SO_4。体内部分的硫酸根以硫酸盐的形式随尿排出,其余则由 ATP 活化生成"活性硫酸根",即 3′-磷酸腺苷-5′-磷酸硫酸(3′-phospho-adenosine-5′-phospho-sulfate,PAPS)。PAPS 化学性质活泼,可参与肝脏的生物转化作用,将硫酸根直接供给某些物质生成硫酸酯。例如类固醇激素、外源性的酚类化合物等均可在肝脏与 PAPS 结合成相应的硫酸酯而灭活,或增加其水溶性,有利于他们从尿中排出。

四、芳香族氨基酸的代谢

芳香族氨基酸包括苯丙氨酸、酪氨酸和色氨酸三种。苯丙氨酸羟化生成酪氨酸是其主要代谢去路,后者进一步代谢生成甲状腺素、儿茶酚胺、黑色素等重要物质。

（一）苯丙氨酸的代谢

正常情况下,苯丙氨酸的主要代谢途径是在苯丙氨酸羟化酶的催化下生成酪氨酸,然后再沿着酪氨酸的代谢途径进一步代谢。苯丙氨酸羟化酶主要存在于肝组织中,是一种单加氧酶,辅酶是四氢生物蝶呤,催化的反应不可逆,故酪氨酸不能转变为苯丙氨酸。此外,少量苯丙氨酸可经转氨基作用生成苯丙酮酸。

如果苯丙氨酸羟化酶先天性缺陷,苯丙氨酸不能正常通过羟化作用生成酪氨酸,苯丙氨酸在体内蓄积,继而转化成大量苯丙酮酸,后者可进一步代谢生成苯乙酸等衍生物。此时,尿中排出大量苯丙酮酸及其部分代谢产物(苯乙酸和苯乳酸等),称为苯丙酮酸尿症。苯丙酮酸等物质在血液中堆积对中枢神经系统会产生毒性,影响大脑的发育,造成患者智力低下。治疗原则是早期发现,并限制食物中苯丙氨酸含量。

(二)酪氨酸的代谢

1. **转变为儿茶酚胺** 儿茶酚胺是酪氨酸经过羟化、脱羧后形成一系列化合物的总称,包括多巴胺、去甲肾上腺素和肾上腺素。这些物质属于神经递质或激素,是维持神经系统正常功能和正常代谢不可缺少的物质。

2. **合成黑色素** 在黑色素细胞中酪氨酸经羟化生成多巴,多巴再聚合成为黑色素。先天性酪氨酸酶缺乏的患者,可导致黑色素合成障碍,患者的皮肤毛发等呈现白色,称为白化病。

3. **酪氨酸的分解** 酪氨酸还可以在酪氨酸转氨酶的催化下脱去氨基生成对羟苯丙酮酸,再经氧化转变成尿黑酸,并进一步转变为延胡索酸和乙酰乙酸,二者可分别沿糖代谢和脂肪酸代谢途径进行分解代谢。体内尿黑酸氧化酶先天缺陷时,尿黑酸氧化分解受阻,尿中出现大量尿黑酸,称为尿黑酸尿症。尿黑酸在碱性条件下暴露于空气中即被氧化并聚合成为类似黑色素的物质,从而使尿液显黑色。此外,患者的骨、结缔组织等亦有不正常的色素沉着。

酪氨酸在体内的代谢过程总结于图 8-12。

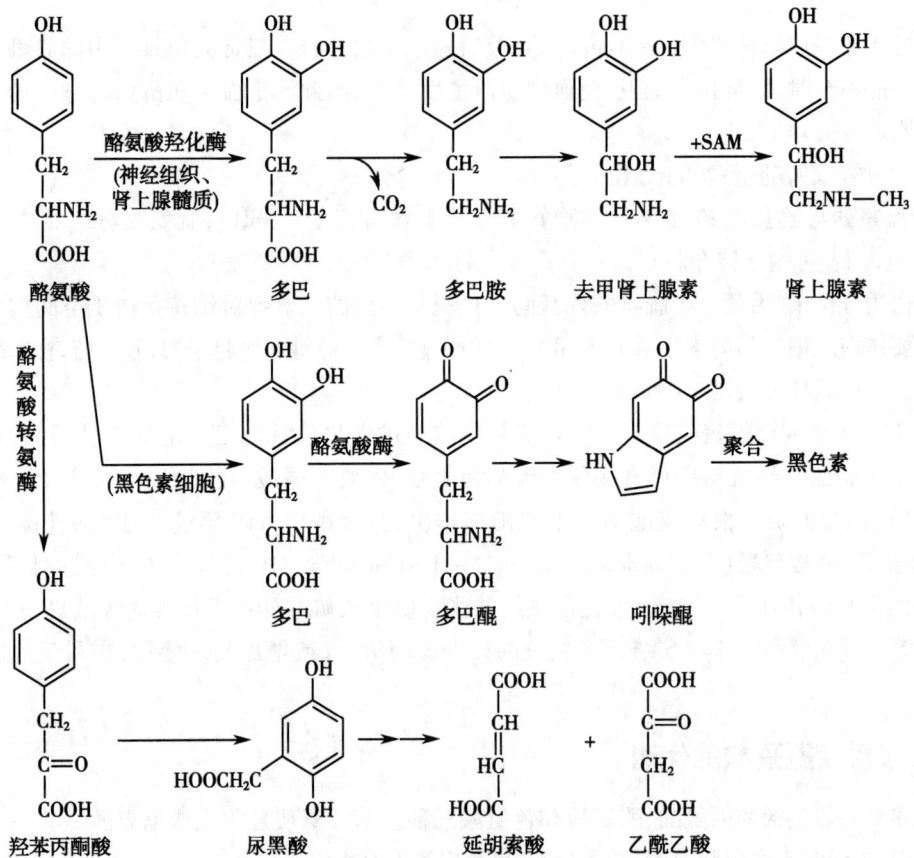

图 8-12 酪氨酸代谢

知识拓展

多巴胺与神经信号传送

阿尔维德·卡尔森(Arvid Carlsson),瑞典科学家。1957年,卡尔森提出多巴胺不仅是去甲肾上腺素的前体,也是一种位于脑部的神经递质,用来帮助细胞传送兴奋及开心的信息。也许正是因为多巴胺水平过低,缺乏动力,帕金森病患者才难以完成大脑的指令。他的研究成果使人们认识到帕金森病和精神分裂症的起因是由于患者的脑部缺乏多巴胺,并据此研制出治疗这种疾病的有效药物。这一成果使他荣获2000年的诺贝尔生理学、医学奖。

(三)色氨酸的代谢

色氨酸除脱去羧基生成5-羟色胺外,还可在肝中经色氨酸加氧酶的催化,生成一碳单位。色氨酸分解可生成丙酮酸和乙酰乙酰CoA,故色氨酸是生糖兼生酮氨基酸。此外,少部分色氨酸分解还可产生烟酸,但其合成量极少,不能满足机体的生理需要。

本章小结

蛋白质的主要生理功能是维持组织细胞的生长、更新和修复,参与机体各种生理活动,氧化供能。氮平衡包括氮的总平衡、正平衡和负平衡三种。必需氨基酸有9种。食物蛋白质的互补可提高蛋白质的营养价值。

氨基酸的一般代谢主要是氨基酸的脱氨基作用。氨基酸脱氨基作用的方式有 L-谷氨酸氧化脱氨基作用、转氨基作用、联合脱氨基作用和嘌呤核苷酸循环。主要的酶有 L-谷氨酸脱氢酶和转氨酶,主要的脱氨基方式是联合脱氨基作用。血清转氨酶活性测定可作为某种疾病诊断和观察预后的参考指标。

氨基酸脱去 α-氨基生成 α-酮酸和氨。α-酮酸的去向有转变为糖和脂类物质,氧化供能,再合成氨基酸。氨的代谢主要包括氨的来源、运输和去路。氨的来源有氨基酸脱氨基作用和胺的分解代谢、肠道吸收、肾中产生和其他含氮物质分解。氨的运输方式有丙氨酸-葡萄糖循环和谷氨酰胺运氨。氨的去路主要是合成尿素:合成部位是肝细胞的线粒体和胞质,合成途径是鸟氨酸循环。

氨基酸脱羧基后的产物是胺类;某些氨基酸在代谢中产生一碳单位,其载体是 FH_4,一碳单位是嘌呤核苷酸和嘧啶核苷酸的合成原料之一。SAM是活性甲基的供体,为多种物质的甲基化反应提供甲基。半胱氨酸可转变为牛磺酸,后者参与结合胆汁酸盐的生成。半胱氨酸分解代谢产生并提供活性硫酸根(PAPS)。苯丙氨酸羟化酶缺乏可引起苯丙酮酸尿症。酪氨酸酶缺乏引起白化病。

(程玉宏)

扫一扫,测一测

思考题

1. 请用氨代谢的理论知识阐明肝性脑病的发病机制。
2. 体内的血氨是怎样维持动态平衡的？
3. 维生素 B_6 为什么可以用来治疗妊娠呕吐和小儿惊厥？

笔记

09章PPT

1. 掌握核苷酸从头合成途径和补救合成途径的概念;嘌呤核苷酸的分解代谢产物及相关临床意义;嘌呤核苷酸补救合成途径的意义。
2. 熟悉核苷酸合成的原料、特征及关键酶。
3. 了解核苷酸合成代谢的过程;嘧啶核苷酸的分解代谢。
4. 具有核苷酸代谢障碍可导致疾病的意识,对 Lesch-Nyhan 综合征、痛风的发病机制有所了解。
5. 能运用所学知识指导痛风的防治。

案例导学

患者,男,58 岁,一年来发生多次关节疼痛,尤其是足趾关节,劳累、饮酒或吃海鲜后疼痛加重。查体:双足第 1 趾关节红肿,疼痛拒按,左足较为明显,走路困难。经化验血尿酸 0.658mmol/L,白细胞计数 $15×10^9$/L,诊断为痛风。

问题与思考:
1. 痛风与核苷酸代谢有何关系?
2. 患者被诊断为痛风的依据是什么? 为什么?
3. 运用本章知识分析对痛风患者的处理措施?

0901

案例导学解析

核苷酸是核酸的基本结构单位,它在体内分布广泛,主要以 5′-核苷酸的形式存在。核苷酸具有多种生物学功能:①作为原料参与核酸的生物合成,这是核苷酸最主要的功能;②以 ATP、GTP 等形式作为供能物质,为机体提供能量;③参与代谢和生理调节,如 cAMP、cGMP 可作为激素的第二信使参与代谢调节;④组成辅因子,如腺苷酸可作为多种辅酶或辅基(如 NAD⁺、NADP⁺、FAD、CoA)的组成成分;⑤活化中间代谢物,如 UDP、CDP 等可作为多种活化中间代谢物的载体参与糖原和磷脂的合成等。

食物中的核酸多以核蛋白的形式存在。核蛋白经胃酸作用,分解成蛋白质和核酸。核酸进入肠道后,经胰液和肠液中核酸酶、核苷酸酶及核苷酶的催化逐步水解,最终生成碱基、戊糖和磷酸。水解产生的戊糖和磷酸可被吸收利用,参与体内代谢;碱基主要被分解排出体外,很少被重新利用。人体内的核苷酸主要由机体细胞自身合成,故核苷酸不属于营养必需物质。

笔记

核苷酸代谢障碍已被证实与多种遗传、代谢性疾病有关。而核苷酸组成成分的类似物作为抗代谢药物已被临床广泛应用。

第一节　核苷酸的合成代谢

体内核苷酸的合成有两种途径:从头合成途径(de novo synthesis)和补救合成途径(salvage pathway)。从头合成途径是指利用磷酸核糖、氨基酸、一碳单位及 CO_2 等简单物质为原料,经过一系列酶促反应合成核苷酸的过程,是体内核苷酸合成的主要途径。补救合成途径是指利用体内游离的碱基、核糖-5-磷酸及核苷,经过简单的反应组装成核苷酸的过程。

一、嘌呤核苷酸的合成代谢

(一)嘌呤核苷酸的从头合成

1. 合成的特征　嘌呤核苷酸的从头合成均在细胞质中进行,从核糖-5'-磷酸开始合成,在核糖-5'-磷酸的 C_1' 上逐步合成嘌呤环的过程。首先生成的核苷酸是次黄嘌呤核苷酸(inosine monophosphate,IMP),再由 IMP 转变成腺嘌呤核苷酸(AMP)和鸟嘌呤核苷酸(GMP)。

2. 合成的部位和原料　嘌呤核苷酸从头合成的主要器官是肝脏,其次是小肠黏膜和胸腺。合成的原料包括:核糖-5'-磷酸、谷氨酰胺、甘氨酸、天冬氨酸、一碳单位和 CO_2。经核素示踪实验证明的嘌呤环 C、N 来源见图 9-1。

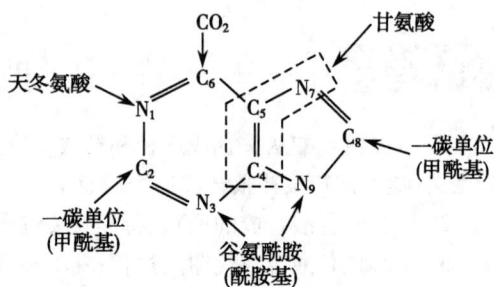

3. 合成过程　除某些细菌外,几乎所有生物体都能合成嘌呤碱。嘌呤核苷酸从头合成的反应步骤比较复杂,可分为两个阶段:先合成 IMP,再由 IMP 转变成 AMP 与 GMP。

图 9-1　嘌呤碱的元素来源

(1) IMP 的生成:IMP 是嘌呤核苷酸从头合成的前身物,其合成需经过 11 步反应完成。来自于磷酸戊糖途径的核糖-5'-磷酸在磷酸核糖焦磷酸合成酶(PRPP 合成酶)的催化下被活化,生成磷酸核糖焦磷酸(phosphoribosyl pyrophosphate,PRPP),PRPP 是核糖-5'-磷酸参与体内各种核苷酸合成的活化形式,激活 PRPP 合成酶时需消耗 ATP。PRPP 在磷酸核糖酰胺转移酶(PRPP 酰胺转移酶)催化下,焦磷酸被谷氨酰胺的酰氨基取代生成 5-磷酸核糖胺(PRA)。在此基础上,再经过 8 步连续的酶促反应,依次与甘氨酸、N^5,N^{10}-甲炔四氢叶酸、谷氨酰胺、CO_2、天冬氨酸、N^{10}-甲酰四氢叶酸等反应,逐步完成 IMP 的合成(图 9-2)。嘌呤核苷酸从头合成的酶在细胞质中多以酶复合体形式存在。

PRPP 合成酶和 PRPP 酰胺转移酶是 IMP 合成的关键酶,其活性可受反馈机制调节,如 IMP、AMP 及 GMP 等合成产物可反馈抑制其活性。反之,核糖-5'-磷酸可促进 PRPP 合成酶的活性,PRPP 可促进 PRPP 酰胺转移酶的活性。在嘌呤核苷酸从头合成的调节中,PRPP 合成酶可能比 PRPP 酰胺转移酶起更大的作用。

(2) AMP 和 GMP 的生成:①AMP 的生成:消耗 GTP,由天冬氨酸提供氨基生成;②GMP 的生成:IMP 先脱氢氧化生成黄嘌呤核苷酸(xanthine monophosphate,XMP),XMP 再消耗 ATP,由谷氨酰胺提供氨基生成(图 9-3)。AMP 和 GMP 可获得两个高能磷酸键生成 ATP 和 GTP。

AMP 的生成需要 GTP 参与,而 GMP 的生成需要 ATP 参与,所以 GTP 可以促进 AMP 的生成,而 ATP 也可以促进 GMP 的生成,这种交叉调节作用对于维持 AMP 和 GMP 浓度的平衡具有重要意义。

(二)嘌呤核苷酸的补救合成

体内嘌呤核苷酸的补救合成有两种方式:①利用体内游离的嘌呤碱进行补救合成:在次黄嘌呤-鸟嘌呤磷酸核糖转移酶(hypoxanthine-guanine phosphoribosyl transferase,HGPRT)和腺嘌呤磷酸核糖转移酶(adenine phosphoribosyl transferase,APRT)的催化下,嘌呤碱与 PRPP 反应,生成 IMP、GMP 和 AMP;②利用体内游离的嘌呤核苷进行的补救合成:主要是腺嘌呤核苷在腺苷激酶的催化下被磷酸化生成腺苷酸。

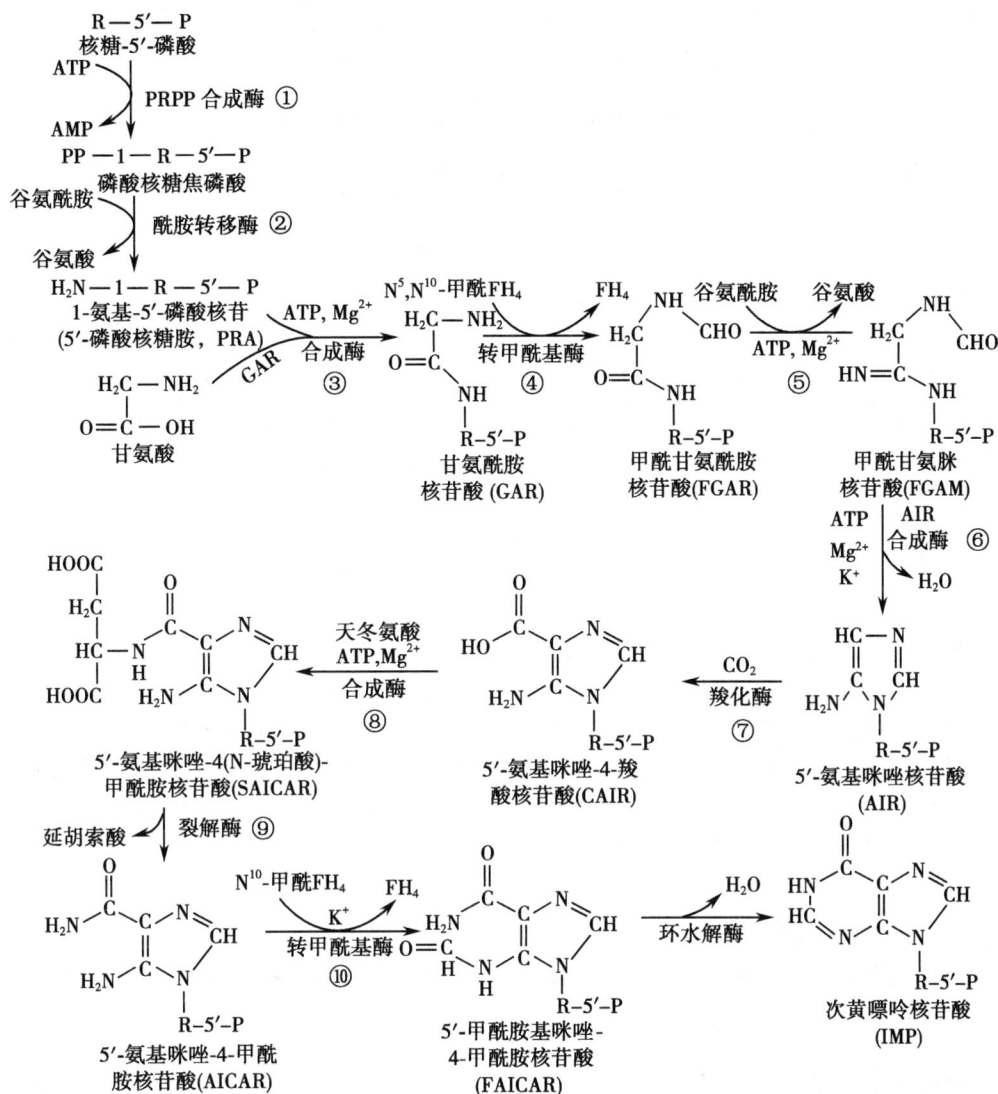

图 9-2 次黄嘌呤核苷酸(IMP)的合成

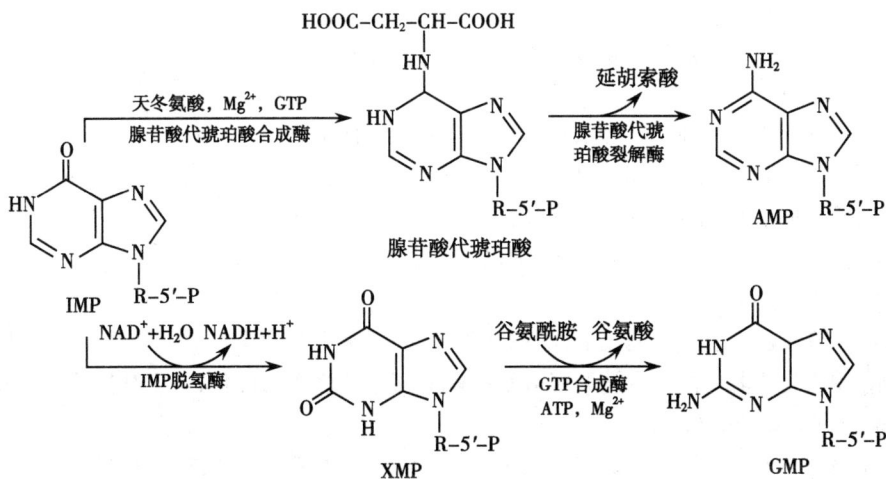

图 9-3 IMP 转化生成 AMP 和 GMP

$$次黄嘌呤 + PRPP \xrightarrow{\text{HGPRT}} IMP + PPi$$

$$鸟嘌呤 + PRPP \xrightarrow{\text{HGPRT}} GMP + PPi$$

$$腺嘌呤 + PRPP \xrightarrow{\text{APRT}} AMP + PPi$$

$$腺嘌呤核苷 \xrightarrow[\substack{ATP \quad ADP}]{\text{腺苷激酶}} AMP$$

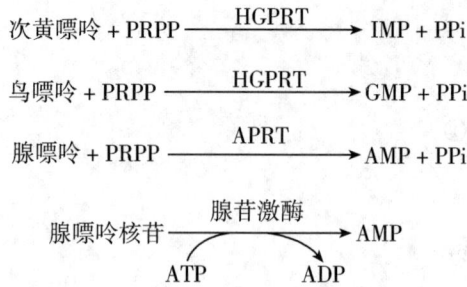

HGPRT 受 IMP 和 GMP 的反馈抑制,APRT 受 AMP 的反馈抑制。

嘌呤核苷酸补救合成的生理意义:①补救合成过程比较简单,耗能少,可以节省从头合成时能量和一些氨基酸的消耗;②补救合成是机体某些组织如脑和骨髓等合成核苷酸的主要途径。因此,对于这些组织器官来说,补救合成途径具有更重要的意义。临床上自毁容貌征(Lesch-Nyhan 综合征)就是由于基因缺陷导致 HGPRT 完全缺失所引起的一种遗传代谢疾病。

知识拓展

自毁容貌征

自毁容貌征,又称 Lesch-Nyhan 综合征,是一种罕见的嘌呤代谢遗传病,1964 年首先由 Lesch M 和 Nyhan W L 报道。该病是由于先天基因缺陷导致 HGPRT 缺失,致使脑内核苷酸和核酸合成障碍,影响脑细胞生长发育;同时,由于次黄嘌呤和鸟嘌呤不能转化生成 IMP 和 GMP,而降解为尿酸,导致体内尿酸过量。因此,患者主要表现为脑发育不全、智力低下、共济失调、攻击和破坏性行为(如咬自己的嘴唇、手和足趾等强迫性自残行为),甚至自毁容貌,并伴有高尿酸血症。该疾病以男婴居多,2 岁前发病。患者大多死于儿童时期,很少活到 20 岁以后。

(三)体内嘌呤核苷酸可相互转变

体内嘌呤核苷酸可以相互转变,以保持彼此平衡。IMP 作为前身物可转变生成 XMP、AMP 及 GMP,AMP 和 GMP 也可以脱氨基生成 IMP。

二、嘧啶核苷酸的合成代谢

体内嘧啶核苷酸的合成方式包括从头合成途径和补救合成途径。

(一)嘧啶核苷酸的从头合成

1. 合成特征 反应过程在细胞质中进行,先合成嘧啶环,再与磷酸核糖结合。首先合成尿嘧啶核苷酸(UMP),再转变生成三磷酸胞苷(CTP)。

2. 合成部位和原料 嘧啶核苷酸从头合成的主要器官是肝脏,合成的原料包括谷氨酰胺、CO_2、天冬氨酸和核糖-5-磷酸。经核素示踪实验证明嘧啶碱的各元素来源见图 9-4。

3. 合成过程 首先合成 UMP,再由 UMP 转变生成 CTP。

图 9-4 嘧啶碱的各元素来源

(1)UMP 的合成:此过程有 6 步反应,首先谷氨酰胺和 CO_2 在氨基甲酰磷酸合成酶 Ⅱ 的催化下,消耗 ATP,生成氨基甲酰磷酸。氨基甲酰磷酸再与天冬氨酸反应,并脱水、脱氢生成乳清酸。乳清酸经乳清酸磷酸核糖转移酶的催化,与 PRPP 结合生成乳清酸核苷酸,后者脱羧后生成 UMP(图 9-5)。

在哺乳动物细胞中,氨基甲酰磷酸合成酶 Ⅱ(CPS Ⅱ)是嘧啶核苷酸从头合成的关键酶,该酶受 UMP 的反馈抑制。在真核细胞中,嘧啶核苷酸从头合成过程中的氨基甲酰磷酸合成酶 Ⅱ、天冬氨酸氨基甲酰转移酶和二氢乳清酸酶位于同一多肽链上,是一种多功能酶;乳清酸磷酸核糖转移酶和乳清酸核苷酸脱羧酶也是位于同一多肽链上的多功能酶。这样更有利于以均匀的速度参与嘧啶核

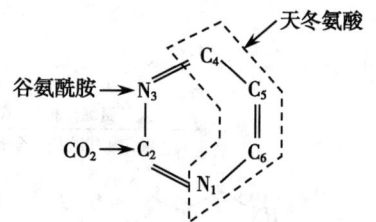

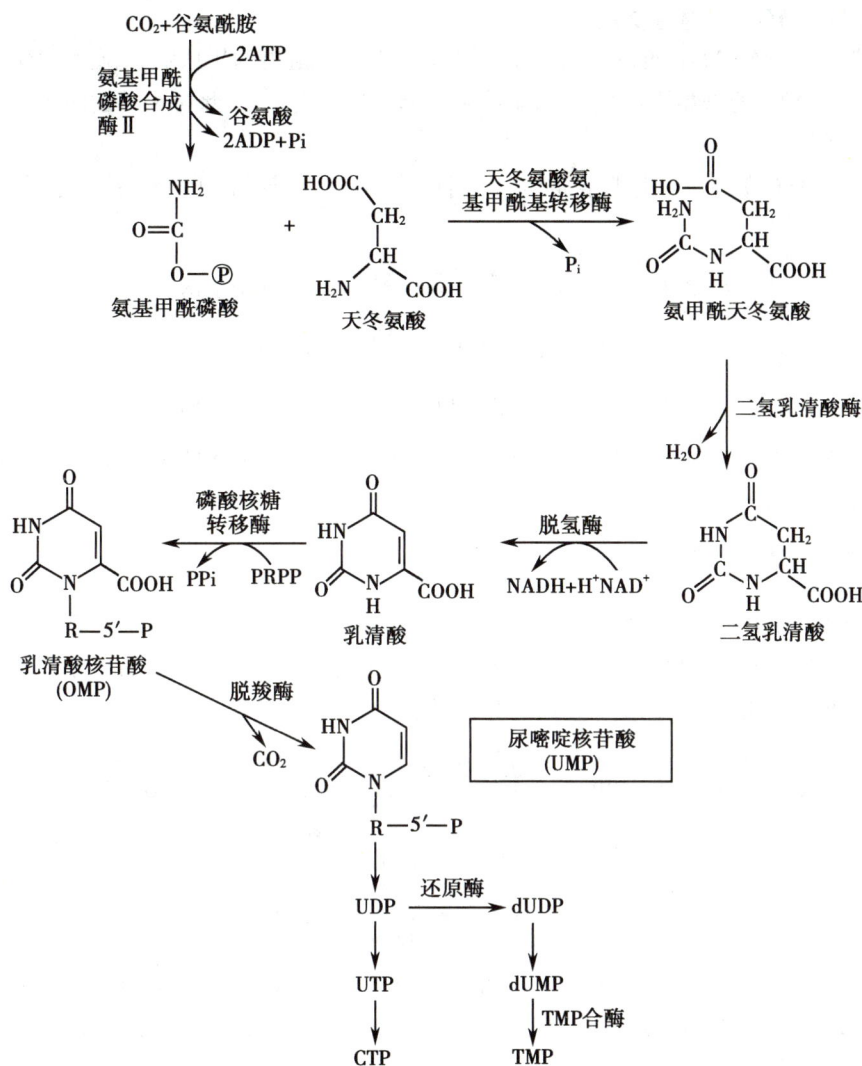

图 9-5 嘧啶核苷酸的从头合成

苷酸的合成。

嘧啶核苷酸合成代谢障碍可引起遗传代谢性疾病,如乳清酸尿症。该病是由于乳清酸磷酸核糖转移酶和/或乳清酸核苷酸脱羧酶缺陷而引起的一种隐性遗传代谢性疾病。

知识拓展

先天性乳清酸尿症

先天性乳清酸尿症是一种常染色体隐性遗传性疾病。该病的患者由于乳清酸磷酸核糖转移酶和/或乳清酸核苷酸脱羧酶缺陷,使乳清酸不能转变生成尿苷酸,导致乳清酸堆积,大量出现在血液和尿液中。患者常在出生数月内就表现出明显症状,例如低色素巨幼细胞贫血以及发育和智力障碍。因 UMP 可抑制 CPS Ⅱ 活性,CTP 可反馈抑制乳清酸的生成,故临床常用酵母提取液中的 UMP 和 CTP 的混合物治疗该病,可明显降低患者尿中乳清酸含量。

(2) CTP 的合成:UMP 在尿苷酸激酶和二磷酸核苷激酶的连续作用下,生成三磷酸尿苷(UTP)。UTP 经 CTP 合成酶催化,由谷氨酰胺提供氨基,消耗 1 分子 ATP,被氨基化成 CTP。

$$UMP \xrightarrow[\text{尿苷酸激酶}]{ATP \quad ADP} UDP \xrightarrow[\text{二磷酸核苷激酶}]{ATP \quad ADP} UTP \xrightarrow[\text{CTP合成酶}]{ATP,Gln \quad ADP,Glu} CTP$$

氨基甲酰磷酸合成酶

（二）嘧啶核苷酸的补救合成

嘧啶核苷酸补救合成的主要酶是嘧啶磷酸核糖转移酶，该酶能利用尿嘧啶、胸腺嘧啶及乳清酸作为底物，催化生成相应的嘧啶核苷酸，但对胞嘧啶不起作用。实际上，此酶和前述的乳清酸磷酸核糖转移酶是同一种酶。

尿苷激酶和胸苷激酶也是补救合成酶，它们可分别催化尿苷和脱氧胸苷反应，生成尿苷酸和 dTMP。

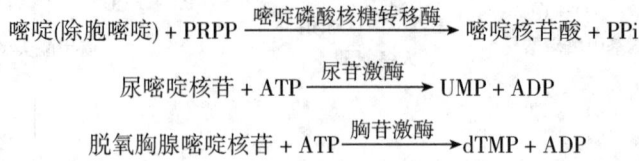

$$嘧啶(除胞嘧啶) + PRPP \xrightarrow{\text{嘧啶磷酸核糖转移酶}} 嘧啶核苷酸 + PPi$$

$$尿嘧啶核苷 + ATP \xrightarrow{\text{尿苷激酶}} UMP + ADP$$

$$脱氧胸腺嘧啶核苷 + ATP \xrightarrow{\text{胸苷激酶}} dTMP + ADP$$

胸苷激酶在正常肝脏中活性很低，但在再生肝脏中和恶性肿瘤中活性明显升高，故该酶与肿瘤的恶性程度有关。

三、脱氧核糖核苷酸的合成

现已证明，除 dTMP 外，体内的脱氧核糖核苷酸均是由相应的核糖核苷酸直接还原而来。该还原作用由核糖核苷酸还原酶催化，在核苷二磷酸的水平上进行的。核糖核苷酸的还原过程还需硫氧化还原蛋白、NADPH 和硫氧化还原蛋白还原酶等共同参与。

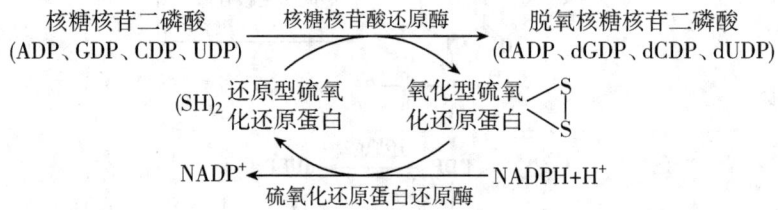

dTMP 由 dUMP 甲基化生成。dUMP 经胸苷酸合酶催化，N^5,N^{10}-甲烯四氢叶酸提供甲基，被甲基化而生成 dTMP。而 dUMP 可由 dUDP 水解生成，也可由 dCMP 脱氨基生成，以后者为主（图 9-6）。

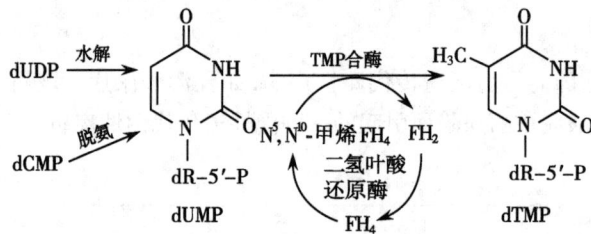

图 9-6 dTMP 的生成

胸苷酸合酶是 dTMP 生成的关键酶。当其活性受到抑制，可影响 dTMP 的生成，进而导致 DNA 生物合成障碍。因此，胸苷酸合酶可作为肿瘤化疗的靶点，抑制肿瘤细胞的生长。

第二节　核苷酸的分解代谢

细胞内核苷酸的分解代谢与食物中核苷酸的消化过程相类似。人体细胞中的核苷酸首先在核苷酸酶的作用下，水解生成核苷。核苷再经核苷磷酸化酶催化，磷酸化分解生成核糖-1-磷酸和碱基。核糖-1-磷酸可经磷酸核糖变位酶催化，转变生成核糖-5-磷酸参与磷酸戊糖途径，或作为核苷酸合成原料继续参与新核苷酸的合成；碱基可进一步分解，也可参与核苷酸的补救合成。

核苷酸抗代谢物

一、嘌呤核苷酸的分解代谢

人体内,嘌呤核苷酸先分解生成核糖-1-磷酸和嘌呤碱,嘌呤碱再进一步分解,最终生成尿酸,随尿排出体外。反应过程简化如图9-7。

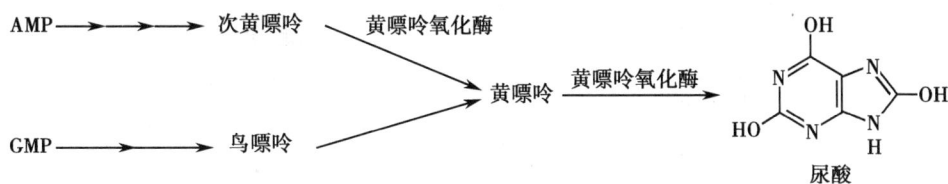

图9-7 嘌呤核苷酸的分解代谢

AMP 先分解生成次黄嘌呤,后者经黄嘌呤氧化酶催化,氧化生成黄嘌呤,黄嘌呤再经黄嘌呤氧化酶催化生成尿酸。GMP 先分解生成鸟嘌呤,再经鸟嘌呤脱氨酶催化生成黄嘌呤,最后也生成尿酸。

黄嘌呤氧化酶是尿酸生成的关键酶,该酶在肝脏、小肠及肾脏中活性较强,故嘌呤核苷酸的分解代谢主要在这些组织中进行。遗传性缺陷或严重的肝脏损伤可导致黄嘌呤氧化酶的缺乏,患者表现出黄嘌呤尿、黄嘌呤肾结石、低尿酸血症等症状。

尿酸是人体嘌呤分解代谢的终产物,正常人血浆中尿酸含量为 $0.12 \sim 0.36 mmol/L$,男性略高于女性。尿酸在体液中以尿酸和尿酸盐的形式存在,其水溶性较差,当血中尿酸含量超过 $0.48 mmol/L$ 时,尿酸盐结晶沉积于关节、软组织、软骨和肾脏等处,最终导致关节炎、尿路结石及肾脏疾病,称为痛风症。

临床上常用别嘌醇治疗痛风症,其结构与次黄嘌呤相似,可竞争性抑制黄嘌呤氧化酶,从而抑制尿酸的生成;别嘌醇还可与 PRPP 反应生成别嘌醇核苷酸,既消耗了核苷酸合成所必需的 PRPP,又可作为 IMP 的类似物,反馈抑制嘌呤核苷酸的从头合成。

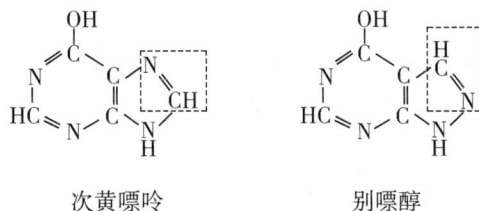

次黄嘌呤　　　　　　　别嘌醇

尿酸在体内生成后主要经肾脏排泄,当某些疾病(如急性或慢性肾炎、肾盂肾炎等)导致肾脏功能受损时,尿酸排泄受阻,可使血清尿酸升高。因此,在临床生物化学检验中可通过血尿酸含量的高低来评价肾脏功能。

二、嘧啶核苷酸的分解代谢

嘧啶核苷酸的分解代谢主要在肝脏中进行,其代谢过程仍然是先通过核苷酸酶及核苷磷酸化酶的作用,脱去磷酸和核糖,生成嘧啶碱,再进一步分解。胞嘧啶脱氨基转变生成尿嘧啶,后者再逐步代谢,最终生成 NH_3、CO_2 和 β-丙氨酸;β-丙氨酸可转变生成乙酰 CoA,进入三羧酸循环被彻底氧化分解。胸腺嘧啶经多步反应,最后降解生成 NH_3、CO_2 和 β-氨基异丁酸;β-氨基异丁酸可转变生成琥珀酰 CoA,同样进入三羧酸循环被彻底氧化分解。生成的 NH_3 和 CO_2 可合成尿素,排出体外(图9-8)。

胸腺嘧啶的分解产物 β-氨基异丁酸有一部分可直接随尿排出,其排泄量可反映细胞及其 DNA 的破坏程度。白血病患者以及经放疗或化疗的癌症患者,由于 DNA 破坏过多,可导致尿中 β-氨基异丁酸的排泄增加。

痛风

胞嘧啶

↓ 脱氨酶

尿嘧啶

↓ 还原酶

二氢尿嘧啶

β脲基丙酸

胸腺嘧啶

↓ 脱氢酶

二氢胸腺嘧啶

β脲基异丁酸

H_2O

$H_2N—CH_2—CH_2—COOH$
β-丙氨酸

$CO_2 + NH_3$

$H_2N—CH_2—CH—COOH$（CH₃）

CH_3

$H_2N—CH_2—CH—COOH$
β-氨基异丁酸

乙酰CoA

尿素

琥珀酰CoA

三羧酸循环

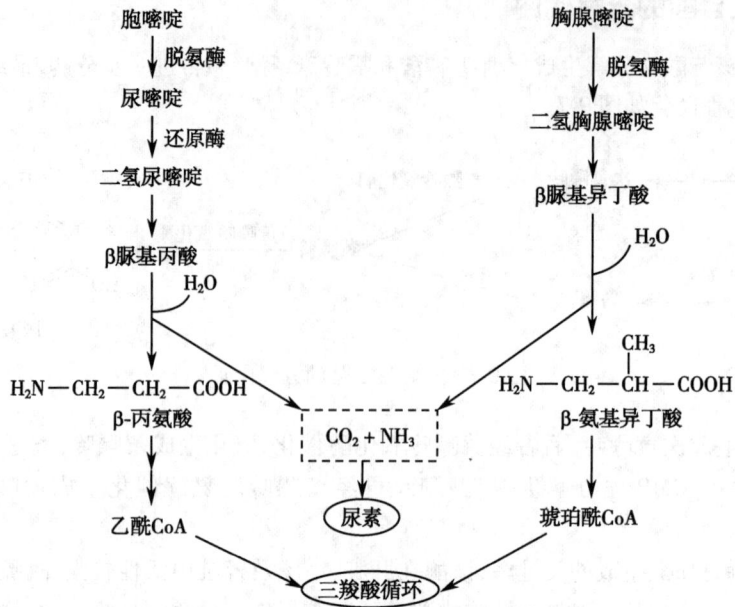

图 9-8 嘧啶碱的分解代谢

本章小结

　　核苷酸是体内核酸生物合成的原料。体内核苷酸主要由机体细胞自身合成,很少利用食物中的核苷酸。因此,核苷酸不属于营养必需物质。

　　体内核苷酸的合成途径有从头合成途径和补救合成途径。嘌呤核苷酸和嘧啶核苷酸从头合成过程的最主要区别在于嘌呤核苷酸是从核糖-5'-磷酸开始合成,在核糖-5'-磷酸的 C_1' 上逐步合成嘌呤环的过程。首先生成的核苷酸是 IMP,再由 IMP 转变生成 AMP 和 GMP。而嘧啶核苷酸是先合成嘧啶环,再与磷酸核糖结合。首先合成 UMP,再转变生成 CTP。嘌呤核苷酸补救合成途径主要在脑、骨髓等组织器官中进行,是这些组织合成核苷酸的主要途径。体内脱氧核糖核苷酸(除dTMP)均是由相应的核糖核苷酸在核苷二磷酸的水平上直接还原生成,而 dTMP 是由 dUMP 经甲基化生成。

　　嘌呤碱分解的终产物是尿酸。血中尿酸含量过高时,可引起痛风症,临床上常用别嘌醇治疗。嘧啶碱分解的终产物是 NH_3、CO_2、β-丙氨酸和 β-氨基异丁酸,它们可进一步代谢或随尿排出。

（夏　艳）

扫一扫,测一测

思考题

1. 嘌呤核苷酸补救合成的意义有哪些?

2. 什么是核苷酸抗代谢物? 分析核苷酸抗代谢物的作用机制。

笔记

第十章　水、电解质与酸碱平衡代谢

学习目标

1. 掌握水的动态平衡;电解质的含量与分布;酸碱平衡的主要生化诊断指标。
2. 熟悉水及电解质的生理功能;钙磷代谢的调节;体内酸碱物质的来源。
3. 了解水、电解质平衡的调节。
4. 能运用水、电解质及酸碱平衡的有关知识分析检验结果并进行临床指导。

第一节　水　代　谢

水是人体内含量最多、也是最重要的物质,是人体体液的主要成分。人体每天都会摄入和排出水分,正常情况下,摄入量和排出量保持动态平衡,这对维持各部分体液的正常含量和渗透压平衡具有非常重要的作用。

一、水的生理功能

（一）运输作用

水的黏度小、流动性大,又是良好的溶剂,是体内运输营养物质和排泄废物的媒介。体内所需的多种营养物质和代谢产物都能溶于水而运输,即使是某些难溶或不溶于水的物质,也能与亲水性的蛋白质或多糖结合从而形成胶体溶液,通过血液循环运输到全身。

（二）促进和参与物质代谢

水能溶解许多物质,有利于化学反应进行。水能直接参与代谢反应,如水解、水化、加水脱氢等。另外,水的介电常数高,能促进各种电解质解离,加速化学反应的进行。

（三）调节体温

水的比热大,因此机体代谢所产生的热能由体液吸收但体温变化却不大;水的蒸发热大,蒸发少量汗液就能散发大量热量,这在高温环境时显得尤为重要;水的流动性大,导热性强,通过血液循环和体液交换,可以将体内代谢产生的热量迅速均匀分布并运送到体表,再在体表通过蒸发或散发方式释放到环境中,从而维持体温。

（四）润滑作用

唾液有利于食物的咀嚼和吞咽,关节腔的滑液减少关节活动的摩擦,泪液防止眼球干涩,胸腔与腹腔浆液、呼吸道和消化道黏液都具有良好的润滑作用等。

笔记

（五）维持组织器官的形态、硬度和弹性

体内的水以自由水和结合水两种形式存在。结合水是指与蛋白质、核酸、多糖等物质结合存在。结合水无流动性，具有保持组织器官形态、硬度和弹性的作用。如心肌含水量约79%，血液含水量约为83%，仅相差4%，但由于心肌主要含结合水，其形态坚韧，而血液主要为自由水，故能循环流动。

二、水的平衡

正常成人每日水的摄入量和排出量大致相当（表10-1），约为2 500ml，维持动态平衡。

表10-1　正常成人每日水的摄入量与排出量（ml·d⁻¹）

水的摄入量		水的排出量	
饮水	1 200	呼吸蒸发	350
食物水	1 000	皮肤蒸发	500
代谢水	300	粪便排出	150
		肾脏排出	1 500
总量	2 500		2 500

（一）水的摄入

正常成年人在一般情况下，每天所需的水量约为2 500ml，每天摄取水的总量2 000~2 500ml。其来源有：

1. 饮水（包括液体饮料）　正常成人每日饮水平均为1 200ml，其量随个人习惯、气候及劳动强度的不同而差异较大。

2. 食物水　正常成人每日随食物摄入水约1 000ml。

3. 代谢水　代谢水是营养物质在体内氧化时产生的水，也称内生水。一般情况下，成人每日内生水约300ml。

（二）水的排出

成人每天排出的水量为2 000~2 500ml。体内水的去路有：

1. 呼吸蒸发　人体在呼吸时，以水蒸气的形式排出一定量的水，一般成人每日约排出350ml。肺的排水量随呼吸的深度和频率而变化。各种原因造成呼吸急促的患者由呼吸排出的水量增多。

2. 皮肤蒸发　皮肤排水有两种方式：①非显性出汗即体表水分的蒸发。成人每天由此蒸发水约500ml，因其中电解质含量甚微，故可将其视为纯水。②显性出汗为皮肤汗腺活动分泌的汗液，出汗量与环境温度、湿度及活动强度有关。汗液是低渗液，含少量K^+、Na^+、Cl^-等电解质，故大量出汗除需补充水分外，还应补充电解质。

3. 粪便排出　消化道每日分泌消化液（包括唾液、胃液、胆汁、胰液和肠液等）约8 000ml，其中绝大部分被肠道重吸收，成人每日由粪便排出水量仅150ml左右。消化液中含有大量电解质，呕吐、腹泻、胃肠减压、肠瘘等不但丢失大量水，同时也丢失电解质。由于丢失消化液的性质不同，因此临床补液应根据情况补充不同类型的电解质。

4. 肾脏排出　正常成人每日尿量1 000~2 000ml。饮水量和其他途径排水量明显影响尿量。正常成人每日尿量至少需要500ml才能将固体代谢产物溶解随尿排出，此量称为最低尿量。每日尿量低于500ml，临床上称为少尿。每日尿量低于100ml称为无尿。此时代谢废物将在体内潴留引起中毒。

正常成人每日水的平衡量约为2 500ml。每日摄入水量2 500ml可满足正常生理需要，故2 500ml称为生理需水量。但在缺水或不能进水时，每日仍然要从肺、皮肤、消化道和肾丢失约1 500ml水，此量称为水的必然丢失量。因此，成人每日最少应补充1 500ml水才能维持水平衡。此量称为最低需水量，是临床补充水的依据。儿童、孕妇和疾病恢复期患者，由于需要部分水用于组织生长、修复，因此摄水量大于排水量。婴幼儿新陈代谢旺盛，每天水的需要量按公斤体重计算比成人高约3倍，但因其神经、内分泌系统发育不完善，调节能力较弱，因此比成人更易发生水、电解质平衡失调。

脱水与水中毒

体液总容量尤其是细胞外液量减少,水摄入不足或丢失过多均可导致脱水。根据其伴有的血钠或渗透压的变化,脱水又分为低渗性脱水即细胞外液减少合并低血钠;高渗性脱水即细胞外液减少合并高血钠;等渗性脱水即细胞外液减少而血钠正常。脱水依程度分为三度:失水量占体重的 2%~3% 或体重减轻 5% 仅有一般的神经功能症状,如头痛、头晕无力,皮肤弹性稍有降低为轻度脱水;失水量占体重的 3%~6% 或体重减轻 5%~10% 脱水的体表症状已经明显,并开始出现循环功能不全的症状为中度脱水;失水量占体重的 6% 以上或体重减轻 10% 以上前述症状加重,甚至出现休克、昏迷为重度脱水。

当机体摄入水过多或排出减少,使体液中水增多、血容量增加以及组织器官肿胀,称为水肿或水中毒。水中毒的症状不一,轻者躁动、嗜睡、抽搐、尿失禁及丧失意识,重者有脑细胞水肿。

三、正常人体的体液

体液是由体内的水及溶解在水中的无机盐和有机物组成。体液分为细胞内液和细胞外液。体液中的无机盐、小分子有机物和蛋白质等常以离子状态存在,故又称电解质。因此水、无机盐代谢又称为水、电解质平衡。水、电解质平衡是维持正常生命活动的必要条件。疾病和外界环境的剧烈变化都有可能破坏此平衡,造成水、电解质平衡紊乱,严重时可危及生命。

(一)体液的含量与分布

1. **体液的组成与分布** 正常成人体液约占体重的 60%。以细胞膜为界,体液分为细胞内液与细胞外液两大部分。细胞外液又被分为血浆与细胞间液两部分,其中细胞间液还包括淋巴液、关节滑液、渗出液、脑脊液和胸腹膜腔液等。细胞内液占体重 40%,细胞外液占体重 20%,细胞外液中,细胞间液占体重 15%,血浆占体重 5%。

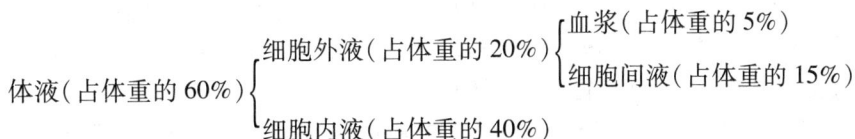

$$体液(占体重的 60\%) \begin{cases} 细胞外液(占体重的 20\%) \begin{cases} 血浆(占体重的 5\%) \\ 细胞间液(占体重的 15\%) \end{cases} \\ 细胞内液(占体重的 40\%) \end{cases}$$

2. **影响体液含量的因素** 体液总量受年龄、性别、胖瘦等因素的影响而有很大的变动。年龄越小,体液所占比重越大。新生儿体液含量可占体重的 80%,老年人体液含量只占 55% 甚至更低。这种差别主要在于年龄小者其细胞间液比重较大,而不同年龄者细胞内液和血浆含量差异较小。

不同组织含水量也不同。骨与牙含水最少,脂肪组织含水 15%~30%,肌肉组织含水则高达 75%~80%。因此女性和肥胖者因为脂肪组织较多而体液比重较小,对失水性疾病的耐受力较差;肌肉发达且脂肪较少的男性体液比重较大,对失水性疾病的耐受力较好。

(二)体液中的电解质

体液中的无机盐、有机物等常常以离子状态存在,称为电解质。主要包括 K^+、Na^+、Ca^{2+}、Mg^{2+}、Cl^-、HCO_3^-、HPO_4^{2-}、有机酸根和蛋白质负离子等。另有少量的微量元素,如铁、铜、锌、锰、碘等。这些离子在体液中须保持一定浓度以维持正常生理功能。

1. **体液电解质的含量** 体液中的电解质在细胞内、外液的含量和分布有很大差异(表 10-2)。

2. **体液电解质的分布特点** 从表 10-2 中可以看出体液中电解质的含量与分布有以下特点:

(1)细胞外液或细胞内液中阴阳离子的电荷量相等,体液呈电中性。

(2)电解质在细胞外液与细胞内液中分布有差异:细胞外液阳离子以 Na^+ 为主,阴离子以 Cl^- 和 HCO_3^- 为主。细胞内液阳离子以 K^+ 为主,阴离子以 HPO_4^{2-} 和蛋白质负离子为主。K^+、Na^+ 在细胞内外分布的显著差异是由于细胞膜上存在 K^+-Na^+-ATP 酶(K^+-Na^+泵)所致。

(3)细胞内液与细胞外液的渗透压基本相等。

表 10-2 体液中电解质的含量/(mmol · L⁻¹)

电解质	血浆		细胞间液		细胞内液	
	离子	电荷	离子	电荷	离子	电荷
阳离子						
Na^+	145	145	139	139	10	10
K^+	4.5	4.5	4	4	158	158
Ca^{2+}	2.5	5	2.0	4	3	6
Mg^{2+}	0.8	1.6	0.5	1	15.5	31
总计	152.8	156.1	145.5	148	186.5	205
阴离子						
Cl^-	103	103	112	112	1	1
HCO_3^-	27	27	25	25	10	10
HPO_4^{2-}	1	2	1	2	12	24
SO_4^{2-}	0.5	1	0.5	1	9.5	19
有机酸	5	5	6	6	16	16
蛋白质	2.25	18	0.25	2	8.1	65
有机磷酸					23.3	70
总计	138.75	156	144.75	148	79.9	205

（4）血浆与细胞间液二者之间的无机离子与小分子有机酸分布及含量相近,但蛋白质含量不等,血浆蛋白质含量大于细胞间液,这种差别有利于血浆与细胞间液之间水分的交换。

（三）各部分体液的交换

人体每天除与外界环境进行水分交换外,体内各部分体液间也不断地交换。细胞间液则是血浆与细胞内液之间进行物质交换的中转站。各种体液间的水和无机盐始终在不断地流动,需要依靠血浆、细胞内液和细胞间液三者之间进行物质交换并维持动态平衡。

1. **血浆与细胞间液之间的物质交换** 血浆与细胞间液之间进行物质交换主要通过毛细血管壁进行的。毛细血管壁只有一层极薄的内皮细胞,具有半透膜的特性,水、电解质和小分子有机物均可自由透过,而大分子蛋白质则不易通过,所以除蛋白质外的物质几乎都可以进行交换。

体液进出毛细血管的流向取决于管壁两方面各种压力的对比,简示如图 10-1。

图 10-1 中决定血浆与细胞间液间体液交换的因素为有效滤过压,计算公式如下:

有效滤过压=（毛细血管血压+细胞间液胶体渗透压）-（血浆胶体渗透压+细胞间液流体静压）

前两者促使体液进入组织间隙,后两者促使体液进入毛细血管内。毛细血管动脉端的有效滤过压为:(3.99+1.995)-(3.325+1.33)=1.33(kPa),液体就由毛细血管流向细胞间液,而静脉端的有效滤过压为:(1.596+1.995)-(3.325+1.33)=-1.064(kPa),液体就由细胞间液流向毛细血管内。此外,还有一部分细胞间液进入了淋巴管,经淋巴管道最后流入静脉。如果从毛细血管动脉端滤出的液体增多,或从静脉端淋巴管处回流的液体减少,则细胞间液积聚,就会导致水肿。

2. **细胞间液与细胞内液之间的物质交换** 细胞间液与细胞内液之间的交换是通过细胞膜进行的。正常情况下,细胞内、外液的渗透压基本相等,水分进出处于动态平衡状态。当细胞内外出现渗透压差别时,主要通过水的移动来维持平衡,水分虽然可以自由通过细胞膜,但主要受膜内外晶体渗透压的影响,水分一般向渗透压高处流动。当细胞外液渗透压大于内液时,水从细胞内流向细胞外,引起细胞脱水皱缩;反之水则流向细胞内,引起细胞肿胀,造成水中毒。细胞膜是一层半透膜,除大分子蛋白质外,其他离子都可以通过。离子通过细胞膜除了可从高浓度向低浓度被动转运外,还可以通过细胞膜上的 K^+-Na^+ 泵逆浓度差方向转运,从而保持细胞内液 K^+ 浓度高,而细胞外液 Na^+ 浓度高。

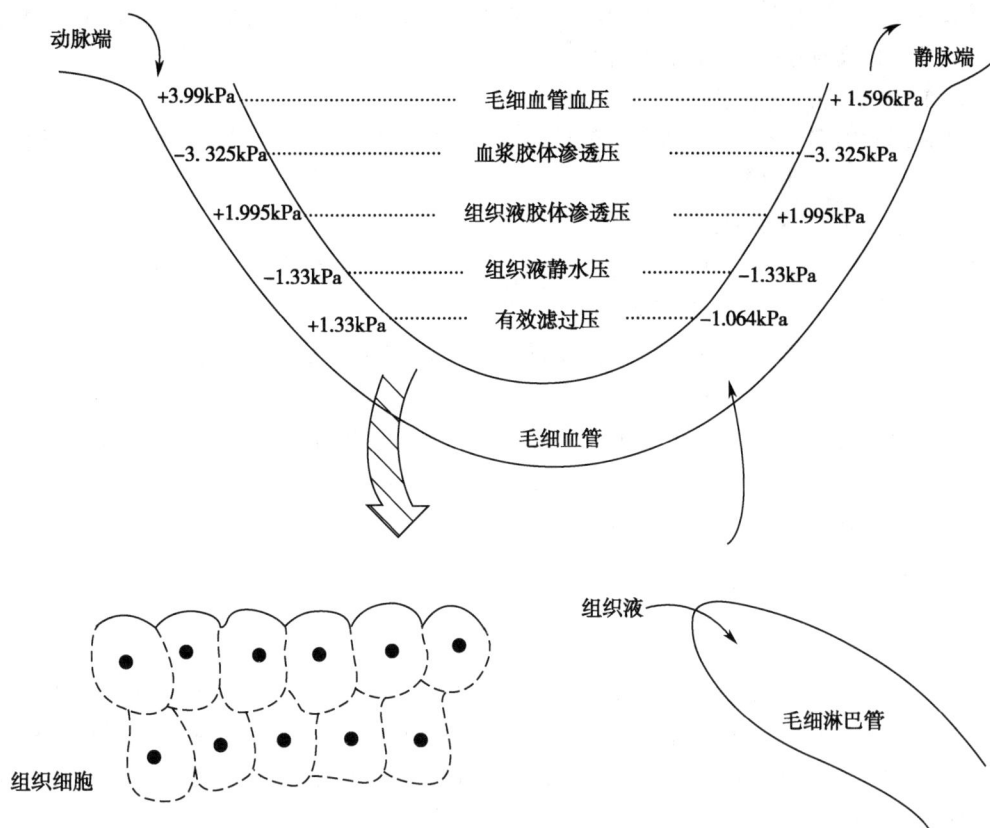

图 10-1　血浆与细胞间液中晶体液的交换

第二节　电解质代谢

一、电解质的生理功能

（一）维持体液的酸碱平衡和正常渗透压

体液电解质可形成缓冲对,如 $NaHCO_3/H_2CO_3$ 和 K_2HPO_4/KH_2PO_4 等,用于维持体液的酸碱平衡。同时,Na^+、Cl^- 维持细胞外液晶体渗透压,而 K^+、HPO_4^{2-} 则维持细胞内液晶体渗透压。Na^+、Cl^-、K^+、HPO_4^{2-} 等离子浓度的变化影响细胞内外液的容量。此外,K^+ 还可以通过细胞膜与细胞外液的 H^+ 和 Na^+ 交换,维持和调节体液的酸碱平衡。

（二）维持神经肌肉的应激性

Na^+、K^+ 可增高神经肌肉的应激性,Ca^{2+}、Mg^{2+}、H^+ 可降低神经肌肉的应激性,其关系可用下式表达:

$$神经、肌肉兴奋性 \propto \frac{[Na^+]+[K^+]}{[Ca^{2+}]+[Mg^{2+}]+[H^+]}$$

从上述关系式可以看出,当血浆 Na^+、K^+ 浓度过低时,神经肌肉的应激性降低,可出现肌肉软弱无力,甚至麻痹;而当血浆 Ca^{2+} 或 Mg^{2+} 浓度过低时,神经肌肉的应激性升高,可出现手足搐搦甚至惊厥。正常神经、肌肉兴奋性是各种离子综合影响的结果。

无机离子对心肌细胞的应激性也大有影响:

$$心肌兴奋性 \propto \frac{[Na^+]+[Ca^{2+}]}{[K^+]+[Mg^{2+}]+[H^+]}$$

血 K^+ 过高对心肌有抑制作用,可使心搏舒张期延长,心率减慢,严重时可使心跳停止于舒张期。血 K^+、Mg^{2+}、H^+ 过低常出现心律失常,使心跳停止于收缩期,而 Na^+ 和 Ca^{2+} 可拮抗 K^+ 对心肌的作用,使心肌兴奋性增高。正常的血 Na^+ 和血 Ca^{2+} 浓度可维持心肌的正常应激状态,故临床常用钠盐或钙盐治疗高血钾或高血镁对心肌所致的毒性作用。

（三）参与构成组织细胞

所有组织细胞中都有电解质。如钙、镁、磷是骨和牙的主要成分,含硫酸根的蛋白多糖则参与软骨、皮肤和角膜等组织的构成。

（四）维持细胞正常的新陈代谢

1. 某些无机离子是多种酶类的激活剂　如 Zn^{2+} 是碳酸酐酶的辅因子。K^+ 是三羧酸循环中磷酸化酶、巯基酶的激活剂。Cl^- 是唾液淀粉酶的激活剂。

2. 参与或影响物质代谢　如细胞合成糖原及蛋白质都需要 K^+ 参加。合成 1g 糖原或 1g 蛋白质分别需要 K^+ 0.15mmol 与 0.45mmol。因此,细胞合成糖原或蛋白质时 K^+ 将从细胞外液转入细胞内,而当糖原及蛋白质分解时,则有等量的 K^+ 返回细胞外液;Na^+ 参与小肠对葡萄糖的吸收和 Hb 对 CO_2 的运输;Mg^{2+} 参与蛋白质、核酸、脂类和糖类的合成;Ca^{2+} 是激素作用的第二信使等。这一切都说明无机盐在机体物质代谢及其调控中起着重要的作用。

二、体液电解质的代谢

（一）钠、氯代谢

1. 含量与分布　钠是细胞外液的主要阳离子。正常成人体内钠总量约为 1g/kg 体重。其中约 40% 存在于骨基质,约 50% 存在于细胞外液,10% 左右存在于细胞内液。正常成人体内氯含量约为 33mmol/kg 体重,婴儿含量可达 52mmol/kg 体重,其中 70% 存在于细胞外液。血清钠浓度为 135～145mmol/L,血清氯浓度为 96～108mmol/L。

2. 吸收与排泄　钠、氯主要来自于食盐(NaCl),其摄入量因个人饮食习惯不同而有很大差异。成人每日需 4.5～9.0g NaCl,低盐饮食患者,每日摄入量也不应少于 0.5～1.0g。一般情况下成人每日从食物中摄入 8～15g NaCl,NaCl 几乎全部被消化道吸收,所以体内不会缺乏钠和氯。钠的摄入量与健康的关系很密切。长期摄入高钠饮食的人,一方面可加重肾脏负担;另一方面使血容量长期处于较高水平,患高血压的可能性增大,进而可诱发心血管疾患。

钠、氯的排泄主要经肾随尿排出,消化道及汗液也能排出少量钠和氯。正常情况下,肾脏对钠的排出有很强的调控能力,其特点是多吃多排,少吃少排,不吃不排。因此,当血 Na^+ 浓度升高时,肾小管对 Na^+ 的重吸收降低,过量的钠排出体外。当血 Na^+ 浓度降低时,肾小管对 Na^+ 的重吸收加强。由于尿氯的测定比较简易,因此临床上常检验尿中氯化物,用以判断患者是否缺盐及提示缺盐的程度。

（二）钾的代谢

1. 含量与分布　K^+ 是细胞内液主要阳离子。正常成人体内钾含量为 2g/kg 体重,其中 98% 左右分布在细胞内液,细胞外液含量较少,仅 2% 左右。细胞外液钾浓度平均为 5mmol/L,与细胞内液相差约 30 倍。红细胞钾的浓度很高为 105mmol/L,故测血钾采集血样品时,应防止溶血,因红细胞破坏后大量的钾释出,造成血清钾浓度的假性高值。血清钾浓度为 3.5～5.5mmol/L。

2. 吸收与排泄　正常成人每日需钾约 2.5g。瘦肉、动物内脏、蔬菜、果仁等食物含钾量丰富,一般膳食可满足生理需要量。来自食物的钾 90% 被消化道吸收。钾在细胞内外平衡速率十分缓慢。静脉注射钾要 15h 才能达到平衡,因此,临床上补钾一定要谨慎,尽可能口服补钾。静脉补钾浓度不宜过高,量不宜过多,速度不宜过快和"见尿补钾",以免过多过快引起高血钾。

钾主要由肾脏排泄。肾脏对排钾的调控能力不强,特点是多吃多排,少吃少排,不吃也排。即使禁钾 1～2 周,肾每天仍会排出 5～10mmol 钾,因此对长期不能进食或大量输液的患者应注意补钾。由于 80%～90% 的钾经肾脏随尿排出,故临床上要"见尿补钾"。约 10% 左右的钾由粪便排出,严重腹泻时粪便中钾的排出量为正常量的 10～20 倍,此时也需要注意钾的补充。另外,汗液也可排出少量的钾。

物质代谢和体液的酸碱平衡影响 K^+ 在细胞内外分布

细胞内合成蛋白质或糖原时,K^+ 从细胞外进入细胞内;反之,当蛋白质或糖原分解时,K^+ 又返回细胞外,故临床上可同时注射葡萄糖和胰岛素以纠正高血钾。在创伤恢复期,蛋白质合成增强,大量 K^+ 从细胞外进入细胞内,可使血钾降低,此时应注意补钾;当严重创伤、组织破坏、感染或缺氧时,蛋白质分解增强,细胞释出较多的 K^+ 到细胞外,若超过肾脏排钾能力时,则可引起高血钾;机体酸中毒时,细胞外液 H^+ 与细胞内 K^+ 进行交换,以缓解酸中毒,从而导致高血钾;反之,碱中毒则可引起低血钾。

3. 低血钾与高血钾

(1) 低血钾:当血钾浓度低于 3.5mmol/L 时称低血钾。其原因主要有:①摄入过少,见于摄食障碍、禁食等。②丢失过多,见于严重腹泻、呕吐和利尿剂过多应用等。③细胞内、外分布异常,见于治疗糖尿病酸中毒时,应用大量葡萄糖和胰岛素,促进血浆 K^+ 随葡萄糖进入细胞内,又未及时补钾。此外,碱中毒也能使钾转入细胞内导致低血钾。

低血钾时神经肌肉兴奋性降低,出现肌无力,表现为倦怠、四肢无力、腹胀、呼吸困难、尿潴留等。同时,低血钾使心肌自动节律性增高,易产生期前收缩和异位心律,严重时心跳骤停在收缩状态。

(2) 高血钾:当血钾浓度高于 5.5mmol/L 时称高血钾。其主要原因为:①输入钾过多,如输钾过多过快或输入大量库存血液;②排泄障碍,常见于肾衰竭或肾上腺皮质功能减退;③细胞内钾外移,当大面积烧伤或呼吸障碍引起缺氧以及酸中毒时均可导致高血钾。

高血钾时神经肌肉应激性增高,引起肌张力增强,导致肌肉疼痛,极度疲乏,肢体湿冷、面色苍白、嗜睡等。同时,高血钾对心肌有严重毒性作用,可使心肌兴奋性及收缩力降低,出现心跳无力、心动过缓,严重时心跳骤停在舒张状态。

三、水和电解质平衡的调节

正常情况下,水和电解质在体内总是保持动态平衡,主要是由于机体可以通过神经系统和激素进行调节。

(一)神经系统的调节

中枢神经系统通过对体液渗透压变化的感受,直接影响水的摄入。"口渴"感觉是调节人体摄水量的重要手段。即口渴欲喝水,喝水就止渴。当细胞外晶体渗透压升高时,下丘脑视前区的渗透压感受器受刺激,产生兴奋并传至大脑皮质产生口渴感。通过摄入水,细胞外晶体渗透压下降,水从胞外转向胞内,渗透压恢复又重新建立平衡。反之,如果体内水增多,体液呈低渗状态,渴觉就会被抑制。

(二)激素调节

1. 抗利尿激素(ADH)调节 ADH 又称加压素,是由下丘脑视上核神经细胞分泌的九肽激素,贮存于神经垂体中。ADH 的主要功能是增强肾远曲小管和集合管对水的通透性,从而促进水的重吸收。当血浆晶体渗透压增高、循环血量减少或血压降低时,刺激下丘脑视前区渗透压感受器、左心房处的容量感受器或颈动脉窦及主动脉弓处的压力感受器,通过神经反射使神经垂体释放 ADH,使尿量减少,以维持体液渗透压的相对恒定,血容量得以恢复,血压回升。如下丘脑发生病变时,ADH 分泌释放障碍,造成尿量显著增多,每日多达 10L 以上,称为尿崩症。老年人多尿也是由于 ADH 分泌减少所致。抗利尿激素的调节作用见图 10-2。

2. 醛固酮调节 醛固酮是肾上腺皮质球状带分泌的盐皮质激素。醛固酮的主要功能是促进肾远曲小管及集合管上皮细胞分泌 K^+ 与 H^+ 以换回 Na^+,即"保钠排钾"。醛固酮的分泌受肾素-血管紧张素系统和血浆 $[Na^+]/[K^+]$ 的影响。当血容量减少或血压下降时,肾小球入球小动脉血压降低;同时肾小球滤过率减小,经过肾远曲小管致密斑的 Na^+ 减少,两者都可使肾小球旁细胞分泌肾素。另外,全身血压下降交感神经兴奋也能刺激肾小球旁细胞分泌肾素。肾素是一种蛋白水解酶,它催化血浆中血

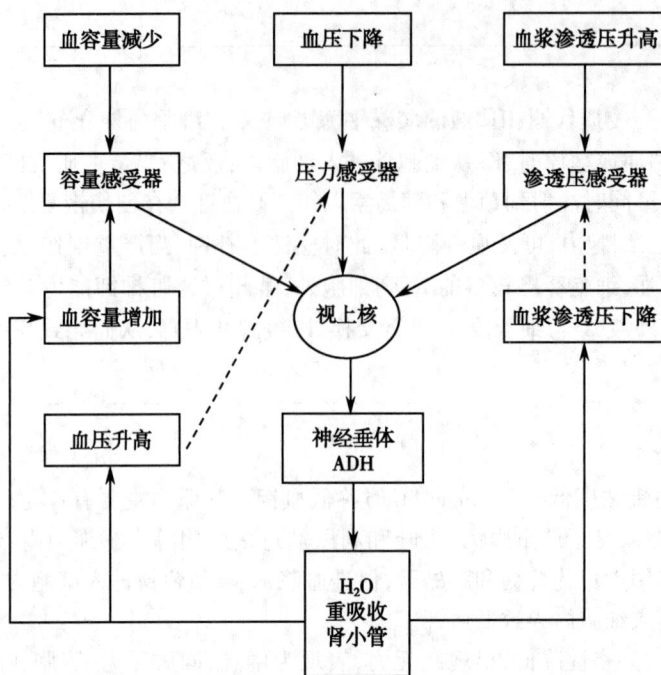

实线箭头表示促进作用,虚线箭头表示抑制作用

图 10-2 抗利尿激素调节示意图

管紧张素原转变为血管紧张素,后者能促进醛固酮分泌。

另外,当[Na^+]/[K^+]比值下降时,醛固酮分泌增加,尿中排 K^+ 增多;当[Na^+]/[K^+]比值增高,醛固酮则分泌减小,尿中排 Na^+ 增多。醛固酮的调节作用见图 10-3。

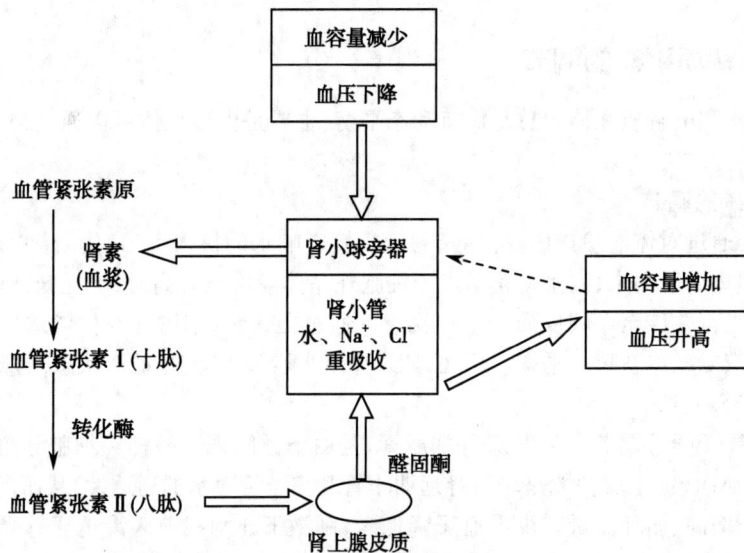

空心箭头表示促进,虚线箭头表示抑制

图 10-3 醛固酮调节示意图

3. 其他激素的调节 除以上两类激素外,还有雌激素、胰岛素、甲状腺素及心房利钠因子也可参与水电解质平衡的调节。

雌激素使水、Na^+ 潴留;胰岛素使 K^+ 进入细胞内;甲状腺素能增加 K^+ 移出细胞而从尿中排出。心钠素(ANP),又称心房肽或心房利钠因子,主要存在于哺乳动物心房肌细胞中,具有极强的利钠、利尿、扩张血管、降低血压的作用,能拮抗肾素-醛固酮系统,并能显著减轻失水失血后血浆中 ADH 水平增高的程度,故在水、电解质平衡的精确调节中起重要作用。

第三节　钙磷代谢

一、钙磷的含量与分布

钙和磷是体内含量最多的无机盐。正常成人体内钙总量为 $700 \sim 1400g$，磷的总量为 $400 \sim 800g$。其中约 99.% 的钙与 86% 的磷以羟磷灰石 $[3Ca_3(PO_4)_2 \cdot Ca(OH)_2]$ 的形式存在于骨骼和牙齿中，其余的分布于体液及软组织中。

二、钙磷的吸收与排泄

（一）钙的吸收与排泄

正常成人每天需钙量 $0.5 \sim 1.0g$。儿童、孕妇及哺乳期妇女每天需钙 $1.2 \sim 2.0g$。人体所需的钙主要来自食物，牛奶、乳制品及海产品中含钙丰富，普通膳食一般能满足成人每日钙的需要量。食物中的钙大部分以难溶的钙盐形式存在，需在消化道转变成 Ca^{2+} 才能被吸收。钙的吸收部位在小肠，以十二指肠和空肠为主。钙的吸收受下列因素的影响：

1. 维生素 D　是影响钙吸收的主要因素，因此，临床上对缺钙患者补充钙剂的同时，补给一定量的维生素 D，能收到更好的治疗效果。

2. 年龄　钙的吸收率与年龄成反比，即年龄越大，吸收率越低。平均每增加 10 岁，吸收率减少 $5\% \sim 10\%$，这是导致老年人发生骨质疏松的主要原因之一。

3. 食物成分及肠道 pH　能使肠道 pH 降低的因素均能促进钙的吸收。而食物中过多的碱性磷酸盐、草酸盐、鞣酸和植酸等，均可与钙结合形成难溶性钙盐，从而妨碍钙的吸收。此外，食物中的钙磷比例对钙的吸收也有一定影响，一般钙磷比例为 1∶1 至 1∶2 时，有利于钙的吸收。

4. 血钙的浓度　血钙浓度升高时，小肠对钙的吸收减少，反之，血钙浓度下降时，则小肠对钙的吸收加强。

人体每日摄入的钙约 80% 由肠道排出，20% 由肾脏排出。正常人每日吸收与排出的钙大致相等，多吃多排，少吃少排，保持动态平衡。

（二）磷的吸收与排泄

正常成人每日需磷量 $1.0 \sim 1.5g$，食物中的磷大部分以磷酸盐、磷蛋白或磷脂的形式存在，磷较钙易于吸收，吸收率为 70%，主要吸收部位为空肠。影响磷吸收的因素大致与钙相似。磷主要由肾脏排出，尿磷排出量占总排出量的 $60\% \sim 80\%$。由粪排出的只占总排出量的 $20\% \sim 40\%$。当血磷浓度降低时，肾小管对磷的重吸收增强。由于磷主要由肾脏排出，故当肾功能不全时，可引起高血磷。

三、钙磷的生理功能

钙、磷是构成骨骼和牙齿的主要原料。此外，分布于各种体液及软组织中的钙和磷，虽然含量只占其总量的极小部分，但却具有重要的生理功能。

（一）Ca^{2+} 的生理作用

1. 可降低神经肌肉的应激性，当血浆 Ca^{2+} 浓度降低时，可造成神经肌肉的应激性增高，以致发生抽搐。

2. 能降低毛细血管及细胞膜的通透性，临床上常用钙制剂治疗荨麻疹等过敏性疾病以减轻组织的渗出性病变。

3. 能增强心肌收缩力，与促进心肌舒张的 K^+ 相拮抗，维持心肌的正常收缩与舒张。

4. 是凝血因子之一，参与血液凝固过程。

5. 是体内许多酶的激活剂或抑制剂。

6. 作为激素的第二信使，在细胞的信息传递中起重要作用。

（二）磷的生理作用

1. 是体内许多重要化合物如核苷酸、核酸、磷蛋白、磷脂及多种辅酶的重要组成成分。

2. 以磷酸基的形式参与体内糖、脂类、蛋白质、核酸等物质代谢及能量代谢。

3. 参与物质代谢的调节,蛋白质磷酸化和脱磷酸化是酶共价修饰调节最重要、最普遍的调节方式。

4. 血液中的磷酸盐是构成血液缓冲体系的重要组成成分,参与体内酸碱平衡的调节。

四、血钙与血磷

(一)血钙

血液中的钙几乎全部存在于血浆中,血钙浓度为 2.25~2.75mmol/L,血浆钙有三种存在形式:

1. **蛋白结合钙** 占血钙总量的 45%,是指与血浆蛋白结合的钙,它不易透过毛细血管壁,因而也不易从肾小球滤过丢失,称为非扩散钙。

2. **络合钙** 是指与柠檬酸、乳酸等结合在一起,形成的可溶性络合物。这种钙含量较少,约占血钙总量的 5%,可通过毛细血管壁。

3. **离子钙** 占血浆总钙的 50%,易通过毛细血管壁,它与上述两种钙处于动态平衡,其含量与血液 pH 有关。血浆钙离子浓度与血液 pH 的关系可用下式表示:

$$[Ca^{2+}] = K\frac{[H^+]}{[HCO_3^-] \times [HPO_4^{2-}]} \quad (\text{式中 K 为常数})$$

由此可见,不仅 H^+ 浓度可影响血浆 Ca^{2+} 的浓度,血浆 HPO_4^{2-} 或 HCO_3^- 浓度也可影响血浆 Ca^{2+} 的浓度。pH 下降时,血浆清蛋白带负电荷减少,与之结合的钙游离出来,使 Ca^{2+} 升高;相反,当 pH 升高时,血浆 Ca^{2+} 与血浆蛋白结合加强,此时即使血浆总钙量不变,但 Ca^{2+} 浓度下降。因此,碱中毒时神经肌肉兴奋性增强,患者常出现手足搐搦。

(二)血磷

血磷通常是指血浆无机磷酸盐中所含的磷,血浆无机磷酸盐主要以 HPO_4^{2-} 和 $H_2PO_4^-$ 形式存在。正常成人血磷浓度约为 1.2mmol/L,儿童稍高。血磷不如血钙稳定,其浓度可受生理因素影响而变动,如体内糖代谢增强时,血中无机磷进入细胞,形成各种磷酸酯,使血磷浓度下降。

(三)血钙和血磷的平衡

血浆中钙、磷之间的关系密切,二者的浓度保持一定的数量关系。正常成人每 100ml 血浆中钙磷浓度以 mg 表示时,钙磷乘积为 35~40。当两者乘积大于 40 时,则表示钙和磷以骨盐形式沉积于骨组织,骨的钙化正常;若两者乘积小于 35 时,则提示骨的钙化将发生障碍,甚至促使骨盐溶解,影响成骨作用,引起佝偻病或软骨病。

五、钙磷代谢的调节

甲状旁腺素、降钙素和 1,25-$(OH)_2$-D_3 是调节钙磷代谢的三种主要因素。它们主要通过影响小肠对钙磷的吸收、钙磷在骨组织与体液间的平衡以及肾脏对钙磷的排泄,从而维持体内钙磷代谢的正常进行。

(一)甲状旁腺素的调节

甲状旁腺素(PTH)是由甲状旁腺主细胞合成及分泌的一种由 84 个氨基酸残基组成的单链多肽激素。它的分泌受血液钙离子浓度的调节,当血钙浓度升高时,PTH 分泌减少,当血钙浓度降低时,PTH 的分泌增加,血钙浓度与 PTH 的分泌呈负相关。PTH 主要靶器官为骨和肾,其次是小肠。

1. **对骨的作用** 能促使骨组织中的间叶细胞转化为破骨细胞,使骨组织中破骨细胞数量增多,活性增强。抑制破骨细胞转化为成骨细胞。

2. **对肾的作用** 能促进肾远曲小管对钙的重吸收,抑制对磷的重吸收,使血钙升高,血磷降低。

3. **对小肠的作用** 能促进小肠对钙磷的吸收。

综上所述,PTH 具有升高血钙、降低血磷的作用。

(二)降钙素的调节

降钙素(CT)是甲状腺滤泡旁细胞(C 细胞)分泌的一种单链 32 肽激素,它的分泌直接受血钙浓度控制,随着血钙浓度的升高分泌增加,两者呈正相关。

1. 对骨的作用 CT 能抑制间叶细胞转化为破骨细胞,抑制破骨细胞活性,阻止骨盐溶解及骨基质分解,同时能促进破骨细胞转化为成骨细胞,并增强其活性,使钙和磷在骨组织沉积,结果导致血钙、血磷降低。

2. 对肾的作用 抑制肾近曲小管对钙、磷的重吸收,使尿钙、尿磷排出增加。抑制 $1,25-(OH)_2-D_3$ 的生成,从而间接抑制小肠对钙、磷的吸收。

综上所述,CT 具有降低血钙、血磷的作用。

（三）$1,25-(OH)_2-D_3$ 的调节

1. 对小肠的作用 促进小肠对钙、磷的吸收,维持血钙和血磷的正常水平,是其最主要的功能。$1,25-(OH)_2-D_3$ 能促进小肠黏膜合成钙结合蛋白和 Ca^{2+}-ATP 酶,促进 Ca^{2+} 的吸收和转运,Ca^{2+} 吸收的同时伴随磷的吸收。

2. 对骨的作用 一方面能增强破骨细胞的活性,促进骨盐溶解,另一方面促进骨的钙化。

3. 对肾的作用 促进肾脏近曲小管对钙和磷的重吸收,减少尿钙、尿磷的排出。

综上所述,$1,25-(OH)_2-D_3$ 具有升高血钙、血磷的作用。

总之,在正常人体内,通过 PTH、CT 和 $1,25-(OH)_2-D_3$ 三者相互联系,相互制约,相互协调,共同维持血钙和血磷浓度的动态平衡,促进骨的代谢。

钙磷代谢的
调节

六、钙磷代谢紊乱与疾病

钙磷参与体内许多重要物质的代谢,所以钙磷代谢紊乱可引起许多疾病。

（一）高钙血症

可因甲状旁腺功能亢进、维生素 D 中毒、高蛋白血症、肾衰竭、恶性肿瘤等引起。临床表现与血钙升高幅度和速度有关。可见软弱无力、厌食、便秘、恶心、呕吐、腹泻等。

（二）低钙血症

可因甲状旁腺功能减退或甲状腺手术误伤甲状旁腺、维生素 D 缺乏、镁缺乏、高磷酸盐血症、急性胰腺炎和输入大量枸橼酸血等原因引起。

临床表现为手足搐搦、癫痫样发作、低钙击面征（Chvostek 征）和低钙束臂征（Trousseau 征）阳性、喉鸣（喉肌痉挛）、情绪不稳、颅内压增高、视盘水肿、脱发、皮肤干燥、角膜炎、结膜炎和白内障等。

（三）高磷血症

由于甲状旁腺功能减退症、肾衰竭、维生素 D 中毒、甲状腺功能亢进均可引起高磷血症。大多数高磷血症患者无症状,如果同时有低钙血症,可以出现低钙血症症状。

（四）低磷血症

一般饮食中磷酸盐含量充分,临床上低磷血症较少见。但以下几种因素可引起低磷血症:①禁食特别是进行静脉高营养的患者,因葡萄糖可增加细胞对磷酸盐的摄取,导致低血磷;②长期服用氢氧化铝、氢氧化镁或碳酸铝一类结合剂,抑制磷酸盐的肠腔吸收;③糖酵解及碱中毒,可迅速消耗细胞内磷酸盐的浓度,增加细胞对磷酸盐的摄入;④甲状旁腺功能亢进;⑤维生素 D 缺乏;⑥范科尼氏综合征等。

知识拓展

抗维生素 D 佝偻病

抗维生素 D 性佝偻病（vitamin D-resistant rickets）有低血磷性和低血钙性两种。多见的是低血磷性抗维生素 D 佝偻病,又称家族性低磷血症。该病主要是由于位于 X 染色体上的 *phex* 基因的突变,肾脏合成 1,25-二羟维生素 D_3 减少或细胞对 1,25-二羟维生素 D_3 反应降低,导致肾小管重吸收磷减少,小肠对钙、磷的吸收亦减少。血磷降低,一般在 0.65~0.97mmol/L 之间,钙磷乘积多在 30 以下,骨质不易钙化。

笔记

第四节 微 量 元 素

人体是由 50 多种元素所组成。根据元素在人体内的含量不同,可分为宏量元素和微量元素两大类。凡是占人体总重量的万分之一以上的元素,如碳、氢、氧、氮、磷、硫、钙、镁、钠、钾等,称为宏量元素;凡是占人体总重量的万分之一以下的元素,如铁、锌、铜、锰、铬、硒、钼、钴、氟等,称为微量元素。微量元素主要来源于食物,虽然在人体内的含量很少,但与人的生存和健康息息相关,对人的生命起至关重要的作用。它们的摄入过量、不足、不平衡或缺乏都会不同程度地引起人体生理的异常或发生疾病。

一、铁

(一)含量与分布

成人体内含铁量为 3~5g。铁在体内分布很广,几乎所有的组织都含有铁。铁在人体内可分为两类:一类是功能铁,主要分布在血红蛋白、肌红蛋白,另一类是储存铁,以铁蛋白和含铁血黄素形式贮存于单核、吞噬细胞系统中(骨髓、肝、脾等)。

(二)吸收与排泄

铁的每日需要量,儿童、成年男子和绝经期妇女为 0.5~1.0mg,月经期妇女为 1.5~2.0mg,孕妇为 2.0~2.5mg。人体内铁的来源:一是食物铁,一般膳食中含铁 10~15mg/d,吸收率在 10% 以下。二是体内血红蛋白分解释放的铁,成人每日红细胞衰老破坏可释放约 25mg 的铁,80% 用于重新合成血红蛋白,20% 以铁蛋白等形式储存备用。

铁的吸收部位在十二指肠及空肠上段,Fe^{2+} 较 Fe^{3+} 易吸收。胃酸、维生素 C、半胱氨酸、谷胱甘肽等可使 Fe^{3+} 还原成 Fe^{2+},促进铁吸收;柠檬酸、苹果酸、氨基酸、果糖、胆汁酸可与铁结合成可溶性复合物,有利于铁的吸收;植酸、草酸、鞣酸等可与铁形成不溶性铁盐而阻碍铁的吸收。正常人排铁量很少,每天排泄 0.5~1mg,主要通过肾脏、粪便和汗腺排泄,女性月经期、哺乳期也丢失部分铁。

(三)生物学作用及缺乏症

铁是血红蛋白、肌红蛋白、细胞色素等的组成成分,它与细胞的运氧功能、能量代谢及多种物质的代谢密切相关。此外铁还是过氧化氢酶等的辅因子。缺铁可导致贫血,未成年人缺铁还可导致生长发育迟缓,免疫功能降低。误服过量铁制剂可出现急性胃肠刺激症状及呕吐、黑色粪便等。慢性铁过多可出现肤色变深,甚至肝硬化等。

二、锌

(一)含量与分布

人体内含锌约(2~3)g,分布于全身许多组织。以视网膜、胰腺及前列腺含锌较高。

(二)吸收与排泄

成人每日需要量为 15~20mg,主要在十二指肠和空肠吸收,锌主要通过粪便排出,部分由尿、汗液、乳汁及头发排泄。

(三)生物学作用及缺乏症

锌是 200 多种酶的组成成分或激活剂,在体内发挥着重要作用:参与 DNA、RNA 的合成及蛋白质生物合成等,促进生长发育;参与免疫、防御功能;锌还参与胰岛素合成;与感觉功能、性器官的发育、生育等均有密切关系。儿童缺锌可引起生长发育迟缓,生殖器发育受损,伤口愈合迟缓,皮肤干燥,味觉减退等表现。

三、铜

(一)含量与分布

正常人体内含铜 100~200mg,以肝、脑、心及肾脏含量最高。其次为脾、肺和肠,肌肉和骨骼含量较低。

（二）吸收与排泄

主要吸收部位是十二指肠和空肠。铜被吸收进入血液与清蛋白结合,运到肝细胞代谢,主要参与铜蓝蛋白的合成,然后再进入血浆。体内的铜主要由肝经胆汁分泌到肠道排出体外,少量随尿排出。

（三）生物学作用与缺乏症

铜是细胞色素氧化酶的组成部分;血浆铜蓝蛋白可将 Fe^{2+} 氧化为 Fe^{3+} 促进铁与铁蛋白结合而运输,故缺铜时可出现贫血;铜是酪氨酸酶的组成成分,该酶可催化酪氨酸转化为黑色素,故缺铜时可导致毛发脱色。

四、碘

（一）含量与分布

正常成人体内碘含量为 $25\sim50mg$,大部分集中于甲状腺中,骨骼肌次之,主要为有机碘。

（二）吸收与排泄

成人每日需要量为 $0.1\sim0.15mg$。食物中的碘在肠道还原为碘离子后迅速吸收,碘主要经肾脏随尿排出,少部分经胆汁排入肠道随粪便排出。

（三）生物学作用与缺乏症

主要参与合成甲状腺激素,适量的甲状腺激素可促进蛋白质合成,促进机体的生长发育,稳定中枢神经系统的结构和功能。成人缺碘可导致地方性甲状腺肿。婴儿缺碘可导致生长发育停滞,智力低下,甚至痴呆、聋哑形成克汀病。

五、硒

（一）含量与分布

成人体内硒含量为 $14\sim21mg$,主要存在于肝、胰、肾中。

（二）吸收与排泄

食物中的硒主要在十二指肠吸收。人体对低分子量有机基团结合的硒,如硒代甲硫氨酸、硒代胱氨酸较易吸收。食物中含砷化合物及硫化物、汞、镉、铜、锌过多时可影响硒的吸收。维生素 E 促进硒的吸收。硒主要随尿排出,部分经胆汁由粪便排出,少量也可通过汗腺、肺和乳汁排出。

（三）生物学作用与缺乏症

硒是谷胱甘肽过氧化物酶重要组成成分,使有毒的过氧化物还原,并分解 H_2O_2 和清除体内自由基,防止脂质过氧化作用,从而维持生物膜正常结构和功能;参与辅酶 A 和辅酶 Q 的合成;保护视器官的功能健全;提高机体免疫功能;保护心血管和心肌;硒还具有抗癌作用,是肝癌、乳腺癌、皮肤癌、结肠癌、鼻咽癌及肺癌等的抑制剂。硒缺乏与多种疾病的发生有关,如克山病、心肌炎、扩张型心肌病、大骨节病及碘缺乏病等。硒过多也会对人体产生毒性作用,如脱发、指甲脱落、周围性神经炎、生长迟缓及生育力降低等。

六、氟

（一）含量与分布

人体内氟含量为 $2\sim3g$,其中 90% 存在于骨骼与牙齿中。

（二）吸收与排泄

天然的氟化合物水溶性较高,膳食氟的主要来源是水,饮水中的可溶性氟几乎全部被胃肠道吸收,以离子形式随血液运到各组织利用。体内的氟大部分随尿排出,少部分可由粪便或汗腺排出。

（三）生物学作用与缺乏症

氟在骨骼及牙齿的形成中有重要的作用,氟可以防止龋齿的发生和骨质疏松。氟缺乏时易发生龋齿,常见于儿童;老年人缺氟常可导致骨质疏松,易发生骨折。氟中毒主要见于高氟地区居民,主要表现为氟斑牙和氟骨症。

第五节　酸　碱　平　衡

机体通过调节使体液 pH 稳定在恒定范围内的过程称为酸碱平衡。酸碱平衡的调节主要依赖于血液的缓冲系统、肺的调节和肾脏的调节三个因素。

一、体内酸碱物质的来源

（一）酸性物质的来源

凡能释放出 H^+ 的化学物质称为酸。酸性物质可分为挥发性酸和固定酸两大类。

1. 挥发性酸（碳酸）　成人每天可产生约 350L（约 15mol）的 CO_2。CO_2 主要在红细胞内碳酸酐酶（CA）的催化下与水结合生成碳酸。碳酸随血液循环运至肺部后重新分解成 CO_2 并呼出体外，故称碳酸为挥发性酸。

2. 固定酸　是体内除碳酸外所有酸性物质的总称，因不能由肺呼出，而只能通过肾脏由尿液排出故称固定酸。成人每天产生乳酸、丙酮酸、β-羟丁酸、乙酰乙酸、磷酸和硫酸等固定酸 $50 \sim 100mmol$。

（二）碱性物质的来源

碱性物质主要来源于食物，如柠檬酸和苹果酸的钾盐或钠盐等，这些有机酸根在体内氧化生成 CO_2 和 H_2O，剩下的 Na^+、K^+ 则与 HCO_3^- 结合生成碳酸氢盐。故蔬菜和水果称为成碱食物。此外，来源于某些药物，如碳酸氢钠等。

体内酸性物质的来源多于碱性物质，故机体对酸碱平衡的调节以对酸的调节为主。

二、酸碱平衡的调节

体内酸碱平衡的调节主要依赖于血液的缓冲作用、肺的调节及肾脏的调节三个因素。

（一）血液的缓冲作用

无论是何种来源的酸、碱性物质，都要先经血液缓冲体系缓冲，因此在体液的多种缓冲体系中，血液缓冲体系最为重要。

血液的缓冲系统存在于血浆和红细胞中，血浆中以碳酸氢盐缓冲体系最重要，红细胞中以血红蛋白和氧合血红蛋白缓冲体系最重要。

血浆缓冲体系：

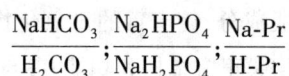

$$\frac{NaHCO_3}{H_2CO_3}, \frac{Na_2HPO_4}{NaH_2PO_4}, \frac{Na-Pr}{H-Pr}$$

（Pr：血浆蛋白）

红细胞缓冲体系：

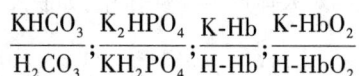

$$\frac{KHCO_3}{H_2CO_3}, \frac{K_2HPO_4}{KH_2PO_4}, \frac{K-Hb}{H-Hb}, \frac{K-HbO_2}{H-HbO_2}$$

（Hb：血红蛋白；HbO_2：氧合血红蛋白）

血浆 pH 取决与血浆中 $[NaHCO_3]$ 与 $[H_2CO_3]$ 比值。正常条件下，血浆 $[NaHCO_3]$ 约为 24mmol/L，$[H_2CO_3]$ 约为 1.2mmol/L，两者比值为 $24/1.2 = 20/1$。根据亨德森-哈塞巴（Henderson-Hasselbach）方程式计算血浆 pH。

$$pH = pK_a + \lg \frac{[NaHCO_3]}{[H_2CO_3]}$$

pK_a 是 H_2CO_3 解离常数的负对数，37℃时为 6.1。

$$pH = 6.1 + \lg 20/1 = 6.1 + 1.3 = 7.4$$

由此可见，无论血浆中 $[NaHCO_3]$ 和 $[H_2CO_3]$ 如何变化，只要两者的浓度比值为 20：1，血浆 pH 即为 7.4。酸碱平衡的调节就是调节 $[NaHCO_3]$ 与 $[H_2CO_3]$ 的比值来维持血浆 pH 相对恒定。$NaHCO_3$ 浓度可反应体内的代谢概况,受肾脏的调节,称为代谢性因素。H_2CO_3 浓度可反映肺的通气情况,受呼吸作用的调节,称为呼吸性因素。

1. 对固定酸的缓冲作用 代谢过程中产生的磷酸、硫酸、乳酸等固定酸(H-A)进入血浆时,主要由 $NaHCO_3$ 中和,使酸性较强的固定酸转变为酸性较弱的 H_2CO_3。H_2CO_3 则进一步分解为 CO_2 和 H_2O,CO_2 可经肺呼出体外而不至于使血浆 pH 有较大变动。对固定酸的缓冲作用可表示如下:

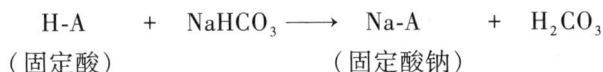

$$H\text{-}A + NaHCO_3 \longrightarrow Na\text{-}A + H_2CO_3$$
（固定酸） （固定酸钠）

另外,血浆中其他缓冲体系也有一定的缓冲作用:

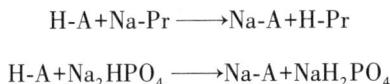

$$H\text{-}A + Na\text{-}Pr \longrightarrow Na\text{-}A + H\text{-}Pr$$

$$H\text{-}A + Na_2HPO_4 \longrightarrow Na\text{-}A + NaH_2PO_4$$

2. 对碱性物质的缓冲作用 碱性物质进入血液以后,主要由血浆中的 H_2CO_3 缓冲,使碱性变弱。

$$Na_2CO_3 + H_2CO_3 \longrightarrow 2NaHCO_3$$

另外,血浆中的 NaH_2PO_4 及 H-Pr 也有一定的缓冲作用。

3. 对挥发性酸的缓冲作用 各组织细胞在代谢过程中产生的 CO_2 在通过肺呼出之前主要经红细胞中的血红蛋白缓冲体系缓冲,此缓冲作用伴随血红蛋白的运氧过程。

当血液流经组织时,组织的 PCO_2 大于 PO_2,组织中的 CO_2 可经毛细血管壁迅速扩散入血浆,其中大部分 CO_2 继续扩散入红细胞,在红细胞中碳酸酐酶的催化下生成 H_2CO_3,后者可解离为 H^+ 和 HCO_3^-。同时,红细胞中的 HbO_2 释放出 O_2 后转变为 Hb^-,其中的 H^+ 与 HbO_2 释放出 O_2 后转变而成的 Hb^- 结合生成 HHb 而被缓冲。红细胞内 HCO_3^- 因浓度增高而向血浆扩散。此时红细胞内 K^+ 不能随 HCO_3^- 逸出,血浆中等量的 Cl^- 进入红细胞以维持电荷平衡。

在肺部,由于肺泡中 PO_2 高,PCO_2 低,当血液流经肺部时,HHb 解离成 H^+ 和 Hb^-,Hb^- 和 O_2 结合形成 HbO_2,H^+ 与 HCO_3^- 结合生成 H_2CO_3,经 CA 催化分解成 CO_2 和 H_2O,CO_2 从红细胞扩散入血浆后,再扩散入肺泡而呼出体外。

此时,红细胞中的 HCO_3^- 很快减少,继而血浆中的 HCO_3^- 进入红细胞,与红细胞内的 Cl^- 进行又一次等量交换。

（二）肺对酸碱平衡的调节作用

肺通过改变 CO_2 呼出量来调节血浆 H_2CO_3 的浓度。肺呼出 CO_2 的作用受呼吸中枢的调节,而呼吸中枢的兴奋性又受血液中 PCO_2 及 pH 的影响。当动脉血 PCO_2 增高或 pH 降低,均可刺激呼吸中枢,引起呼吸加深加快,呼出 CO_2 增多,使 H_2CO_3 降低。当动脉血 PCO_2 降低或 pH 升高对呼吸中枢产生抑制,呼吸变浅变慢,减少排出 CO_2,使 H_2CO_3 升高。肺的调节作用较迅速,正常情况下 $10\sim30min$ 内即可完成。

（三）肾对酸碱平衡的调节作用

肾脏主要通过排出机体在代谢过程中产生的过多的酸或碱和重吸收 $NaHCO_3$ 来调节血浆中 $NaHCO_3$ 浓度,以维持血浆 pH 的恒定。肾脏的调节主要有以下三种方式:

1. H^+-Na^+ 交换

（1）$NaHCO_3$ 的重吸收:$NaHCO_3$ 的重吸收主要在肾脏的近曲小管,血浆 $[NaHCO_3]$ 低于 28mmol/L 时,原尿中 $NaHCO_3$ 可完全被重吸收。当超过此值时,则不能完全吸收,多余部分随尿排出体外。肾小管上皮细胞内有碳酸酐酶,此酶可催化 CO_2 和 H_2O 反应生成 H_2CO_3,H_2CO_3 可解离为 H^+ 和 HCO_3^-。H^+ 分泌到管腔内与 $NaHCO_3$ 解离出的 Na^+ 进行交换。换回的 Na^+ 与上皮细胞内的 HCO_3^- 生成 $NaHCO_3$ 重吸收入血。交换进入肾小管腔的 H^+ 与 HCO_3^- 合成 H_2CO_3,进而分解为 CO_2 和 H_2O,CO_2 可扩散进入肾小管上皮细胞被重新利用,H_2O 则随尿排出（图 10-4）。

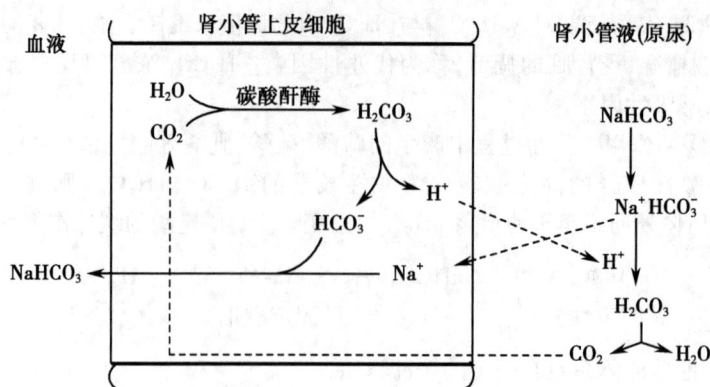

图 10-4 H^+-Na^+ 交换与 $NaHCO_3$ 重吸收

（2）尿液的酸化：正常人血浆中 $[Na_2HPO_4]/[NaH_2PO_4]=4:1$。原尿保持此比值，肾小管上皮细胞分泌至管腔的 H^+ 还可与 Na_2HPO_4 解离出的 Na^+ 进行交换，使 Na_2HPO_4 转变为 NaH_2PO_4 随尿排出。重吸收的 Na^+ 与上皮细胞内的 HCO_3^- 重新合成 $NaHCO_3$（图 10-5）。

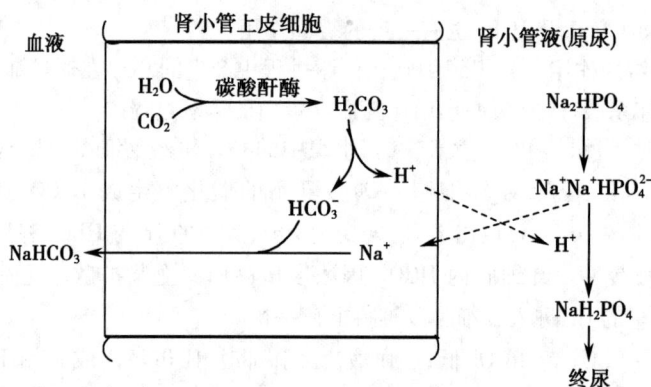

图 10-5 H^+-Na^+ 交换与尿液酸化

通过交换，绝大部分的 Na_2HPO_4 转变为 NaH_2PO_4，使终尿的 pH 降到 4.8，这一过程称为尿液的酸化。

2. NH_4^+-Na^+ 交换 肾小管上皮细胞有泌 NH_3 的功能。肾脏中的 NH_3 主要来源于谷氨酰胺水解及氨基酸脱氨基作用。分泌管腔的 NH_3 与 H^+ 合成 NH_4^+ 并与 Na^+ 进行交换，NH_4^+ 以铵盐形式随尿排出，进入肾小管上皮细胞的 Na^+ 则与 HCO_3^- 重新合成 $NaHCO_3$（图 10-6）。

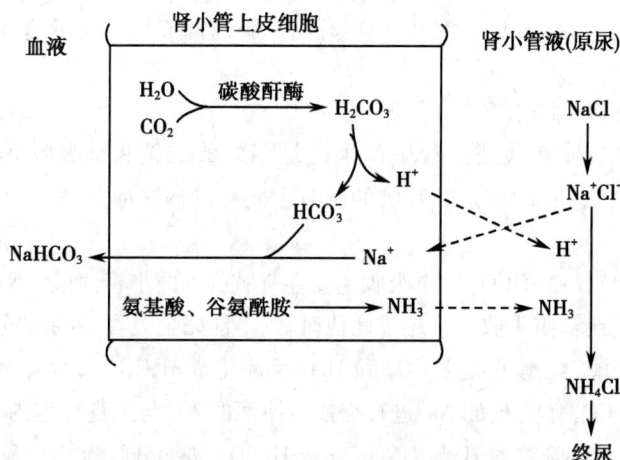

图 10-6 NH_4^+-Na^+ 交换与铵盐的排泄

3. K$^+$-Na$^+$交换　肾小管上皮细胞有泌 K$^+$功能,K$^+$-Na$^+$交换与 H$^+$-Na$^+$交换是竞争关系。当高血钾时,K$^+$-Na$^+$交换增强,H$^+$-Na$^+$交换减弱,肾脏排酸减少,产生酸中毒。而当低血钾时,K$^+$-Na$^+$交换减弱,H$^+$-Na$^+$交换增强,产生低钾性碱中毒。

三、酸碱平衡的主要生化诊断指标

（一）血浆 pH

pH 是血浆中 H$^+$浓度的负对数(pH = $-$lg[H$^+$])。正常人动脉血 pH 变动范围为 7.35~7.45。pH>7.45 为失代偿性碱中毒;pH<7.35 为失代偿性酸中毒。

血液 pH 测定只能确定失代偿性酸、碱中毒,而代偿性酸、碱中毒血液 pH 正常,因此,血液 pH 正常并不能说明体内无酸碱平衡紊乱。另外,单凭 pH 不能区别代谢性还是呼吸性酸、碱失常。

（二）血浆二氧化碳分压（PCO$_2$）

指物理溶解在血浆的 CO$_2$ 所产生的张力。正常人动脉血 PCO$_2$ 为 4.5~6.0kPa(35~45mmHg),平均 5.3kPa(40mmHg)。PCO$_2$<4.5kPa,表示肺通气过度,CO$_2$ 排出过多见于呼吸性碱中毒或代偿后的代谢性酸中毒;PCO$_2$>6.0kPa,表示肺通气不足,有 CO$_2$ 潴留,见于呼吸性酸中毒或代偿后的代谢性碱中毒。

（三）实际碳酸氢盐（AB）与标准碳酸氢盐（SB）

AB 是指在隔绝空气的条件下,在实际体温、PCO$_2$ 和氧饱和度情况下测得的血浆中 NaHCO$_3$ 的真实含量。AB 是代谢性酸碱中毒的重要指标,但受呼吸影响。动脉血 AB 的参考值:22~27mmol/L。

SB 指标准条件下(37℃、PCO$_2$5.3kPa、Hb 的氧饱和度为 100%)测定出的血浆中的 NaHCO$_3$ 的含量。较好地反映了代谢因素的变化,不受呼吸性成分的影响。动脉血 SB 的正常参考值:22~27mmol/L。正常人 AB=SB。若 AB=SB,两者均降低,表示代谢性酸中毒;反之,AB=SB 但两者均升高,则表示代谢性碱中毒。

AB 与 SB 数值之差反映呼吸性因素对酸碱平衡的影响程度。若 AB>SB,则表示体内 CO$_2$ 潴留,PCO$_2$>5.3kPa,肾脏代偿使 AB 增多,提示有呼吸性酸中毒;若 AB<SB,则表明 CO$_2$ 呼出过多,PCO$_2$<5.3kPa,肾脏代偿作用使 AB 减少,提示有呼吸性碱中毒。

（四）缓冲碱（BB）

BB 是指全血中存在的具有缓冲作用的所有阴离子总和,包括 HCO$_3^-$、Hb,血浆蛋白及少量的有机酸盐和无机酸盐。较 AB、BB 更全面反映了中和酸的能力。

BB 正常参考范围 45~55mmol/L,平均值 50mmol/L。

BB 能反映机体对酸碱平衡紊乱时总的缓冲能力,可更全面地反映体内碱储备的情况。它不受呼吸因素和二氧化碳改变的影响。BB 增高常见于代谢性碱中毒,BB 减低常见于代谢性酸中毒。呼吸性酸碱平衡紊乱时,随着肾脏的代偿作用,BB 继发性的升高或降低。

（五）碱剩余（BE）

BE 是指在标准条件下(37℃、PCO$_2$5.3kPa、Hb 的氧饱和度为 100%),将 1L 血液的 pH 调至 7.40 时所消耗的酸量或碱量。如果是用酸滴定,表示碱剩余,结果用“+”表示;如果是用碱滴定,表示碱欠缺,结果则用“$-$”表示。血浆 BE 的正常参考范围为$-$3.0~+3.0mmol/L。BE>+3.0mmol/L 时,表示体内碱剩余,为代谢性碱中毒;BE<$-$3.0mmol/L 时,表示体内碱欠缺,为代谢性酸中毒。

BE 不受呼吸的影响,比较真实地反映缓冲碱的过剩或不足,是判断代谢性酸碱平衡紊乱的重要指标。BE(即正值)增高,为碱过多,即为代谢性碱中毒;BE(即负值)增加,提示碱不足,为代谢性酸中毒。

（六）阴离子间隙（AG）

AG 指血浆中未测定的阴离子(UA)与未测定的阳离子(UC)的差值。AG 的正常值为 8~16mmol/L,平均值为 12mmol/L。目前多以 AG>16mmol/L 作为判断是否 AG 增高型代谢性酸中毒的界限。

AG 的测定对鉴别不同类型的代谢性酸中毒有重要的指导意义。AG 增高的代谢性酸中毒,多见于固定酸产生过多引起的酸中毒,如:糖尿病酮症酸中毒或各种原因引起的乳酸增多以及肾脏排酸障碍等所致的酸中毒时,血浆 HCO$_3^-$ 浓度降低,有机酸根(乳酸、乙酰乙酸、β-羟丁酸等)、磷酸根等负离子增多,但 Cl$^-$ 并不增高。AG 正常的代谢性酸中毒,多见于 HCO$_3^-$ 大量丢失或肾回收 HCO$_3^-$障碍引

肾脏组织结构图

起的酸中毒。此时,血浆 HCO_3^- 浓度降低,但血 Cl^- 浓度呈代偿性升高,故 AG 不变。AG 降低在诊断酸碱平衡紊乱方面意义不大。

四、常见酸碱平衡失调

当体内酸性或碱性物质产生过多或不足,肺和肾脏的调节功能不健全,消耗过多的缓冲体系并得不到补充,就会发生酸碱平衡失调。若血浆中 $NaHCO_3/H_2CO_3$ 比值<20/1,血浆 pH 降低称为酸中毒;若 $NaHCO_3/H_2CO_3$ 比值>20/1,血浆 pH 升高称为碱中毒。由于 $NaHCO_3$ 的改变主要由机体代谢因素变化所致,故将血浆 $NaHCO_3$ 水平下降造成的酸中毒称为代谢性酸中毒,而 $NaHCO_3$ 增多造成的碱中毒,称为代谢性碱中毒。与之相应的是 H_2CO_3 的改变代表机体呼吸因素的变化,故将 H_2CO_3 增多造成的酸中毒称为呼吸性酸中毒,而 H_2CO_3 减少所造成的碱中毒称为呼吸性碱中毒。发生酸碱平衡紊乱后,机体通过血液缓冲体系、肺呼吸及肾脏排泄的调节作用,恢复 $NaHCO_3/H_2CO_3$ 比值至正常水平,称为代偿过程。

经过代偿 $NaHCO_3/H_2CO_3$ 比值恢复在 20/1,血液 pH 维持在 7.35~7.45 之间,这种情况称为代偿性酸中毒或代偿性碱中毒。如果病情严重超出了机体能够调节的限度,不能使 $NaHCO_3/H_2CO_3$ 比值恢复到正常范围,pH 的变化超出正常值范围,这种情况称为失代偿性酸中毒或失代偿性碱中毒。酸碱平衡紊乱有单纯性酸碱平衡紊乱和混合性酸碱平衡紊乱,单纯性酸碱平衡紊乱分为以下四种类型:

（一）代谢性酸中毒

代谢性酸中毒是由于固定酸产生过多、肾脏排酸和重吸收 $NaHCO_3$ 障碍、碱性消化液丢失过多等原因引起血浆中 $NaHCO_3$ 浓度原发性减少所致。

固定酸大量进入血液,经 $NaHCO_3$ 缓冲,结果导致血浆 $NaHCO_3$ 浓度下降,H_2CO_3 浓度升高,pH 降低。血浆 H_2CO_3 浓度升高,一方面刺激延髓呼吸中枢,使呼吸加深加快,呼出 CO_2 增多,使血浆 H_2CO_3 浓度降低;另一方面使肾小管上皮细胞泌 H^+ 和泌 NH_3 作用增强,有助于 $NaHCO_3$ 重吸收和固定酸的排出。通过上述过程,虽然血浆 $NaHCO_3$ 和 H_2CO_3 绝对浓度都有所减少,但二者比值仍接近 20/1,血液 pH 仍维持在正常范围之内,称为代偿性代谢性酸中毒。

如果血浆 $NaHCO_3$ 浓度过低,超出机体的代偿能力时,使 $NaHCO_3/H_2CO_3$ 低于 20/1,pH 小于 7.35,称为失代偿性代谢性酸中毒。

代谢性酸中毒的特点是:血浆中 $NaHCO_3$ 浓度降低,H_2CO_3 浓度也稍有降低。

（二）代谢性碱中毒

代谢性碱中毒是由于固定酸丢失过多、碱性物质摄入过多等原因引起血浆 $NaHCO_3$ 原发性升高所致。

血浆 $NaHCO_3$ 浓度升高,经 H_2CO_3 缓冲,pH 升高。一方面刺激延髓呼吸中枢,使呼吸变浅变慢,呼出 CO_2 减少,使血浆 H_2CO_3 浓度增高;另一方面使肾小管上皮细胞泌 H^+ 和泌 NH_3 作用减弱,减少 $NaHCO_3$ 重吸收和固定酸的排出。通过上述过程,虽然血浆 $NaHCO_3$ 和 H_2CO_3 绝对浓度都有所减少,但二者比值仍接近 20/1,血液 pH 仍维持在正常范围之内,称为代偿性代谢性碱中毒。

如果血浆 $NaHCO_3$ 浓度过高,超出机体的代偿能力时,使 $NaHCO_3/H_2CO_3$ 比值大于 20/1,pH 大于 7.45,称为失代偿性代谢性碱中毒。

代谢性碱中毒的特点是:血浆中 $NaHCO_3$ 浓度升高,H_2CO_3 浓度也稍有升高。

（三）呼吸性酸中毒

呼吸性酸中毒是各种原因导致肺的呼吸功能障碍(如慢性梗阻性肺病、肺纤维化、哮喘、肺部感染、呼吸窘迫综合征、腹部膨胀等),CO_2 呼出不畅,使血浆 H_2CO_3 浓度原发性升高所致。

当血浆 PCO_2 及 H_2CO_3 浓度升高时,肾小管上皮细胞泌 H^+ 作用增强,$NaHCO_3$ 重吸收增多,结果导致血浆 $NaHCO_3$ 浓度继发性增高,使 $NaHCO_3/H_2CO_3$ 比值维持在 20/1,血液 pH 仍维持在正常范围之内,称为代偿性呼吸性酸中毒。

当血浆 H_2CO_3 浓度过高时,超出代偿能力,则使 $NaHCO_3/H_2CO_3$ 比值低于 20/1,pH 小于 7.35,称为失代偿性呼吸性酸中毒。

呼吸性酸中毒的特点是:血浆 PCO_2 及 H_2CO_3 浓度升高,血浆 $NaHCO_3$ 也相应升高。

（四）呼吸性碱中毒

呼吸性碱中毒是由于各种原因导致肺换气过度(如呼吸设备引起通气过度、癔症等),CO_2 呼出过多,使血浆 H_2CO_3 浓度原发性降低所致。当血浆 PCO_2 及 H_2CO_3 浓度降低时,肾小管上皮细胞泌 H^+ 作用减弱,$NaHCO_3$ 重吸收减少,结果导致血浆 $NaHCO_3$ 浓度继发性降低,使 $NaHCO_3/H_2CO_3$ 比值维持在 20/1,血液 pH 仍维持在正常范围之内,称为代偿性呼吸性碱中毒。

当血浆 H_2CO_3 浓度过低时,超出代偿能力,则使 $NaHCO_3/H_2CO_3$ 比值大于 20/1,pH 大于 7.45,称为失代偿性呼吸性碱中毒。

呼吸性碱中毒的特点是:血浆 PCO_2 及 H_2CO_3 浓度降低,血浆 $NaHCO_3$ 也相应降低。

本章小结

　　水是人体内最多的物质,是人体体液的主要成分,是体内各种成分的溶剂,水有许多重要的生理功能如是体内运输营养物质和排泄废物的媒介、能直接参与代谢反应等。人体每天进水量和出水量维持平衡。

　　体液分为细胞内液和细胞外液。体液中的无机盐、小分子有机物和蛋白质等常以离子状态存在,故又称电解质。因此水、无机盐代谢又称为水、电解质代谢。水、电解质平衡是维持正常生命活动的必要条件。

　　体内电解质以钾、钠、氯含量较多,其代谢各有特点。人体保证每日电解质的摄入与排出平衡。水电解质的平衡有赖于神经系统和激素的调节。

　　钙和磷是体内含量最多的无机盐,存在于骨骼和牙齿中。甲状旁腺素、降钙素和 1,25-$(OH)_2$-D_3 是调节钙磷代谢的三种主要因素。它们主要通过影响小肠对钙磷的吸收、钙磷在骨组织与体液间的平衡以及肾脏对钙磷的排泄,从而维持体内钙磷代谢的正常进行。

　　人体每天经过代谢及消化道摄入酸、碱物质,但人体血液的 pH 总是维持在 7.35~7.45 之间。酸碱平衡的调节依赖血液的缓冲作用、肺的调节及肾脏的调节三个因素。由于 $NaHCO_3$ 主要由机体代谢因素变化所致,故将血浆 $NaHCO_3$ 原发性改变引起的酸碱平衡紊乱,称为代谢性酸、碱中毒。与之相应的是 H_2CO_3 的改变代表机体呼吸因素的变化,故将 H_2CO_3 浓度原发性改变引起的酸碱平衡紊乱称为呼吸性酸碱中毒。发生酸碱平衡紊乱后,机体通过血液缓冲体系、肺呼吸及肾脏排泄的调节作用,恢复 $NaHCO_3/H_2CO_3$ 比值至正常水平,称为代偿过程。经过代偿 $NaHCO_3/H_2CO_3$ 比值恢复在 20/1,血液 pH 维持在 7.35~7.45 之间,这种情况称为代偿性酸中毒或代偿性碱中毒。如果病情严重超出了机体能够调节的限度,不能使 $NaHCO_3/H_2CO_3$ 比值恢复到正常范围,pH 的变化超出正常值范围,这种情况称为失代偿性酸中毒或失代偿性碱中毒。

病例讨论

　　某患者,男性,50 岁,以肺源性心脏病入院时呈昏睡状,血气分析及电解质测定结果如下:pH 7.26,PCO_2 8.6kPa(65.5mmHg),HCO_3^- 37.8mmol/L,Cl^- 92mmol/L,Na^+ 142mmol/L,分析该患者有何酸碱平衡及电解质紊乱?根据是什么?分析患者昏睡的机制。

(乔凤利)

病例讨论解析

扫一扫,测一测

思考题

1. 物质代谢对钾在细胞内外的分布有何影响？为什么临床上经常用注射葡萄糖加胰岛素的方法来纠正高血钾？

2. 试述肾脏对酸碱平衡的调节作用。

3. 频繁呕吐可引起何种酸碱平衡紊乱？其机制如何？

4. 简述血钙的存在形式。

笔记

第十一章　肝胆代谢

11章PPT

1. 掌握肝脏在糖、脂类、蛋白质、维生素和激素代谢中的作用;肝脏的生物转化的概念、反应类型及生理意义;胆红素的正常代谢和黄疸发生的病因、并能鉴别三类黄疸。
2. 熟悉生物转化的影响因素;胆汁酸的分类、功能、肠肝循环及其生理意义。
3. 了解肝脏的解剖结构特点;胆汁的成分。
4. 常用的肝脏功能实验室检查项目及临床意义。

肝脏是人体重要的器官之一,也是人体最大的腺体。肝脏具有多种多样的代谢功能,在糖类、脂类、蛋白质、维生素、激素等代谢中起着重要作用,同时,肝脏还具有分泌、生物转化、排泄等功能,因此有人把肝脏称为"人体内的化工厂"。肝脏之所以有复杂多样的功能,这与它的解剖结构特点是密不可分的。

1. **肝脏具有两条输入通道**　肝脏具有肝动脉和门静脉的双重血液供应,肝动脉向肝细胞输入由肺和其他组织分别运来的充足的氧和代谢产物;门静脉向肝细胞输入由消化道吸收的各种营养物质及腐败产物,并且在肝脏中加以改造。这就为肝脏内多种代谢途径的进行奠定了物质基础。

2. **肝脏具有两条输出通道**　肝脏通过肝静脉和胆道系统与体循环和肠道相通,通过肝静脉使肝脏与身体各组织器官之间的物质代谢通过血液循环相互联系起来,同时又可将肝脏处理后的部分代谢终产物经过肾脏随尿排出体外;通过胆道系统与肠道相通,有利于肝脏内的非营养物质的代谢转化和代谢产物的排泄。这是肝脏具有排泄功能的基础。

3. **肝脏具有丰富的血窦**　血窦是一种特殊的毛细血管,含有丰富的血液。肝血窦的通透性较大,而且肝细胞表面有大量的微绒毛,增大了肝细胞与血液的接触面,有利于肝细胞与血液之间的物质交换。在血窦中,血流速度缓慢,使得肝细胞与血液的接触面积大而且停留时间长,为肝细胞与血液充分进行物质交换提供了良好的条件。

4. **肝脏具有丰富的亚细胞结构**　肝细胞有丰富的线粒体、内质网、高尔基复合体和溶酶体等细胞器。线粒体为肝细胞代谢提供了能量保证;内质网和高尔基复合体等为各种蛋白质和酶的合成、药物和毒物等非营养物质的生物转化以及物质的分泌排泄提供了场所。所以肝脏有人体内"物质代谢的中枢"之称。

5. **肝细胞内含有丰富的酶**　肝细胞内酶种类繁多,其中有些酶的活性比其他组织中高,有些酶仅存在于肝细胞中,为肝细胞进行众多物质代谢与加工奠定了基础,因而肝细胞能完成一些特殊的代谢功能。

笔记

第一节 肝脏在物质代谢中的作用

一、肝脏在三大能源物质代谢中的作用

（一）肝脏在糖代谢中的作用

肝脏在糖代谢中的作用是调节血糖，维持血糖浓度的相对恒定。肝细胞通过调节肝糖原的合成、分解及糖异生作用来维持血糖浓度在正常范围，从而保障全身各组织尤其是脑组织和红细胞的能量供应。

当血糖浓度升高时（如饱食后），血液中的葡萄糖除了氧化供能外，肝细胞还迅速从血液中摄取血糖合成肝糖原而储存。合成的肝糖原总量可达 75~100g，占肝重的 5%~6%，这是饱食后血糖的主要去路。肝内的肝糖原储存量有限，过多的葡萄糖还可在肝脏内转变成脂肪，使血糖保持正常水平。

当血糖浓度降低时（如空腹），肝脏主要通过肝糖原的分解来补充血糖，从而防止血糖降低。在空腹或饥饿时，肝细胞利用自身特有的葡糖-6-磷酸酶将肝糖原分解生成葡萄糖进入血液循环，维持血糖浓度的相对恒定。当机体长时间空腹（如餐后 12h 左右肝糖原几乎耗尽），此时肝脏可以通过糖异生作用来维持血糖浓度的恒定。糖异生作用在空腹 24~48h 后达到最大速度，所以在长期饥饿时糖异生作用显得尤为显著。同时，肝脏还能将脂肪动员产生的脂肪酸转化为酮体，供给脑组织利用从而节省葡萄糖。因此，肝功能严重损伤时，可导致糖代谢紊乱，即：肝糖原的合成与分解、糖异生作用降低，空腹时容易发生低血糖，进食后又容易出现暂时性高血糖现象。

（二）肝脏在脂类代谢中的作用

肝脏在脂类的消化、吸收、合成、分解以及转运等过程中均起着重要的作用。

肝脏合成的胆汁酸随胆汁进入肠腔，并且是强乳化剂，促进肠道内脂类和脂溶性维生素的消化、吸收。因此，当肝功能损伤或胆管阻塞时，肝脏合成胆汁酸的功能下降，导致脂类消化吸收障碍，可出现食欲差、厌油腻及脂肪泻等症状。

肝脏内脂肪的合成和分解很活跃。在饥饿时，脂肪动员加强，产生的游离脂肪酸通过血液循环运送到肝脏内代谢，经过 β-氧化产生乙酰 CoA，一方面乙酰 CoA 氧化分解供能，另一方面生成酮体，肝脏是机体产生酮体的唯一器官，酮体的利用为肝外组织，尤其是为脑和肌肉组织提供了重要的能源。而饱食后，肝脏内脂肪酸的合成加强，进一步合成甘油三酯，并储存于脂库中。

肝脏是胆固醇合成、转化和排泄的主要器官。肝脏合成胆固醇的量占全身合成总量的 3/4 以上。此外，肝脏也是转化和排泄胆固醇的主要场所，肝脏能将胆固醇转变为类固醇激素、维生素 D_3、胆汁酸，其中胆汁酸是胆固醇转化降解的主要途径，并且胆汁酸随胆汁进入肠道也是胆固醇的主要排泄方式。

肝脏是合成脂蛋白和磷脂的重要器官。肝脏可将合成的甘油三酯、磷脂、胆固醇、胆固醇酯与载脂蛋白一起合成脂蛋白，并以 VLDL、HDL 的形式分泌入血，LDL 是由 VLDL 在血浆中转变而来的，因此，肝脏是合成血浆脂蛋白的主要场所。另外，肝脏也是体内合成磷脂量最多、合成速度最快的场所。当肝功能障碍或合成磷脂的原料不足时，肝细胞合成磷脂减少，从而导致 VLDL 的生成障碍，使肝细胞内脂肪运出困难，在肝细胞内堆积，形成"脂肪肝"。因此，对肝病患者应当给予低脂膳食，以防脂肪肝的发生。

（三）肝脏在蛋白质代谢中的作用

肝脏在蛋白质合成、分解代谢中有非常重要的作用。

肝脏是合成与分泌血浆蛋白质的重要器官。肝脏除了合成自身所需的各种蛋白质外，还能合成（除 γ-球蛋白外）几乎所有的血浆蛋白质，如清蛋白、纤维蛋白原、凝血因子、载脂蛋白（apo A、apo B、apo C、apo E）等。正常人血浆蛋白质总量为 60~80g/L，其中占血浆蛋白质总量一半以上的清蛋白，是维持血浆胶体渗透压的主要因素。肝功能严重受损时，清蛋白合成减少，血浆胶体渗透压降低，患者可出现水肿或腹水等症状。由于清蛋白合成的减少，可导致血浆中清球蛋白比值（A/G）下降，甚至出现倒置现象（A/G 正常比值为 1.5~2.5:1），临床生化检验把血清清蛋白和球蛋白比值（A/G）作为辅

助诊断严重慢性肝功能损伤的指标。

肝脏是氨基酸代谢的主要场所。肝脏对体内的氨基酸(除支链氨基酸以外)有很强的代谢能力。肝细胞内含有丰富的氨基酸代谢酶,氨基酸的转氨基、脱氨基、转甲基及脱羧基等作用均在肝细胞内进行。肝中转氨酶活性高,当肝细胞受损或肝细胞通透性增大时,大量转氨酶从细胞内进入血液,使血液中酶活性增高,因此临床生化检验中用转氨酶的活性高低来作为诊断肝病的重要依据。

肝脏是解除氨毒、合成尿素的重要器官。无论是氨基酸代谢产生的、还是肠道吸收的各种来源的氨,均在肝脏中经过鸟氨酸循环合成尿素,这是体内解除氨毒的主要方式。当肝功能严重损伤后,体内的尿素合成障碍,使血氨浓度升高,产生高氨血症,严重时引起肝性脑病。

二、肝脏在激素、维生素代谢中的作用

(一)肝脏在激素代谢中的作用

肝脏是激素灭活的主要场所。许多激素在发挥其调节作用后在肝脏进行分解转化为无活性或活性较弱的物质,这种作用称为激素灭活。肝脏对激素的灭活作用有助于人体对激素的作用时间及强度进行调控。正常情况下,激素的生成与灭活处于相对平衡,这样才能在体内保持恒定浓度,发挥正常的生理功能。如果激素生成过多或灭活发生障碍,从而造成激素在体内的蓄积,会不同程度地导致激素调节功能紊乱。例如,严重肝脏疾病时,引起肝脏对激素灭活能力障碍,体内相应的激素水平升高,会出现一些临床上的体征,如体内雌激素等过多,可使男性出现乳房女性化、肝掌与蜘蛛痣等现象。

肝掌与蜘蛛痣

(二)肝脏在维生素代谢中的作用

肝脏在维生素的储存、吸收、转化和运输等方面具有重要作用。体内维生素 A、D、K 等都以肝脏为主要储存场所,体内维生素如维生素 B_1、B_2 及 B_6 等在肝脏中的含量也最多,其中95%的维生素 A 储存在肝脏中。肝脏合成的胆汁酸可协助脂溶性维生素 A、D、E、K 的吸收,因此肝胆系统出现疾病时,可导致脂溶性维生素的吸收障碍。肝脏直接参与多种维生素的代谢转化,如将胡萝卜素转化为维生素 A;将泛酸转化为辅酶 A(CoA)和酰基载体蛋白(ACP)的组成成分;将维生素 D_3 转化为 25-OH-D_3。另外多种维生素还在肝脏内合成辅酶,如维生素 B_2 转化为 FAD 及 FMN;维生素 PP 转化为 NAD^+ 和 $NADP^+$ 等,这些辅酶在机体的物质代谢中都起着重要的运输作用。

第二节　肝脏的生物转化作用

一、概述

(一)生物转化的定义

生物转化(biotransformation)是指机体将一些非营养物质经过一系列的代谢转变,改变其活性或增加其极性,使其易于随胆汁或尿液排出体外的过程。肝脏是体内生物转化的重要器官。另外,在肠、肾、肺、皮肤等组织中也有一定的生物转化功能。

(二)非营养物质

非营养物质是指人体在代谢过程中产生的或从外界进入的,既不能作为组织细胞的结构成分,又不能氧化供能的物质。而且其中许多物质对机体有毒害作用。因此,必须通过代谢及时排出,才能保持机体内各种生理活动的正常进行。

体内非营养物质按照其来源分为内源性和外源性两大类。内源性非营养物质是体内代谢中产生的各种生物活性物质,如激素、神经递质等,还有一些代谢产物,如氨、胆红素等。外源性非营养物质则是由外界进入体内的各种物质,如药物、毒物、食品添加剂、防腐剂、色素以及环境污染物等。

(三)生物转化的生理意义

1. 改变药物的活性或毒性　大多数药物经不同途径进入人体后,发挥药理作用后或者其中一部分在肝脏被代谢转化发生分子结构的改变,最终经肾脏从尿液或经胆道从粪便中排出。经过生物转

笔记

化后,有的失去活性,有的药理活性发生改变,有的则变成了毒性较强的物质。如苯巴比妥经羟化后催眠作用消失;可待因经脱甲基后而转变为具有镇痛的作用;对乙酰氨基酚经 N-羟化、还原后可与核酸蛋白质等生物高分子结合,引起肝细胞坏死。

2. 灭活体内活性物质　人体合成的活性物质如激素、神经递质等,在体内发挥作用后需经肝脏的生物转化作用而灭活,从而维持机体代谢功能与调节的正常。

3. 消除外来异物　随着工业化进程的发展,人们与各种化学物质接触的机会越来越多,在人的整个生命过程中经常有某些外来异物(如毒物、致癌物)进入体内。这些外来异物大部分在肝脏内进行代谢转化。

4. 指导临床合理用药　新生儿肝脏中蛋白质合成功能还不够完善,微粒体酶系活性比成人低,对非营养物质代谢的能力较差,对某些药物敏感,容易发生药物中毒。而老年人器官逐年老化,肝脏的生物转化能力也在逐渐下降,从而导致药效增强,副作用增大,所以要慎重用药。另外,肝脏损伤患者,肝微粒体中单加氧酶系和 UDP-葡糖醛酸基转移酶活性明显降低,加上肝脏血流量的减少,许多药物及毒物的摄取、转化在肝脏中发生障碍,易蓄积中毒,所以肝病患者也要特别慎重用药。

二、生物转化的类型及特点

(一)生物转化的类型

肝的生物转化类型可分为两相反应。第一相反应包括氧化、还原、水解反应。第二相反应为结合反应。

有些物质经过第一相反应后,分子中的某些非极性基团就转化为极性基团,或者其分解而使理化性质改变,容易排出体外。另外,还有些物质即使经过了第一相反应后,极性的改变也不大,不能排出体外,需要经过第二相反应,即与某些极性更强的物质(如葡糖醛酸、硫酸等)进行结合反应,使其溶解度增加,极性增强,这样才能随尿液或胆汁排出体外,进而达到生物转化的目的。

1. 第一相反应　第一相反应包括氧化、还原、水解反应。通常是改变物质的极性,使非极性基团转化为极性基团。

(1)氧化反应:是最常见的生物转化反应,由肝细胞中参与生物转化的多种氧化酶系催化完成。主要包括单加氧酶系、单胺氧化酶系和脱氢酶系三类,其中单加氧酶系最重要。

1)单加氧酶系:单加氧酶能直接激活氧分子,使其中的一个氧原子加到作用物分子上,而另一个氧原子被 NADPH 还原成水分子,所以称为单加氧酶系。在此过程中,由于一个氧分子发挥了两种功能,故又把单加氧酶系称为混合功能氧化酶。又因反应的氧化产物是羟化物,所以又称羟化酶。单加氧酶系存在于肝细胞微粒体中,由细胞色素 P_{450} 和 NADPH-细胞色素 P_{450} 还原酶组成,是肝脏中最重要的氧化酶系统,进入人体一半以上的外来化合物都经其氧化。由于单加氧酶系的特异性较差,所以可催化多种物质进行不同类型的氧化反应,最常见的是羟化反应。经羟化作用后,药物或毒物的水溶性增加易于排泄。如维生素 D_3 羟化后,转化为 25-OH-D_3;苯巴比妥的苯环经羟化后,极性增加,催眠作用减弱或消失。其反应通式如下:

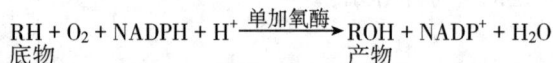

$$\underset{\text{底物}}{RH + O_2 + NADPH + H^+} \xrightarrow{\text{单加氧酶}} \underset{\text{产物}}{ROH + NADP^+ + H_2O}$$

2)单胺氧化酶系:单胺氧化酶(monoamine oxidase,MAO)属于黄素蛋白,存在于肝细胞的线粒体中。由肠道吸收进入肝脏的腐败产物如组胺、尸胺、腐胺、酪胺等,可由单胺氧化酶催化进行氧化脱氨生成相应的醛类,再由醛脱氢酶催化生成相应的羧酸,最终产生 CO_2 和 H_2O。其反应通式如下:

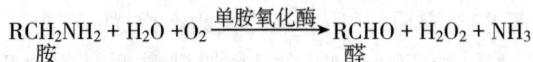

$$\underset{\text{胺}}{RCH_2NH_2 + H_2O + O_2} \xrightarrow{\text{单胺氧化酶}} \underset{\text{醛}}{RCHO + H_2O_2 + NH_3}$$

3)脱氢酶系:主要包括醇脱氢酶(alcohol dehydrogenase,ADH)和醛脱氢酶(aldehyde dehydrogenase,ALDH),都是以 NAD^+ 为辅酶,存在于肝细胞微粒体及胞质中,可催化醇氧化生成相应的醛或催化醛氧化生成酸,反应通式如下:

$$RCH_2OH \xrightarrow[\substack{NAD^+ \quad NADH+H^+}]{醇脱氢酶} RCHO \xrightarrow[\substack{H_2O+NAD^+ \quad NADH+H^+}]{醛脱氢酶} RCOOH$$
醇　　　　　　　　　醛　　　　　　　　　　　酸

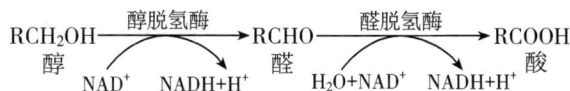

机体从外界摄入的乙醇大部分进入肝脏进行代谢,进入肝脏的乙醇大部分被肝细胞中的醇脱氢酶催化脱氢并生成乙醛,然后乙醛在醛脱氢酶催化下最后氧化生成乙酸,乙酸最终生成 CO_2 和 H_2O 并释放出能量;只有一小部分随尿及呼气排出体外。长期大量饮酒可对肝细胞微粒体乙醇氧化体系产生影响,造成酒精性肝损伤。

(2) 还原反应:参与还原反应的还原酶类主要包括硝基还原酶(nitroreductase)和偶氮还原酶(azoreductase)两类,都存在于肝细胞微粒体内,反应时需要 NADPH 供氢,分别将硝基化合物和偶氮化合物还原成相应的胺类。如硝基还原酶催化硝基苯加氢还原生成苯胺,偶氮还原酶催化偶氮苯还原生成苯胺,苯胺最后再经单胺氧化酶催化成相应的酸。

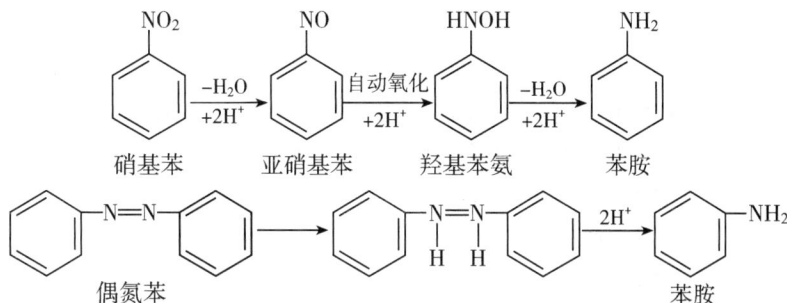

硝基化合物常见于防腐剂、工业染料等中;偶氮化合物常见于化妆品、食品色素等中。这些化合物在相应的还原酶的催化下生成相应的胺类,从而失去致癌作用。

(3) 水解反应:肝细胞的胞质和微粒体中含有多种水解酶,如酯酶、酰胺酶及糖苷酶等,可催化酯类、酰胺类和糖苷类化合物水解,进而改变它们的生物活性。这些水解产物通常还需经第二相反应,才能排出体外。如麻醉药普鲁卡因在肝脏内经过水解反应很快就失去了药理作用;阿司匹林在肝脏内经水解后生成水杨酸而发挥药理作用。水杨酸进一步羟化生成羟基水杨酸,后者再与葡糖醛酸结合排出体外。

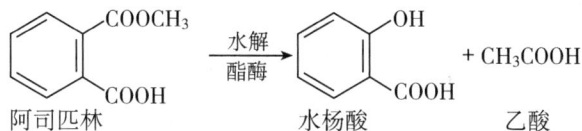

2. 第二相反应　第二相反应是结合反应,一些非营养性物质需要与肝脏内极性更强的物质相结合,才能使其溶解度增加,极性增强,便于排出体外。结合反应是体内最重要的生物转化方式。凡含有羟基(—OH)、羧基(—COOH)、氨基(—NH₂)等的药物、毒物、激素等非营养物质,在肝内与某种极性较强的物质结合后,增加了其水溶性,同时也掩盖了原有的功能基团,失去了原有的作用,便于排出体外,一般认为是体内的解毒过程。有些非营养物质可直接进行结合反应,有些则先经第一相反应后再进行第二相反应。结合反应可在肝细胞的胞质、微粒体和线粒体内进行。参与结合反应的物质主要有葡糖醛酸、硫酸、谷胱甘肽、乙酰 CoA、甘氨酸等,其中结合反应最常见的结合物有葡糖醛酸、硫酸和乙酰 CoA 等。

(1) 葡糖醛酸结合反应:这是第二相反应中最重要和最常见的一种结合反应。凡是含有极性基团羟基(醇、酚)、氨基(胺)以及羧基等的化合物,都能在肝细胞微粒体中与葡糖醛酸结合,尿苷二磷酸葡糖醛酸(UDPGA)为葡糖醛酸的活性供体。肝细胞微粒体中有 UDP-葡糖醛酸基转移酶,能将葡糖醛酸基转移到含有羟基、氨基及羧基的毒物或其他物质上,形成葡糖醛酸苷。结合后其水溶性增加,容易从尿液或胆汁排出体外。吗啡、胆红素、可卡因、类固醇激素、苯巴比妥类药物等均可在肝脏与葡糖醛酸结合而进行生物转化。

COOH

苯酚 + UDPGA →(葡糖醛酸基转移酶)→ 苯-β-葡糖醛酸苷 + UDP

苯甲酸 + UDPGA →(葡糖醛酸基转移酶)→ 苯甲酰-β-葡糖醛酸苷 + UDP

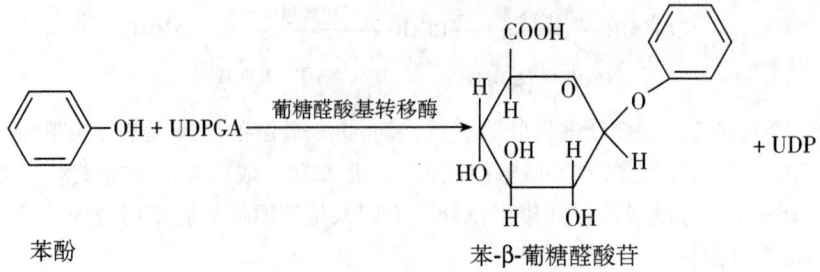

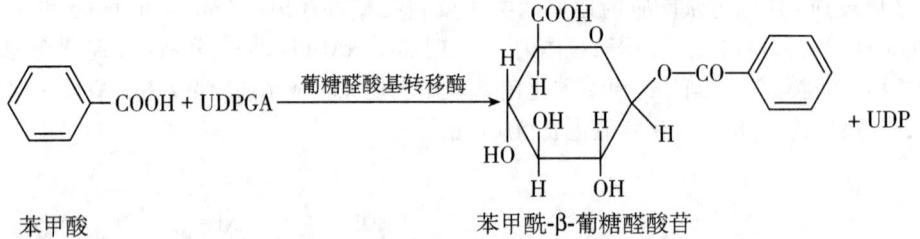

（2）硫酸结合反应：这也是常见的一种结合反应。该反应中的硫酸是由 3′-磷酸腺苷-5′-磷酸硫酸（PAPS）提供的，所以 PAPS 为活性硫酸供体。在肝细胞的胞质中有硫酸转移酶，能催化 PAPS 中的硫酸根转移到多种醇、酚、芳香胺类物质的羟基上，生成硫酸酯化合物。如雌激素的灭活主要就是雌激素中的雌酮与硫酸结合形成硫酸酯进行的，使其水溶性增加，易于排出体外。

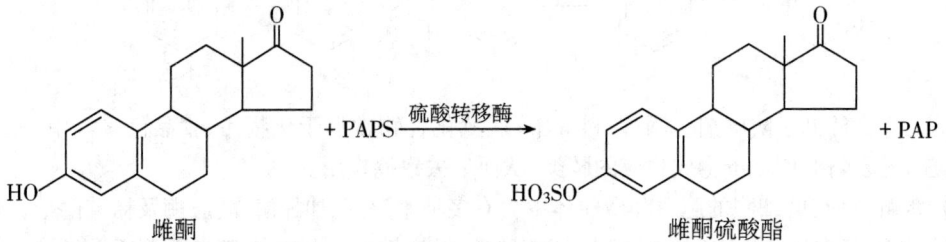

雌酮 + PAPS →(硫酸转移酶)→ 雌酮硫酸酯 + PAP

（3）乙酰基结合反应：在肝细胞的胞质中含有乙酰基转移酶，可催化芳香族胺类化合物与乙酰基结合，形成乙酰基化合物，乙酰基供体为乙酰 CoA，如抗结核病药物异烟肼和大部分磺胺类药物等都是在肝脏中经乙酰基结合反应后失去药理活性的。

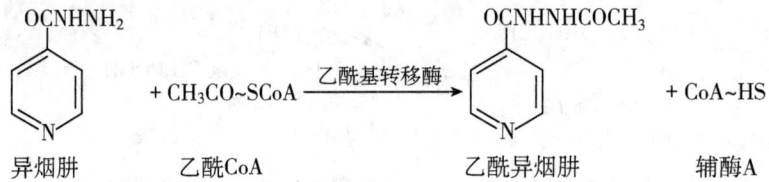

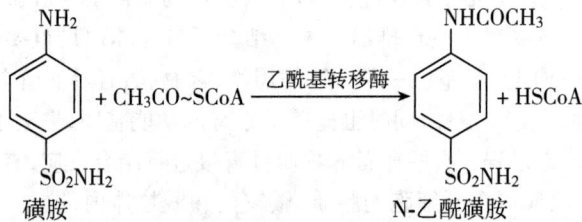

异烟肼 + CH₃CO~SCoA（乙酰CoA）→(乙酰基转移酶)→ 乙酰异烟肼 + CoA~HS（辅酶A）

磺胺 + CH₃CO~SCoA →(乙酰基转移酶)→ N-乙酰磺胺 + HSCoA

（4）甲基结合反应：凡是含有羟基、巯基或氨基的非营养物质，可在肝脏内与甲基发生结合反应。肝细胞的胞质及微粒体中具有多种转甲基酶，可催化甲基与含有羟基、巯基或氨基的化合物结合，并生成相应的甲基化合物。该反应的甲基是由 S-腺苷蛋氨酸（SAM）提供的，所以把 SAM 又称为活性甲基供体。该反应是体内某些药物和胺类生物活性物质（多巴胺等）的灭活形式。

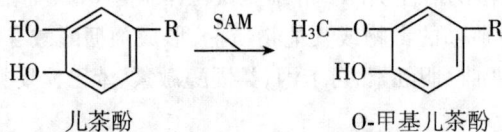

儿茶酚 →(SAM)→ O-甲基儿茶酚

（5）其他结合反应：第二相结合反应还有谷胱甘肽结合反应、甘氨酸结合反应等。谷胱甘肽（GSH）在肝细胞胞质内的谷胱甘肽 S-转移酶的催化作用下，可与许多卤代化合物和环氧化合物结合，生成 GSH 结合物，并随胆汁排出体外，此反应是很多致癌物、环境污染物和抗肿瘤药物的生物转化反应；含羧基的药物、毒物或内源性代谢产物的生物转化是与甘氨酸的结合而灭活的。

（二）生物转化的特点

1. 多样性　多样性是指同一类物质或同一种物质可在体内进行多种类型的生物转化反应。如阿司匹林可以先进行水解反应，然后进行结合反应；也可先进行结合反应再进行水解反应。

2. 连续性　连续性是大多数物质在体内经过生物转化反应时，常常需要连续反应而产生多种产物，即大多数物质经过第一相反应后，再继续进行第二相反应，才能使物质的水溶性增大而排出体外，这体现了生物转化的连续性。如黄曲霉素在肝脏中先经过氧化再与 GSH、葡糖醛酸、硫酸等结合而代谢。

3. 解毒和致毒双重性　通常情况下，大多数非营养物质经生物转化作用后，其毒性可以减弱甚至消失（解毒），但是有少数非营养物质经生物转化作用后其毒性反而出现或增强（致毒），这体现了生物转化作用的双重性。如香烟中的苯并芘，是一种常见的高活性间接致癌物，在人体中经过肝细胞的生物转化作用后，才生成具有强致癌活性的物质。

三、影响生物转化的因素

生物转化作用常受年龄、性别、营养、药物及疾病等体内外各种因素的影响。

1. 年龄　新生儿发育尚不完善，尤其是肝脏内生物转化的酶发育不完善，所以对药物及毒物的转化能力不足，容易导致中毒。老年人因器官功能退化，对药物的生物转化能力降低，也容易发生中毒现象。因此临床用药时，对不同年龄阶段的人，尤其是对婴幼儿及老年人的剂量必须严加控制。

2. 性别　某些生物转化有明显的性别差异，正常情况下，女性的生物转化能力比男性强。通过动物实验，不同性别动物的肝细胞微粒体内物质转化酶的活性不同。如女性体内醇脱氢酶活性高于男性，从而女性对乙醇的转化能力强。

3. 营养　人体内蛋白质的摄入可增加肝脏生物转化酶的活性。当机体内缺乏蛋白质时，生物转化的酶活性降低，从而影响了生物转化的效率，进而抑制了生物转化作用。

4. 疾病　当肝脏严重病变时，生物转化作用酶系（如单加氧酶系）的活性显著降低，加上肝血流量的下降，患者对许多药物或毒物的摄取及转化发生障碍，导致药物或毒物灭活能力减弱，容易蓄积中毒，所以要特别慎重对肝病患者的用药。

5. 药物　一方面，某些药物或毒物可诱导相关酶的合成，从而导致肝脏的生物转化能力增强。另一方面由于多种物质在体内转化代谢常由同一酶系催化，当同时服用多种药物时，可导致药物间对酶产生竞争性抑制作用而影响其生物转化作用，所以在临床用药过程中应慎重考虑到这些因素。

第三节　胆汁酸的代谢

胆汁酸是胆汁的主要成分，而胆汁又是由肝细胞分泌的一种液体，味苦，有黏性，正常成人每天平均分泌量为 300~700ml，在胆囊中储存，具有重要的生理功能。肝细胞分泌的胆汁既是消化液又是排泄液：作为消化液，能促进脂类的消化和吸收；作为排泄液，能将体内某些代谢产物或物质如胆红素、胆固醇通过胆汁排入肠腔，并随粪便排出体外。

胆汁通常分为肝胆汁和胆囊胆汁。肝胆汁是由肝细胞直接分泌的，透明澄清，颜色呈浅柠檬黄色；胆囊胆汁是由肝胆汁流入胆囊后浓缩而成的，颜色呈暗褐色或棕绿色。胆汁的成分包括水和固体成分。固体成分中主要是胆汁酸盐、胆固醇、无机盐、胆色素、黏蛋白、磷脂及少量的酶类等，其中胆汁酸盐是含量最多也是最主要的成分，约占 50%。此外，胆汁中含有多种排泄物和进入体内的异物（如药物、毒物等），它们均可随胆汁排入肠腔，并随粪便排出体外。

一、胆汁酸的生成

胆汁酸主要以钾盐或钠盐形式存在，所以称胆汁酸为胆汁酸盐。正常人胆汁中的胆汁酸从结构上可分为两类:一类为游离型胆汁酸,包括胆酸、脱氧胆酸、鹅脱氧胆酸和石胆酸;另一类为结合型胆汁酸,即上述游离型胆汁酸与甘氨酸或牛磺酸结合的产物,是胆汁中的主要成分。人胆汁中的胆汁酸以结合型为主,包括甘氨胆酸、甘氨鹅脱氧胆酸、牛磺胆酸及牛磺鹅脱氧胆酸等。胆汁酸从来源上分,可将胆汁酸分为两类:一类为初级胆汁酸,是肝细胞以胆固醇为原料合成的;另一类为次级胆汁酸,是初级胆汁酸在肠道里受细菌的作用生成的。总体来说,初级胆汁酸和次级胆汁酸都包含有游离型胆汁酸和结合型胆汁酸两种形式。

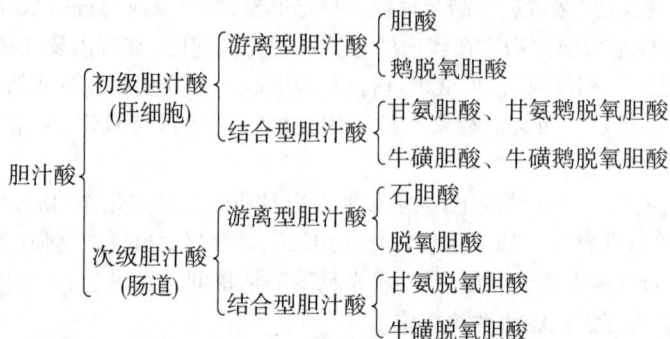

胆汁酸是脂类物质消化吸收所必需的一类物质。肝对胆汁酸的合成和排泄是胆固醇降解的主要途径,也是清除胆固醇的主要方式。正常人每天合成胆固醇 1.0~1.5g,其中有 0.4~0.6g(约占 40%)是在肝脏内转变为胆汁酸,胆汁酸是机体中胆固醇的主要代谢终产物,并随胆汁排入肠腔。

（一）初级胆汁酸的生成

初级胆汁酸是在肝细胞中由胆固醇转变生成。初级胆汁酸的生成过程较为复杂,是经过多步反应才完成的。首先,在肝细胞的微粒体和胞质中,胆固醇在 7α-羟化酶的催化下,生成 7α-羟胆固醇,然后经过氧化、还原、羟化、侧链氧化及断裂等复杂的反应,生成初级游离型胆汁酸,主要有胆酸和鹅脱氧胆酸。然后与甘氨酸或牛磺酸结合,生成初级结合型胆汁酸,主要有甘氨胆酸、甘氨鹅脱氧胆酸、牛磺胆酸、牛磺鹅脱氧胆酸。这种结合,不仅有利于胆汁酸更好地发挥促进脂类的消化和吸收的作用,而且可防止胆汁酸过早地在胆管及小肠内被吸收(图 11-1)。

在肝脏中,胆汁酸合成的主要限速步骤是由 7α-羟化酶催化完成的,所以胆汁酸合成的关键酶是 7α-羟化酶,它受多种因素的调节。胆汁酸可反馈抑制该酶的活性;糖皮质激素、生长激素、高胆固醇饮食可提高该酶的活性;甲状腺素可使 7α-羟化酶的 mRNA 合成增加,促进胆固醇转变成胆汁酸,这是甲状腺功能亢进患者血浆胆固醇含量降低的重要原因。

（二）次级胆汁酸的生成

肝细胞合成的初级结合型胆汁酸随胆汁进入肠道,受小肠下端及大肠细菌的作用下,结合型胆汁酸水解脱去甘氨酸或牛磺酸,重新生成胆酸和鹅脱氧胆酸,然后再经 7α-脱羟基反应,使胆酸转变为脱氧胆酸,鹅脱氧胆酸转变为石胆酸。这种由初级胆汁酸在肠道细菌作用下形成的胆汁酸称为次级胆汁酸(图 11-1)。

石胆酸溶解度小,一般不与甘氨酸或牛磺酸结合;脱氧胆酸与甘氨酸或牛磺酸结合,生成次级结合型胆汁酸,即甘氨脱氧胆酸和牛磺脱氧胆酸。

二、胆汁酸的肠肝循环

进入肠道的各种胆汁酸(包括初级、次级、游离型与结合型),约 95% 以上被肠黏膜重吸收进入血液,经门静脉重新回到肝脏,被肝细胞摄取。肝细胞将游离型胆汁酸重新合成结合型胆汁酸,并同新合成的结合胆汁酸一起排入肠腔。这一过程称为"胆汁酸的肠肝循环"(图 11-2)。

胆汁酸在肠腔中的重吸收有两种方式:一种是结合型胆汁酸在小肠下端被主动的重吸收;另一种是游离型胆汁酸在肠腔各部通过扩散作用的被动重吸收。大部分胆汁酸的吸收是主动的重吸收。肠道中的石胆酸(约为 5%)由于溶解度较小,通常不能被重吸收,大部分直接随粪便排出体外。正常人每日有 0.4~0.6g 的胆汁酸随粪便排出,也就是相当每日胆汁酸的生成量。虽然,肝脏每日胆汁酸的生产量仅有 0.4~0.6g,但是由于正常人每次进餐后都要进行 2~4 次的肠肝循环,从而使有限的胆汁酸最大限度地发挥乳化作用,保证了脂类消化吸收的正常进行。

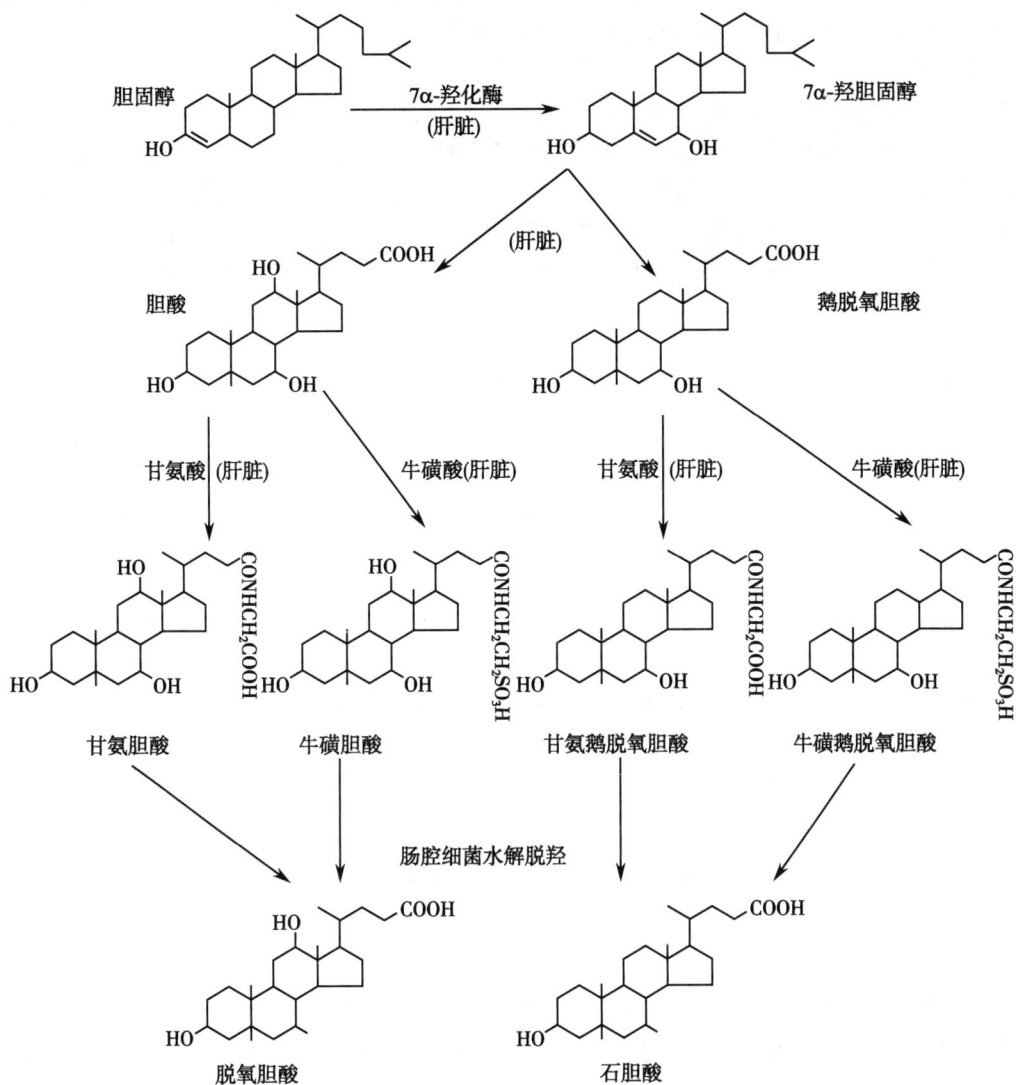

图 11-1 初级胆汁酸、次级胆汁酸代谢示意图

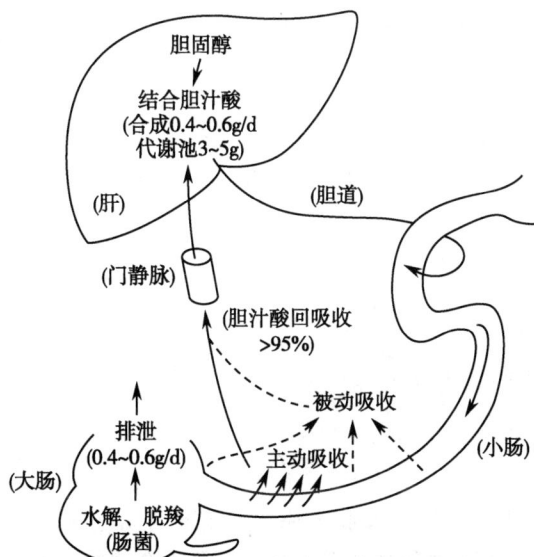

图 11-2 胆汁酸的肠肝循环

由于正常情况下,肝胆的胆汁酸池总量 3~5g,因此,胆汁酸的肠肝循环的生理意义在于使有限的胆汁酸重复利用,既弥补了肝脏合成胆汁酸能力的不足,又满足了机体对胆汁酸的生理需求,促进脂类的消化与吸收。若胆汁酸的肠肝循环被破坏,如腹泻或回肠大部切除,则胆汁酸不能重复利用,不仅影响到脂类的消化吸收,另一方面胆汁中胆固醇含量相对增高,处于饱和状态,极易形成胆固醇结石。

三、胆汁酸的功能

（一）促进脂类的消化与吸收

胆汁酸分子是表面活性物质,具有亲水和疏水的两个侧面,即胆汁酸分子内既含有亲水性的羟基、羧基、磺酸基等,又含有疏水性的烃基和甲基。这两类不同性质的基团能降低油和

胆汁酸代谢

167

水两相间的表面张力,胆汁酸分子的这种结构使其成为较强的乳化剂,从而促进了脂类的乳化作用,同时也扩大了脂肪和脂肪酶的接触面,加速脂类的消化和吸收。

（二）促进胆汁中胆固醇的溶解,防止胆结石的形成

胆汁中的胆固醇难溶于水,胆汁浓缩后胆固醇容易沉淀析出。胆汁酸通过与卵磷脂的协同作用,可与脂溶性的胆固醇形成可溶性微团,促进体内 99% 的胆固醇溶解在胆汁中经肠道排泄,使之不易结晶析出和沉淀。如果肝脏合成胆汁酸的能力下降,消化道丢失胆汁酸过多或肠肝循环中肝脏摄取胆汁酸过少,以及排入胆汁中的胆固醇过多(如高胆固醇血症患者),均可造成胆汁酸、卵磷脂及胆固醇比值(正常是 10∶1)降低,则可使胆固醇过饱和而以结晶形式沉淀析出,形成胆结石。

知识拓展

胆 结 石

胆结石又称胆石症,是指胆道系统包括胆囊或胆管内发生结石的疾病;胆道感染是属于常见的疾病。胆结石在我国是一种常见的多发病,也是世界性的多发病,并且胆囊结石多于胆管结石。据统计,在我国的发病率在 7% ~ 10% 以上,而西方发达国家的发病率则在 15% ~ 20%,有逐步升高的趋势。胆结石的主要成分是胆固醇和胆红素。胆结石的成因有两类,一类是外因,即胆汁成分的变异,表现为胆汁酸盐含量减少,而胆固醇和胆红素等过多,过多的胆固醇和胆红素不能被胆汁酸盐溶解,时间长了就逐渐析出并凝结成石;另一类是内因,即肝、胆功能异常而导致代谢紊乱,致使分泌胆汁的过程中引起胆汁的成分比例失调,影响了胆汁酸的肝肠循环,导致胆汁中的胆固醇析出沉淀形成结晶而产生结石。

第四节　胆色素的代谢

一、血红素的生成

血红素(heme)是血红蛋白(hemoglobins,Hb)的主要成分,另外还有一些蛋白质也含有血红素,如肌红蛋白、过氧化氢酶、过氧化物酶等等。因此,体内多种细胞均可合成血红素,但主要的器官是肝和骨髓,成熟红细胞不含线粒体,故不能合成血红素。

（一）血红素合成部位及原料

血红素合成部位是细胞的线粒体和胞质。血红素合成的基本原料有甘氨酸、琥珀酰 CoA 和 Fe^{2+},合成的起始和终止阶段都在线粒体内进行,中间阶段在胞质内进行。

（二）血红素合成过程

血红素的合成过程分为四个阶段。

1. δ-氨基-γ-酮戊酸(δ-amino levulinic acid,ALA)的合成　在线粒体内,琥珀酰 CoA 和甘氨酸在 ALA 合酶(辅酶为磷酸吡哆醛)催化下,缩合生成 ALA。ALA 合成酶是血红素合成的关键酶,受血红素的反馈调节。

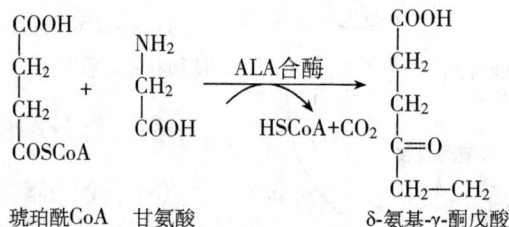

$$
\begin{array}{ccc}
\begin{array}{c}\text{COOH} \\ | \\ \text{CH}_2 \\ | \\ \text{CH}_2 \\ | \\ \text{COSCoA}\end{array} + \begin{array}{c}\text{NH}_2 \\ | \\ \text{CH}_2 \\ | \\ \text{COOH}\end{array} & \xrightarrow[\text{HSCoA+CO}_2]{\text{ALA合酶}} & \begin{array}{c}\text{COOH} \\ | \\ \text{CH}_2 \\ | \\ \text{CH}_2 \\ | \\ \text{C=O} \\ | \\ \text{CH}_2{-}\text{CH}_2\end{array} \\
\text{琥珀酰CoA} \quad \text{甘氨酸} & & \text{δ-氨基-γ-酮戊酸}
\end{array}
$$

2. 胆色素原的生成　ALA 生成后从线粒体转入胞质,在 ALA 脱水酶的催化下,2 分子 ALA 脱水缩合生成 1 分子胆色素原(prophobilinogen,PBG)。ALA 脱水酶属于巯基酶,Pb 等重金属能不可逆的与其结合,抑制该酶活性。

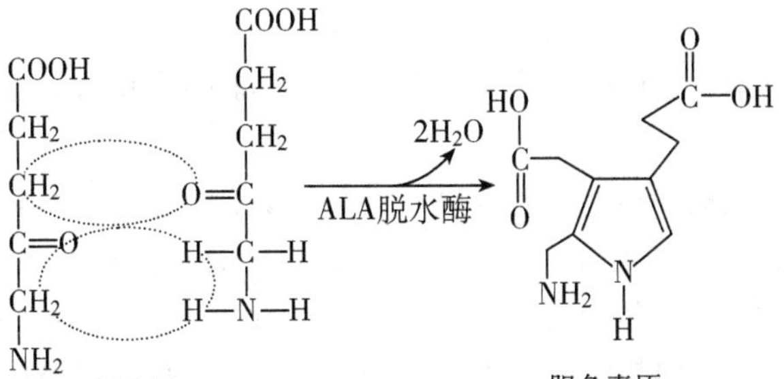

3. 尿卟啉原Ⅲ与粪卟啉原Ⅲ的合成 在胞质中,4分子胆色素原经尿卟啉原Ⅰ同合酶(胆色素原脱氨酶)催化下脱下氨基生成线状四吡咯,后者在尿卟啉原Ⅲ同合酶作用下,环化生成尿卟啉原Ⅲ。尿卟啉原Ⅲ再经尿卟啉原Ⅲ脱羧酶催化,最后生成粪卟啉原Ⅲ。

4. 血红素的生成 胞质中生成粪卟啉原Ⅲ再进入线粒体中,经粪卟啉原Ⅲ氧化脱羧酶及原卟啉原Ⅸ氧化酶催化,使粪卟啉原Ⅲ的侧链氧化生成原卟啉Ⅸ,原卟啉Ⅸ在亚铁螯合酶的催化作用下,与铁(Fe^{2+})螯合生成血红素。血红素生成后从线粒体转运至胞质,在骨髓有核红细胞和网状红细胞中,与珠蛋白结合构成血红蛋白。如血红素合成过程出现有关酶遗传缺陷,导致铁卟啉合成代谢异常引起卟啉或其中间物排出增多,称为遗传性卟啉症。血红素的合成过程见图11-3。

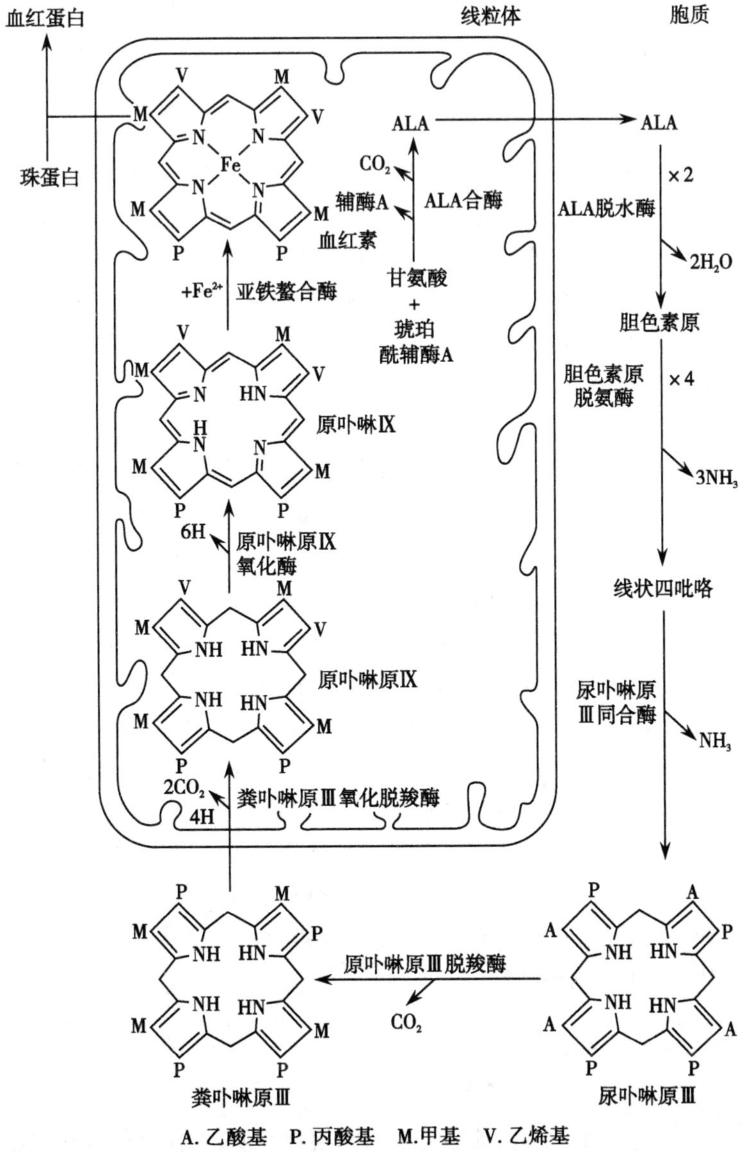

A. 乙酸基　P. 丙酸基　M. 甲基　V. 乙烯基

图 11-3 血红素的合成

（三）血红素合成的调节

血红素合成是一个复杂的代谢过程，合成过程受多种因素影响和调节，其中最重要的调节是对血红素合成的关键酶的调节。

1. **ALA 合酶的作用** 此酶是血红素合成过程的关键酶，其活性受血红素的反馈抑制，血红素是该酶的别构抑制剂。正常时，血红素合成后迅速与珠蛋白结合构成血红蛋白，不会有过多血红素堆积。但当血红素合成速度快，而珠蛋白合成速度慢时，体内过多的血红素还可氧化为高铁血红素，高铁血红素对 ALA 合酶具有强烈抑制作用。另外，血红素还能在体内与阻遏蛋白结合，形成有活性的阻遏蛋白，从而抑制 ALA 合成酶的合成。

2. **ALA 脱水酶与亚铁螯合酶的作用** ALA 脱水酶与亚铁螯合酶对重金属抑制剂比较敏感，因此铅中毒时，ALA 脱水酶与亚铁螯合酶的活性明显降低，可引起血红素合成障碍，引起贫血。

3. **促红细胞生成素作用（erythropoietin，EPO）** EPO 是一种糖蛋白，可诱导 ALA 合酶的合成。当机体缺氧时，会迅速释放入血，EPO 可加快有核红细胞的成熟及血红素与血红蛋白的合成，以适应机体运氧的需要。故 EPO 是红细胞生成的重要调节物质。

4. **雄激素的作用** 雄激素能促进血红素的合成，睾酮在肝脏中 5β-还原酶作用下生成 5β-氢睾酮，后者能诱导 ALA 合酶，从而促进血红素的生成。

5. **外源性物质的作用** 药物、杀虫剂及致癌物等在肝脏中进行生物转化时，可诱导肝脏合成 ALA 合成酶，从而促进血红素和血红蛋白的合成。

二、血红素的分解

胆色素是铁卟啉类物质在体内分解代谢的主要产物。体内含铁卟啉类物质的最主要的是位于红细胞内的血红蛋白，其次是肌红蛋白、细胞色素、过氧化氢酶及过氧化物酶等。人体红细胞平均寿命为 120d。衰老红细胞在肝脏、脾脏、骨髓的单核-吞噬细胞的作用下破坏释放出血红蛋白，血红蛋白进一步分解为血红素和珠蛋白。珠蛋白经酶催化水解成氨基酸，氨基酸被重新利用或进一步分解代谢。血红素分解代谢的主要产物是胆色素，包括胆绿素（biliverdin）、胆红素（bilirubin）、胆素原（bilinogen）及胆素（bilin）等化合物，正常时主要随胆汁排泄，除胆素原无色外，其余均有一定的颜色，因此统称为胆色素。胆色素代谢是以胆红素代谢为核心，胆红素是胆汁中的主要颜色，呈橙黄色，游离型胆红素具有毒性，可引起大脑的不可逆损害。胆红素代谢的主要器官是肝脏，因此掌握胆红素的知识对于更好地认识肝病具有重要的意义。

（一）胆红素的生成与运输

1. **胆红素的生成** 正常人每天产生 250~350mg 胆红素，其中 80% 左右来源于衰老红细胞中血红蛋白的分解，其余的胆红素来自骨髓中破坏的幼稚红细胞及全身组织中的肌红蛋白、过氧化物酶、细胞色素等的分解。血红素在微粒体的血红素加氧酶的催化下，血红素铁卟啉 Ⅸ 环上的 α 次甲基（—CH＝）氧化断裂，释放出一分子 CO 和生成 Fe^{3+} 及胆绿素，CO 可排出体外，Fe^{3+} 可被机体重新利用，这一过程需要 O_2 和 NADPH 参与。胆绿素进一步在胞质中胆绿素还原酶的催化下，以 NADPH 为辅酶，迅速被还原为胆红素（图 11-4）。由于胆绿素还原酶的活性很高，因此一般血液中没有胆绿素堆积。生成的胆绿素呈绿色，是水溶性物质，不易穿过生物膜；而胆红素为橙黄色，是亲脂、疏水性的物质，极易透过生物膜，具有毒性。如果胆红素透过血脑屏障，它能抑制大脑 RNA 和蛋白质的合成并且干扰糖类代谢，在脑内积蓄过多，可形成核黄疸，它不仅影响脑的正常代谢及功能，而且有致命的危险，所以胆红素是人体的一种内源性毒物。

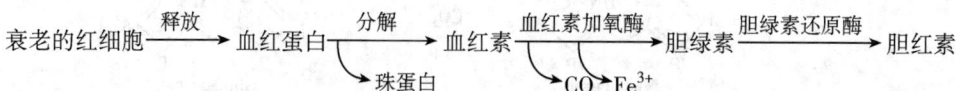

$$衰老的红细胞 \xrightarrow{释放} 血红蛋白 \xrightarrow[珠蛋白]{分解} 血红素 \xrightarrow[CO \quad Fe^{3+}]{血红素加氧酶} 胆绿素 \xrightarrow{胆绿素还原酶} 胆红素$$

2. **胆红素在血中的运输** 胆红素是难溶于水的脂溶性物质，而在单核吞噬细胞系统中生成的胆红素可自由透过细胞膜进入血液。在血液中主要与血浆中的清蛋白结合成胆红素-清蛋白复合物进

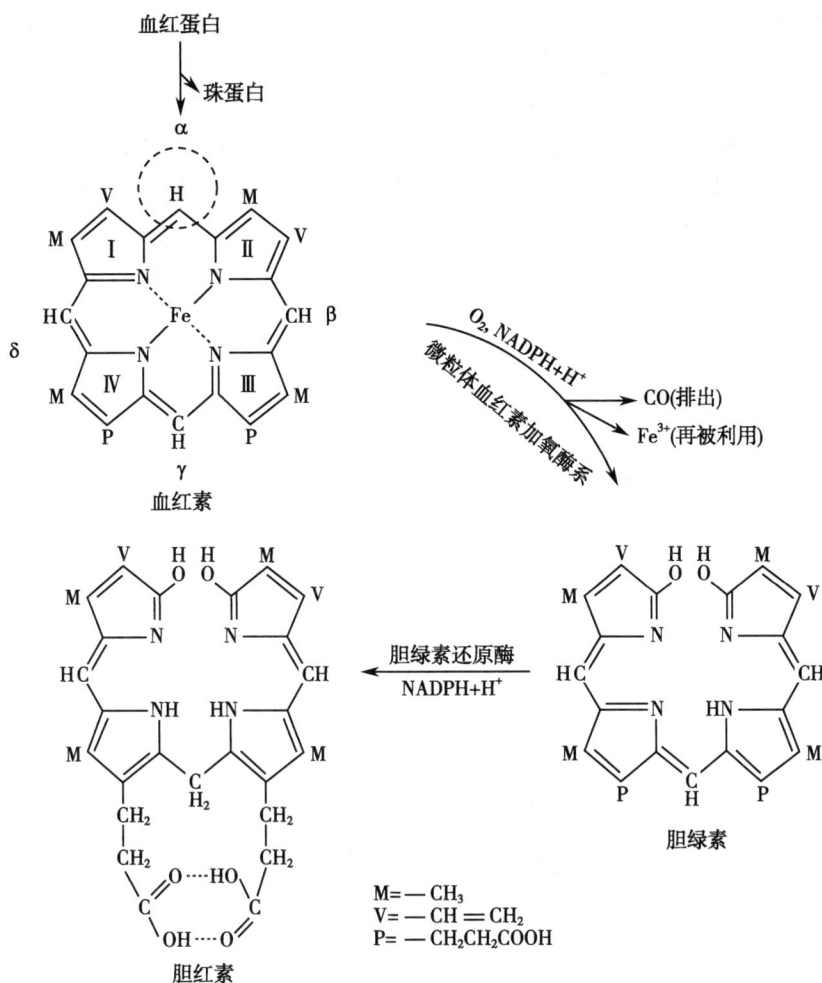

图 11-4　胆红素的生成

M= — CH₃
V= — CH ＝ CH₂
P= — CH₂CH₂COOH

行运输。这种结合增加了胆红素在血浆中的水溶性,有利于在血液中运输;同时又限制了胆红素自由透过各种生物膜,防止其对组织细胞产生毒性作用。正常人血清胆红素含量仅为 $1.71\sim17.1\mu mol/L$($0.1\sim1.0mg/dl$),所以正常情况下,血浆中的清蛋白足以结合全部胆红素。但某些化合物如磺胺类药、抗生素等可同胆红素竞争而与清蛋白结合,从而导致胆红素从清蛋白的复合物中游离出来。过多的胆红素可与脑部基底核的脂类结合,并干扰脑的正常功能,称为胆红素脑病或核黄疸。所以,当新生儿黄疸时,要慎用此类药物。

　　血浆中的胆红素-清蛋白复合物仅起到对胆红素的暂时性的解毒作用,这种胆红素尚未经过肝细胞的转化,所以称为未结合胆红素或游离胆红素。由于胆红素与清蛋白结合后分子量变大,而且结合的很稳定,并且难溶于水,因此不能由肾脏滤过随尿液排出,故尿液中无未结合胆红素。

　　(二)胆红素的转化

　　1. 胆红素的摄取　　血液中未结合胆红素以"胆红素-清蛋白"的形式运到肝脏后,很快被肝细胞摄取。肝细胞摄取血液中胆红素的能力很强,这是因为肝细胞内有两种胆红素的载体蛋白(Y 蛋白和 Z 蛋白),这两种载体蛋白以 Y 蛋白为主。当血浆清蛋白运来的胆红素进入肝细胞后,便与清蛋白分离,立即与 Y 蛋白和 Z 蛋白结合成为胆红素-Y 蛋白和胆红素-Z 蛋白复合体,但只有在与 Y 蛋白结合达到饱和后,才与 Z 蛋白结合。这种结合使胆红素不能返流入血,从而使胆红素不断进入肝细胞内。结合后的复合体从胞质被运到内质网中进行转化。如果生成胆红素过多,或者肝细胞处理胆红素的能力下降,都可使已经进入肝细胞的胆红素返流入血,使血中胆红素水平增高。

　　2. 胆红素的转化　　肝细胞内质网中含有胆红素-尿苷二磷酸葡糖醛酸基转移酶,它可催化胆红素与葡糖醛酸结合,葡糖醛酸是由尿苷二磷酸葡糖醛酸(UDPGA)提供,生成葡糖醛酸胆红素。因为胆红素分子中含有 2 个羧基均可与葡糖醛酸分子上的羟基结合,因此每分子胆红素可结合 1~2 分子葡糖醛酸,生成单葡糖醛酸胆红素和双葡糖醛酸胆红素(图 11-5)。其中,在人体胆汁中双葡糖醛酸胆红素是总量的 70%~80%,单葡糖醛酸胆红素占 20%~30%,也有小部分的胆红素与硫酸根、甲基、乙酰基、甘氨酸等结合。我们通常把上述转化后的胆红素称为结合胆红素。结合胆红素在溶解度、毒性上发生了根本的变化。这种转化后的胆红素特点是水溶性大为增加,与血浆清蛋白亲和力减小,容易随胆汁从胆道排出;也可以通过肾小球滤过,出现在尿液中,容易从肾脏排出。胆红素与葡糖醛酸结合是肝转化胆红素和解除胆红素毒性的根本途径。

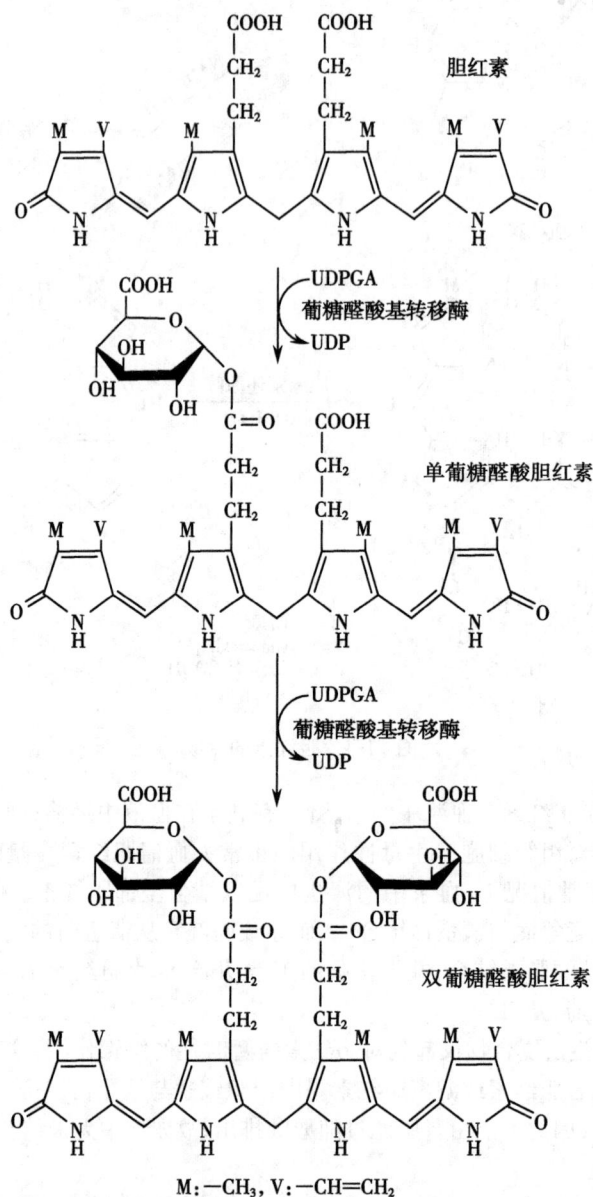

M:—CH₃, V:—CH=CH₂

图 11-5 结合胆红素的生成

3. 胆红素的排泄 结合胆红素被肝细胞分泌进入毛细胆管,随胆汁排入肠道。由于毛细胆管内结合胆红素的浓度远远高于细胞内浓度,因此肝细胞排泄胆红素进入毛细胆管是一个逆浓度梯度的主动耗能过程,也是肝内胆红素代谢的限速步骤和薄弱环节,容易受损并出现障碍。胆道阻塞或重症肝炎时,均可导致结合胆红素排泄障碍而返流入血,血中结合胆红素升高,尿中也会出现结合胆红素。

由此可见,肝脏具有很强的摄取、转化和排泄胆红素的能力。血浆中的未结合胆红素通过肝细胞膜上的受体蛋白、转运蛋白和细胞内的载体蛋白及内质网中葡萄糖醛酸转移酶的联合作用,不断地被肝细胞摄取、结合、转化和排泄,从而不断被清除(图 11-6)。

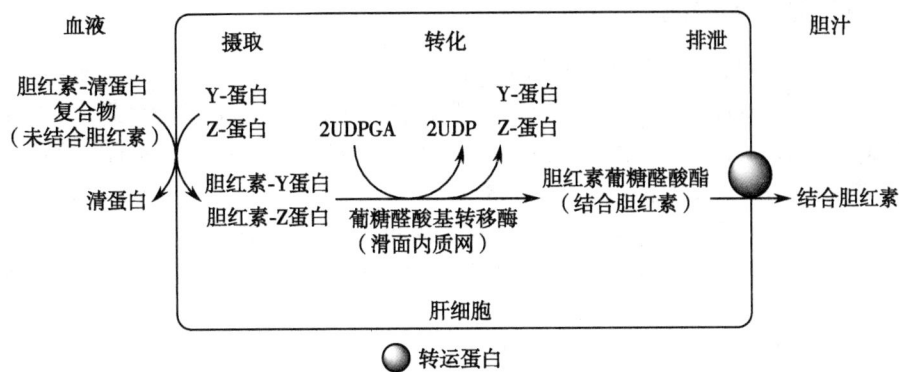

图 11-6 胆红素的转化

（三）胆素原的肠肝循环

在肝脏中生成的结合胆红素由肝细胞分泌随胆汁排入肠道,在肠道细菌的作用下,经酶催化水解先脱去葡糖醛酸,再逐步进行加氢还原反应,生成无色的胆素原。胆素原包括中胆素原、粪胆素原和尿胆素原。胆素原均无色,绝大部分通过肠道排出体外。大部分胆素原在肠道下端或排出时与空气接触后被氧化成黄褐色的胆素,成为正常粪便的主要颜色。正常成人每日从粪便排出 40~280mg 的胆素原。当胆道完全阻塞时,因结合胆红素排入肠道受阻,不能形成粪胆素原及粪胆素,粪便呈灰白色,临床上称为陶土样大便。

生理情况下,在肠道中形成的胆素原有 10%~20% 可被重新吸收进入血液,经门静脉进入肝脏,其中大部分胆素原可以随胆汁排入肠道,此过程称为胆素原的肠肝循环(bilinogen enterohepatic circulation)。小部分胆素原经过血液循环进入肾脏,被肾小球滤过,随尿液排出体外,即为尿胆素原。尿胆素原接触空气被氧化成尿胆素,它是尿液中的主要色素。正常成人每日从尿液排出 0.5~4.0mg 的胆素原。尿胆素原、尿胆素及尿胆红素临床上称为尿三胆。胆色素的代谢概况见图 11-7。

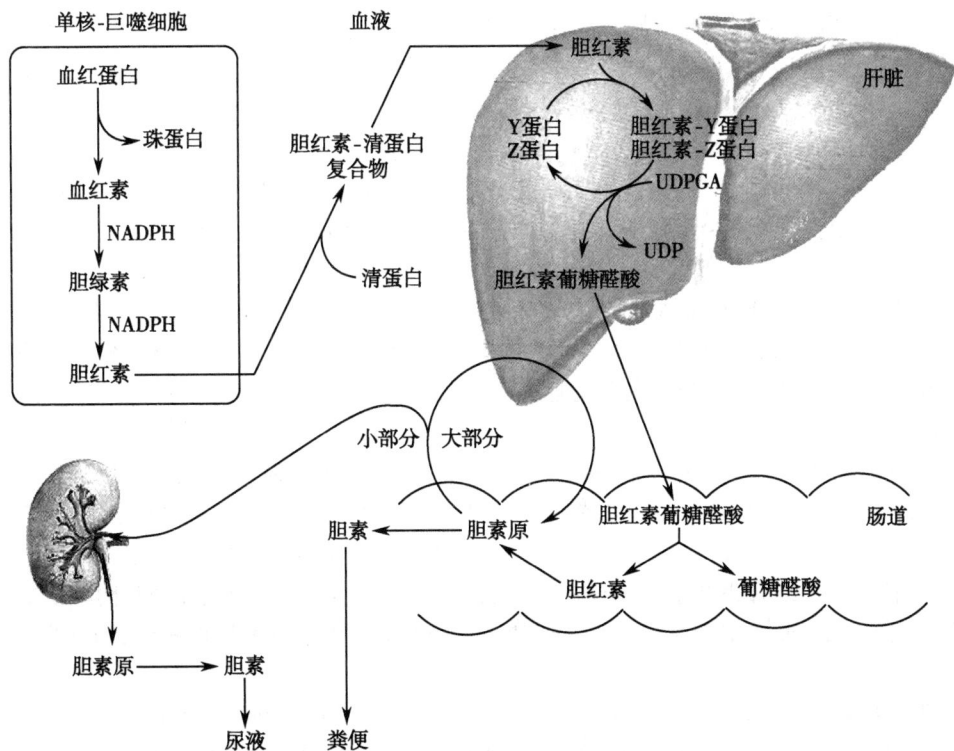

胆色素代谢

图 11-7 胆色素代谢示意图

三、血清胆红素与黄疸

正常血清中存在的胆红素按其性质和结构不同可分为两大类型。凡未经肝细胞结合的胆红素，称为未结合胆红素；凡经过肝细胞结合转化，与葡糖醛酸或其他物质结合的胆红素，均称为结合胆红素。正常人血清中胆红素含量极其微小，总量不超过 $17.1\mu mol/L(1mg/dl)$，其中含量多的主要是未结合胆红素，未结合型约占 4/5，其余为结合胆红素。

血清中的未结合胆红素与结合胆红素由其结构和性质不同，它们对重氮试剂的反应也不同。未结合胆红素不能直接与重氮试剂反应，必须先加入加速剂如乙醇或尿素后，内部的氢键断裂后，才能缓慢地与重氮试剂反应生成紫红色的偶氮化合物，故未结合胆红素又称为间接胆红素；而结合胆红素内部的氢键已经打开，能迅速直接与重氮试剂产生颜色反应，故结合胆红素又称为直接胆红素。这两种胆红素的比较见表 11-1。

表 11-1 两种胆红素的比较

理化性质	未结合胆红素	结合胆红素
别名	间接胆红素（血胆红素）	直接胆红素（肝胆红素）
存在形式	胆红素-清蛋白	葡糖醛酸胆红素
形成部位	血液	肝脏
水溶性	小	大
与重氮试剂反应	缓慢、间接反应	迅速、直接反应
经肾随尿液排出	不能	能
对脑细胞膜的通透性和毒性	大	小

凡是引起胆红素的生成过多，或使肝细胞对胆红素处理能力下降的因素（如对胆红素摄取、转化、排泄过程发生障碍），均可导致血液中胆红素浓度增高，称之为高胆红素血症。胆红素呈金黄色，当血清中浓度升高时，便可扩散入组织，尤其是引起皮肤、巩膜、黏膜等组织和内脏器官及某些体液的黄染，称之为黄疸（jaundice）。黄疸的程度取决于血清胆红素的浓度。当血清胆红素浓度大于 $17.1\mu mol/L$ 而小于 $34.2\mu mol/L$，肉眼不易观察到巩膜和皮肤的黄染，称之为隐性黄疸；当血清胆红素浓度大于 $34.2\mu mol/L$ 时，组织黄染十分明显，肉眼可辨，称之为显性黄疸。

黄疸是某些疾病的一种现象，一种症状，不是一个独立的疾病。临床上根据黄疸发病的原因可分为溶血性黄疸、肝细胞性黄疸和阻塞性黄疸；根据病变部位可分为肝前性黄疸、肝原性黄疸和肝后性黄疸 3 种类型。

1. **溶血性黄疸（hemolytic jaundice）** 临床上各种原因引起的红细胞大量破坏，未结合胆红素产生过多，超过肝细胞的处理能力，导致血中未结合胆红素增高，过多的胆红素扩散入组织，而引起的皮肤、巩膜、黏膜等组织的黄染，称为溶血性黄疸或肝前性黄疸。如输血不当、某些药物、某些疾病（如过敏、蚕豆病）等引起的黄疸。

2. **肝细胞性黄疸（hepatocellular jaundice）** 由于肝细胞功能损害，肝细胞对胆红素摄取、转化、排泄过程发生代谢障碍，使血中胆红素升高所引起的黄疸称为肝细胞性黄疸或肝原性黄疸。由于肝细胞受到损害，一方面肝细胞摄取未结合胆红素的能力降低，不能将未结合胆红素全部转化成结合胆红素，使血中未结合胆红素增多；另一方面已生成的结合胆红素不能随胆汁排入肠道，经病变肝细胞区反流入血，使血中结合胆红素也增加。这种黄疸常见于肝实质性病变，如肝炎、肝硬化、肝肿瘤等。

3. **阻塞性黄疸（obstructive jaundice）** 由于胆红素的排泄通道受阻，肝内转化生成的结合胆红素从胆道系统排出困难，胆汁中胆红素返流入血，出现的黄疸称为阻塞性黄疸或肝后性黄疸。如胆管炎症、肿瘤、胆道结石等。

三种类型的黄疸血、尿、粪的变化见表 11-2。

表 11-2　三种类型的黄疸血、尿、粪的变化

指标	正常	溶血性黄疸	肝细胞性黄疸	阻塞性黄疸
血液				
血清胆红素浓度	<7.1μmol/L	>17.1μmol/L	>17.1μmol/L	>17.1μmol/L
未结合胆红素	有	↑↑	↑	不变或微增
结合胆红素	无或极微	不变或微增	↑	↑↑
尿液				
尿胆红素	-	-	++	++
尿胆素原	少量	↑	不定	↓
尿胆素	少量	↑	不定	↓
粪便				
颜色	正常黄色	加深	变浅	变浅或陶土色

注:"-"表示阴性,"+"表示阳性,"↑"表示增加,"↓"表示减少。

本章小结

　　肝脏是人体的重要器官,它不仅是体内物质代谢的中枢,对全身物质代谢都起着十分重要的作用;同时也是分泌、排泄、生物转化和储存的主要场所。非营养物质经过生物转化后水溶性增大易排出。生物转化分第一相反应和第二相反应,第一相反应包括氧化、还原、水解反应;第二相反应主要是结合反应。生物转化具有反应的多样性、连续性和解毒与致毒的双重性等特点。胆汁酸的生成是肝脏降解胆固醇的最重要途径。胆汁酸盐是胆汁的主要成分,促进脂类的消化吸收,抑制胆固醇结石的形成。胆汁酸分为初级胆汁酸和次级胆汁酸。初级胆汁酸包括胆酸、鹅脱氧胆酸及其与甘氨酸和牛磺酸的结合产物,次级胆汁酸是初级胆汁酸在肠道中受细菌作用生成的,包括脱氧胆酸、石胆酸及其与甘氨酸和牛磺酸的结合产物。95%的胆汁酸可进行胆汁酸的肝肠循环,使胆汁酸被反复循环使用,使有限量的胆汁酸发挥其最大的生理效应。胆色素是铁卟啉类物质在体内分解代谢的主要产物,包括胆红素、胆绿素、胆素原和胆素等化合物。胆色素中最主要的是胆红素,红细胞破坏释放的血红蛋白是胆红素的主要来源,游离型胆红素因其具有强脂溶性,易穿过生物膜、血脑屏障而对人体产生毒性。人体的胆红素主要是通过首先与清蛋白结合经血液运输到肝脏,在肝细胞内与葡糖醛酸等结合形成结合胆红素得以解除其毒性。在肠道中,胆红素再经一系列变化形成胆素原,大部分胆素原随食物残渣在肠道末段形成粪胆原,构成粪胆原的主要色素;10%~20%经肠肝循环,少部分进入体循环,以尿胆素的形式排出体外。各种原因导致血浆胆红素生成过多或代谢障碍引起高胆红素血症,进而引起黄疸。临床上,按照病因可将黄疸分为溶血性黄疸、肝细胞性黄疸和阻塞性黄疸 3 种黄疸类型。

病例讨论

　　患者,男性,69 岁,曾有肝病史,现感冒发热服药 7d,突然出现全身皮肤、巩膜明显黄染。
　　实验室检查:血清总胆红素 423.6μmol/L,结合胆红素 194.2μmol/L,未结合胆红素229.4μmol/L,ALT 252U/L,AST 207U/L,CT 检查可见肝细胞弥漫性损伤。
　　请分析:
　　1. 根据患者情况,用所学的生化知识分析患者发生黄疸的原因?
　　2. 针对患者的情况,今后用药需要注意哪些呢?

（徐　敏）

扫一扫,测一测

思考题

1. 何谓生物转化? 生物转化的反应类型有哪些? 有何特点及生理意义?
2. 简述胆汁酸的生理功能及分类。
3. 胆色素包括哪些? 肝脏在胆红素代谢中有何作用?
4. 何谓黄疸? 根据病因的不同,临床上将黄疸分为哪些类型?

12章.PPT

1. 掌握别构调节、化学修饰调节的概念、机制与特点；物质代谢的特点及相互联系的关联物。
2. 熟悉激素水平的代谢调节；相关器官组织的代谢特点。
3. 了解酶含量的调节、整体水平的调节。
4. 能够推导相关代谢失调所引起的相应临床表现。

物质代谢是生物的本质特征，是生命活动的物质基础。人体除进行 O_2 与 CO_2 的交换外，还要不断地摄取食物并排出废物。食物中的各种营养成分经消化吸收进入体内，在细胞中进行中间代谢，分解氧化释放能量以满足生命活动所需，同时进行合成代谢以满足机体生存及活动所需的蛋白质、脂类、糖类等成分。机体与环境之间不断进行的物质交换，即物质代谢。

人体的物质代谢具有以下特点：①整体性：生物分子之间、组织与器官之间的代谢彼此相互联系、相互转变、相互依存，构成统一的整体。②精细调节：体内存在精细的调节物机制，不断调节各种代谢的强度、方向和速度以适应内外环境的变化。③各组织、器官物质代谢各具特色：机体各组织器官具有各自不同的特定功能，其结构与所含酶系的种类及含量各不相同，因而代谢途径及功能各异，各具特色。④各种代谢物均具有相同的代谢池：无论是体外摄入的各种营养物或者是来源于体内自身合成的各种成分，在进行中间代谢时，不再区分其来源是外源性还是内源性，而是形成共同的代谢池，根据机体的营养状况和需要，同等的进入各种代谢途径进行代谢。⑤ATP 是机体能量生成、利用、转移与储存的核心：体内的高能化合物形式众多，但 ATP 是最重要的高能化合物。糖、脂及蛋白质在体内分解氧化所生成的能量形式中，绝大多数是直接生成 ATP；机体的生命活动如生长、发育、繁殖、神经传导、运动等，以及各种生物合成代谢、细胞渗透压与形态的维持所需消耗的能量，绝大多数均直接来自 ATP；多数其他形式的三磷酸核苷酸中的高能键也均是通过 ATP 转移而形成；骨骼肌、心脏及大脑的功能需快速反应，其能量的直接储存形式为磷酸肌酸，磷酸肌酸中的高能键也是来源于 ATP 的转移，对于其他器官组织而言，ATP 也可视作能量的储存形式。⑥NADPH 是合成代谢所需的还原当量：由葡萄糖的磷酸戊糖途径代谢提供的 NADPH，参与了体内许多生物合成反应，是体内重要的还原当量。通过 NADPH，将氧化反应与还原反应相联系，将物质的氧化分解与还原性合成相联系，将不同的还原性合成也联系在一起。

笔记

第一节 物质代谢的联系

一、能量代谢沟通物质代谢

物质代谢主要包括合成代谢与分解代谢,通常合成代谢时需要消耗能量,而分解代谢时生成能量。能量代谢与物质代谢彼此相互联系、相互依存、互为因果,各种能源物质的代谢既相互联系又相互制约。

糖、脂及蛋白质是人体的主要能源物质,虽然它们在体内分解氧化的代谢途径各不相同,但都有共同的中间代谢物乙酰辅酶 A,三羧酸循环与氧化磷酸化是它们最后分解的共同代谢途径,释放的能量主要以 ATP 化学能形式储存(图 12-1)。这三大能源物质可以互相替代并相互制约。一般情况下,机体供能以糖、脂为主,并尽量节约蛋白质的消耗。这不仅因为人类的主食以糖类为主,脂肪是能源物质的主要储备形式,并且因为蛋白质是生命的物质基础,是机体组织的最重要组成成分,是体现生命功能的执行者,蛋白质通常在体内没有多余储存。机体处于生长发育、创伤或疾病恢复期等状况时,体内合成代谢旺盛,需消耗大量能量,此时需从外界摄入大量营养物质用于产能以满足需求。机体处于清闲工作活动量较小而同时吃得太多太饱时,由于

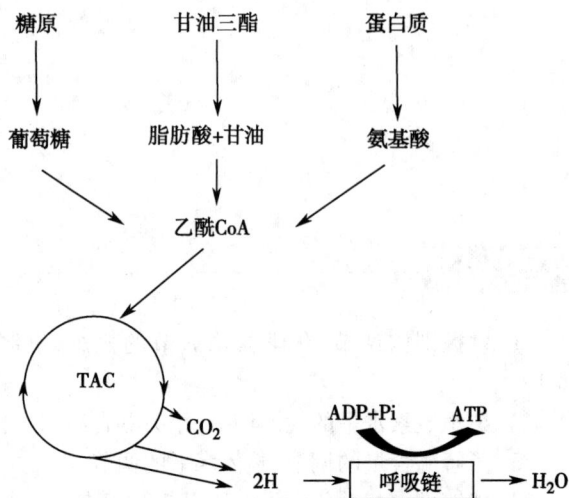

图 12-1 物质代谢与能量代谢的联系

能量消耗少,ATP 蓄积而 ADP 减少,氧化磷酸化受到抑制,物质分解代谢速度随之减慢,进而合成代谢加速,导致脂肪堆积。

二、糖、脂、蛋白质与核苷酸间的相互联系

机体内糖、脂、蛋白质与核苷酸之间的代谢不是彼此独立存在,而是通过共同的中间代谢产物相互关联。尤其是通过三羧酸循环等经典代谢彼此联系、相互转变(图 12-2)。一种物质代谢障碍时可引起其他物质代谢的紊乱,比如糖尿病患者糖代谢的障碍,可引起脂代谢、蛋白质代谢甚至水电解质代谢的紊乱。

(一)糖代谢与脂代谢的相互联系

糖代谢所生成的中间产物可满足脂肪合成的几乎全部条件。葡萄糖经过分解代谢所生成的磷酸二羟丙酮可转变成甘油,乙酰辅酶 A、NADPH 可用于合成脂肪酸,甘油与脂肪酸进一步可用于合成脂肪。因此,当人体摄入的糖超过体内能量的消耗时,除合成少量糖原储存于肝脏及骨骼肌中外,通过分解代谢生成的柠檬酸及 ATP 可别构激活乙酰辅酶 A 羧化酶,促使糖大量转化为脂肪在脂肪组织中储存。所以,某些人并不喜爱吃肥肉但常吃高糖饮食,仍可导致肥胖及高脂血症。但是,脂肪却只有少部分能够转变为糖。脂肪动员所生成的甘油,经脱氢氧化生成磷酸二羟丙酮后可进入糖异生代谢生成糖,而脂肪酸继续分解所生成的乙酰辅酶 A 却不能逆行生成丙酮酸,故不能转变成糖。当糖能量供应不足或利用障碍时,脂肪大量分解所生成的乙酰辅酶 A,在肝脏将用于合成酮体,进而导致酮症酸中毒。

(二)糖代谢与氨基酸代谢的联系

能够被遗传密码表达的 20 种氨基酸中,除生酮氨基酸(亮氨酸、赖氨酸)外,均可通过脱氨基作用生成相应的 α-酮酸。这些 α-酮酸通过三羧酸循环等代谢途径,转变成糖代谢的中间产物,再沿糖异生途径转变成葡萄糖。糖代谢的中间产物,如丙酮酸、草酰乙酸、α-酮戊二酸等可通过转氨基作用的逆反应生成相应的非必需氨基酸。但 8 种必需氨基酸不能由糖代谢的中间产物转变而来,必须由食物提供,所以食物中的糖不能完全替代蛋白质的需求。

葡萄糖

葡糖-6-磷酸 ← 磷酸戊糖途径

甘油 → 磷酸二羟丙酮 ← 3-磷酸甘油醛

磷酸烯醇式丙酮酸

脂肪酸 → β 氧化 → 丙酮酸 ← 丙氨酸、色氨酸、丝氨酸

甘氨酸 苏氨酸、半胱氨酸

胆固醇 ← 乙酰辅酶A → 酮体

亮氨酸、赖氨酸 嘌呤 血红素

天冬氨酸 → 草酰乙酸 柠檬酸 谷氨酰胺

嘌呤 嘧啶 CO_2 精氨酸

酪氨酸 苯丙氨酸 → 延胡索酸 α-酮戊二酸 → 谷氨酸 ← 组氨酸 脯氨酸

CO_2 嘌呤

琥珀酸 → 血红素

缬氨酸 甲硫氨酸 异亮氨酸 苏氨酸

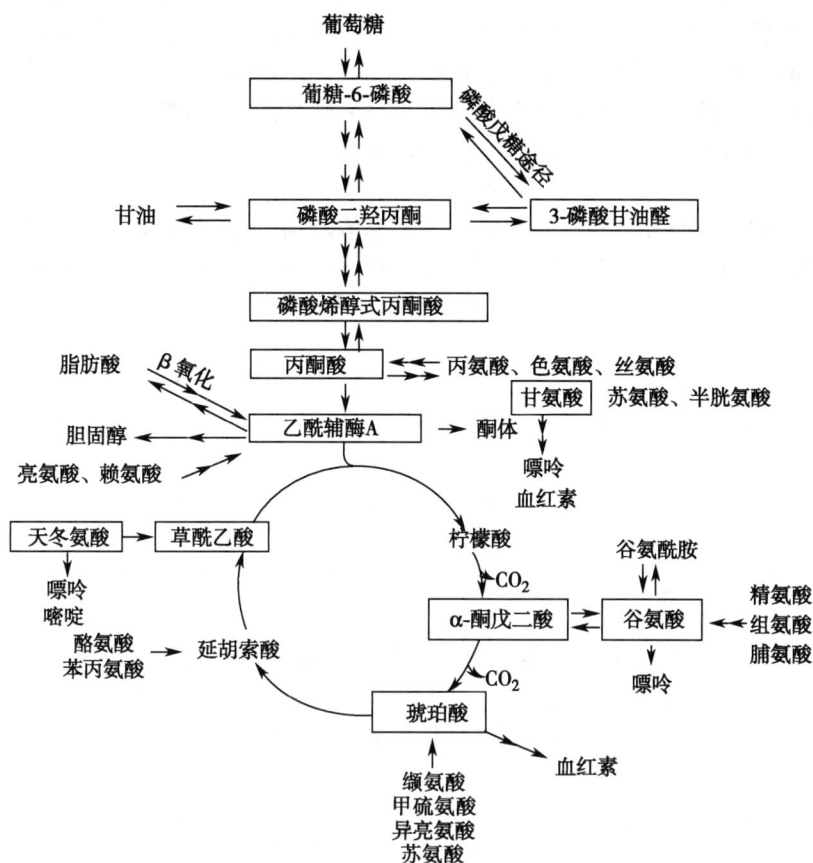

图 12-2 糖、脂、氨基酸代谢的相互联系

思路启迪

（三）脂类代谢与氨基酸代谢的相互联系

20 种氨基酸中,无论生糖、生酮及生糖兼生酮氨基酸(苯丙氨酸、酪氨酸、色氨酸、苏氨酸、异亮氨酸)分解后均可生成乙酰辅酶 A,后者可在脂类食物供应不足时作为脂肪及胆固醇的合成原料,从而实现蛋白质与脂类的沟通。此外,丝氨酸脱羧分解可生成乙醇胺,乙醇胺经甲基化可生成胆碱,成为磷脂的合成原料之一。脂肪分解可生成甘油与脂肪酸,甘油在糖供应充足时,先通过磷酸二羟丙酮进入糖代谢转变成相应的 α-酮酸,再经过转氨基作用生成相应的非必需氨基酸;糖来源不足时甘油主要转变为糖。体内的脂肪酸主要用于氧化分解释放能量,一般不易转变成氨基酸,故脂类不易转变成蛋白质。

（四）氨基酸及糖代谢与核酸的联系

20 种氨基酸中,丝氨酸、甘氨酸、组氨酸、色氨酸及甲硫氨酸可提供一碳单位。嘌呤合成所需的原料中包括一碳单位、甘氨酸、天冬氨酸和谷氨酰胺,嘧啶合成所需的原料中包括一碳单位(只有胸腺嘧啶需要)、天冬氨酸和谷氨酰胺。合成核苷酸所需的磷酸核糖来自磷酸戊糖途径。

此外,糖、脂、蛋白质与核酸的代谢均需大量的酶及蛋白因子。故蛋白质在物质代谢与能量代谢中起主导作用。

三、器官组织间的代谢特点与联系

机体各器官组织的代谢由于细胞分化和结构不同而功能各异,各具特色,但并非各自孤立进行,而是通过血液循环、神经系统及激素的调节将其联系成统一整体。

（一）肝脏

肝脏是人体物质代谢的枢纽,是机体的生化中心,在糖、脂、蛋白质、核酸、水、电解质、维生素代谢中均有独特而重要的作用,肝脏的代谢与全身几乎所有器官组织均有联系。由消化系统吸收进入体内的营养物质,除大部分脂类外,其余成分都要先经过肝脏进行转化、储存、解毒等预处理。肝脏具有

独特的解剖与组织学特点,含有丰富的细胞器,具有许多器官没有的酶类,其氧气消耗量约占全身耗氧的20%。以糖代谢为例,肝脏是进行糖异生的主要脏器,可使氨基酸、乳酸、甘油等非糖小分子物质转变成糖,以满足机体对糖的需求;肝脏合成及储存糖原的比例最高,可达肝脏重量的10%,而骨骼肌储存糖原量仅占1%,脑及成熟红细胞却没有糖原储存;肝脏所含有的葡糖-6-磷酸酶,使糖原在分解时可以生成葡萄糖以满足血糖浓度的稳定,而骨骼肌却没有这个作用。

（二）心脏

心脏优先利用脂肪酸氧化分解供应能量,其次为酮体、乳酸及葡萄糖,以有氧代谢为主,且有一定的磷酸肌酸储备。因此,即使在机体能源供给不足的情况下,仍然能保证心脏搏动所需的ATP供应。酮体则来自于肝脏,乳酸主要来自于骨骼肌,氧气源于呼吸系统。

（三）大脑

脑组织的耗氧量巨大,占全身氧耗的20%~25%,需要丰富的血液及氧气供应。葡萄糖是最主要的能源物质,每天的耗糖量约100g,故对血糖浓度的稳定具有依赖性。长期饥饿血糖供应不足时,主要利用来自肝脏生成的酮体供能,饥饿3~4d每天约消耗酮体50g,饥饿2周后每天约消耗酮体100g。脑组织中也有一定的磷酸肌酸储备,以备快速反应之需;故低血糖常导致头晕。

（四）骨骼肌

一般情况下,骨骼肌的能源供应主要来自脂肪酸氧化分解（β-氧化及三羧酸循环）代谢,其次是葡萄糖分解代谢。故低血糖虽可导致头晕,但对肌肉运动却影响不大,而运动的确能够减肥。因骨骼肌中不含葡糖-6-磷酸酶,其储备的肌糖原主要满足自身所需,通常不为血液供应葡萄糖。在快速运动的初期,骨骼肌所储备的磷酸肌酸可保证其快速反应所需能量供应,在剧烈运动时葡萄糖无氧氧化代谢供能大幅上升,而生成的乳酸则通过乳酸循环持续满足骨骼肌能量供应。

（五）红细胞

成熟红细胞内没有线粒体,不能进行有氧代谢,故其能量供应主要来自葡萄糖的无氧氧化代谢,不能直接利用脂肪酸、蛋白质及其他非糖物质。红细胞每天约消耗葡萄糖30g。红细胞内葡萄糖进行无氧氧化过程中,还存在2,3-二磷酸甘油酸代谢支路,可调节血红蛋白与氧气的亲和力。

（六）脂肪

脂肪组织是合成及储存脂肪的主要组织,是机体重要的能源储备基地。肝脏虽然可合成大量内源性脂肪,却不能储存脂肪,需由肝脏合成的VLDL转运入血,再提供给其他器官利用或在脂肪组织中储存。血糖浓度不足或机体耗能巨大时,脂肪组织可调动激素敏感脂肪酶活性,大量动员脂肪,将储存的脂肪以甘油和脂肪酸的形式释放入血,从而满足其他器官组织能量供应的需求。

（七）肾脏

肾脏是机体稳定水、电解质、酸碱平衡代谢最主要的器官。其次,也进行糖异生和生成酮体,是除肝脏外唯一可进行这两种代谢的器官。一般情况下,肾脏生成的葡萄糖量仅占肝脏糖异生的10%,而长期饥饿后每天由肾脏生成葡萄糖约为40g,几乎与肝脏的量相等。肾皮质所需能量主要由脂肪酸及酮体氧化分解供能,肾髓质没有线粒体,主要依靠葡萄糖无氧氧化供能。

第二节　物质代谢的调节

为适应内外环境的变化,保持机体内环境的相对稳定及动态平衡,实现各器官组织的不同功能,需要对细胞内不同的代谢进行精细的调节,使各种物质的代谢秩序井然、相互联系、相互协调。代谢调节普遍存在于生物界,是生物的重要特征,也是生物进化过程中逐步形成的一种适应能力,生物进化程度越高其代谢调节方式越复杂。

物质代谢是由许多连续和相关的代谢途径所组成,各代谢途径又是由一系列连锁酶促化学反应所组成。机体通过对代谢途径中酶活性的调节,从而控制酶促反应的速度,称为物质代谢的调节。人体物质代谢的调节分为三个层次,包括细胞水平调节,激素水平调节以及整体水平调节。

一、细胞水平的调节

细胞水平的调节是生物物质代谢调节最基本的调节方式。主要通过细胞内代谢物浓度的高低来影响酶的结构或含量,从而改变酶的活性。酶结构的调节属于快速调节,包括酶的别构调节和酶的化学修饰调节,可瞬间或数秒完成调节。酶含量的调节属于迟缓调节,包括酶蛋白合成的诱导、阻遏及酶分子降解的调节,常需数小时或几天才能实现调节。

(一)细胞内酶的隔离分布

细胞是组成器官组织的最基本功能单位。催化代谢途径相关反应的酶类常常组成酶体系,分布于细胞的某一区域或亚细胞结构中(表 12-1)。酶在细胞内的隔离分布使相关代谢分别在细胞不同区域内进行,从而各自之间互不干扰。通过某些特殊中间产物穿梭于不同细胞器之间,从而实现不同代谢之间的相互联系与沟通。

表 12-1 主要代谢途径(多酶体系)在细胞内的分布

多酶体系	分布	多酶体系	分布
DNA 及 RNA 合成	细胞核	糖酵解	胞质
蛋白质合成	内质网,胞质	戊糖磷酸途径	胞质
糖原合成	胞质	糖异生	胞质
脂酸合成	胞质	脂酸 β 氧化	线粒体
胆固醇合成	内质网,胞质	多种水解酶	溶酶体
磷脂合成	内质网	三羧酸循环	线粒体
血红素合成	胞质,线粒体	氧化磷酸化	线粒体
尿素合成	胞质,线粒体	呼吸链	线粒体

代谢途径的实质是一系列酶催化下的连锁化学反应,其速度与方向主要取决于代谢途径中的某些具有调节作用的关键酶活性,这些能够调节代谢速度的酶被称为调节酶或关键酶。关键酶常常是催化单向反应或非平衡反应的酶,其活性本身较弱,催化反应速度最慢,它的活性决定了整个代谢途径总速度。关键酶活性除受底物浓度控制外,还受多种代谢物或效应剂的调节。

(二)别构调节

1. 别构调节的概念 某些小分子物质能与酶蛋白分子活性中心以外的某一部位特异结合,引起酶蛋白分子构象发生改变,从而改变酶的活性,这种现象称为酶的别构调节。被调节的酶称为别构酶,使酶发生别构效应的物质称为别构效应剂,使酶活性增强的物质,称为别构激活剂,反之为别构抑制剂。别构调节在生物界普遍存在,代谢途径中的关键酶多数属于别构酶。一些代谢途径中的别构酶及其效应剂见表 12-2。

表 12-2 一些代谢途径中的别构酶及其效应剂

代谢途径	别构酶	别构激活剂	别构抑制剂
三羧酸循环	柠檬酸合酶	AMP	ATP、长链脂酰 CoA
	异柠檬酸脱氢酶	AMP、ADP	ATP
糖异生	丙酮酸羧化酶	乙酰 CoA、ATP	AMP
糖原分解	磷酸化酶 b	AMP、G-1-P、Pi	ATP、G-6-P
脂酸合成	乙酰辅酶 A 羧化酶	柠檬酸、异柠檬酸	长链脂酰 CoA
氨基酸代谢	谷氨酸脱氢酶	ADP、亮氨酸、甲硫氨酸	GTP、ATP、NADH
嘌呤合成	谷氨酰胺 PRPP 酰胺转移酶		AMP、GMP
嘧啶合成	天冬氨酸转甲酰酶		CTP、UTP
核酸合成	脱氧胸苷激酶	dCTP、dATP	dTTP

2. 别构调节的机制 别构酶通常是具有四级结构的蛋白质,其亚基可分为催化亚基与调节亚基,或者催化与调节为同一亚基。别构效应剂通过非共价键与调节亚基结合,引起酶的构象改变(疏松或

紧密),从而影响酶与底物的亲和力,使酶活性增强或抑制。别构效应剂可以是底物、产物或其他小分子代谢物,其在细胞内的浓度变化能够灵敏地反映代谢途径的强度与能量供求状况,使关键酶构象改变之后调节酶活性,从而调节代谢途径的强度、方向以及细胞能量供需的平衡。

3. 别构调节的特点 别构调节在快速调节方式中占有特别重要的地位,一般情况下能够实现自动调控,对机体适应内外环境变化及各种生理活动的需要具有重要意义。与其他调节方式比较别构调节具有以下特点:①酶活性的改变通过酶分子构象的改变而实现;②酶的构象变化仅涉及非共价键的变化;③调节酶活性的因素常为代谢物;④为一非耗能过程;⑤无放大效应。

(三)化学修饰调节

1. 化学修饰的概念 酶蛋白肽链上的某些基团在不同酶的催化下与其他基团或小分子化合物发生共价键结合或反方向的去共价键脱离,从而引起酶活性的改变,这种调节称为化学修饰。酶的化学修饰主要有磷酸化与去磷酸化,乙酰化与去乙酰化,甲基化与去甲基化,腺苷化与去腺苷化,2 个"—SH"与"—S—S—"互变等,其中以磷酸化与去磷酸化在物质代谢调节中最为常见(表 12-3)。

表 12-3 磷酸化与去磷酸化修饰对酶活性的调节

酶	化学修饰类型	酶活性改变
糖原磷酸化酶	磷酸化/脱磷酸	激活/抑制
磷酸化酶 b 激酶	磷酸化/脱磷酸	激活/抑制
糖原合成酶	磷酸化/脱磷酸	抑制/激活
丙酮酸脱羧酶	磷酸化/脱磷酸	抑制/激活
磷酸果糖激酶	磷酸化/脱磷酸	抑制/激活
丙酮酸脱氢酶	磷酸化/脱磷酸	抑制/激活
HMG-COA 还原酶	磷酸化/脱磷酸	抑制/激活
HMG-COA 还原酶激酶	磷酸化/脱磷酸	激活/抑制
乙酰 COA 羧化酶	磷酸化/脱磷酸	抑制/激活
脂肪细胞甘油三酯脂肪酶	磷酸化/脱磷酸	激活/抑制
黄嘌呤氧化脱氢酶	2—SH/—S—S—	脱氢酶/氧化酶

2. 化学修饰的机制 化学修饰调节是体内快速调节的又一种重要方式。在磷酸化与去磷酸化调节过程中,酶蛋白分子中的丝氨酸、苏氨酸及酪氨酸上的羟基是磷酸化修饰的位点。酶蛋白的磷酸化是在蛋白激酶的催化下,由 ATP 提供能量与磷酸根完成修饰,去磷酸化时则由酶蛋白磷酸酶催化通过水解反应完成修饰(图 12-3)。此过程是两个独立的不可逆过程,分别由不同的酶催化完成。

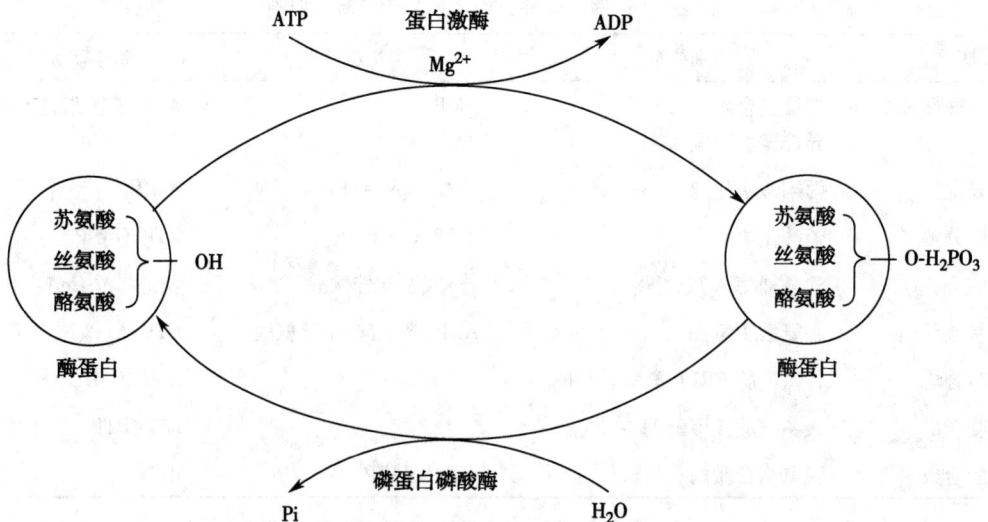

图 12-3 酶的磷酸化与去磷酸化

3. 化学修饰的特点

（1）被修饰的酶都具有无活性（或低活性）与有活性（或高活性）两种形式。在不同代谢途径中，如果合成代谢方向的关键酶为磷酸化有活性，其反方向代谢的关键酶则是去磷酸化形式为无活性。

（2）与别构调节不同，化学修饰是由酶催化的共价键变化产生调节作用，其单方向反应是不可逆反应，双向反应是由不同酶催化完成。

（3）初始调节因素常为激素等称为第一信使的信息分子。

（4）最常见的磷酸化与去磷酸化修饰需消耗 ATP。

（5）在化学修饰过程中需要多级酶催化完成，因而存在瀑布放大效应。

（四）酶量的调节

酶量的调节属于迟缓调节，其调节因素需通过参与基因表达的调控而实现调节酶活性。故所需时间较长，消耗 ATP 较多。

1. 酶蛋白合成的诱导与阻遏　酶的底物、产物、激素或药物均可影响酶的合成。通常将加速酶合成的化合物称为诱导剂，减少酶合成的化合物称为阻遏剂。诱导剂与阻遏剂通过影响酶蛋白生物合成的转录与翻译过程而发挥作用，以影响转录过程较为常见。一般情况下，底物常常为诱导剂，产物常常为阻遏剂。激素是高等生物体内酶蛋白合成的最重要调节因素，如糖皮质激素能诱导蛋白质分解代谢与糖异生代谢途径中某些关键酶的合成，胰岛素能诱导糖酵解与脂肪酸合成代谢途径中某些关键酶的合成。许多药物或毒物可诱导肝细胞微粒体中加单氧酶或其他一些肝药酶的合成，从而增强机体对这些药物或毒物的代谢处理能力。长期用药也同时导致药物作用下降而形成耐药性。产物不仅可作为别构抑制剂反馈抑制关键酶活性，并且还能阻遏这些酶的合成，如 HMG-COA 还原酶是胆固醇合成的关键酶，而肝脏胆固醇含量增高则可阻遏此酶的合成。肠黏膜中胆固醇的合成则不受胆固醇的影响，故食入过多胆固醇仍有高胆固醇血症的风险。

2. 酶蛋白降解的调节　影响酶蛋白分子的降解速度也能调节细胞内酶的含量。细胞蛋白水解酶主要存在于溶酶体中，凡能改变蛋白水解酶活性或影响蛋白水解酶从溶酶体中释放速度的因素，都能间接影响酶蛋白的降解。通过酶蛋白降解调节酶含量远远不如酶的诱导与阻遏重要。

二、激素水平的调节

激素水平的调节是在细胞水平调节基础上完成的。通过激素调控物质代谢是高等生物体内代谢调节的重要方式。不同激素作用于不同组织产生不同的生物效应，表现出高度的组织特异性和效应特异性。组织或细胞存在有能特异识别与结合相关激素的受体，与对应激素结合后，能将激素的信号进行传递，转化为一系列细胞内的化学反应，最终表现出激素的生物学效应。按激素受体在细胞上存在部位的不同，可将激素分细胞膜受体激素与细胞内受体激素两大类。

（一）细胞膜受体激素的信息传递

该类激素主要是亲水性激素，包括胰岛素、胰高血糖素、生长激素、促性腺激素、促甲状腺素、甲状旁腺素、生长因子等蛋白肽类激素，以及肾上腺素等儿茶酚胺类激素，这些激素不能通过细胞膜。细胞膜受体的化学本质为跨膜糖蛋白，与激素之间存在高亲和力、高特异性、非共价键可逆结合以及可调节性等特点。激素与特异细胞膜受体结合后，通过跨膜传递将所携带信息传递到细胞内，由第二信使将信号逐级放大，产生代谢调节效应。常见的信息传递途径有 cAMP 传导通路、cGMP 传导通路、IP_3-Ca^{2+} 钙调蛋白途径、酪氨酸蛋白激酶信息传递途径等。

（二）细胞内受体激素的信息传递

细胞内受体激素为疏水性激素，包括类固醇类激素、甲状腺素、1,25-$(OH)_2$-D_3 及视黄酸等，能够通过细胞膜。大多数细胞内受体位于细胞核内，与特异性激素结合形成复合物后，作用于 DNA 的特定序列，改变相关基因表达速度，促进或阻遏酶蛋白的合成，调节细胞内酶的含量，从而调节细胞代谢。

三、整体水平的调节

为适应内外环境的变化，机体可通过神经系统及神经体液途径对机体的生理功能及物质代谢进行调节，使不同组织器官物质代谢途径相互协调，以满足机体功能需求及维持内环境的相对稳定。

（一）饥饿时的代谢调节

1. 短期饥饿　不能进食 1~3d 后，肝糖原显著减少，血糖下降，引起胰岛素分泌减少而胰高血糖素分泌增加。此时机体的主要能量来源将来自于储存的脂肪及蛋白质的分解,脂肪提供的能量约占85%以上。脂肪动员加速,血浆中甘油和脂肪酸的含量升高,脂肪酸除直接氧化分解产能外,约25%的将在肝脏生成酮体,以补充血糖不足时心、脑等重要器官能量供应;而甘油部分除进入糖代谢分解产能外,用于糖异生途径生成的葡萄糖约占异生来源的10%。肌蛋白分解增强,氨基酸大部分转变为丙氨酸和谷氨酰胺释放入血,饥饿第三天时丙氨酸的输出量可达总氨基酸释放量的30%~40%,除自身氧化分解产能外,主要用于糖异生途径生成葡萄糖,是糖异生作用的主要原料来源。心、骨骼肌及肾皮质部可直接利用脂肪酸与酮体,因而对葡萄糖的摄取利用将减少,但大脑虽然也能直接利用酮体而对葡萄糖的直接利用有所减少,却不能直接利用脂肪酸能源,故此时仍以葡萄糖供能为主。短期饥饿时,肝脏是糖异生的主要场所,约占糖异生作用的80%,肾皮质约占20%,每天通过糖异生将生成约150g葡萄糖,其原料主要来自氨基酸,其次是乳酸与甘油。

2. **长期饥饿**　指不能进食3d以上,通常在饥饿4~7d后,机体将发生与短期饥饿不同的代谢变化。脂肪动员进一步增强,肝脏生成大量酮体,脑组织利用酮体将超过葡萄糖,约占总消耗量的60%。脂肪酸成为肌肉的主要能源,而减少对酮体的利用,酮体则优先供应脑组织。蛋白质分解减少,负氮平衡有所改善,如继续分解蛋白质将直接危及生命。糖异生明显减少,此时乳酸和丙酮酸成为糖异生的主要原料,肾脏的异生作用明显增强,约占异生糖的一半,几乎与肝脏持平。长期饥饿可导致酮症酸中毒,并且各种营养物质的缺乏,可导致严重的器官功能损害甚至危及生命。

(二) 应激状态下的代谢调节

应激是指机体在受到创伤、感染、中毒、缺氧、寒冷高热、剧烈情绪波动等异乎寻常的刺激下所作出的应答性反应。在应激状态下,交感神经兴奋,肾上腺髓质与皮质激素、胰高血糖素、生长素分泌增多,胰岛素分泌减少,从而引起一系列代谢改变。

1. **血糖升高**　由于交感神经兴奋,肾上腺素与胰高血糖素分泌增加,可激活磷酸化酶活性从而促进肝糖原分解;糖皮质激素与胰高血糖素可诱导磷酸烯醇式丙酮酸羧激酶的表达而增强糖异生作用;肾上腺皮质激素与生长素使周围组织对葡萄糖的利用降低,均可使血糖升高。对保证脑组织与红细胞的能量供应具有重要意义。应激时血糖浓度常超过肾糖阈值(8.89mmol/L)而引起糖尿。

2. **脂肪动员增强**　由于脂解激素(肾上腺素、去甲肾上腺素、胰高血糖素、生长素等)分泌增多,激素敏感脂肪酶(甘油三酯脂肪酶)活性增强,血浆中脂肪酸含量明显增多,成为心肌、骨骼肌及肾等组织的主要能量来源。并且减少了对血糖的消耗,进一步保证了脑组织与红细胞等重要器官组织的能量供应。

3. **蛋白质分解加速**　肌肉组织蛋白质分解增加,主要满足肝脏糖异生需求,以补充血糖浓度的不足。同时自身分解产能也大量增加,尿素生成及尿素氮排出增多,机体出现严重的负氮平衡。

本章小结

　　人体内各种物质代谢之间相互联系、相互制约、相互协调,构成统一的整体。体内物质代谢的特点:①整体性;②在精细调节下进行;③各组织器官代谢各具特色;④有共同的代谢池;⑤ATP是共同能量形式;⑥NADPH是代谢所需的还原当量。各代谢途径之间通过关联性中间产物互相联系及转变,糖、脂肪、蛋白质在能量供应上可相互替代并相互制约。除糖转变成脂肪外,由于不可逆反应的存在,其余成分之间不能实现完全转变。三羧酸循环不仅是三大营养物质氧化分解代谢的共同途径,也是它们相互转变的枢纽。肝脏是物质代谢的中心,外源性营养物质几乎都要经过肝脏进行处理和中转,各器官组织所需的内源性营养素大多也需肝脏加工或转变,同时肝脏也是生物转化的主要器官。

　　物质代谢的调节即机体对代谢途径反应速度的调节控制。分为三个层次,包括细胞水平的调节、激素水平的调节和整体水平的调节。细胞水平的调节是生物最基本的调节方式,其实质是对酶活性的调节。激素水平的调节是通过与特异性受体结合在细胞水平调节的基础上而实现。整体水平的调节是通过神经系统及神经体液途径完成调节。

(范　明)

扫一扫,测一测

思考题

1. 简述物质代谢的特点。
2. 酶的别构调节与化学修饰调节有何异同?

笔记

第三篇 遗传信息与分子生物学技术

第十三章 基因信息的传递与表达

学习目标

1. 掌握 DNA 复制的特点；RNA 转录的特点；三种 RNA 在蛋白质生物合成中的作用。
2. 熟悉 DNA 复制体系；逆转录概念、逆转录酶、逆转录的意义；RNA 转录的体系；蛋白质生物合成所需酶类与其他因子。
3. 了解 DNA 复制的过程，DNA 的损伤与修复；RNA 转录的过程；蛋白质生物合成过程；蛋白质生物合成与医学；原核生物和真核生物基因表达的调控；癌基因、抑癌基因及其与肿瘤的发生。
4. 学会应用 DNA 复制、RNA 转录的基本原理解释分子病。
5. 具有科学的态度、严谨的作风、理论联系实际的工作能力。

自然界中生物体最基本的特点是能将自身的生物遗传信息延续给后代，这种现象称为遗传。基因（gene）是 DNA 大分子中的各种功能片段，为蛋白质或 RNA 编码。以亲代 DNA 为模板合成子代 DNA，从而将亲代的遗传信息准确传递给子代的过程称为 DNA 的复制（DNA replication）。以 DNA 为模板合成碱基互补的 RNA 分子，从而将 DNA 的遗传信息传递给 RNA 的过程称为转录（transcription）。以 mRNA 为模板合成蛋白质的过程称为翻译（translation）。这种通过复制将遗传信息从上一代传递到下一代，并通过转录和翻译，使遗传信息转变成各种功能蛋白质的过程，即基因表达（gene expression）。遗传信息传递与基因表达的规律，即是遗传信息传递的中心法则。某些病毒的 RNA 可作为模板，指导 DNA 合成的过程称为逆转录（reverse transcription）；某些病毒的 RNA 也可进行自身复制，这对中心法则做出了补充和修正（图 13-1）。

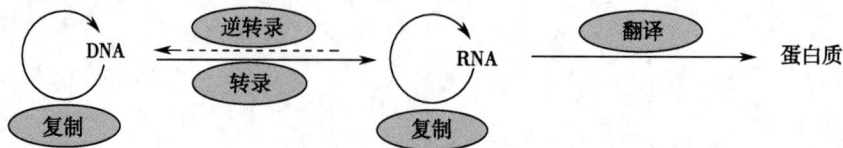

图 13-1 遗传信息传递的中心法则

案例导学

BRCA 基因与乳腺癌

2013 年美国好莱坞著名影星安吉丽娜·朱莉通过手术切除了双侧乳腺组织。这是因为安吉丽娜身体中一个与乳腺癌有关的 $BRCA_1$ 的基因发生了突变,并且她的母亲曾有乳腺癌病史,为了预防乳腺癌,她选择了手术。

人体里除了 $BRCA_1$,还有 $BRCA_2$,这两个基因被称为抑癌基因,主要负责编码 BRCA 蛋白,该蛋白能够对细胞内基因的错误进行修复。如果 *BRCA* 基因发生突变,BRCA 蛋白的基因修复功能就会减弱,甚至于丧失。随着细胞内累积的基因错误增多,细胞癌变的风险随之增大。

问题与思考:

1. 为什么家族史被认为是安吉丽娜患癌的危险因素之一?
2. BRCA 蛋白如何被合成?
3. 什么是 DNA 突变?什么是抑癌基因?

案例导学解析

第一节 DNA 的生物合成

DNA 的生物合成方式主要有复制和逆转录。自然界中许多因素都能引起 DNA 分子的损伤,损伤会导致 DNA 的生物合成障碍,但在长期的进化中,生物体也形成了识别和修复这些损伤的机制,促使 DNA 结构恢复正常。

一、DNA 复制

复制是 DNA 生物合成的主要方式,是以亲代 DNA 为模板合成子代 DNA 的过程。

（一）DNA 复制的特点

DNA 复制基本特点包括半保留复制、半不连续复制、双向复制、高保真性复制。

1. DNA 复制的基本方式是半保留复制 在 DNA 复制过程中,亲代 DNA 的两条多核苷酸链解开,以每条单链作为模板,从而形成两个子代 DNA 分子,每一个子代 DNA 分子包含一条亲代链和一条新合成的链,这种复制方式称为半保留复制。该复制方式是 DNA 复制的最重要特征,保证了子代与亲代 DNA 碱基序列的一致性(图 13-2)。

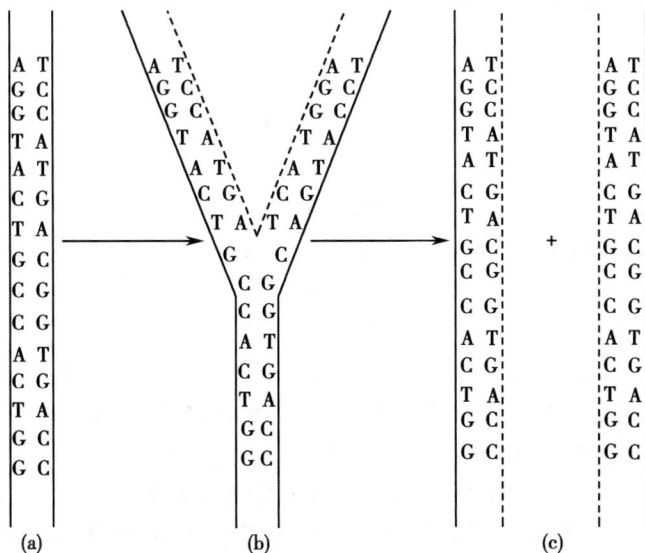

图 13-2 半保留复制保证子代与亲代 DNA 碱基序列的一致性
a. 母链 DNA;b. 复制过程中打开的复制叉;c. 两个子代细胞的双链 DNA,虚线为新合成的子链,实线为母链。

2. DNA 复制是半不连续性　DNA 复制时,双链解开所形成的两股单链各自作为模板,子链沿着模板延长形成"Y"字形结构,称为复制叉(replicating fork)。复制叉前进的方向即是 DNA 双螺旋解链的方向,同一复制叉上只有一个解链方向,子代 DNA 的复制方向只能沿着 5′→3′进行。目前认为,复制过程中,沿着解链方向生成的子链是连续合成的,称为前导链(leading strand);另一条以 5′→3′走向的链为模板,只能随着模板链的解开,逐段的从 5′→3′复制子链,其子链的合成是不连续的,先形成许多不连续的片段,称为冈崎片段(okazaki fragments),然后将这些片段连续起来,形成一条完整的 DNA链,称为后随链或随从链(follower chain)。

3. DNA 复制的双向性　DNA 复制总是从序列特异的部位开始,这些具有特异碱基序列的部位称为复制起始点(replication origin)。原核生物通常只有一个复制起始点,而真核生物则有多个。大多数情况下,DNA 的复制是从起始点开始,向两个方向解链,形成两个复制叉,这种复制方式称为双向复制(图 13-3)。

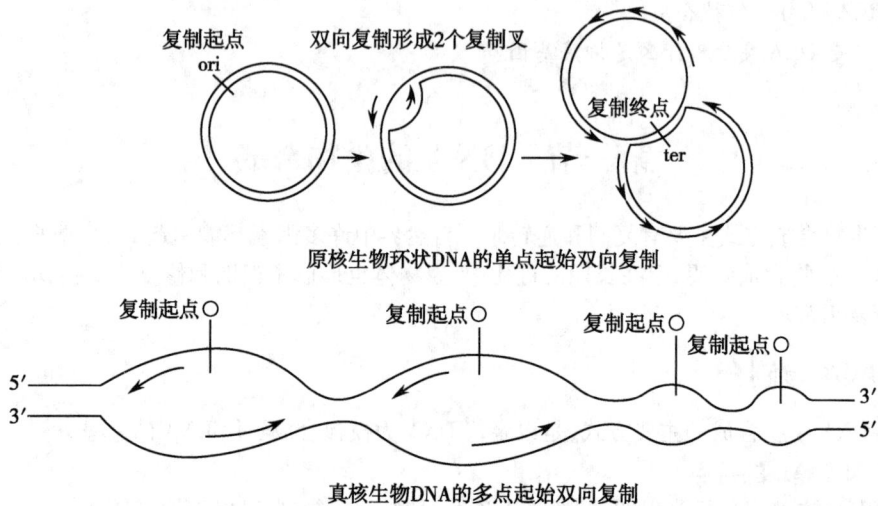

图 13-3　DNA 复制的起点和方向

4. DNA 复制的高保真性　DNA 复制生成的子代 DNA 与亲代 DNA 的碱基序列一致性,如同拉链一样,是一个对着一个的,所以 DNA 复制具有高保真性。维持 DNA 复制的高保真性至少需要依赖 3种机制:①遵守严格的碱基配对规律;②聚合酶在复制延长时对碱基的选择功能;③复制出错时 DNA-pol 的及时校读功能。

（二）DNA 复制体系

DNA 复制是一个非常复杂的生物学过程,需要多种物质参与。DNA 复制体系主要有以下几类物质。

1. 原料　DNA 合成的原料(底物)包括四种脱氧核苷三磷酸,即 dATP、dTTP、dCTP、dGTP,统称dNTP。DNA 复制过程是耗能过程,每聚合一分子核苷酸需水解一分子的焦磷酸(消耗两个高能磷酸键)。

2. 模板　DNA 合成有严格的模板依赖性,需要以亲代双链 DNA 解开的 DNA 单链为模板。

3. 引物　DNA 聚合酶的 5′→3′聚合酶活性不能催化两个游离的 dNTP 直接进行聚合,因此第一个 dNTP 需添加到已有的小分子 RNA 的 3′-OH 末端上,然后再继续延长。为 DNA 聚合酶提供 3′-OH末端的小分子 RNA 称为引物(primer)。

4. 酶和蛋白因子　多种酶与蛋白因子参与 DNA 的复制过程,确保了复制的高效性和高保真性。

（1）DNA 聚合酶:DNA 聚合酶(DNA polymerase)是催化底物 dNTP 以 dNMP 方式聚合为新生DNA 链的酶,聚合时需要以单链 DNA 为模板,故称为依赖于 DNA 的 DNA 聚合酶(DDDP),简称为DNA-pol。原核生物的 DNA 聚合酶包括 DNA 聚合酶Ⅰ(pol Ⅰ)、DNA 聚合酶Ⅱ(pol Ⅱ)、DNA 聚合酶Ⅲ(polⅢ)(表 13-1)。

表 13-1　大肠杆菌 *E. coli* 中的三种 DNA 聚合酶

分类	DNA 聚合酶Ⅰ	DNA 聚合酶Ⅱ	DNA 聚合酶Ⅲ
5′→3′聚合酶活性	+	+	+
3′→5′外切酶活性	+	+	+
5′→3′外切酶活性	+	−	−
生物学功能	切除引物 延长冈崎片段 校读作用 DNA 损伤修复	DNA 损伤修复	催化 DNA 聚合 校读作用

DNA 聚合酶Ⅰ只能催化延长 20 个左右的核苷酸,主要功能包括:3′→5′核酸外切酶活性,切去错配的碱基,起到校正作用;5′→3′核酸外切酶活性,去除 RNA 引物及修正错误碱基;5′→3′聚合酶活性,对复制和修复中出现的空隙进行填补。DNA 聚合酶Ⅱ对模板的特异性不高,能够以发生损伤的 DNA 为模板合成 DNA 新链,参与 DNA 损伤的应急状态修复,兼有 3′→5′核酸外切酶和 5′→3′核酸聚合酶活性。DNA 聚合酶Ⅲ是原核生物 DNA 复制延长中真正起催化作用的酶。是由 10 种亚基组成的不对称二聚体,具有 3′→5′核酸外切酶和 5′→3′核酸聚合酶活性,可以催化 DNA 子链由 5′→3′延长,可以切除错配的核苷酸,起到及时校正的作用。

真核生物中有 α、β、γ、δ、ε 五种 DNA 聚合酶。DNA 聚合酶 α 具有引物酶活性,能催化引物 RNA 和 DNA 的合成;DNA 聚合酶 β 与 DNA 损伤的修复有关;DNA 聚合酶 γ 是线粒体中 DNA 复制的酶;DNA 聚合酶 δ 是主要的聚合酶,其作用是催化子链延长,还具有解螺旋酶的活性;DNA 聚合酶 ε 主要参与校读和填补空隙。

(2) 引物酶:引物酶(primase)是复制起始时,在原核生物中催化生成小分子 RNA 引物、在真核生物中催化生成 RNA 或 DNA 引物的酶。引物酶在模板的复制起始部位催化与模板碱基互补的游离核苷酸聚合,形成短片段的 RNA 或 DNA,为 DNA 链的合成提供 3′-OH 末端,使 dNTP 依次聚合。此外,引物酶还需与其他的蛋白因子形成复合物,才能完成引物的合成。*E. coli* 的引物酶又称为蛋白 DnaG。

(3) 解螺旋酶:解螺旋酶(helicase)的功能是利用 ATP 供能将 DNA 双螺旋间的氢键解开,使 DNA 局部形成两条单链。*E. coli* 的解螺旋酶是六聚体蛋白 DnaB,可以利用 ATP 水解释放的能量沿着 DNA 单链迅速运动,从而将双螺旋 DNA 的两条链分开。

(4) DNA 拓扑异构酶:DNA 在解链过程中,DNA 分子会出现打结、缠绕、连环等现象,DNA 拓扑异构酶(DNA topoisomerase),能改变 DNA 的超螺旋状态,理顺 DNA 链。拓扑异构酶分为Ⅰ型和Ⅱ型。拓扑异构酶Ⅰ在不消耗 ATP 的情况下,切断 DNA 双链中的一股链,适当时候又把切口封闭,使 DNA 变为松弛状态。拓扑异构酶Ⅱ在一定位置上,能切断 DNA 双链,使 DNA 分子的超螺旋松弛,然后利用 ATP 供能,使松弛状态下的 DNA 断端连接恢复。

(5) 单链 DNA 结合蛋白:单链 DNA 结合蛋白(SSB)是 DNA 复制过程中,在 DNA 分叉处与解开的两条单链上结合的蛋白质。单链 DNA 结合蛋白主要是防止已解链的单链 DNA 重新形成双螺旋,并且保护他们不受核酸酶水解。当 DNA 聚合酶向前推进时,SSB 就脱离 DNA 单链,使之作为模板。所以 SSB 不是沿着复制叉向前移动,而是不断地与模板结合、脱离,反复发挥作用。

(6) DNA 连接酶:DNA 连接酶(DNA ligase)是催化两条 DNA 双链上相邻的 5′-磷酸基和 3′-羟基之间形成 3′,5′-磷酸二酯键,从而使两个 DNA 片段连接起来,此过程需要消耗能量。随从链上的冈崎片段就是通过 DNA 连接酶的作用相互连接起来,最后成为一条连续的 DNA 链。DNA 连接酶在 DNA 修复、重组中也起连接缺口的作用。

(三) DNA 复制的过程

真核生物与原核生物的 DNA 复制过程都分为起始、延长和终止 3 个阶段,但是各个阶段都有一定的差别。以下主要以原核生物为例介绍 DNA 的复制。

1. 复制的起始　复制的起始是指在特定的复制起始点将 DNA 双链解开,形成复制叉,再形成引发体,合成引物的过程,此过程需要多种酶和蛋白因子参与(表 13-2)。首先在拓扑异构酶和解螺旋酶的作用下,局部打开 DNA 超螺旋和双螺旋,单链 DNA 结合蛋白结合在被解开的单链上,形成"Y"字形

DNA 连接酶与 DNA 聚合酶的比较

结构的复制叉,从而保证局部不会恢复成双链。当复制叉形成一定长度,两股单链暴露出足够数量的碱基时,引物酶将发挥作用。引物酶(DnaG 蛋白)与 DnaB 蛋白、DnaC 蛋白及单链 DNA 模板结合,形成的复合结构称为引发体(图 13-4)。引发体以复制起始点的一段单链 DNA 为模板,以 NTP 为底物,合成 RNA 引物,其 3′-OH 末端是合成新 DNA 的起点。

表 13-2　原核生物中参与 DNA 解链的相关蛋白质

蛋白质(基因)	通用名	功能
DnaA(dnaA)		辨认复制起始点
DnaB(dnaB)	解螺旋酶	解开 DNA 双链
DnaC(dnaC)		运送和协同 DnaB
DnaG(dnaG)	引物酶	催化 RNA 引物合成
SSB	单链 DNA 结合蛋白	稳定已解开的单链 DNA
拓扑异构酶		解开超螺旋

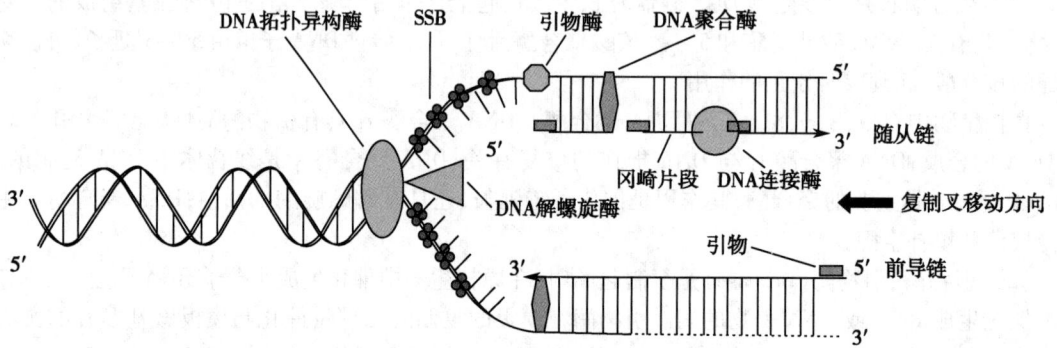

图 13-4　引发体和复制叉的生成

2. 复制延长　原核生物催化复制中 DNA 链延长的酶是 DNA 聚合酶Ⅲ。引物合成后,DNA 聚合酶Ⅲ结合到模板链上,按照碱基配对原则,催化 dNTP 与引物或延长子链中的 3′-OH 末端以磷酸二酯键聚合,合成两条新的 DNA 子链。前导链沿着 5′→3′方向连续延长,后随链沿着 5′→3′方向呈不连续延长。由于后随链的延长方向与解链方向相反,在引物 3′-OH 末端形成一段冈崎片段后,需要等待复制叉解开至相当长度,再合成新的引物,然后在新引物的 3′-OH 末端再合成一段冈崎片段。当后一个冈崎片段合成到前一个冈崎片段的引物处,DNA 聚合酶Ⅰ的 5′→3′核酸外切酶活性去除 RNA 引物,从 5′→3′方向延长 DNA,两个冈崎片段之间由 DNA 连接酶连接。

3. 复制终止　原核生物是环状 DNA,其双向复制,在终止点汇合。当复制延长到具有特定碱基序列的复制终止区时,在 DNA 聚合酶Ⅰ的作用下,切除前导链和后随链的最后一个 RNA 引物,并以 5′→3′方向延长 DNA 来填补引物水解留下的空隙。前一个冈崎片段和后一个冈崎片段之间的缺口由 DNA 连接酶连接,形成完整的 DNA 后随链,从而完成 DNA 的复制。

真核生物 DNA 的复制也可分为起始、延长和终止三个阶段,每个阶段的基本过程与原核生物 DNA 复制相似,但存在差异。真核生物 DNA 复制起始点很多,是多复制子复制,但各个复制子的起始并不同步;延伸时必须发生 DNA 聚合酶 α/δ 的转换,而且需要增殖细胞核抗原(PCNA)的协同;DNA 复制终止后,需要端粒酶参与端粒中 DNA 模板链 3′-OH 的延伸,保证 DNA 的稳定性和完整性。

二、DNA 的损伤与修复

DNA 分子中碱基序列和结构的改变称为 DNA 损伤(damage)或 DNA 突变(mutation)。根据发生机制分为诱发突变和自发突变。在多种酶的作用下,生物细胞内的 DNA 分子损伤后又恢复结构的现象,称为 DNA 损伤的修复。

（一）DNA 损伤的因素

导致 DNA 自发突变的因素主要有 DNA 复制错误、DNA 自身不稳定等,例如碱基错配、碱基的丢失、脱落等。导致 DNA 诱发突变的因素主要有物理因素、化学因素、生物因素。例如紫外线、电离辐射、化学诱变剂、致癌病毒等。

（二）DNA 损伤的后果及类型

1. DNA 损伤的后果 DNA 突变在生物界普遍存在。大部分突变对生物是有积极作用的,是生物进化的基础,少数突变对生物有害,可以导致机体发生疾病,甚至于死亡。

2. DNA 损伤的类型 根据 DNA 分子的改变,突变分为:①点突变:又称为错配,是指 DNA 分子中一个碱基的变异。②缺失:是指 DNA 分子中一个碱基或一段核苷酸链的丢失。③插入:是指 DNA 分子中原来没有的一个碱基或一段核苷酸链的增加。若缺失或插入的核苷酸数目不是 3 的倍数,可导致遗传信息发生框移突变。④重排:是指 DNA 分子内发生核苷酸片段的交换、内迁或序列颠倒,也就是 DNA 分子内部重组。

基因重排引起两种地中海贫血的基因型

（三）DNA 损伤的修复

DNA 损伤的修复方式分为光修复、切除修复、重组修复和 SOS 修复等。

1. 光修复 光修复又称光逆转。生物体内存在着一种直接识别并结合于 DNA 链上嘧啶二聚体部位的光复活酶,在可见光照射下,利用光所提供的能量将嘧啶二聚体解聚为原来的单体核苷酸形式,从而完成修复过程。光修复并不是高等生物修复嘧啶二聚体的主要方式。

2. 切除修复 切除修复是生物界最普遍的 DNA 修复方式。通过这种修复方式,可将不正常的碱基或核苷酸除去、替换。依据识别损伤机制的不同,又分为碱基切除修复和核苷酸切除修复两种类型。

3. 重组修复 DNA 分子的双链断裂是一种极为严重的损伤,没有提供修复断裂的遗传信息互补链,需要重组修复来完成。重组修复是指依靠重组酶系,将另一段未受损伤的 DNA 移到损伤部位,提供模板进行修复的过程。

4. SOS 修复 SOS 修复是 DNA 受到广泛损伤而难以继续复制时,进行的应急状态修复,SOS 修复会导致广泛、长期的突变。

知识拓展

DNA 损伤修复缺陷与着色性干皮病（XP）

当紫外线照射导致 DNA 损伤时,机体会启动核苷酸切除修复机制。人类 DNA 损伤的切除修复基因会通过合成编码蛋白来发挥修复机制。XPC 和 XPE 蛋白用来识别、结合损伤部位;XPB 和 XPD 蛋白发挥解螺旋酶活性;XPA 蛋白保证参与修复的因子正确定位;XPG 和 XPF 蛋白切除、释放受损的寡核苷酸。

着色性干皮病(XP)患者由于其切除修复基因(*XPA-XPG*)发生缺陷,导致核苷酸切除修复通路异常,细胞更容易发生紫外线诱发的死亡或畸变,表现为皮肤对阳光敏感,照射后出现红斑、水肿,继而出现色素沉着、干燥、角化过度,甚至会发生黑色素瘤、基底细胞癌、鳞状上皮癌及棘状上皮瘤等瘤变。

三、逆转录

（一）逆转录概念与逆转录酶

逆转录(reverse transcription)也称反转录,是指以 RNA 为模板,4 种 dNTP 为原料,在逆转录酶的催化下,合成 DNA 的过程。

催化 RNA 逆转录合成 DNA 的酶是一种依赖 RNA 的 DNA 聚合酶(RNA-dependent DNA polymerase,RDDP),称为逆转录酶(reverse transcriptase)。逆转录酶是多功能酶,其主要功能有:①逆转录酶活性:以逆转录病毒的 RNA 为模板,合成与该 RNA 互补的 DNA 链(cDNA),继而形成 RNA-DNA 杂交分子;②RNA 酶活性:特异性水解 RNA-DNA 杂交体上的 RNA,保留 DNA;③DNA 聚合酶活性:以单链 DNA 为模板合成互补 DNA 链,形成双链 DNA 分子。

逆转录的基本过程可分为三个步骤(图 13-5):以 RNA 为模板,4 种 dNTP 为原料,由逆转录酶发挥催化作用,聚合生成 DNA 互补链,即生成 DNA/RNA 杂化双链;杂化双链中的 RNA 被逆转录酶水解,生成单链 DNA 模板;以单链 DNA 为模板,逆转录酶催化合成另一条互补的 DNA 链,形成双链 DNA 分子。新合成的双链 DNA 分子中带有 RNA 病毒基因组的遗传信息,并可整合到宿主细胞的 DNA 中。人类免疫缺陷病毒(HIV)属于逆转录病毒。

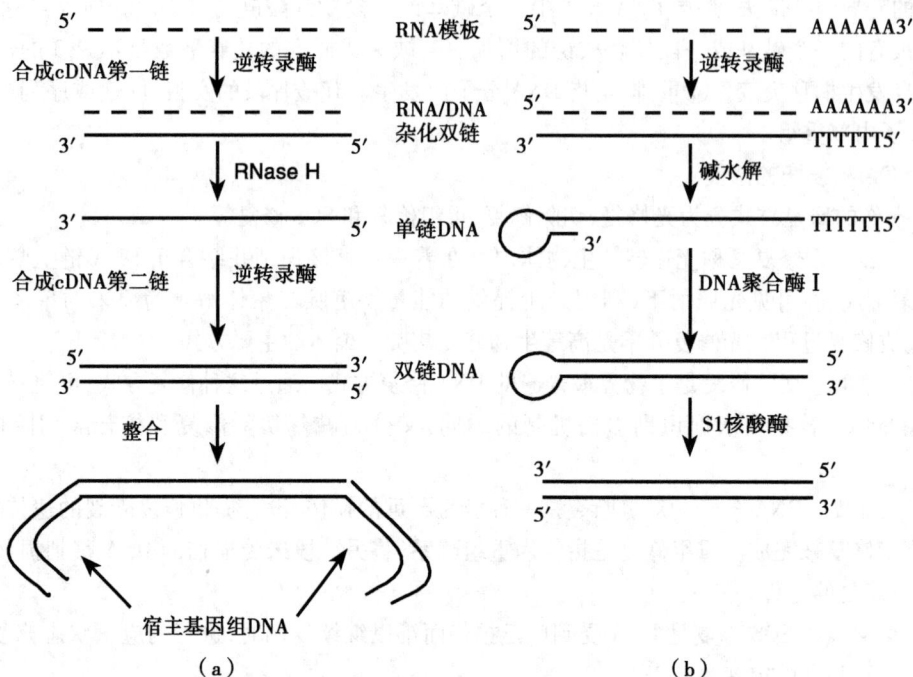

图 13-5　逆转录酶催化 cDNA 合成
(a)逆转录病毒细胞内复制;(b)试管内合成 cDNA。

(二)逆转录的意义

逆转录酶和逆转录现象是分子生物学研究中的重大发现。逆转录现象说明,至少在某些生物,RNA 同样兼有遗传信息传递和表达的功能。逆转录扩大和发展了中心法则,使人们对遗传信息的流向有了新的认识。

逆转录及逆转录酶已经广泛地应用在疾病的诊断、治疗和药物的生产等诸多领域。如通过测定 DNA 序列来诊断基因突变;利用逆转录病毒载体进行基因治疗;通过 DNA 重组技术大量生产在正常细胞代谢产量很低的多肽,例如:激素、抗生素、酶、抗体等。

1306
逆转录与逆
转录病毒

知识拓展

人类嗜 T 细胞病毒(HTLV)

20 世纪 70 年代后期,科学家发现的第一个人类逆转录病毒属于逆转录病毒科的 RNA 肿瘤病毒亚科,有 Ⅰ 型(HTLV-Ⅰ)和 Ⅱ 型(HTLV-Ⅱ)之分,分别是引起 T 细胞白血病和毛细胞白血病的病原体。电镜下两型 HTLV 呈圆形,直径约 100nm。病毒最外层为包膜(gp120),内层为衣壳蛋白,中心为 RNA 及逆转录酶。包膜表面具有刺突,刺突嵌有病毒特异性糖蛋白,能与细胞表面 CD4 受体结合,与病毒感染、入侵细胞有关。HTLV-Ⅰ 感染通常是无症状的,感染者发展为 T 淋巴细胞白血病的概率为 1/20。

笔记

第二节 RNA 的生物合成

一、RNA 转录的基本特点与体系

生物体以 DNA 为模板合成 RNA 的过程称为转录(transcription)。此过程是将 DNA 携带的遗传信息传递给 RNA。转录生成的初级产物绝大多数都是不成熟的 RNA,是各类 RNA 的前体(原核 mRNA 例外),必须经过加工,才能转变成具有生物活性的成熟 RNA。RNA 也可以通过复制合成,主要在 RNA 病毒中进行,本节不予叙述。

转录与 DNA 复制比较,有相似之处,也有区别(表 13-3)。

表 13-3 复制和转录的区别

	DNA 复制	转录
模板	两条链都复制	模板链转录(不对称转录)
原料	dNTP	NTP
酶	DNA 聚合酶	RNA 聚合酶
碱基配对	A-T,G-C	A-U,T-A,G-C
产物	子代双链 DNA	RNA

（一）RNA 转录的特点

1. 不对称性　RNA 转录的不对称性具有两方面的含义:一是对于某一特定基因来说,只能以 DNA 双链中的一条链为模板进行转录;二是在不同的 DNA 转录区段中,模板链并不是总在一条 DNA 单链上。

2. 单向性　RNA 的转录是以 DNA 分子的一条单链为模板进行的,因此只能向一个方向进行聚合。RNA 链的合成方向为 $5'→3'$,DNA 模板链的方向为 $3'→5'$。

3. 连续性　不需要引物就能直接启动 RNA 的合成,且从起始位点开始转录直到终止位点,连续合成 RNA 链。

4. 特定起始点和终止点　无论原核细胞还是真核细胞,RNA 转录时只是基因组中的一个基因转录,只利用一段 DNA 单链为模板,故存在特定的起始点和特定的终止点。

（二）RNA 转录的体系

1. 原料　RNA 生物合成以 4 种核糖核苷酸(ATP、GTP、UTP 和 CTP)为原料,还需要 Mg^{2+}、Zn^{2+} 等金属离子参与。四种核苷酸通过 $3',5'$-磷酸二酯键聚合成 RNA 长链。

2. 转录的模板　转录的模板是 DNA 双链中的一股链。生物体内转录是有选择性的,在细胞的不同发育时期,按生存条件和需要不同进行转录。能转录出 RNA 的 DNA 区段称为结构基因(structural gene)。转录进行时,DNA 双链中有一条链指导 RNA 的合成,起模板作用,称为模板链(template chain);与之相对的另一条链为编码链(coding chain)。在转录过程中双链 DNA 只有一条单链用作模板,并且同一单链上可以交错出现模板链和编码链,这种选择性就是转录的不对称(图 13-6)。新合成的 RNA 链和编码链都能与模板链互补,其区别在于 RNA 链上的碱基用 U 代替了 T。

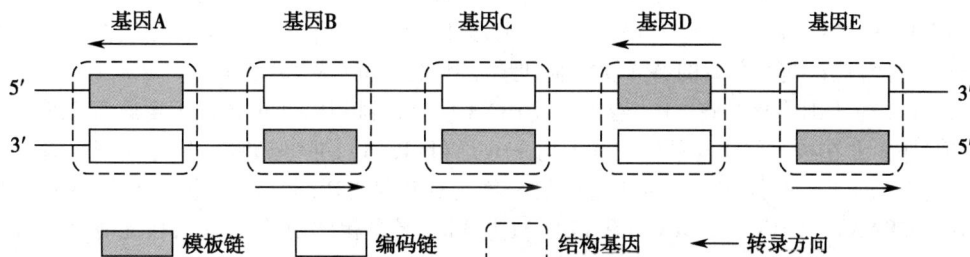

图 13-6　不对称转录示意图

3. RNA 聚合酶　RNA 聚合酶(RNA polymerase)又称 DNA 指导的 RNA 聚合酶(DNA-dependent RNA polymerase,DDRP),其功能是使核糖核苷酸沿着 5′→3′方向通过磷酸二酯键依次聚合;RNA 聚合酶还具有解链酶的活性,能够识别转录终止信号,参与转录水平的调控。

(1) 原核生物的 RNA 聚合酶:原核生物中只有一种 RNA 聚合酶,可催化不同 RNA 产物生成,以大肠杆菌研究最为清楚。大肠杆菌中的 RNA 聚合酶分子量为 480kD,由 4 种亚基 α、β、β′、σ 组成五聚体蛋白质,称为全酶,去除 σ 亚基后,α₂ββ′亚基(四聚体)称为核心酶(图 13-7)。转录起始由全酶发挥作用,保证转录起始点的识别;转录延长时,σ 亚基(首个磷酸二酯键形成后)脱落,核心酶独立催化模板指导的 RNA 合成,脱落的 σ 亚基可以反复使用。原核生物 RNA 聚合酶的各种亚基发挥着不同的功能(表 13-4)。

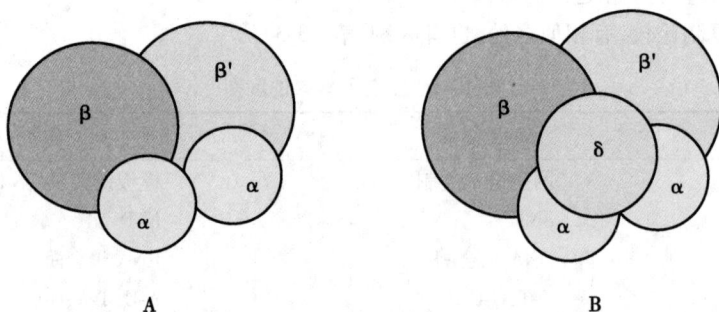

图 13-7　大肠杆菌 RNA 聚合酶示意图
A. 核心酶;B. 全酶。

表 13-4　原核生物 RNA 聚合酶各亚基的功能

亚基	分子量	亚基数目	功能
α	36 512	2	决定哪些基因被转录
β	150 618	1	催化聚合反应
β′	155 613	1	结合 DNA 模板,双螺旋解链
σ	70 263	1	辨认起始点,结合启动子

RNA 聚合酶缺乏 3′→5′外切酶的活性,没有校对功能,因此转录错误的发生率比 DNA 复制错误的发生率要高。但单个基因可以转录产生许多 RNA 拷贝,并且 RNA 最终要被降解和替换,所以转录过程中产生的错误对细胞的影响要远远小于 DNA 复制错误所产生的影响。

知识拓展

利 福 平

利福平(RFP)是一种半合成广谱抗生素,能与原核生物 RNA 聚合酶的 β 亚基牢固结合,使得 RNA 聚合酶全酶及核心酶的活性丧失,从而导致 RNA 转录过程被阻断,mRNA 和蛋白的合成受阻。利福平对人和动物细胞的 RNA 聚合酶无影响,临床上常用作抗结核药物。

(2) 真核生物 RNA 聚合酶:在真核生物中已发现三种 RNA 聚合酶,分别称为 RNA 聚合酶 I (RNA pol I)、II(RNA pol II)、III(RNA pol III),真核生物中的三种 RNA 聚合酶在功能和理化性质上有所区别,虽然均受 α-鹅膏蕈碱的特异性抑制,但敏感性也不同(表 13-5)。

RNA pol I 位于细胞核的核仁区,催化合成 rRNA 前体,再将 rRNA 前体加工生成 28S、5.8S 及 18S rRNA。RNA pol II 在核内催化转录生成核不均一 RNA(hnRNA),并将其加工生成 mRNA,并输送给胞质的蛋白质合成体系。此外,RNA pol II 还合成一些具有基因表达调节作用的非编码 RNA,如长链非编码 RNA(lncRNA)、微 RNA(miRNA)和 piRNA(与 Piwi 蛋白相作用的 RNA),在此意义上,RNA pol II 是真核生物中最活跃、最重要的酶。RNA pol III 位于核仁外,催化转录 tRNA、5S rRNA 和一些核小 RNA(snRNA)的合成。各种 RNA 中,mRNA 寿命最短、最不稳定,需要经常被合成。

表 13-5　真核生物的 RNA 聚合酶

种类	Ⅰ	Ⅱ	Ⅲ
转录产物	45S rRNA	hnRNA,lncRNA,piRNA,miRNA	tRNA,5S rRNA,snRNA
对 α-鹅膏蕈碱的反应	耐受	敏感	高浓度下敏感
细胞内定位	核仁	核内	核内

4. 蛋白因子　RNA 转录还需要一些蛋白因子的参与。原核生物中有一些 RNA 转录终止阶段需要依赖控制转录终止的 ρ 因子,使转录过程终止。真核生物 RNApol 启动转录时,需要一些蛋白因子参与形成具有活性的转录起始复合物,启动转录。

二、RNA 转录的过程

RNA 的转录类似于 DNA 的复制,以 DNA 为模板,聚合酶催化核苷酸之间生成磷酸二酯键,从 5′→3′方向延伸成多聚核苷酸。原核生物和真核生物的转录过程均包括起始、延长和终止三个阶段,但真核生物的转录过程与原核生物有较多的不同,主要表现在:①真核生物有三种 RNA 聚合酶,分别催化生成不同的 RNA 产物;②识别转录起始部位的是转录因子(TF),RNA 聚合酶依靠转录因子间接或直接结合模板;③真核生物转录起始上游区段比原核生物多样化,需要启动子、增强子等的参与;④转录终止与转录后修饰密切相关。下面以原核生物为例介绍转录的过程。

（一）转录的起始

原核生物的转录单位被称为操纵子(operon),操纵子包括若干个结构基因及其调控序列。转录起始点上游的调控序列中,能被 RNA 聚合酶识别、结合并启动转录的 DNA 序列,称为启动子(promoter)。

转录起始就是 RNApol 在 DNA 模板的转录起始区打开 DNA 双链,并完成第一、二个核苷酸之间的聚合反应,形成转录起始复合体。首先由 RNA pol 的 σ 亚基辨认 DNA 的启动子部位,并与核心酶结合形成 RNA pol 的全酶,全酶继而与启动子结合,发挥解链酶的活性,使双链 DNA 的局部解螺旋,形成 DNA 单链,暴露出 DNA 模板链。按照碱基配对原则,NTP 结合到 DNA 模板上,当第二个 NTP 与模板结合的同时,也与首个 NTP 的 3′-OH 末端生成第一个 3′,5′-磷酸二酯键。

通常 RNA 链由 ATP 或 GTP 开始,即 5′端的核糖核苷酸为 pppG 或 pppA,GTP 较 ATP 在数量上占绝对优势,所以转录的 RNA 链 5′端以 pppG 更为常见。转录一旦开始,RNA pol、DNA 模板以及最先聚合生成的二核苷酸三者就形成了转录起始复合物,此时,σ 亚基从复合体上脱落下来,与新的核心酶结合形成 RNA pol 全酶,起始另一次转录过程。

（二）转录的延长

转录起始复合物形成后,σ 亚基脱落,则 RNA 链的延伸由核心酶催化。由于 σ 亚基脱落,核心酶的构象发生改变,与 DNA 模板的结合变得松散,有利于核心酶沿着 DNA 模板 3′→5′方向移行,每移行一个核苷酸的距离,就有一个 NTP 按照与 DNA 模板链上的碱基互补的原则结合到模板上,并与已经合成的 RNA 链的 3′-OH 端生成 3′,5′-磷酸二酯键,使得 RNA 链不断延伸。在转录延伸过程中,DNA 双链局部解为单链,解链范围约 17bp,而转录之后,解链区域立即恢复为双螺旋结构。由于 RNA pol 分子大,覆盖了解链区域的 DNA 链和部分 DNA-RNA 杂化双链,因此将 RNA pol 核心酶、DNA、RNA 形成的复合物称为转录复合物。RNA 延长过程中的解链和再聚合,可以看做 17bp 左右的开链区在 DNA 上的动态移动。转录复合物外观类似于泡状,又被称为转录泡。由于 DNA-RNA 杂交双链结合不稳固,新生成的 RNA 链只有 3′末端的一小段仍然结合在模板上,5′末端逐步从 DNA 模板上游离出来,并向转录泡外延伸(图 13-8)。

（三）转录的终止

当核心酶沿模板链 3′→5′方向滑行到转录终止部位时,转录产物 RNA 链停止延长,并从转录复合物上脱落下来,转录终止。原核生物的转录终止有依赖 ρ 因子和不依赖 ρ 因子两种形式。

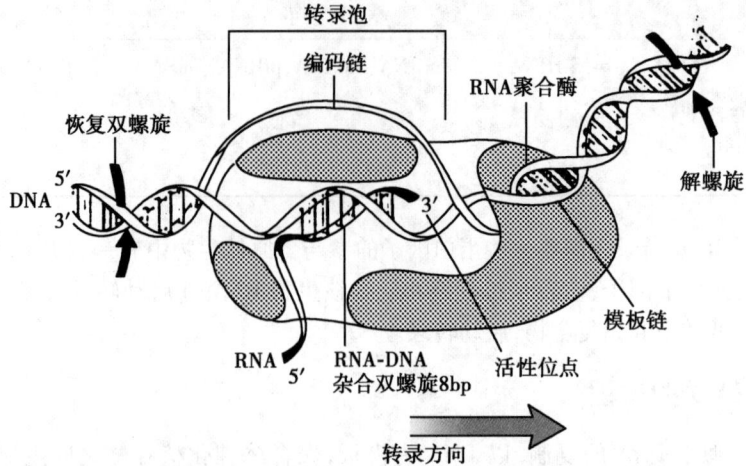

图 13-8 大肠杆菌的转录泡局部结构示意

1. **依赖 ρ 因子的转录终止** ρ 因子广泛存在于细胞中,由 6 个亚基组成,能够识别终止序列,并与 RNA 转录产物结合,结合后的 ρ 因子与核心酶相互作用,两者的构象发生变化,抑制 RNA pol 作用;ρ 因子的解螺旋酶活性使得 DNA-RNA 杂交双链相分离,转录随即停止。利用 ATP 提供的能量,ρ 因子、核心酶、转录产物被从转录复合物中释放出来,RNA 转录完成。

2. **不依赖 ρ 因子的转录终止** DNA 模板上靠近转录终止处有些特殊碱基序列,转录出 RNA 后,RNA 产物可以形成特殊的结构来终止转录。这一类的转录终止依赖于 RNA 产物 3′端的特殊结构,不需要蛋白因子的协助,即不依赖 ρ 因子的转录终止。导致转录终止的转录产物,其 3′端常

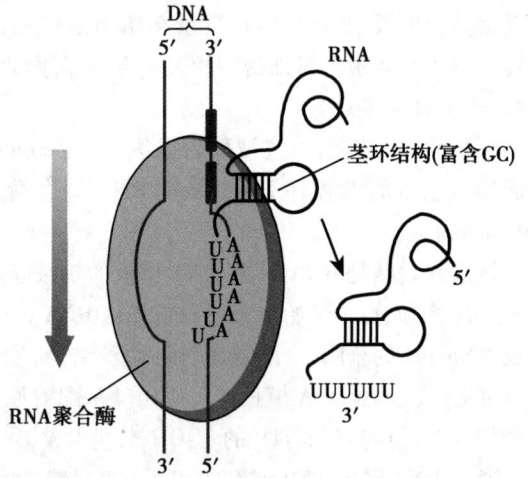

图 13-9 不依赖 ρ 因子的转录终止模式

有多个连续的 U,其上游的一段特殊碱基序列又可形成鼓槌状的茎环或发夹形式的二级结构,当出现这样的结构时,RNA 聚合酶就会停止作用,自动脱离模板,转录终止(图 13-9)。

三、真核生物转录后的加工

真核生物转录生成的 RNA 是初级转录产物,是不具备生物活性及独立功能的前体 RNA,必须经过适当的加工处理,才能变为成熟的、有活性的 RNA。加工过程主要在细胞核中进行,加工后成熟的 RNA 通过核孔运输到胞质中。

(一)mRNA 转录后的加工

真核生物的 mRNA 前体是核不均一 RNA(hnRNA),比成熟 mRNA 大 4~10 倍,必须经过加工修饰才能作为蛋白质翻译的模板。其加工修饰主要包括 5′-端加"帽"和甲基化修饰、3′-端加"polyA 尾"和剪去内含子拼接外显子等。

1. **5′端加"帽"和甲基化修饰** 新生的 mRNA 第一个核苷酸往往是 5′-pppG。mRNA 成熟过程中先由磷酸酶催化水解,释放出 5′端的 pi 或 ppi,然后在鸟苷酸转移酶作用下连接另一分子 GTP,生成双鸟苷三磷酸(GpppGp-),继而在甲基转移酶催化下进行甲基修饰,形成 5′-m^{7}GpppGp-的帽子结构。帽子结构对 mRNA 的 5′端起保护作用,还能促进 mRNA 从细胞核转运到细胞质,而且更容易被蛋白质合

成的起始因子识别,从而促进蛋白质的合成。

2. 3′端加"polyA 尾" 真核生物的成熟的 mRNA 3′-端通常都有 100~200 个腺苷酸残基,构成多聚腺苷酸(polyA)尾巴。加尾过程是在核内进行的,首先由核酸外切酶切去 3′-端一些过剩的核苷酸,然后由多聚腺苷酸酶催化,以 ATP 为底物,在 mRNA 3′-端逐个加入腺苷酸,形成 polyA。polyA 是 mRNA 由细胞核进入细胞质所必需的形式,它极大提高了 mRNA 在细胞质中的稳定性。

3. 剪接 真核生物的结构基因往往是断裂基因,断裂基因的若干编码序列被非编码序列分隔,其中编码序列称为外显子(exon),非编码的间隔序列称为内含子(intron)。在转录时,外显子和内含子均转录到同一 hnRNA 中,要翻译出由连续氨基酸组成的完整蛋白质,转录后要对 hnRNA 进行剪接,即切除内含子,连接相邻外显子。

RNA 编辑

（二）tRNA 转录后的加工

真核 tRNA 前体由 RNApol Ⅲ催化生成,其加工包括切除 5′端及 3′端多余的核苷酸;通过核酸内切酶催化切除 tRNA 前体中包含的内含子,再通过连接酶将外显子部分连接起来;3′端加上 CCA-OH 结构,使 tRNA 具有携带氨基酸的能力;此外,还有碱基的修饰,稀有碱基的生成等。

（三）rRNA 的转录后加工

真核生物的 rRNA 前体为 45S rRNA,在核酸酶的催化下进行剪切、裂解,生成 28S rRNA、5.8S rRNA、18S rRNA。28S rRNA、5.8S rRNA 与由 RNA 聚合酶Ⅲ催化生成的 5S rRNA、多种蛋白质分子一起组装成核糖体大亚基,而 18S rRNA 与相关蛋白质一起,组装成核糖体的小亚基。大、小亚基转移到细胞质后,作为蛋白质生物合成的场所。

第三节 蛋白质的生物合成

蛋白质的生物合成(protein biosynthesis)就是生物体以 mRNA 为模板,在核糖体、tRNA、酶及一系列因子参与下,以活化的氨基酸为原料合成蛋白质的过程,也称为翻译(translation)。

一、蛋白质生物合成的体系

蛋白质的生物合成体系复杂,除了需要 20 种编码氨基酸作为原料外,还需要蛋白质合成模板 mRNA、氨基酸运载工具 tRNA、蛋白质合成场所核糖体以及酶、蛋白质因子、供能物质、某些无机离子的参与。

（一）三种 RNA 在蛋白质生物合成中的作用

1. mRNA 与遗传密码 mRNA 是结构基因的转录产物,是蛋白质生物合成的直接模板。mRNA 分子从 5′→3′方向每三个相邻的核苷酸组成一个三联体,称为遗传密码(genetic codon)或密码子(codon)。生物体内共有 64 个密码子,其中的 61 个分别代表 20 种编码氨基酸(表 13-6)。遗传密码 AUG 既编码甲硫氨酸,又作为多肽链合成的起始信号,称为起始密码子(initiation codon)。UAG、UAA、UGA 则代表多肽链合成的终止信号,称为终止密码子(termination codon)。

表 13-6 遗传密码表

第一个核苷酸 (5′端)	第二个核苷酸				第三个核苷酸 (3′端)
	U	C	A	G	
U	苯丙氨酸	丝氨酸	酪氨酸	半胱氨酸	U
	苯丙氨酸	丝氨酸	酪氨酸	半胱氨酸	C
	亮氨酸	丝氨酸	终止密码	终止密码	A
	亮氨酸	丝氨酸	终止密码	色氨酸	G
C	亮氨酸	脯氨酸	组氨酸	精氨酸	U
	亮氨酸	脯氨酸	组氨酸	精氨酸	C
	亮氨酸	脯氨酸	谷氨酰胺	精氨酸	A
	亮氨酸	脯氨酸	谷氨酰胺	精氨酸	G

笔记

第一个核苷酸 （5′端）	第二个核苷酸				第三个核苷酸 （3′端）
	U	C	A	G	
A	异亮氨酸	苏 氨 酸	天冬酰胺	丝 氨 酸	U
	异亮氨酸	苏 氨 酸	天冬酰胺	丝 氨 酸	C
	异亮氨酸	苏 氨 酸	赖 氨 酸	精 氨 酸	A
	甲硫氨酸	苏 氨 酸	赖 氨 酸	精 氨 酸	G
G	缬 氨 酸	丙 氨 酸	天冬氨酸	甘 氨 酸	U
	缬 氨 酸	丙 氨 酸	天冬氨酸	甘 氨 酸	C
	缬 氨 酸	丙 氨 酸	谷 氨 酸	甘 氨 酸	A
	缬 氨 酸	丙 氨 酸	谷 氨 酸	甘 氨 酸	G

遗传密码具有以下的特点：

（1）简并性：20 种编码氨基酸中，除了甲硫氨酸和色氨酸各有一个密码子外，其余氨基酸都有 2 个或 2 个以上密码子。一种氨基酸具有 2 个或 2 个以上密码子的现象称为遗传密码的简并性（degeneracy）。同一氨基酸的不同密码子互称为简并密码子或同义密码子。遗传密码的简并性主要表现在密码子的前 2 个碱基相同，第 3 个碱基不同，即密码子的专一性主要由前 2 个碱基决定。遗传密码的简并性可降低基因突变造成的有害效应。

（2）连续性：翻译时，mRNA 上的密码子必须从 5′端的起始密码 AUG 开始，连续地、逐一地"阅读"下去，直到终止密码子出现。两个相邻的密码子之间没有任何特殊的符号加以分隔。mRNA 上碱基的插入或缺失都会造成密码子的可读框改变，使翻译出的氨基酸序列异常，产生"框移突变"（frameshift mutation）。

（3）方向性：mRNA 中密码子的排列有一定的方向性。起始密码子位于 mRNA 链的 5′-端，终止密码子位于 3′-端，翻译时从起始密码子开始，沿 5′→3′方向进行，直到终止密码子为止。mRNA 阅读框架中从 5′端到 3′端排列的核苷酸序列决定了肽链中从 N-端到 C-端的氨基酸序列。

（4）通用性：从最简单的病毒、细菌到人类都使用同一套遗传密码表，这称为遗传密码的通用性。这表明地球上的生物可能是由同一起源分化而来。但近些年的研究也表明，在动物细胞的线粒体及植物细胞的叶绿体中的遗传密码与通用遗传密码存在差异，如线粒体起始密码是 AUA。

（5）摆动性：密码子与 tRNA 的反密码子的配对有时会出现不遵守碱基配对原则的现象，称为遗传密码的摆动性（wobble）。此特性能使一种 tRNA 识别 mRNA 序列中的多种简并性密码子，也意味着密码子第三位碱基的突变不影响氨基酸的翻译，从而使合成蛋白质的氨基酸序列不变。

知识拓展

密码子与反密码子的摆动配对

1966 年，Francis Crick 提出了摆动理论（wobble concept）。摆动理论指出反密码子 5′端的碱基不如其他 2 个位置上的碱基那么受限制，可以和密码子 3′端的几种碱基形成氢键，但局限于下表罗列的碱基配对关系。

密码子与反密码子的摆动配对

tRNA 反密码子的第 1 位碱基	I	U	G
mRNA 密码子的第 3 位碱基	U、C、A	A、G	U、C

2. tRNA 与氨基酸活化　tRNA 分子中有两个重要的功能部位，一个是 mRNA 结合部位；另一个是氨基酸结合部位。氨基酸结合部位是 tRNA 氨基酸臂的 3′-CCA-OH。在翻译的准备阶段，各种氨基酸在相应的氨酰-tRNA 合成酶催化下分别加载到各自的 tRNA 上，形成氨酰-tRNA，这一过程称为氨基

笔记

酸的活化。活化反应是在氨基酸的羧基上进行,需 ATP 供能,每活化一分子氨基酸需要消耗 2 个高能磷酸键。

$$氨基酸+tRNA+ATP \xrightarrow{\text{氨酰-tRNA 合成酶}} 氨酰-tRNA+AMP+PPi$$

tRNA 通过反密码子与 mRNA 上的密码子互补结合,识别 mRNA 上的遗传密码,使得 tRNA 所携带的活化氨基酸在核糖体上按照一定顺序"对号入座"合成多肽链。由于密码子的摆动性,每种氨基酸可由 2~6 种特异的 tRNA 转运,但每一种 tRNA 只能特异地转运某一种氨基酸。

3. rRNA 与核糖体 rRNA 与多种蛋白质共同构成核糖体,是蛋白质生物合成的场所。核糖体由大、小两个亚基组成。原核生物核糖体为 70S,包括 30S 小亚基和 50S 大亚基两部分(图 13-10)。小亚基由 16S rRNA 和 21 种蛋白质构成,大亚基由 5S rRNA、23S rRNA 和 36 种蛋白质构成。核糖体在蛋白质生物合成中具有以下功能:①小亚基有供 mRNA 附着的位点,当大、小亚基聚合成核糖体时,大、小亚基之间的裂隙容纳 mRNA。②具有结合氨酰-tRNA 和肽酰-tRNA 的部位,分别称为受位(acceptor site)或氨酰位(aminoacyl site),简称 A 位,给位(donor site)或肽酰位(peptidyl site),简称 P 位。③具有转肽酶活性,催化肽键生成。④原核生物核糖体大亚基上,有能将卸载了氨基酸的 tRNA 释放

图 13-10 原核生物核糖体在翻译中的功能部位

出去的出位(exit site),简称 E 位。真核生物的核糖体上没有 E 位,空载的 tRNA 直接从 P 位脱落。⑤核糖体还具有结合起始因子、延长因子、终止因子等蛋白质因子的结合位点。

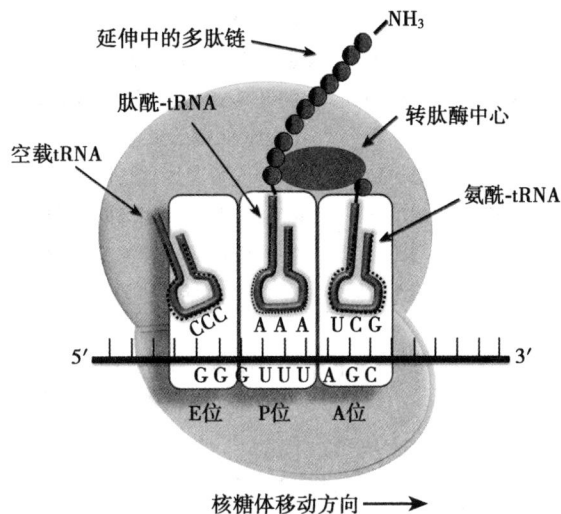

核糖体分为两类,一类附着于粗面内质网,参与清蛋白、胰岛素等分泌性蛋白质的合成;另一类游离于细胞质,参与细胞内固有蛋白质的合成。

(二)蛋白质生物合成所需酶类与其他因子

蛋白质生物合成还需要众多的酶和蛋白质因子参与,参与蛋白质生物合成的酶和蛋白因子主要有:

1. 氨酰-tRNA 合成酶 又称氨基酸活化酶,该酶在 ATP 存在下,能催化氨基酸的活化。氨酰-tRNA 合成酶位于胞质,对氨基酸及 tRNA 具有绝对专一性。此外,该酶还具有校读功能。

知识拓展

肽链合成的起始氨酰-tRNA

编码甲硫氨酸(Met)的密码子在原核生物与真核生物中同时又作为起始密码子。目前已知,结合在起始密码子处的 Met-tRNA 与结合可读框内部的 Met 密码子的 Met-tRNA 在结构上是有差别的,是两种不同的 tRNA。结合在起始密码子处的 Met-tRNA 属于专门的起始氨酰-tRNA。原核生物的起始氨酰-tRNA 是 fMet-tRNA^{fMet},其中的 Met 被甲酰化,称为 N-甲酰甲硫氨酸(N-formyl methionine,fMet)。真核生物中具有起始功能的 tRNA 是 tRNAi^{Met}(initiator-tRNA),它与 Met 结合后,在 mRNA 的起始密码子 AUG 处就位,参与形成翻译起始复合物。

---

2. 转肽酶 存在于核糖体大亚基上,能催化 P 位的肽酰基-tRNA 上的肽酰基转移至 A 位氨酰-tRNA 上的氨基上,使酰基和氨基缩合形成肽键。此外,该酶受释放因子作用后可发生变构,表现出酯酶的水解活性,使 P 位上的肽链与 tRNA 分离。原核生物的转肽酶是 23S rRNA。

3. 转位酶 催化核糖体沿着 mRNA 的 5′端向 3′端移位,每次移动一个密码子的距离,使得下一个

密码子位于 A 位。原核生物中起到转位酶作用的是延长因子 G,真核生物是延长因子 2。

4. **蛋白因子**　蛋白质的生物合成还需要众多蛋白质因子的参与,包括起始因子(initiation factor, IF),延长因子(elongation factor,EF)和释放因子(releasing factor,RF),各种蛋白因子发挥着不同的生物学功能(表 13-7)。

表 13-7　原核生物肽链合成所需要的蛋白质因子

蛋白因子	种类	生物学功能
起始因子	IF-1	占据 A 位,防止 A 位结合其他 tRNA
	IF-2	促进 fMet-tRNA^{fMet} 与小亚基结合
	IF-3	促进大、小亚基分离;提高 P 位对结合 fMet-tRNA^{fMet} 的敏感性
延长因子	EF-Tu	促进氨酰-tRNA 进入 A 位,结合并分解 GTP
	EF-Ts	EF-Tu 的调节亚基
	EF-G	有转位酶活性,促进 mRNA-肽酰-tRNA 由 A 位移至 P 位;促进 tRNA 卸载与释放
终止因子	RF-1	特异识别 UAA、UAG;诱导转肽酶变为酯酶
	RF-2	特异识别 UAA、UGA;诱导转肽酶变为酯酶
	RF-3	有 GTP 酶活性,能介导 RF-1 及 RF-2 与核糖体的相互作用

5. **供能物质和无机离子**　在蛋白质生物合成的过程中,需 ATP、GTP 等提供能源,并需 Mg^{2+}、K^+ 等无机离子参与。

二、蛋白质生物合成的过程

蛋白质的生物合成过程包括起始、延长和终止三个阶段,是蛋白质生物合成的中心环节,也称为广义的核糖体循环(ribosome cycle)。目前对大肠杆菌的蛋白质生物合成过程了解较为清楚。

(一)起始阶段

肽链合成的起始阶段是指起始氨酰-tRNA、模板 mRNA 分别与核糖体大、小亚基结合形成翻译起始复合物(initiation complex)的过程,需要 GTP、三种 IF 及 Mg^{2+} 的参与(图 13-11)。

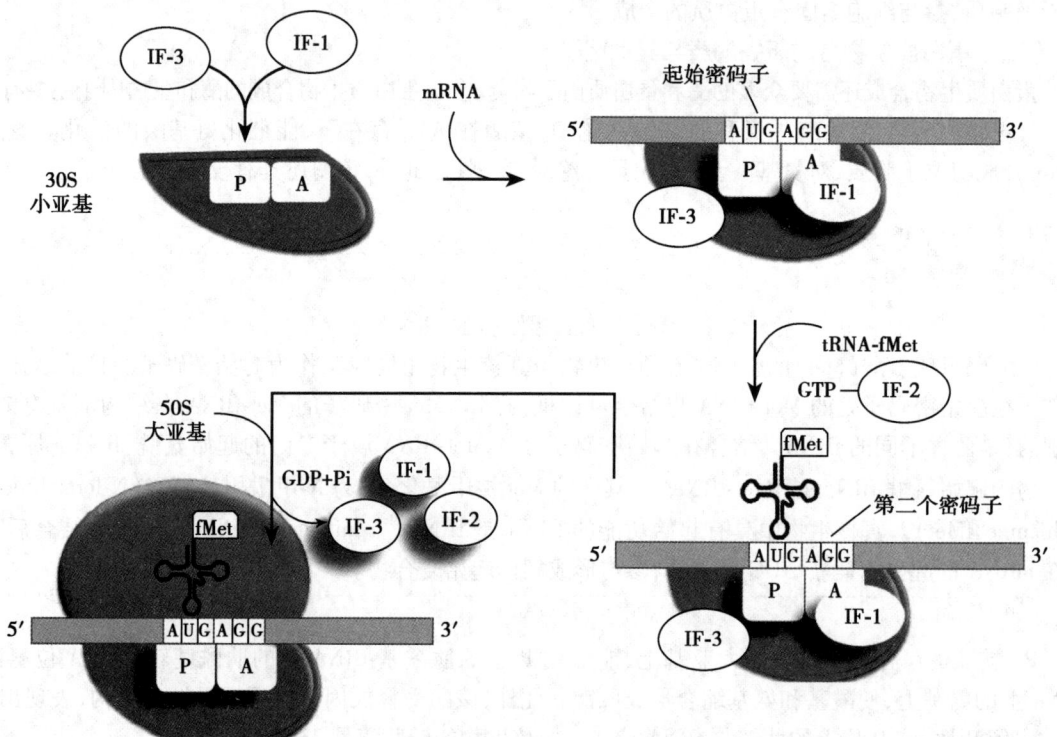

图 13-11　原核生物翻译起始复合物的装配

真核生物肽链合成所需蛋白质因子及其功能

1. **核糖体大、小亚基的分离** 肽链的合成是一个连续的过程,上一轮合成终止,紧接着下一轮合成起始,核糖体大、小亚基分离。此时,IF-1、IF-3 与核糖体小亚基结合,促进大、小亚基分离,防止大小亚基重新聚合。

2. **mRNA 与小亚基定位结合** 原核生物 mRNA 5′端起始密码子的上游 8~13 个核苷酸部位有一段富含嘌呤的特殊序列,称为核糖体结合位点(RBS),也称为 S-D 序列,可被核糖体小亚基 16S rRNA 3′端的特异序列辨认结合。然后,核糖体小亚基沿 mRNA 模板向 3′端滑动并准确地定位于起始密码子 AUG 的部位。

3. **fMet-tRNA^{fMet} 的结合** fMet-tRNA^{fMet} 与结合了 GTP 的 IF-2 形成复合物,一起识别与核糖体小亚基 P 位对应的 mRNA 上的起始密码子 AUG,并与 AUG 结合。此时,A 为被 IF-1 占据,不与任何氨酰-tRNA 结合。

4. **核糖体大亚基结合** mRNA、fMet-tRNA^{fMet} 与小亚基结合后,IF-3 从小亚基上脱落,同时结合于 IF-2 的 GTP 被水解,释放能量,促使 IF-1、IF-2 脱落,大亚基进入结合到小亚基上,形成由完整核糖体、mRNA、fMet-tRNA^{fMet} 组成的翻译起始复合物。翻译起始复合物形成时,结合起始密码子 AUG 的 fMet-tRNA^{fMet} 占据核糖体的 P 位,而 A 位空缺,从而为新的氨酰-tRNA 进入做好了准备。

（二）延长阶段

翻译起始复合物形成后,核糖体从 mRNA 5′端向 3′端移动,依照密码子顺序,从 N 端向 C 端合成肽链,即在核糖体上重复进位、成肽和移位的循环过程,此过程称为狭义的核糖体循环。每完成 1 次,肽链上可增加 1 个氨基酸残基。

1. **进位** 又称注册,是在 mRNA 模板上下一组遗传密码的指导下,相应的氨酰-tRNA 进入并结合于核糖体 A 位的过程。这一过程需要延长因子 EF-Tu、EF-Ts 的参与。在起始复合物形成后,核糖体的 P 位已被 fMet-tRNA^{fMet} 占据,A 位空缺;相应的氨酰-tRNA 与 EF-Tu/GTP 构成复合物,并通过其反密码子识别 mRNA 模板上的密码子,进入 A 位。

2. **成肽** 在大亚基上转肽酶的催化下,P 位上起始 tRNA 所携带的甲酰甲硫氨酰基或肽酰-tRNA 的肽酰基转移到 A 位,并与 A 位上新进入的氨酰-tRNA 的氨基缩合形成肽键。该反应需 Mg^{2+}、K^+ 的参与。

3. **移位** 在 Mg^{2+} 的参与下,EF-G 发挥转位酶活性,结合并水解 GTP 供能,催化核糖体沿着 mRNA 向 3′端移动一个密码子的距离。此时,原来位于 P 位上的密码子与空载 tRNA 移至 E 位;原来位于 A 位上的密码子与其上结合的肽酰-tRNA 移入 P 位;mRNA 上的下一个密码子进入 A 位,为与该密码子对应的氨酰-tRNA 的进位做好准备。当新的氨酰-tRNA 进入 A 位时,位于 E 位上的空载 tRNA 脱落。重复上述过程,核糖体沿 mRNA 模板从 5′→3′方向阅读遗传密码,相应地肽链从 N 端? C 端不断延长,肽链每增加一个氨基酸残基需要消耗 2 分子 GTP,直到终止密码子出现在核糖体的 A 位上(图 13-12)。

（三）终止阶段

当肽链合成至 A 位上出现终止信号(UAA、UAG、UGA)时,不被任何氨酰-tRNA 识别结合,只有释放因子(RF)能辨认并进入 A 位。RF 的结合可诱导转肽酶的构象改变,从而发挥水解酶活性,使 P 位上的肽链被水解下来;然后由 GTP 提供能量,使 tRNA 及 RF 释出,核糖体与 mRNA 模板分离。最后,在 IF 的作用下,核糖体解聚,大、小亚基分离,从而重新参与多肽链合成的起始(图 13-13)。

以哺乳动物为代表的真核生物与以大肠杆菌为代表的原核生物的蛋白质合成的差别主要表现在:真核生物蛋白质合成与转录不同时进行,要转录完成后才开始合成蛋白质,而原核生物的蛋白质合成往往和转录同时进行;真核生物的起始氨基酸是甲硫氨酸,原核生物是甲酰甲硫氨酸;真核生物蛋白质合成调控要比原核生物复杂等。

从核糖体上释放出来的新生多肽链,大多数需要经过一定的加工和修饰才具有生物学活性,称之为翻译后的加工。常见的加工修饰方式主要有新生肽链的折叠、一级结构的修饰、空间结构的修饰、翻译后的靶向运输等。

蛋白质生物合成过程

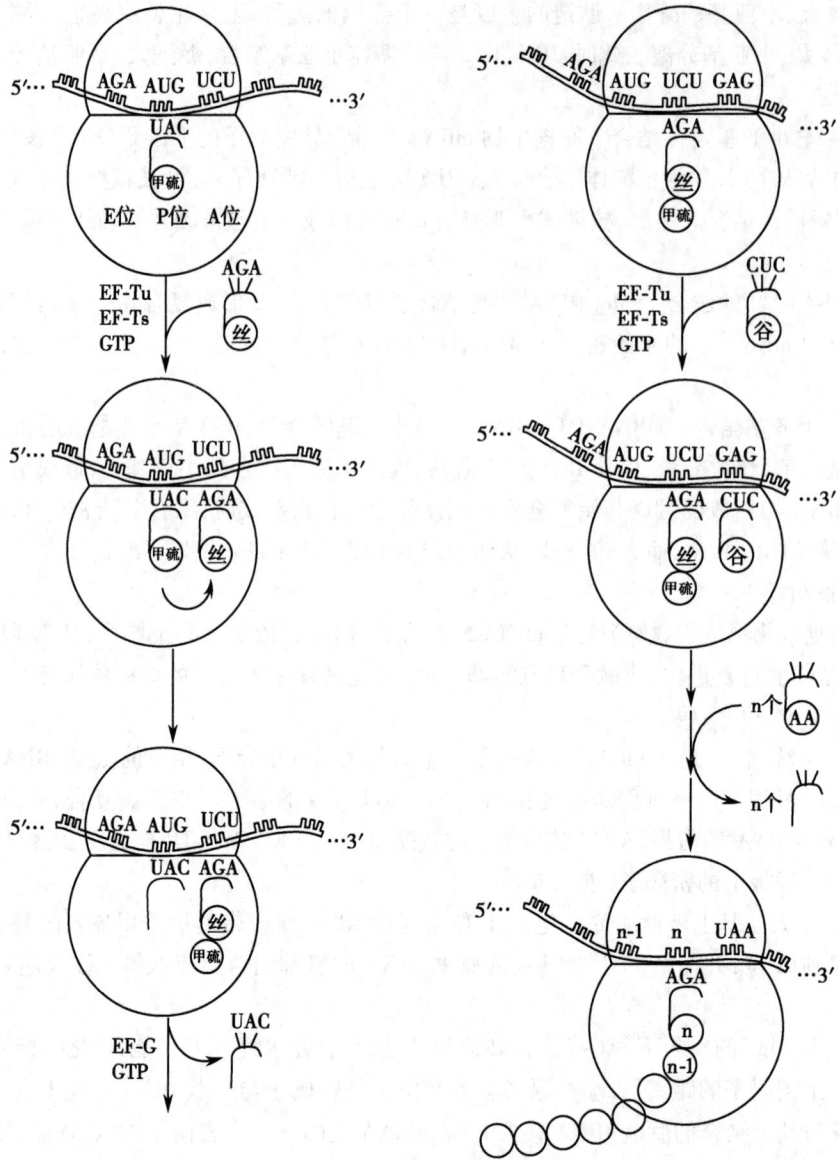

图 13-12 原核生物翻译的延长阶段

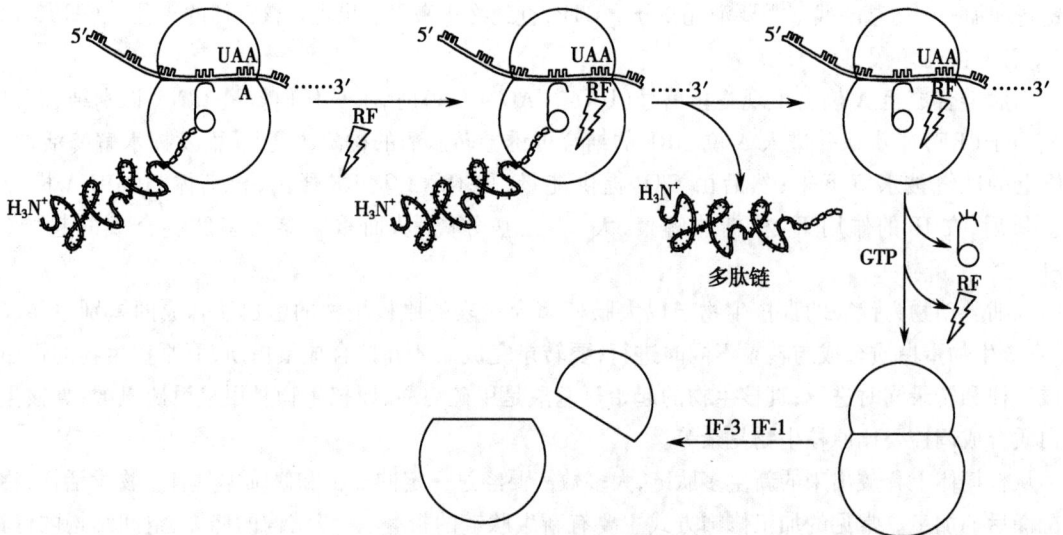

图 13-13 原核生物翻译的终止阶段

三、蛋白质生物合成与医学

蛋白质生物合成与遗传、代谢、分化、免疫等生理和病理过程以及药物的作用均有着密切关系。

（一）分子病

基因突变导致蛋白质一级结构改变所导致的疾病称为分子病（molecular disease）。分子病最具代表性的疾病是镰状细胞贫血，该病患者体内血红蛋白 β 亚基 N-端第 6 位谷氨基酸残基由缬氨酸残基取代，使血红蛋白分子相互粘着，聚集成丝，附着在红细胞膜上，致使红细胞变形成为镰刀状，在氧分压降低的情况下极易破裂，产生溶血性贫血。

（二）抗生素影响蛋白质生物合成

多种抗生素通过作用于遗传信息传递的各个环节，抑制细菌或肿瘤细胞的蛋白质合成，从而发挥药理作用。如丝裂霉素、放线菌素等可抑制 DNA 模板的活性；利福霉素可抑制细菌 RNA 聚合酶的活性；四环素能抑制氨酰-tRNA 的进位；链霉素抑制细菌蛋白质合成的起始阶段；氯霉素抑制转肽酶活性；红霉素阻止新生肽链从核糖体大亚基中释放等。

（三）干扰素抗病毒感染

干扰素（interferon, IFN）是真核细胞被病毒感染后分泌的一种具有抗病毒作用的蛋白质，可抑制病毒的繁殖。干扰素能诱导特异的蛋白激酶活化，从而抑制病毒蛋白质的合成。干扰素还可间接活化一种核酸内切酶 RNase L，使病毒 mRNA 发生降解，阻断病毒蛋白质合成。此外，干扰素还具有调节细胞生长分化、激活免疫系统等功能，被广泛应用于临床。

第四节　基因表达调控

基因表达（gene expression）是指在一定调节因素的作用下，基因转录和翻译的过程。特定基因的表达严格按照特定的时间顺序发生，称为基因表达的时间特异性（temporal specificity）；在个体生长过程中，某种基因产物在个体不同组织空间出现，使不同的组织细胞发挥不同的生理功能，称为基因表达的空间特异性（spatial specificity）。

生物体为了适应各种环境变化，必须通过调整自身状态，对内外环境的变化做出适当的反应。此外，多细胞生物在生长、发育的不同阶段对蛋白质种类和含量的要求不同，为了适应这种需求，生物体就需要对基因表达谱及表达量做出调整。这些调整是通过基因表达调控实现的。

一、原核生物基因表达的调控

原核生物基因表达调控主要是在转录水平上进行的，是以操纵子为单位的调控。在原核生物中，若干结构基因可串联在一起，受同一调控系统调控，这种基因的组织形式称为操纵子，是原核生物中基因表达调控的主要模式。最早研究的操纵子是乳糖操纵子，在大肠杆菌中调节乳糖的代谢。

（一）乳糖操纵子结构

典型的操纵子可分为控制区和信息区两部分。常见的控制区由三种调控元件组成：①调节基因（regulatory gene, R），是阻遏因子或调节蛋白的编码基因；②启动基因（promoter, P），即启动子，是 RNA 聚合酶的识别与结合区；③操纵基因（operator, O），是阻遏因子或调节蛋白的结合位点。信息区则由若干功能相关的结构基因串联在一起构成。

（二）乳糖操纵子调节机制

大肠杆菌乳糖操纵子参与三种酶基因的表达调控，参与细菌乳糖的分解代谢（图 13-14）。乳糖操纵子的调控区包括调节基因（R）或抑制基因（I），启动基因（P），操纵基因（O）；信息区是由 β-半乳糖苷酶基因（lacZ）、透酶基因（lacY）和乙酰基转移酶基因（lacA）串联构成，与乳糖分解代谢相关。

1. 阻遏蛋白的调节　在没有乳糖存在时，I 基因表达的阻遏蛋白与 O 序列结合，阻碍 RNA 聚合酶与启动基因（P 序列）结合，使操纵子处于关闭状态，结构基因停止转录；当有乳糖存在时，乳糖经酶催化，转运进细胞，再经原有的少量 β-半乳糖苷酶催化，转变为别乳糖，其与阻遏蛋白结合并使其构象发生变化，导致阻遏蛋白不能与结构基因结合。RNA 聚合酶与启动基因结合后，结构基因的转录则顺利

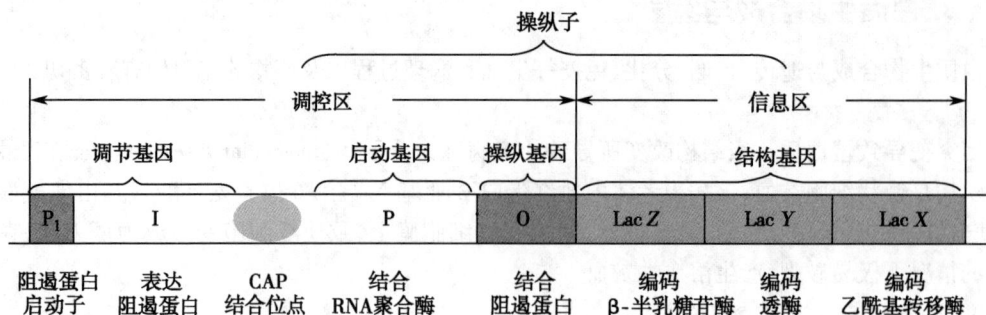

图 13-14　乳糖操纵子的结构与调控机制

进行,最终细胞内合成三种能够分解乳糖的酶。随后,乳糖被酶分解而逐渐减少,当乳糖被完全分解时,乳糖操纵子又进入封闭状态,如此重复。

2. CAP 的调节　CAP 是同二聚体,分子中有 DNA 结合区和 cAMP 结合位点。当葡萄糖缺乏时,细胞内 cAMP 浓度增高,cAMP 与 CAP 结合并使之活化,活化的 CAP 结合在乳糖操纵子启动序列附近的 CAP 位点,提高 RNA 的转录活性;当葡萄糖充足时,cAMP 浓度降低,cAMP 与 CAP 结合受阻,乳糖操纵子表达下降。

二、真核生物基因表达的调控

真核生物基因表达调控是通过特异的蛋白因子与特异的 DNA 序列相互作用来实现的。这些与基因表达调控有关的特异 DNA 序列就称为顺式作用元件(cis-acting element);而与基因表达调控有关的蛋白因子则称为反式作用因子(trans-acting factor)。

（一）顺式作用元件

1. 启动子　启动子(promoter)是 RNA 聚合酶在转录起始时所识别和结合的一段 DNA 序列。启动子至少包括一个转录起始点和一个以上的功能组件。启动子是 RNA 聚合酶精确有效转录所必需的序列,在功能组件中最具典型意义的就是 TATA 盒,此外,GC 盒和 CAAT 盒也是常见的功能组件。

2. 增强子　增强子(enhancer)是指能促进基因转录并增强启动子转录活性的 DNA 序列。增强子能使结构基因的转录速率大大提高。其作用特点包括:①在转录起始点上游或下游均起作用,有时也位于受调控基因的内含子中;②作用无方向性,即相对于启动子的任一指向均能发挥作用;③发挥作用与受控基因的远近距离无关;④增强子需要有启动子才能表现出活性,发挥作用。

3. 沉默子　沉默子(silencer)是指能够对基因转录起阻遏作用的 DNA 序列,属于负性调控元件,其作用机制与增强子类似。当其结合特异蛋白因子时,对基因转录起阻遏作用。

（二）反式作用因子

反式作用因子是指能与顺式作用元件直接或间接结合的调节基因所转录的蛋白因子。顺式作用元件提供了位置信息,而反式作用因子才是真正的转录调节因子。除了少数顺式作用蛋白,大多数转录调节因子都是以反式作用因子来调节基因的转录过程。

知识拓展

病毒癌基因的发现

1909 年,美国纽约长岛的一位农场主带着一只左胸肌上长了肿瘤的珍贵鸡种,来到洛克菲勒研究所,希望找到治好鸡肿瘤的办法。洛克菲勒研究所的研究员劳斯对此很感兴趣。他们通过实验发现,鸡的肿瘤可以成功地移植到另一只同种鸡身上,瘤细胞裂解后的提取物注射到正常小鼠肌肉内,也可以引发肉瘤。这个实验发现第一次证明病毒也是诱发肿瘤的原因。该病毒由研究人员劳斯发现,被命名为劳斯肉瘤病毒(RSV),劳斯也因最先证明了病毒与癌症的关系,在 1966 年获得诺贝尔医学奖。

三、癌基因与抑癌基因

癌基因(oncogene)和抑癌基因(tumor suppressor gene)是遗传基因的一部分,都是调节细胞生长分化的基因。这两类基因相互制约,共同维持细胞生长的平衡,当其中任何一种发生变化或共同发生变化,即有可能引起细胞增殖失控,导致肿瘤的发生。

(一)癌基因

癌基因是一类正常细胞内普遍存在的基因,其编码产物通常用于调控细胞增殖和生长,癌基因突变或表达异常是引起细胞癌变的重要原因。癌基因可以分为细胞癌基因和病毒癌基因。

1. **细胞癌基因** 细胞癌基因是一类存在于生物正常细胞基因组中的癌基因,由于细胞中的癌基因在正常细胞中是以非激活状态存在,所以细胞癌基因又称为原癌基因。原癌基因的表达产物对正常细胞的生长、繁殖、发育和分化起着精密的调控作用,一旦基因的结构发生异常或者表达失控时,将导致细胞生长增殖和分化的异常,从而使细胞发生恶变形成肿瘤。

2. **病毒癌基因** 病毒癌基因是一类存在于肿瘤病毒中,能使靶细胞发生恶性转化的基因。病毒癌基因大多数存在于逆转录病毒中。逆转录病毒首先进入到细胞内脱衣壳,病毒单链 RNA 逆转录为双链 DNA,并整合到宿主细胞基因组中形成前病毒,而后可处于静止状态并持续存在;也可由宿主细胞的聚合酶转录出 mRNA 翻译成病毒结构成分,与病毒 RNA 组装成子代病毒出芽释放;也可能从病毒致癌基因转录 mRNA,翻译癌基因产物(如蛋白激酶),修饰并活化细胞的某些蛋白,导致细胞转化,克隆增殖,形成恶性肿瘤。

(二)抑癌基因

抑癌基因是一类具有抑制细胞周期,阻止细胞过度生长、增殖的正常基因。当抑癌基因丢失或失活时,不仅丧失抑癌作用,还有可能突变成为具有促进作用的基因,导致肿瘤的发生。目前公认的抑癌基因有 10 余种。需要指出的是,在多种组织来源的肿瘤细胞中往往检测到同一种抑癌基因的突变、缺失、重排或表达异常等,这说明抑癌基因的变异可能构成某些共同的致癌途径。

本章小结

DNA 复制是以亲代 DNA 为模板合成子代 DNA 的过程,通过复制亲代 DNA 的遗传信息并准确传递给子代 DNA。其复制体系包括 DNA 模板、底物、RNA 引物、多种酶和蛋白因子。DNA 复制的基本特点是半保留复制、半不连续复制、双向复制、高保真复制。多种因素会造成 DNA 损伤,其修复的方式包括光修复、切除修复、重组修复和 SOS 修复等。某些 RNA 病毒也可以 RNA 为模板合成 DNA,称为逆转录。

生物体以 DNA 为模板合成 RNA 的过程称为转录,此过程是将 DNA 携带的遗传信息传递给 RNA。转录具有不对称性、单向性、连续性、特定起始点和终止点等基本特点。转录生成的绝大多数初级产物都是不成熟的 RNA,必须经过加工,才能转变成具有生物活性的成熟 RNA。

以 mRNA 为模板合成蛋白质的过程称为翻译。此过程由 mRNA 的遗传密码决定肽链中氨基酸的排列顺序;由 tRNA 运载氨基酸和识别密码子;由核糖体提供蛋白质的合成场所。新合成的肽链也需要经过加工和修饰才具有生物学功能。

基因表达是受调控的,转录起始的调控最关键,原核生物的乳糖操纵子模型能说明基因表达调控的基本方式。癌基因和抑癌基因是遗传基因的一部分,都是调节细胞生长分化的,当其中任何一种发生变化或共同发生变化,有可能引起细胞增殖失控,导致肿瘤的发生。

(吕荣光)

扫一扫,测一测

思考题

1. 简述遗传信息传递与表达的中心法则。
2. DNA 复制中,如何保证其准确性?
3. 简要叙述什么是不对称转录。
4. 一个双螺旋 DNA 片段的模板链含有碱基序列如下:

5′-GTTAACACCCCTGACTTCGCGCCGTCG-3′

(1) 请写出从这条链转录产生的 mRNA 的碱基顺序。
(2) mRNA 转录后有哪些加工修饰?
(3) tRNA 在肽链合成中如何发挥作用?

5. 何为癌基因、抑癌基因? 他们与肿瘤的发生有着怎样的关联?

笔记

14章 PPT

学习目标

1. 掌握基因工程概念、PCR 技术基本原理与反应过程。
2. 熟悉基因工程基本原理、过程和临床应用；重要 PCR 衍生技术和临床应用。
3. 了解基因诊断与基因治疗的概念；印记技术。
4. 培养学生自主学习、利用丰富的信息资源查阅文献资料的能力。

第一节 基 因 工 程

自从 1973 年 Stanley Cohen 等人首次在体外将重组的 DNA 分子形成无性繁殖系以来，经历了 30 余年，科学家们分离、分析及操作基因的能力越来越强大。第一个利用大肠埃希菌通过基因工程表达的多肽是生长激素释放因子。此后人胰岛素、胸腺素、干扰素等基因工程产品相继问世。基因工程技术对人类的生活、疾病的治疗等产生了巨大的影响。

一、重组 DNA 技术的基本概念

基因工程(genetic engineering)又称重组 DNA 技术，是在对遗传物质深入研究后，基于分子生物学基础建立起来的以基因为操作对象，对基因进行切割、重组、转移并表达的技术。基因工程指分离目的基因片段，经过剪接后连接到载体上构成重组体，后导入宿主细胞，使这个基因在宿主细胞内表达的操作过程。

基因工程的第一个重要特点是能够将一种生物的基因放置到另一种生物中，这两种生物可以毫无亲缘关系，使外源核酸分子在宿主细胞中进行复制，跨越了天然物种屏障。基因工程的第二个特点是使少量目的基因片段在宿主细胞中实现大量扩增。

二、重组 DNA 技术的原理

基因工程技术的基本程序主要包括以下几个步骤(图 14-1)：①目的基因的分离、克隆，这部分工作属于基因工程的基础，因此又称为基因工程的上游部分；②表达载体的构建；③外源基因导入宿主细胞；④外源基因在宿主基因组上的整合、表达及检测；⑤外源基因表达产物的分离、纯化和活性检测。

笔记

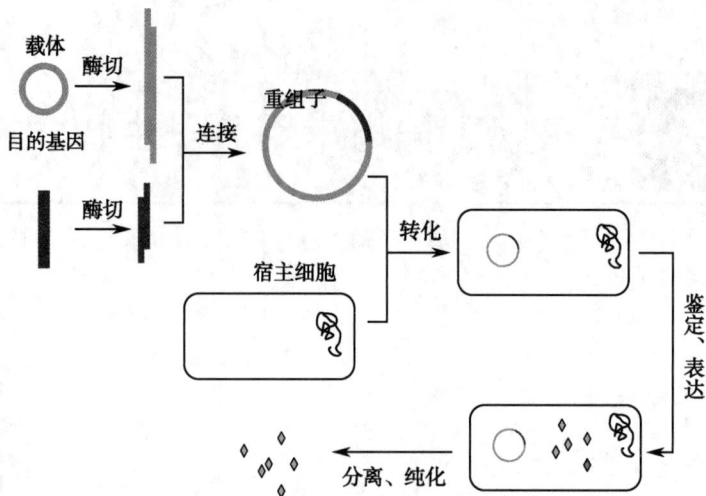

图 14-1　基因工程的基本过程

（一）目的基因

核酸是生物遗传的物质基础,基因是带有遗传信息的脱氧核糖核酸（DNA）片段。目的基因（target gene）是基因工程中需要研究的那段基因,是准备要分离、改造、扩增或表达的基因。把目的基因插入载体中并表达,可使宿主出现可传代的新遗传性状。筛选目的基因是基因工程的第一步。制备目的基因的方法包括人工合成法、基因组文库、cDNA 文库、PCR 或 RT-PCR、转座子标签法、差异显示法等。

1. **人工合成法**　在已知目的基因的核苷酸序列后,可以按该碱基序列合成一段段含 10~15 个核苷酸的小 DNA 片段,再利用碱基互补配对的原则形成双链片段,通过连接酶将这些双链片段按顺序链接起来得到一个完整的目的基因。人工合成 DNA 序列是一种从无到有的合成方式,此方法的优点是可以合成自然界不存在的新基因,使生物产生新的性状以满足人类需要。人工合成法只适用于已知核苷酸序列、分子量较小的目的基因的制备,对于序列复杂、目前尚不知道核苷酸序列的基因不能使用这一方法合成。

2. **从基因文库中选取**　用限制性核酸内切酶酶切某种生物体 DNA 得到酶切片段,每一个 DNA 片段可能含有一个或几个基因,也可能是一个基因的一部分或包含旁侧序列的完整基因。这些片段被连入载体分子,形成重组分子。将这些重组分子导入宿主细菌或细胞中,每个宿主细菌/细胞就携带有一段基因组 DNA 片段。经过分裂增殖,各自构成一个无性繁殖系（克隆）。当制备的细菌/细胞克隆的集合体多到可以包含该生物全部基因组序列时,这一个集合体称为基因组文库或基因文库（gene bank）。然后,利用分子杂交技术从基因文库中筛选某一克隆,就能得到所需要的目的基因片段。基因文库是分离高等真核生物基因的有效手段。

3. **从 cDNA 文库中选取**　提取组织细胞的 mRNA,体外逆转录成 cDNA,与噬菌体或质粒载体连接,转化受体菌。每个细菌（克隆）含有一段 cDNA,并能够繁殖扩增。包含细胞全部 mRNA 信息的 cDNA 克隆集合称为该组织细胞的 cDNA 文库（cDNA bank）。cDNA 文库比前述基因组文库小,比较容易获得目的基因。另外,从 cDNA 文库中获得的是已经剪接过、去除了内含子的 cDNA。

4. **聚合酶链反应**　聚合酶链反应（polymerase chain reaction,PCR）是体外合成特定 DNA 片段的一种方法,是最常用的分子生物学技术之一。要获得目的基因,除了 PCR 通用条件,还需要目的基因 5′ 和 3′ 端的核苷酸序列（长度为 15~30bp）用来设计适合扩增的引物。

（二）载体

载体是携带有外源目的基因片段,将之转移至受体细胞的一类能自我复制的 DNA 分子。用于基因工程的载体主要包括质粒、噬菌体、柯斯质粒（cosmid）等。

1. **质粒载体**　质粒（plasmid）是存在于细菌染色体外的小型环状双链 DNA 分子,能自主复制,并在细胞分裂时保持恒定地传给子代细胞。适用于基因工程的质粒载体的标准配制序列包括:

（1）质粒复制子:包含 DNA 复制起点及与 DNA 复制调节有关的序列。

基因工程技术原理导图

（2）筛选标记:包括营养缺陷耐受基因或抗生素抗性基因等。质粒载体最常用的选择性标记是编码抗生素抗性的基因;包括氨苄西林抗性（Amp^r）、卡那霉素抗性（Kan^r）、四环素抗性（Tet^r）、链霉素抗性（Str^r）和氯霉素抗性（Cml^r）等。宿主菌一般都是抗生素敏感型的,但在质粒转化后,就拥有了抗生素抗性,能在有抗生素的平板上生长,从而达到筛选目的。

（3）多克隆位点:是限制性核酸内切酶酶切位点,外源性 DNA 可由此插入质粒内。一般是多克隆位点,即包含多个（最多 20 个）限制性核酸内切酶酶切位点。

2. λ 噬菌体载体　噬菌体是感染细菌的一类病毒。λ 噬菌体是一种温和噬菌体,它通过尾管将基因组 DNA 注入大肠杆菌,其蛋白质外壳留在菌外。进入细菌后的 DNA 以两端 12bp 互补单链黏性末端连成双链环状。相对于质粒载体而言,λ 噬菌体载体对外源基因的容量更大,插入片段大小为 9~23kb。由于是体外包装噬菌体颗粒再感染宿主细胞,较之于质粒 DNA 的直接转化效率更高。λ 噬菌体载体宿主的选择面较窄,在操作安全性上比质粒 DNA 更有优势。

3. 柯斯质粒　为兼具质粒和噬菌体载体双重特点的大容量载体。含有质粒的复制起始区和筛选标记（Amp^r 和 Tet^r）。

（三）工具酶

基因工程需要的工具酶包括限制性核酸内切酶、连接酶、聚合酶和修饰酶等。其中限制性核酸内切酶和 DNA 连接酶最为重要。

1. 限制性核酸内切酶　限制性核酸内切酶是一类能识别并切割双链 DNA 分子内部特异序列的酶。由于这种酶切作用是在 DNA 分子内部进行的,故名限制性核酸内切酶。不同于一般 DNA 酶,限制酶的酶切位点比较严格。限制性核酸内切酶有Ⅰ型和Ⅱ型之分,Ⅱ型对序列的识别更严格。大部分的识别序列呈二元对称,称回文序列。限制性核酸内切酶 $EcoR$Ⅰ切割 DNA 双链后产生 5′-端突出的黏性末端,而 PstⅠ酶则在 3′-端形成黏性末端;另有部分酶,如 HpaⅠ酶切 DNA 双链后产生的是平末端（图 14-2）。

2. DNA 连接酶　DNA 连接酶（DNA ligase）通过催化 DNA 链的 5′-PO_4 与相邻的另一 DNA 链的 3′-OH 生成 3′,5′-磷酸二酯键而封闭 DNA 链上的缺口。连接酶包括 T_4 噬菌体 DNA 连接酶、T_4 噬菌体 RNA 连接酶、大肠埃希菌 DNA 连接酶等。除 T_4 噬菌体 DNA 连接酶可催化平末端连接外,其余连接酶均催化黏性末端。

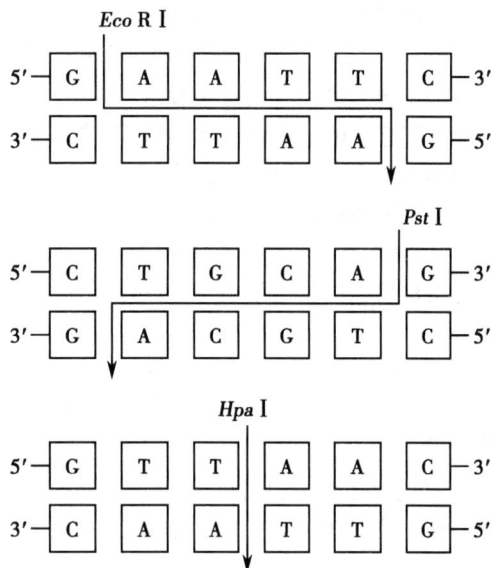

图 14-2　限制性核酸内切酶识别特定回文序列

重组 DNA 技术的诞生

（四）重组体的构建

重组体的构建是通过 DNA 连接酶催化将限制性核酸内切酶酶切过的目的基因与合适的载体连接,形成重组 DNA 分子的过程。通常目的基因、载体经限制性核酸内切酶酶切后,各自形成黏性末端,在合适的温度下具有互补黏性末端的目的基因和载体互补配对,经 DNA 连接酶催化连接成重组体。

（五）重组 DNA 导入宿主细胞

目的基因序列与载体连接形成重组子后,需要将其导入细胞中,随着宿主细胞的增殖而扩增。不同的载体对应有不同的宿主细胞,导入的方式也不尽相同,包括转化、转导和转染等。转化（transformation）指将质粒或其他外源 DNA 导入宿主细胞,使其获得新表型的过程。转导（transduction）是由噬菌体或细胞病毒介导的遗传信息的转移过程。转染（transfection）是指真核细胞主动或者被动导入外源 DNA 片段而获得新表型的过程。

（六）转化子的筛选

由于存在转化效率问题,并不是所有宿主细胞都被转入了重组子,也有可能空载体转入了宿主细胞,因此有必要对转化子进行筛选,以获得导入了重组 DNA 的宿主细胞。常用筛选方法有抗生素筛选法和互补法。抗生素筛选法是利用某种抗生素缺陷型(如不耐受氨苄西林)菌株,而质粒上带有该抗生素抗性基因(Amp^r),转化有该质粒的宿主菌就能表达抗性基因,因此能在含有该抗生素(氨苄西林)的培养基上生长。

(七)目的基因的表达

基因重组的目的之一是使目的基因在宿主细胞内高效表达,表达产物为生命科学研究、医药或商业使用。制约目的基因高效表达的因素有:外源基因是否插入载体的正确可读框架,目的基因是否有效转录,mRNA 是否有效翻译,转录后、翻译后是否有效加工等。

三、重组 DNA 技术在医学中的应用

(一)基因工程制药

很多蛋白质和活性多肽都有治疗和预防疾病的作用,它们都是从相应基因表达而来,由于组织细胞内表达量很少,所以使用常规方法从组织中很难分离纯化足够量供临床使用。利用基因工程技术则可以大规模生产蛋白质和多肽类制剂。首先确定对某种疾病有治疗和预防作用的蛋白质,然后将编码该蛋白质的基因克隆出来,通过 DNA 重组技术获得重组子,诱导表达目的蛋白质,从而大规模生产具有预防和治疗这一疾病作用的蛋白质。通过基因工程获得用于临床治疗作用的蛋白质有:免疫性蛋白,如一些抗原和单克隆抗体;细胞因子,如各种干扰素、集落刺激生长因子等;激素,如胰岛素、心钠素;各种酶类,如尿激酶、链激酶等。

(二)重组 DNA 技术在疾病诊治中的应用

人类疾病直接或间接与基因相关,重组 DNA 技术的发展,使某些未知基因得以克隆和扩增,从而进一步研究它们的结构和功能,确定该基因在疾病发生、发展过程中的作用。

在基因水平对疾病进行诊断和治疗称为基因诊断和基因治疗。基因诊断是直接检测与疾病相关的分子结构和表达水平是否异常,从而对疾病做出判断。目前基因诊断被广泛应用与遗传病、肿瘤、心脑血管疾病、病毒感染和职业病等诊断。而基因治疗则是通过 DNA 重组技术克隆外源正常基因,构建具有特定功能的基因重组体,以补偿缺陷基因的功能,或是增加某种功能以利对异常细胞进行校正或消灭。

第二节　常用分子生物学技术及应用

21 世纪分子生物学已经成为生命科学前沿的主导,并引领现代医学进入分子医学时代。分子生物学理论和技术在医学实践中的应用日益广泛,当代医学生需要掌握其知识体系。

一、核酸分子杂交技术

如果将不同种类的 DNA 单链或 RNA 放在同一个溶液中,只要两种核酸单链之间存在着一定程度的碱基配对关系,它们就有可能形成杂化双链。这种杂化双链可以在不同 DNA 单链之间形成,也可以在 RNA 单链之间形成,甚至可以在 DNA 单链和 RNA 单链之间形成。这种现象称为核酸杂交。核酸杂交是分子生物学常用实验技术。这里只介绍印记技术。使用凝胶分离生物大分子后,将之转移到固化介质上,加以检测分析的技术称为印记技术(blotting),包括 DNA、RNA 和蛋白质印记技术。

(一)DNA 印记

DNA 印记(DNA blotting)为 E. Southern 首次应用,因而命名为 Southern blotting。DNA 样品经限制性内切酶消化后行琼脂糖凝胶电泳,将含有 DNA 区带的凝胶在变性溶液中处理后,再将胶中的 DNA 分子转移到 NC 膜上。转移完成后,在 80℃真空条件下加热或紫外交联仪内处理,使 DNA 固定于 NC 膜上。用带有标记的 DNA 探针与这些片段进行杂交后显影或显色。DNA 印记技术主要用于基因组 DNA 的定性和定量分析,例如对基因组中特异基因的定位及检测等,此外亦可以用于分析重组质粒和噬菌体。

(二)RNA 印记

利用与 DNA 印记类似的技术来分析 RNA 就称为 RNA 印记(RNA blotting)。相对于 Southern blotting,有人将 RNA 印记称为 Northern blotting 相同。RNA 分子较小,在转移前无须进行限制性内切酶切割,而且变性 RNA 转移效率比较高。RNA 印记技术目前主要用于检测某组织或细胞中已知特异mRNA 的表达水平,也可以比较不同组织和细胞中的同一基因的表达情况。

(三)蛋白质印记

蛋白质印记也被称为 Western blotting,与 DNA 印记、RNA 印记方法类似,但是电泳介质是聚丙烯酰胺凝胶,被检测的是蛋白质,蛋白质分析依靠抗体。特异性抗体(第一抗体)首先与转移膜上相应的蛋白质结合,然后用碱性磷酸酶、辣根过氧化物酶标记或放射性核素标记的第二抗体与之结合。反应之后用底物显色或放射自显影来检测蛋白质区带信号。该技术用于检测样品中特异性蛋白质的存在、细胞中特异蛋白质半定量分析及蛋白质分子的相互作用研究等。

二、聚合酶链反应

聚合酶链反应(polymerase chain reaction,PCR)可将微量目的 DNA 片段大量扩增。它的高敏感、高特异、高产率、可重复以及快速简便等优点使其迅速成为分子生物学研究中应用最为广泛的方法。

PCR 法以拟扩增的 DNA 分子为模板,以一对与模板互补的寡核苷酸片段为引物,在 DNA 聚合酶作用下,依半保留机制沿模板链延伸直至完成 2 条新链合成。重复这一过程,即可使目的 DNA 片段扩增。组成 PCR 反应体系基本成分包括模板 DNA、特异引物、耐热性 DNA 聚合酶(如 Taq DNA 聚合酶)、dNTP 以及含 Mg^{2+} 的缓冲液。

PCR 反应过程由变性-退化-延伸三个基本步骤构成:①变性:将反应体系加热至94℃孵育一段时间,模板 DNA 双链变成单链;②退火:温度下降到适宜温度,一般比目的基因片段 T_m 值再减5℃,使引物与模板结合;③延伸:将温度升至72℃,DNA 聚合酶以 dNTP 为底物催化 DNA 的合成反应。上述 3个步骤为一个循环,新合成的 DNA 分子继续作为下一轮合成的模板,经过多次循环(25~30 次)后即可达到扩增的目的(图 14-3)。

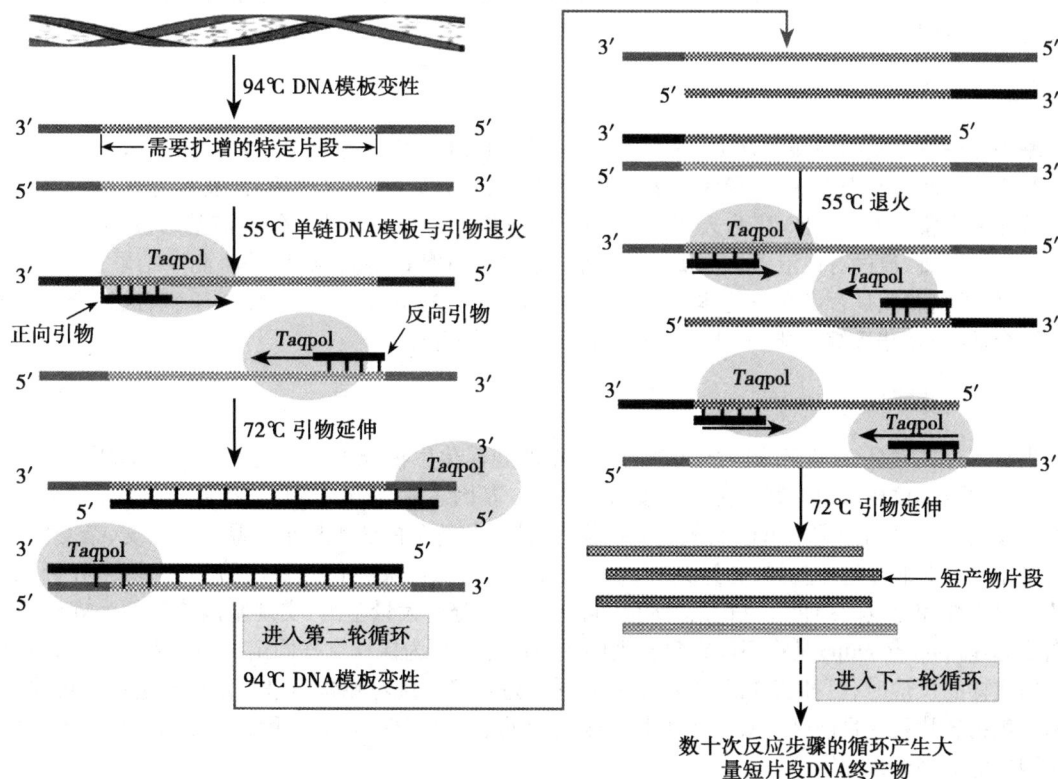

图 14-3　PCR 技术原理示意图

知识拓展

Taq DNA 聚合酶的发现

1973 年,台湾的年轻科学家钱嘉韵女士从一种水生栖热菌 yT1 株成功分离获得 *Taq* DNA 聚合酶。钱女士当时就读于美国俄亥俄州的辛辛那提大学生物系,在指导老师的指导下成功提取了 *Taq* DNA 酶。该酶可以耐受 90℃ 以上高温而不失活,因此取代了大肠埃希菌 DNA 聚合酶,被应用于 PCR 技术。因为不需要每个循环加酶,即简化了 PCR 技术,又降低了实验成本,使得 PCR 技术得以广泛应用。

下面介绍几种重要 PCR 衍生技术:

1. 原位 PCR 技术　原位 PCR(in situ PCR)是在甲醛溶液(福尔马林)固定、石蜡包埋的组织切片或细胞涂片上的单个细胞内进行 PCR 反应,然后用特异性探针进行原位杂交,即可检出待测 DNA 或 RNA 是否在该组织或细胞中存在。由于常规 PCR 或 RT-PCR 技术的产物不能在组织细胞中直接定位,因而不能与特定的组织细胞特征表型相联系,而原位杂交技术虽有良好的定位效果,但检测灵敏度不高。原位 PCR 方法弥补了 PCR 技术和原位杂交技术的不足,是将目的基因的扩增与定位相结合的一种最佳方法。

2. 逆转录 PCR 技术　逆转录 PCR(reverse transcription PCR,RT-PCR)是将 RNA 的逆转录反应和 PCR 反应联合应用的一种技术。即首先以 RNA 为模板,在逆转录酶的作用下合成 cDNA,再以 cDNA 为模板通过 PCR 反应来扩增目的基因。RT-PCR 是目前从组织或细胞中获取目的基因以及对已知序列的 RNA 进行定性和半定量分析最有效方法。

3. 实时 PCR 技术　实时 PCR(real-time PCR)的基本原理是引入荧光标记分子,并使荧光信号强度与 PCR 产物量成正比,对每一反应时刻荧光信号进行实时分析,即可计算出 PCR 产物量。根据动态变化数据,可以精确计算出样品中最初含量差异。由于该技术使用了荧光燃料,故也被称为实时荧光定量 PCR。实时 PCR 技术实现了 mRNA 和 miRNA 水平的快速、准确的定量分析,已经在基因诊断方面得到临床应用。

三、基因测序

基因测序只是基因检测的方法之一,又称为基因谱测序,是一种新型基因检测技术,能够从血液或唾液中分析测定基因全序列,预测罹患多种疾病的可能性,个体的行为特征及行为合理。近年间,基因测序从实验室走入临床,广为人知的有针对 21-三体综合征筛查的无创产前基因检测。只需要采集孕妇的外周血,通过对血液中游离 DNA(包括胎儿游离 DNA)进行测序,并将测序结果进行生物学分析,从而得出胎儿是否患有染色体数目异常的疾病,包括常见的 21-三体综合征(唐氏综合征)、18-三体综合征(爱德华氏综合征)和 13-三体综合征(Patau 综合征)。

四、基因芯片

生物芯片技术是 20 世纪末发展起来的一项新的规模化生物分子分析技术,目前已被应用于生命科学众多领域。该技术包括基因芯片和蛋白质芯片。基因芯片(gene chip)是指将许多特定的 DNA 片段有规律地紧密排列固定于单位面积的支持物上,然后与待测的荧光标记样品进行杂交,杂交后用荧光检测系统等对芯片进行扫描,通过计算机系统对每个位点的荧光信号做出检测、比较和分析,从而迅速得出定性和定量的结果。基因芯片可在同一时间内分析大量基因,实现基因信息的大规模检测。蛋白质芯片(protein chip)是将高度密集排列的蛋白质分子作为探针点阵固定在固相支持物上,当与待测蛋白质样品反应时,可捕获样品中的靶蛋白,再经过检测系统对靶蛋白进行定性和定量分析的一种技术。生物芯片技术目前已经被应用于基因表达检测、基因突变检测、基因诊断、功能基因组研究和新基因发现等多个方面。

五、分子生物学技术的临床应用

人类疾病直接或间接与基因相关,重组 DNA 技术的发展,使某些未知基因得以克隆和扩增,从而进一步研究它们的结构和功能,确定该基因在疾病发生、发展过程中的作用。在基因水平对疾病进行诊断和治疗称为基因诊断和基因治疗。

（一）基因诊断

基因诊断是直接检测与疾病相关的分子结构和表达水平是否异常,从而对疾病做出判断。目前基因诊断被广泛应用与遗传病、肿瘤、心脑血管疾病、病毒感染和职业病等诊断。

（二）基因治疗

基因治疗是通过 DNA 重组技术克隆外源正常基因,构建具有特定功能的基因重组体,以补偿缺陷基因的功能,或是增加某种功能以利对异常细胞进行校正或消灭。

本章小结

　　基因工程是在对遗传物质深入研究后,基于分子生物学基础建立起来的以基因为操作对象,对基因进行切割、重组、转移并表达的技术。基因工程技术的基本步骤包括:目的基因的分离、克隆;表达载体的构建;外源基因导入宿主细胞;外源基因在宿主基因组上的整合、表达及检测;外源基因表达产物的分离、纯化和活性检测。

　　印记技术可以将在凝胶中分离的生物大分子转移到固相介质上并加以检测分析,包括 DNA 印记技术、RNA 印记技术、蛋白质印记技术。在 DNA、RNA 印记技术中使用核酸探针进行检测;蛋白质印记技术中,使用特异性抗体进行检测。

　　PCR 技术以 DNA 分子为模板,提供适宜的引物,在 DNA 聚合酶的催化下合成新的 DNA 链,重复这一过程,可使目 DNA 片段得到百万倍的扩增。PCR 的基本反应步骤包括变性、退火和延伸。以 PCR 为基础,可衍生出逆转录 PCR、原位 PCR、实时 PCR 等多种技术。

　　生物芯片包括基因芯片和蛋白质芯片。基因芯片主要用于基因表达检测、基因突变检测、功能基因组学研究等多方面。蛋白质芯片广泛用于蛋白质表达谱、蛋白质间相互作用等研究。

（程玉宏）

扫一扫,测一测

思考题

1. 简述基因工程技术的基本程序步骤。
2. 简述基因工程目的基因的获取方法。

实验一　基本实验技能操作

【实验目的】

1. 掌握生物化学实验室基本规则及要求;器械的清洗;溶液的混匀、过滤;玻璃仪器的规格和使用;离心机的使用。

2. 熟悉分光光度计等仪器的应用。

【实验操作】

1. 器械的清洗

(1) 玻璃器械的清洗:实验中所用的玻璃仪器清洁与否,直接影响实验的结果,往往由于器械的不清洁或被污染而造成较大的实验误差,有时甚至会导致实验的失败。

1) 新玻璃器械的清洗:新购买的玻璃器械表面常附着有游离的碱性物质,可先用洗涤灵或洗衣粉洗刷,再用自来水洗净,然后浸泡在 1%~2%(体积分数)盐酸溶液中过夜(不少于 4h),再用自来水冲洗,最后用蒸馏水洗两次,在 100~120℃烘箱内烘干备用。

2) 使用过的玻璃器械的清洗:先用自来水洗刷至无污物,再用合适的毛刷蘸洗衣粉洗刷,或浸泡在洗涤灵中超声清洗(比色皿不能使用超声波),然后用自来水彻底洗净去污剂,用蒸馏水洗两次,烘干备用(计量仪器不宜烘干)。清洗标准是玻璃器械洗净后,以倒置后内壁不挂有水珠为清洁标准。

3) 石英和玻璃比色皿的清洗:比色皿用毕后立即用自来水冲洗干净,再用蒸馏水反复冲洗,绝不可用强碱清洗,因为强碱会腐蚀抛光的比色皿,也不可用试管刷或粗布擦拭。

(2) 塑料器皿的清洗:聚乙烯、聚丙烯等制成的塑料器皿,已经越来越多被使用。第一次使用塑料器皿时,可先用 8mol/L 尿素(用浓盐酸调 pH 为 1)清洗,接着依次用自来水、1mol/L KOH 和蒸馏水清洗,然后用 10^{-3}mol/L 的 EDTA 除去金属离子的污染,最后用蒸馏水彻底清洗,以后每次使用时,可直接洗涤剂清洗,然后用自来水和蒸馏水洗净即可。

2. 溶液的混匀　在生化实验中,每加入一种试剂后必须充分混匀,才能使反应充分进行。混匀的方法通常有以下几种:

(1) 振摇式:适用试管内少量液体的混匀。

(2) 弹动式:一手持试管,另一手手指轻拨试管底部,使管内液体做旋转流动。适用于试管内液体较多不宜作振摇时。

(3) 倒转式:适用于具塞试管内有较多液体时以及容量瓶内液体的混匀。

(4) 旋转式:右手握住容器上端,利用手腕的旋转使容器做圆周运动。适用于锥形瓶、大试管内溶液的混匀。

(5) 搅拌式:适用于烧杯内液体的混匀。

3. 溶液的过滤　常用的溶液过滤的方法有以下几种:

(1) 普通漏斗过滤:此法最为简便和常用。过滤时先将滤纸对折叠成四层,放在漏斗中,滤纸的上缘应略低于漏斗边缘并与漏斗壁完全吻合,不留缝隙。向漏斗内加液时,要用玻棒引导不能过快倒入,液面不能超过滤纸的上缘。

(2) 布氏漏斗抽滤:此法可加速过滤,并使沉淀抽吸得较干燥。但不宜过滤胶体沉淀和颗粒太小的沉淀,因为胶体沉淀易穿透滤纸,颗粒太小的沉淀易在滤纸上形成一层密实的沉淀,溶液不易透过。过滤时用循环水真空泵使吸滤瓶内减压,由于瓶内与布氏漏斗液面上形成压力差,因而加快了过滤速度。

4. 常用量器的规格和使用　生物化学实验中使用的各种玻璃计量仪器都有固定的规格和一定的技术标准,在出厂前都需经国家计量机关检定认可,印上检定标记,并且根据计量的允许误差范围,标有"一等"或"二等"(或"Ⅰ""Ⅱ")等字样。

玻璃计量容器计量的检定条件是以20℃为标准,以毫升为计量单位。

(1) 刻度吸管:刻度吸管是生物化学实验中使用最广泛的吸量管,其准确度较高,使用灵活方便。常用的容量规格有0.1ml、0.2ml、0.5ml、1.0ml、2.0ml、5.0ml和10.0ml等数种。

使用刻度吸管应根据需要正确选用不同容量规格的吸管,否则会使误差扩大,影响实验结果。一般应选用取液量最接近的吸量管,如吸取0.1ml的液体用1.0ml的吸管会使误差增大,需要1ml的溶液而用0.5ml的吸管吸取两次也会使误差增大。

刻度吸管有完全流出式和不完全流出式2种。完全流出式包括了吸管管尖不能自然流出的液体,使用时要把最后不能流出的液体吹出,通常在管壁上标有"吹"的字样。不完全流出式不包括管尖最后不能自然流出的液体,使用时不能吹,而是将管尖靠在容器壁上并稍微停留一下,到液体不继续留出为止。

使用刻度吸管时,用右手持吸管,将刻度面对自己,把管尖插入液面下约1cm为宜。用左手持吸球,先把球内空气压出,再把吸球的尖端对准吸管上口,慢慢松开左手指,将液体吸至所需量的刻度线以上1~2cm处,用右手示指按住吸管上口,将管尖移离液面,垂直将多余的液体放出至液面的弯月面与标线相切时为止,再将吸管垂直移至准备好的容器内,使管尖与容器内壁接触,让液体自然流出。

(2) 微量可调加液器:微量可调加液器常用于吸取1ml以内的微量液体。此管由塑料制成,具有使用方便、取液迅速、不易破损、能吸取多种样品等优点。适用于连续取样和试液分装,目前广泛使用于临床生化检验中。微量可调加液器一般为5档调节,其规格可根据需要选择,生化实验常选用50μl、100μl、150μl、200μl和250μl的微量可调加液器。

微量可调加液器在正式使用前,要连续按动多次,使管内空气同工作环境空气进行交换,保持管内空气工作负压恒定。使用时将塑料吸液嘴套在加液管头上,轻轻转动,以保持密封。垂直地握住加液管,将按钮按到第1停止点,并将吸液嘴浸入液面下2~3mm,缓慢地放松按钮,使之复位,1~2s后从液体中取出。再将加液管移至准备好的容器内,缓慢地将按钮按到第1停止点,等待1~2s后再将按钮完全按下,排出液体。使用不同的试液应更换塑料吸液嘴。

(3) 量筒:量筒在准确度要求不高的情况下,用来量取相对大量的液体。不需加热促进溶解的定性试剂可直接在量筒中配制。量筒的规格有10ml、25ml、50ml、100ml、250ml、500ml、1 000ml等多种。

(4) 容量瓶:容量瓶是一种较准确的容量仪器,带有磨口瓶塞,上部是细小呈圆柱形的颈部并刻有环形的刻度,下部是膨大呈壶腹状的瓶身。使用前应检查容量瓶的瓶塞是否漏水,瓶塞应系在瓶颈上,不得任意更换。用容量瓶配制溶液时,固体物质必须先在小烧杯中溶解或加热溶解,冷却至室温后才能转移到容量瓶中,然后加溶剂稀释至标线。当溶剂加到快要接近标线时应停顿30s左右,待瓶颈上部液体流下后,再小心逐滴加入,直至溶液的弯月面最低点与标线相切。容量瓶绝不能加热或烘干。容量瓶的规格有10ml、25ml、50ml、100ml、250ml、500ml、1 000ml等多种。

5. 离心机的使用　根据离心机的转速的不同,可将其分为低速离心机(转速<6 000r/min)、高速离心机(转速<25 000r/min)和超速离心机(转速>30 000r/min)。

根据离心机的用途不同,可将其分为分析离心机和制备离心机。其中制备离心技术又分为分级离心技术和密度梯度离心技术。

生化实验中常用的是普通离心机(1 000~4 000r/min),用于分离血清、沉淀蛋白质等。使用方法及注意事项如下:

(1) 使用前在无负荷的情况下,开动离心机(3 000r/min),检查离心机转动是否平稳;检查套管内是否有橡皮软垫。

(2) 检查合格后,将盛有离心液的离心管放入离心套管内,位置要对称,重量要用天平平衡,如不平衡,可在离心管和套管的间隙内加水来调节重量使之达到平衡。

(3) 离心管中的液体不能装的太满(占2/3),以免溢出。

(4) 盖上离心机盖子,接通电源,缓慢逐步加速到所需速度。不能一下将速度调到最大,以免引起强烈的震动而损坏电机或使离心管破碎。

（5）离心完毕,将转速缓慢逐步钮回起点,任其自动停稳后,方可打开盖子取出离心管,切勿用手助停。

（6）离心过程中如发现声音不正常,机身不稳,应立即切断电源,待检查排除故障后方能使用。

6. 分光光度法　分光光度法是利用物质所特有的吸收光谱对物质进行定性或定量分析的一项技术。它具有灵敏度高、操作简便、快速等优点,是生物化学实验中最常用的实验方法。许多物质的测定都采用分光光度法。

（1）原理:光的本质是一种电磁波,具有不同的波长。肉眼可见的光称为可见光,波长范围在400~760nm,波长<400nm的光称为紫外光,波长>760nm的光称为红外光。可见光区的光因波长不同而呈现不同的颜色,这些不同颜色的光称为单色光。单色光并非单一波长的光,而是一定波长范围内的光。可见光区的单色光按波长顺序排列:红、橙、黄、绿、青、蓝、紫。

许多物质的溶液具有颜色,有色溶液所呈现的颜色是由于溶液中的物质对光的选择性吸收所致。不同的物质由于其分子结构不同,对不同波长光的吸收能力也不同,因此具有其特有的吸收光谱。即使是相同的物质由于其含量不同,对光的吸收程度也不同。利用物质所特有的吸收光谱来鉴别物质或利用物质对一定波长光的吸收程度来测定物质含量的方法,称为分光光度法。所使用的仪器称为分光光度计。

朗伯-比尔(Lambert-Beer)定律是分光光度法的基本原理。当一束单色光通过一均匀的溶液时,一部分被吸收,一部分透过,设入射光的强度为I_0,透射光强度为I,则$\dfrac{I}{I_0}$为透光度,用T表示。

当溶液的液层厚度不变时,溶液的浓度越大,对光的吸收程度越大,则透光度越小。即:

$$-\lg T = K \times C \ (\text{式中}\ K\ \text{为吸光系数}, C\ \text{为浓度})$$

当溶液浓度不变时,溶液的液层厚度越大,对光的吸收程度越大,则透光度越小。即:

$$-\lg T = K \times L \ (L\ \text{为液层厚度})$$

将以上两式合并可用下式表示:

$$-\lg T = K \times C \times L$$

研究表明:溶液对光的吸收程度即吸光度(A)又称消光度(E)或光密度(OD)与透光度(T)呈负对数关系,即

$$A = -\lg T$$

故

$$A = KCL$$

上式为朗伯-比尔定律,其意义为:当一束单色光通过一均匀溶液时,溶液对单色光的吸收程度与溶液浓度和液层厚度的乘积呈正比。

朗伯-比尔定律常被用于测定有色溶液中物质含量,其方法是配制已知浓度的标准液(S),将待测液(T)与标准液以同样的方法显色,然后放在厚度相同的比色皿中进行比色,测定其吸光度,得A_s和A_T,根据朗伯-比尔定律:

$$A_S = K_S C_S L_S \qquad\qquad A_T = K_T C_T L_T$$

两式相除得:

$$\frac{A_S}{A_T} = \frac{K_S C_S L_S}{K_T C_T L_T}$$

由于是同一类物质其K值相同,又由于比色皿的厚度相等,所以$K_S = K_T$,$L_S = L_T$则

$$\frac{A_S}{A_T} = \frac{C_S}{C_T}$$

$$C_T = \frac{A_T}{A_S} \times C_S$$

此即 Lambert-Beer 定律的应用公式。

（2）应用：利用分光光度法对物质进行定量测定主要有以下几种方法：

1）标准管法：将待测溶液与已知浓度的标准溶液在相同条件下分别测定 A 值，然后按下式求得待测溶液中物质的含量。

$$C_T = \frac{A_T}{A_S} \times C_S$$

2）标准曲线法：先配制一系列浓度由小到大的标准溶液，分别测定出它们的 A 值，以 A 值为横坐标，浓度为纵坐标，作标准曲线。在测定待测溶液时，操作条件应与制作标准曲线时相同，以待测液的 A 值从标准曲线上查出该样品的相应浓度。

3）吸收系数法：当某物质溶液的浓度为 1mol/L，厚度为 1cm 时，溶液对某波长的吸光度称为该物质的摩尔吸光系数，以 ε 表示。ε 可通过实验测得，也可由手册中查出。

已知某物质 ε 值，只要测出其 A 值再根据下式便可求得样品的浓度。

$$C = \frac{A}{\varepsilon}$$

（3）分光光度计：分光光度计种类较多，其结构基本相似，以 722 型分光光度计为例说明。

1）主要部件：722 型分光光度计的主要部件包括光源室、单色光器、试样室、光电池暗盒、电子系统及数字显色器等部件。

2）原理：722 型分光光度计原理见实验图 1-1。

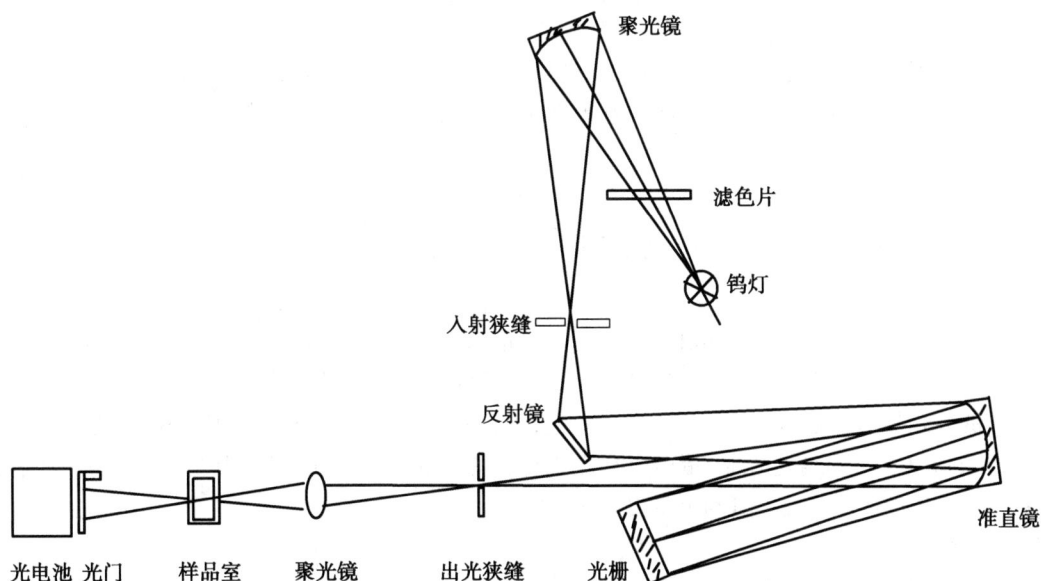

实验图 1-1　722 型分光光度计原理

如实验图 1-1 所示：由钨灯发出的连续辐射光经滤色片选择及聚光镜聚光后经入射光狭缝进入单色光器，进入单色光器的复合光通过平面反射镜反射及准直镜准直变成平行光射向色散元件光栅，光栅将入射的复合光通过衍射作用形成按照一定顺序均匀排列的连续单色光谱，此单色光重新回到准直镜上，由于仪器出射狭缝设置在准直镜的焦面上，这样从光栅色散出来的光谱经准直镜后利用聚光原理成像在出射狭缝上，通过调节与准直镜和光栅联动的波长调节旋钮，出射狭缝可选出指定带宽的单色光。单色光通过聚光镜落在试样室被测样品中心，一部分被吸收，一部分透过，透射光经光门射向光电池，产生光电流，光电流经检流计的仪表显示出来。

3）波长的选择：Lambert-Beer 定律只适用于单色光，不同颜色的溶液，被吸收的单色光不同。因此，不同颜色的待测溶液，应选择不同波长的单色光。其选择原则是使被测溶液单位浓度的吸光度变化值最大，也即最容易被溶液吸收的波长。可根据其光吸收曲线来选择最佳测定波长，通常是被测物质颜色互补光的波长。

4）操作方法：①将灵敏度旋钮调至"1"档。②打开电源开关，接通电源。③选择开关置于"T"，选择需要的波长。仪器预热20min。④打开试样室盖（光门自动关闭），调节"0"旋钮，使数字显示为"00.0"。空白液、标准液和待测液分别装入比色皿中，使空白液对准光路。盖上试样室盖，调节透光率"100%"旋钮，使数字显示为"100.0"，如不显示"100.0"可适当增加灵敏度的挡数。⑤吸光度A的测量：将选择开关置于"A"，调节吸光度调节旋钮，使数字显示"0.00"，然后将标准液和待测液分别推入光路，读取其吸光度。⑥浓度C的测量：将选择开关由"A"旋置"C"，将标准液推入光路，调节浓度旋钮，使数字显示为标准液浓度，将待测液推入光路，读出被测样品的浓度值。⑦比色完毕后关闭电源开关，将比色皿冲洗干净，倒置于实验台上。

5）注意事项及维护：①使用仪器前应先了解本仪器的结构和工作原理以及各个操作旋钮的功能。②在未接通电源前，应对仪器进行检查，电源通地要良好，各个调节旋钮应在起始位置。放大器暗盒的硅胶如变红色应及时更换或烘干后再用。③每台仪器所配套的比色杯不能与其他仪器上的比色杯单个调换。④仪器停止工作时，应切断电源。⑤保持仪器的清洁和干燥，仪器在停止使用时应用塑料套子将仪器罩住，在套子内放数袋硅胶防潮。⑥仪器工作数月或搬动后，要检查波长和吸光度精度，以确保仪器的使用和精度。

（范　明）

实验二　蛋白质的两性性质及等电点的测定

【实验目的】

1. 掌握通过聚沉测定蛋白质等电点的基本原理。

2. 熟悉蛋白质等电点测定的方法。

3. 了解蛋白质的两性性质及等电点与蛋白质分子聚沉的关系。

【实验原理】

蛋白质是两性电解质。蛋白质分子中可以解离的基团除 N 端 α-氨基与 C 端 α-羧基外，还有肽链上某些氨基酸残基的侧链基团，如酚基、巯基、胍基、咪唑基等基团，它们都能解离为带电基团。因此，在蛋白质溶液中存在着下列平衡：

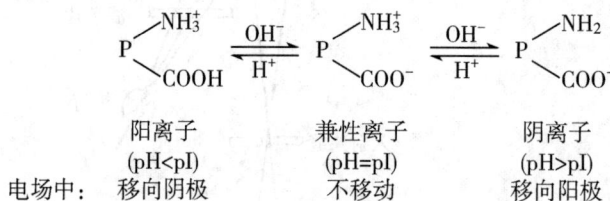

阳离子	兼性离子	阴离子
(pH<pI)	(pH=pI)	(pH>pI)
电场中：移向阴极	不移动	移向阳极

调节溶液的 pH 使蛋白质分子的酸性解离与碱性解离相等，即所带正负电荷相等，净电荷为零，此时溶液的 pH 称为蛋白质的等电点。在等电点时，蛋白质溶解度最小，溶液的混浊度最大，配制不同 pH 的缓冲液，观察蛋白质在这些缓冲液中的溶解情况即可确定蛋白质的等电点。

【实验器材】

试管架、试管 1.5cm×15cm（×8）、移液管 1ml（×4）、2ml（×4）、10ml（×2）、胶头滴管（×2）。

【实验试剂】

1. 1mol/L 乙酸　吸取 99.5% 乙酸（比重 1.05）2.875ml，加水至 50ml。

2. 0.1mol/L 乙酸　吸取 1mol/L 乙酸 5ml，加水至 50ml。

3. 0.01mol/L 乙酸　吸取 0.1mol/L 乙酸 5ml，加水至 50ml。

4. 0.2mol/L NaOH　称取 NaOH 2.000g，加水至 50ml，配成 1mol/L NaOH。然后量取 1mol/L NaOH 10ml，加水至 50ml，配成 0.2mol/L NaOH。

5. 0.2mol/L HCl　吸取 37.2%（比重 1.19）HCl 4.17ml，加水至 50ml，配成 1mol/L HCl。然后吸取 1mol/L HCl 10ml，加水至 50ml，配成 0.2mol/L HCl。

6. 0.01% 溴甲酚绿指示剂　称取溴甲酚绿 0.005g，加 0.29ml 1mol/L NaOH，然后加水至 50ml。

7. 0.5% 酪蛋白溶液　称取酪蛋白（干酪素）0.25g 放入 50ml 容量瓶中，加入约 20ml 水，再准确加入 1mol/L NaOH 5ml，当酪蛋白溶解后，准确加入 1mol/L 乙酸 5ml，最后加水稀释定容至 50ml，充分摇匀。

【实验操作】

1. 蛋白质的两性反应　取一支试管,加 0.5% 酪蛋白 1ml,再加溴甲酚绿指示剂 4 滴,摇匀。此时溶液呈蓝色,无沉淀生成。

用胶头滴管慢慢加入 0.2mol/L HCl,边加边摇知道有大量的沉淀生成。此时溶液的 pH 接近酪蛋白的等电点。观察溶液颜色的变化。

继续滴加 0.2mol/L HCl,沉淀会逐渐减少以至消失。观察此时溶液颜色的变化。

滴加 0.2mol/L NaOH 进行中和,沉淀又出现。继续滴加 0.2mol/L NaOH,沉淀又逐渐消失。观察溶液颜色的变化。

2. 酪蛋白等电点的测定　取同样规格的试管 7 支,按实验表 2-1 操作。

实验表 2-1　酪蛋白等电点的测定

试剂	管号						
	1	2	3	4	5	6	7
1.0mol/L 乙酸/ml	1.6	0.8	0	0	0	0	0
0.1mol/L 乙酸/ml	0	0	4	1	0	0	0
0.01mol/L 乙酸/ml	0	0	0	0	2.5	1.25	0.62
H₂O/ml	2.4	3.2	0	3	1.5	2.75	3.38
溶液的 pH	3.5	3.8	4.1	4.7	5.3	5.6	5.9
混浊度							

充分摇匀,然后向以上各试管依次加入 0.5% 酪蛋白 1ml,边加边摇,摇匀后静置 5min,观察各管的混浊度。

用 -、+、++、+++ 等符号表示各管的混浊度。根据混浊度判断酪蛋白的等电点。最混浊的一管的 pH 即为酪蛋白的等电点。

本实验难度不大,主要为配制溶液与观察现象。要注意的是试剂的用量要恰当。因为用量不恰当会导致缓冲液的用量不准确,从而导致实验失败。

【分析讨论】

1. 蛋白质两性反应中颜色及沉淀变化的原因是什么?

2. 此方法测定蛋白质等电点的原理是什么? 酪蛋白的标准等电点为多少?

实验三　醋酸纤维素薄膜电泳分离血清蛋白

【实验目的】

1. 掌握醋酸纤维素薄膜电泳的原理及操作。

2. 熟悉用醋酸纤维素薄膜电泳分离血清中各种蛋白质组分。

3. 了解定量测定人血清中各种蛋白质的相对百分含量。

【实验原理】

带电粒子在电场中向与其电性相反的电极方向泳动的现象称为电泳。血清中各种蛋白质的等电点在 pH 4.0~7.3 之间,在 pH 8.6 的缓冲溶液中均带负电荷,在电场中向正极泳动。因血清中各种蛋白质的等电点不同,所以带电荷量也不同。加上各种蛋白质的分子大小各有差异,因此在同一电场中泳动的速度就不同。分子小而带电荷多者,泳动较快;反之,则较慢。如此可将血清蛋白按电泳速度分为 5 条区带,从正极端依次为清蛋白、α₁ 球蛋白、α₂ 球蛋白、β 球蛋白及 γ 球蛋白,经染色可计算出各蛋白质的百分含量。

【实验器材】

酸纤维素薄膜(2cm×8cm)、培养皿(直径 9~10cm)、血清加样器(可用盖玻片或 X 胶片或微量加样器)、电泳仪、电泳槽、分光光度计、直尺、铅笔、镊子、盖玻片、剪刀、普通滤纸。

【实验试剂】

1. 巴比妥-巴比妥钠缓冲液(0.07mol/L,pH 8.6)　称取巴比妥 1.66g 和巴比妥钠 12.76g,溶于少量蒸馏水后定容到 1 000ml。

2. 染色液　称取氨基黑 10B 0.5g,加入蒸馏水 40ml,甲醇 50ml 和冰醋酸 10ml,混匀,放于带塞的试剂瓶保存(可重复使用)。

3. 漂洗液　取 95%乙醇 45ml,冰醋 5ml 和蒸馏水 50ml,混匀,放于带塞的试剂瓶保存。

4. 新鲜血清　无溶血现象(稀释 5 倍)。

【实验操作】

1. 薄膜准备　将醋酸纤维素薄膜切成 2cm×8cm 大小,在无光泽面距一端 1.5cm 处用铅笔轻轻划一直线作点样标记,并编号。将薄膜置于巴比妥缓冲液内,完全浸透(约 20min)即薄膜无白色斑点后取出,用滤纸吸去多余的缓冲液。

2. 点样　取少量血清于普通玻璃板上,用点样器蘸取少量血清(2~3μl),加在点样线上,待血清渗入膜内,移开点样器。或用盖坡片轻轻地沾一层血清印在点样线上,使形成具有一定宽度,粗细匀称的直线。

3. 电泳　将已点样的薄膜使无光泽面向下贴在电泳槽支架的"滤纸桥"上,膜条上点样的一端靠近负极,盖严电泳槽盖。平衡 10min,然后通电,调节电压至 130V,10min 后和再调至 160V 电流强度为 0.4~0.6mA/cm 宽。在电泳过程中,应注意控制电压和电流强度,防止过高或偏低,待电泳带展开约 3.5cm 时关闭电源,一般通电时间为 40~50min。电泳装置见实验图 3-1。

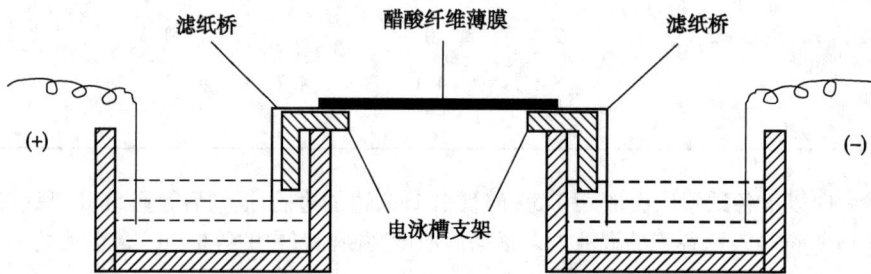

实验图 3-1　醋酸纤维素薄膜电泳装置示意图

4. 染色和漂洗　电泳完毕取出薄膜,直接浸入染色液中,染色 5~10min。然后用漂洗液浸洗几次,每隔 5min 换一次漂洗液,直至蛋白区带底色脱净为止。将漂净的薄膜用滤纸吸干,从正极端起依次为清蛋白(A)、α_1 球蛋白、α_2 球蛋白、β 球蛋白及 γ 球蛋白(实验图 3-2)。

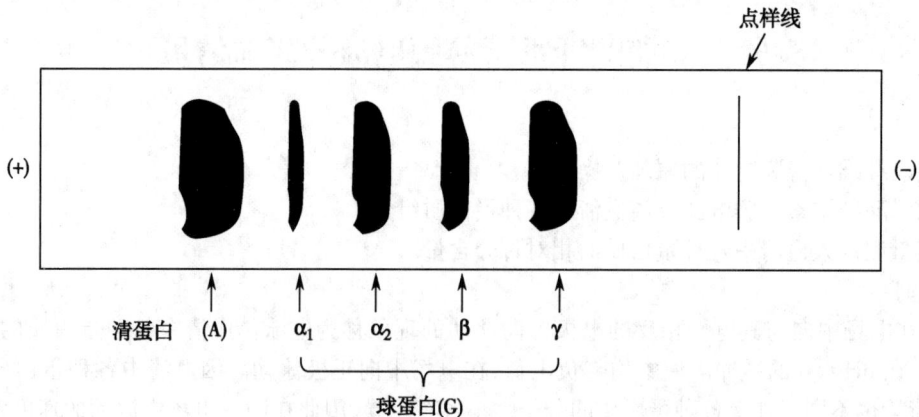

实验图 3-2　醋酸纤维素薄膜血清蛋白电泳图谱

5. 定量测定　取 6 支试管,编号,分别为 A、α_1、α_2、β、γ 和空白管。于清蛋白管加入 0.4mol/L NaOH 溶液 4ml,其余 5 管加 2ml。剪下各条蛋白区带,另于空白部分剪一条与各蛋白区带宽度近似的薄膜作为空白,分别浸入各管中,振摇数次,置 37℃水浴 20min,使色泽完全浸出。用 620nm 波长以空白管调零比色,读取各管吸光度,按下式计算:

$$T = A \times 2 + \alpha_1 + \alpha_2 + \beta + \gamma$$

$$清蛋白\% = 清蛋白管吸光度 \times 2/T \times 100$$

$$\alpha_1-球蛋白\% = \alpha_1-球蛋白管吸光度/T \times 100$$

$$\alpha_2-球蛋白\% = \alpha_2-球蛋白管吸光度/T \times 100$$

$$\beta-球蛋白\% = \beta-球蛋白管吸光度/T \times 100$$

$$\gamma-球蛋白\% = \gamma-清蛋白管吸光度/T \times 100$$

【正常参考值】

清蛋白:57%~72%;α_1球蛋白:2%~5%;α_2球蛋白:4%~9%;β球蛋白:6.5%~12%;γ球蛋白:12%~20%。

【临床意义】

急慢性肾炎、肾病综合征、肾衰竭时,清蛋白降低,α_1、α_2 和 β-球蛋白升高;慢性活动性肝炎、肝硬化时,清蛋白降低,β、γ-球蛋白升高;急性炎症时,α_1、α_2-球蛋白升高;慢性炎症时,清蛋白降低,α_2、γ-球蛋白升高;红斑狼疮、类风湿关节炎时,清蛋白降低,γ-球蛋白显著升高;多发性骨髓瘤时,清蛋白降低,γ-球蛋白升高,于 β 和 γ-球蛋白区带之间出现"M"带。

【分析讨论】

1. 电泳时为什么要将点样的一端靠近负极端?

2. 醋酸纤维薄膜电泳可将血清蛋白依次分为哪几条区带,有哪些临床意义?

（王晓慧）

实验四　酶作用的专一性及温度、pH、激活剂、抑制剂对酶活性的影响

【实验目的】

1. 掌握酶的专一性及温度、pH、激活剂、抑制剂对酶活性影响的基本原理。

2. 熟悉酶的专一性及酶促反应影响因素的实验操作及结果判断。

【实验原理】

酶是一类具有高效催化能力的生物催化剂,对所催化的底物具有高度的专一性。一种酶只能作用于一种或一类底物,发生一定的化学变化。唾液淀粉酶只作用于淀粉,催化淀粉水解生成麦芽糖和少量葡萄糖,而不能催化蔗糖水解。麦芽糖和葡萄糖分子中含有醛基,均属还原性糖,可使班氏试剂中二价铜离子(Cu^{2+})还原成亚铜,生成砖红色的氧化亚铜(Cu_2O)沉淀。而蔗糖没有还原性,不与班氏试剂发生颜色反应。因此酶的催化特性实验通过是否与班氏试剂反应生成砖红色的 Cu_2O 沉淀来观察唾液淀粉酶对所作用底物的特异性。

唾液淀粉酶作用于淀粉,将淀粉水解成糊精、麦芽糖。碘与淀粉或糊精呈不同颜色反应。淀粉与碘呈蓝色;糊精依分子大小与碘可呈蓝色、紫色、暗褐色和红色;最小的糊精和麦芽糖与碘显示碘色(黄色)。温度不同、pH 不同、是否存在激活剂与抑制剂都将影响唾液淀粉酶的活性,也影响淀粉的水解程度。因此可根据反应液与碘产生的颜色来判断淀粉水解的程度,从而了解温度、pH、激活剂、抑制剂对酶催化活性的影响。

【实验器材】

试管和试管架、试管夹、恒温水浴箱、冰浴、沸水浴、玻棒、白瓷板、烧杯、漏斗、滤纸、滴瓶、滴管等。

【实验试剂】

1. 新鲜唾液稀释液(唾液淀粉酶液)　每位同学进实验室自己制备,先用蒸馏水漱口,以清除食物残渣,再在口腔内含蒸馏水 20~30ml,并做咀嚼运动,3min 后吐入烧杯,再用滤纸过滤后待用。

2. 1%淀粉溶液　取可溶性淀粉 1g,加 5ml 蒸馏水,调成糊状,再加 80ml 蒸馏水,加热并不断搅拌,使其充分溶解,冷却后用蒸馏水稀释到 100ml。

3. 碘液　称取 4g 碘化钾,2g 碘,加蒸馏水至 1 000ml。

4. 1% NaCl 溶液　称取 NaCl 1g,加蒸馏水至 100ml。

5. 1% $CuSO_4$ 溶液　称取结晶 $CuSO_4$ 1g,加蒸馏水至 100ml。

6. 1% Na_2SO_4 溶液　称取结晶 Na_2SO_4 1g,加蒸馏水至 100ml。

7. pH 3.0 缓冲液　取 0.2mol/L Na_2HPO_4 溶液 205ml,0.1mol/L 柠檬酸溶液 795ml,混合即成。

8. pH 6.8 缓冲液 取 0.2mol/L Na$_2$HPO$_4$ 溶液 772ml,0.1mol/L 柠檬酸溶液 228ml,混合即成。

9. pH 8.0 缓冲液 取 0.2mol/L Na$_2$HPO$_4$ 溶液 972ml,0.1mol/L 柠檬酸溶液 28ml,混合成。

【实验操作】

1. 酶的催化特性

（1）取 3 支试管,标号,按实验表 4-1 操作。

实验表 4-1 验证淀粉酶的专一性

管号	缓冲液（pH 6.8）	淀粉溶液（1%）	蔗糖溶液（1%）	稀释唾液	煮沸唾液
1	20 滴	10 滴	—	5 滴	—
2	20 滴	10 滴	—	—	5 滴
3	20 滴	—	10 滴	5 滴	—

（2）各管混匀后,37℃恒温水浴箱保温 10min。

（3）取出试管在每只试管中加入班氏试剂各 20 滴,置沸水浴中煮沸 2~3min,记录结果。

2. 酶促反应的影响因素

（1）温度对酶促反应的影响

1）取 3 支试管,编号,按实验表 4-2 操作,淀粉溶液不要黏附于液面以上管壁。

实验表 4-2 温度对酶促反应的影响

管号	缓冲液（pH 6.8）	淀粉溶液（1%）
1	20 滴	10 滴
2	20 滴	10 滴
3	20 滴	10 滴

2）同时将第 1 管置 37℃恒温水浴,第 2 管置 100℃沸水浴,第 3 管置 0℃冰浴（冰水混合浴）。

3）放置 5min 后,分别向各管加入稀释唾液 5 滴,混匀,再放回原温度处。

4）10min 后,分别向各管（第 2 管待冷却后）加入碘液 1 滴,摇匀,记录结果。

（2）pH 对酶促反应的影响

1）取 3 支试管,编号,按实验表 4-3 操作,淀粉溶液不要黏附于液面以上管壁。

实验表 4-3 pH 对酶促反应的影响

管号	缓冲液（pH 3.0）	缓冲液（pH 6.8）	缓冲液（pH 8.0）	淀粉溶液（1%）	稀释唾液
1	20 滴	—	—	10 滴	5 滴
2	—	20 滴	—	10 滴	5 滴
3	—	—	20 滴	10 滴	5 滴

2）以上各管摇匀,置 37℃恒温水浴。

3）10min 后,取出各管,分别加入碘液 1 滴,摇匀,记录结果。

（3）激活剂与抑制剂对酶促反应的影响

1）取 3 支试管,编号,按实验表 4-4 操作,淀粉溶液不要黏附于液面以上管壁。

实验表 4-4 激活剂与抑制剂对酶促反应的影响

管号	淀粉溶液（1%）	缓冲液（pH 6.8）	NaCl（1%）	CuSO$_4$（1%）	稀释唾液
1	10 滴	10 滴	—	—	5 滴
2	10 滴	—	10 滴	—	5 滴
3	10 滴	—	—	10 滴	5 滴

2）以上各管摇匀,置 37℃恒温水浴。

3）10min 后,取出各管,分别加入碘液 1 滴,摇匀,记录结果。

【分析讨论】

1. 淀粉酶具有专一性吗？请用实验结果进行分析？

2. 低温对酶有什么影响？

3. 什么是酶的最适温度及其应用意义？

4. 什么是酶促反应的最适 pH？对酶活性有何影响？

（杨　华）

实验五　血糖浓度测定（GOD-POD 法）

【实验目的】

1. 掌握 GOD-POD 法测定血糖的基本原理。

2. 熟悉 GOD-POD 法测定血糖的操作步骤。

3. 了解 GOD-POD 法测定血糖的注意事项;血糖正常值及血糖异常的临床意义。

4. 能够正确进行血糖浓度测定的实验操作及正确书写规范的实验报告。

【实验原理】

人体血液中的糖主要是葡萄糖,正常情况下,其含量相对恒定。正常成人空腹血糖含量为 3.89 ~ 6.11mmol/L。GOD-POD 法即葡萄糖氧化酶偶联比色法,是目前临床血糖定量测定普遍采用的方法。该法测定血糖依据的酶反应为:葡萄糖氧化酶(glucose oxidase,GOD)利用氧和水将葡萄糖氧化为葡萄糖酸内酯,并释放过氧化氢;过氧化物酶(peroxidase,POD)在色原性氧受体存在时将过氧化氢分解为水和氧,同时使色原性氧受体 4-氨基安替比林和酚去氢缩合为红色醌类化合物,即 Trinder 反应。红色醌类物质在 480~550nm 波长有最大吸收峰,所产生颜色的深浅与血清中葡萄糖的量成正比。在同样条件下,测定葡萄糖标准液和样品的光吸收值,代入后面所给的公式即可求出样品中葡萄糖的含量。反应式如下:

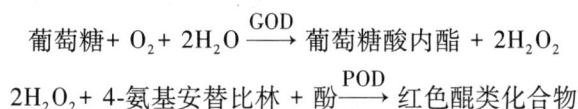

$$葡萄糖 + O_2 + 2H_2O \xrightarrow{GOD} 葡萄糖酸内酯 + 2H_2O_2$$

$$2H_2O_2 + 4\text{-氨基安替比林} + 酚 \xrightarrow{POD} 红色醌类化合物$$

【实验器材】

试管、试管架、恒温水浴、722 型分光光度计、吸量管、微量加样器。

【实验试剂】

1. 血清样品　6ml。

2. 试剂选择方案一　血糖试剂盒。

酶试剂:葡萄糖氧化酶(GOD)	>13U/L
过氧化物酶(POD)	>0.9U/L
磷酸盐混合试剂:磷酸缓冲液	11mmol/L
酚	100mmol/L pH 7.0
4-氨基安替比林	0.77mmol/L
葡萄糖标准液	100ml/dl

使用时,将 90ml 磷酸盐混合试剂与 10ml 酶制剂混匀即可。称此混匀的溶液为工作液。每一剂盒装有 2 瓶磷酸盐混合试剂和 2 瓶酶制剂。

3. 试剂选择方案二　手工配制试剂。

（1）0.1mol/L 磷酸盐缓冲液(pH 7.0):称取无水磷酸氢二钠 8.67g 及无水磷酸二氢钾 5.3g 溶于 800ml 蒸馏水中,用 1mol/L 氢氧化钠(或 1mol/L 盐酸)调 pH 至 7.0,用蒸馏水定容至 1L。

（2）酶试剂:称取过氧化物酶 1 200U,葡萄糖氧化酶 1 200U,4-氨基安替比林 10mg,叠氮钠 100mg,溶于 80ml 上述磷酸盐缓冲液中,用 1mol/L NaOH 调节 pH 至 7.0,用磷酸盐缓冲液定容至 100ml,置 4℃冰箱保存,至少可稳定 3 个月。

（3）酚试剂：称取重蒸馏酚100mg溶于100ml蒸馏水中（酚在空气中易氧化变成红色，可先配制成500g/L的溶液，贮存于棕色瓶中，用时稀释）。

（4）酶酚混合试剂：酶试剂及酚试剂等量混合，置冰箱4℃可以存放1个月。

（5）12mmol/L苯甲酸溶液：称取1.4g苯甲酸溶解于约800ml蒸馏水中，加热助溶，冷却后加蒸馏水定容至1L。

（6）100mmol/L葡萄糖标准贮存液：称取已干燥恒重的无水葡萄糖（预先置80℃烤箱内干燥恒重，移至于干燥器内保存）1.802g，以12mmol/L苯甲酸溶液约70ml溶解并移入100ml容量瓶中，再以12mmol/L苯甲酸溶液定容至100ml，混匀移入棕色瓶中，置冰箱内保存2h后方可使用。

（7）5mmol/L葡萄糖标准应用液：吸取葡萄糖标准贮存液5.0ml置于100ml容量瓶中，用12mmol/L苯甲酸溶液稀释至刻度，混匀。

【实验操作】

1. 取3支16mm×10mm试管编号，按实验表5-1进行操作。

实验表 5-1　血糖测定的操作步骤/ml

试剂	测定管	标准管	空白管
血清	0.02	—	—
葡萄糖标准应用液	—	0.02	—
蒸馏水	—	—	0.02
酶酚混合试剂	3.00	3.00	3.00

2. 分别将各试管内容物混匀后，置37℃恒温水浴中保温10～15min（避免阳光直射）。

3. 取出各试管，用直径为1.0cm的比色杯，用722型分光光度计在波长505nm处比色，以空白管调零，分别读取标准管吸光度As和测定管吸光度Au。

4. 结果计算　将测得的标准管吸光度As、测定管吸光度Au数据代入下述公式，计算出样品中葡萄糖的浓度。

$$C = \frac{Au}{As} \times Cs \, (mmol/L)$$

C为待测样品中葡萄糖的浓度；As为葡萄标准液在A_{505nm}波长的吸光度；Au为待测样品在A_{505nm}波长的吸光度；Cs为葡萄糖标准液中葡萄糖的浓度。

【参考范围】

空腹血糖浓度为3.89～6.11mmol/L。

【临床意义】

1. 生理性高血糖　见于摄入高糖食物后，或情绪紧张肾上腺分泌增加时。

2. 病理性高血糖

（1）糖尿病：病理性高血糖常见于胰岛素绝对或相对不足的糖尿病患者。

（2）内分泌腺功能障碍：甲状腺功能亢进，肾上腺皮质功能及髓质功能亢进。引起的各种对抗胰岛素的激素分泌过多也会出现高血糖。注意升高血糖的激素增多引起高血糖，现已归入特异性糖尿病中。

（3）颅内压增高：颅内压增高刺激血糖中枢，如颅外伤、颅内出血、脑膜炎等。

（4）脱水引起的高血糖：如呕吐、腹泻和高热等也可使血糖轻度增高。

3. 生理性低血糖　见于饥饿和剧烈运动。

4. 病理性低血糖　特发性功能性低血糖最多见，依次是药源性、肝源性、胰岛素瘤等。

（1）胰岛β细胞增生或胰岛β细胞瘤等，使胰岛素分泌过多。

（2）对抗胰岛素的激素分泌不足，如腺垂体功能减退、肾上腺皮质功能减退和甲状腺功能减退而使生长素、肾上腺皮质激素分泌减少。

（3）严重肝病患者，由于肝脏储存糖原及糖异生等功能低下，肝脏不能有效地调节血糖。

【注意事项】

1. 标本采集后置室温中,全血中葡萄糖将会分解代谢,大约每小时降低5%。因此采血后应立即分离血浆或血清,置2~8℃冰箱保存,可至少稳定3d。分离血清或血浆的时间,最好不晚于血液标本采集后的1h。

2. 如果采血后不能迅速分离出血浆或血清,则必须使用含氟化物或碘乙酸盐的抗凝管,抑制血细胞对葡萄糖的降解,稳定全血中的葡萄糖。测定标本以草酸钾-氟化钠为抗凝剂的血浆较好。取草酸钾6g,氟化钠4g。加水溶解至100ml。吸取0.1ml到试管内,在80℃以下烤干使用,可使2~3ml血液在3~4d内不凝固并抑制糖分解。

3. 葡萄糖氧化酶法可直接测定脑脊液葡萄糖含量,但不能直接测定尿液葡萄糖含量。因为尿液中尿酸等干扰物质浓度过高,可干扰过氧化物酶反应,造成结果假性偏低。

4. 本法用血量甚微,操作中应直接加标本至试剂中,再吸试剂反复冲洗吸管,以保证结果可靠。

5. 严重黄疸、溶血及乳糜样血清应先制备无蛋白血滤液,然后进行测定。

【思考题】

1. 血糖测定常用于哪些疾病的诊断?

2. 简述血糖测定操作过程中的注意事项。

(孔晓朵)

实验六　肝中酮体的生成作用

【实验目的】

1. 掌握肝中酮体生成的意义。

2. 熟悉酮体的生成测定的基本原理。

3. 了解酮体的生成测定的基本操作步骤。

【实验原理】

本实验利用丁酸作为底物,与新鲜肝匀浆混合后一起保温,肝组织中的酮体生成酶系能催化丁酸生成酮体。酮体中的乙酰乙酸和丙酮可与显色粉中的亚硝基铁氰化钠起反应,生成紫红色化合物。

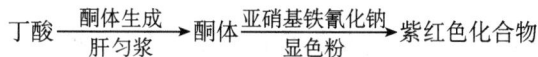

$$丁酸 \xrightarrow[肝匀浆]{酮体生成} 酮体 \xrightarrow[显色粉]{亚硝基铁氰化钠} 紫红色化合物$$

以同样处理的肌肉匀浆不产生酮体,因此无显色反应。

【实验器材】

试管、试管架、滴管、匀浆器或研钵、恒温水浴箱、离心机或小漏斗、白瓷反应板、解剖器材。

【实验试剂】

1. 0.9%氯化钠溶液。

2. 洛克氏溶液　氯化钠0.9g、氯化钾0.042g、氯化钙0.024g、碳酸氢钠0.02g、葡萄糖0.1g,将上述各试剂混合溶于蒸馏水中,溶解后加蒸馏水稀释至100ml,置冰箱储存备用。

3. 0.5mol/L丁酸溶液　取44.0g丁酸溶于0.1mol/L氢氧化钠溶液中,溶解后用0.1mol/L氢氧化钠稀释至1 000ml。

4. 0.1mol/L磷酸缓冲液(pH 7.6)　量取7.74g磷酸氢二钠溶液86.8ml和0.897g磷酸二氢钠溶液,用蒸馏水稀释至500ml,精确调定pH。

5. 15%三氯醋酸溶液。

6. 显色粉　亚硝基铁氰化钠1g,无水碳酸钠50g,硫酸铵50g,混合后研碎。

7. 小鼠。

【实验操作】

1. 肝匀浆和肌匀浆的制备　取小白鼠一只,断头处死,迅速剖腹取出肝和肌肉,剪碎后分别放入匀浆器中,加入生理盐水(按重量∶体积=1∶3),制备成匀浆(或在研钵内充分研磨成匀浆)。另外,匀浆也可用大动物的肝和肌肉制取,制取方法是:取大动物的肝和肌肉,除去脂肪和筋膜,剪碎后用生理盐水浸洗2~3次,然后制成匀浆。

2. 取4支试管,编号后按实验表6-1加入各种试剂。

实验表 6-1　酮体生成的操作步骤/滴

加入物	1 号管	2 号管	3 号管	4 号管
洛克氏溶液	15	15	15	15
0.5mol/L 丁酸	30	30	30	30
pH 7.6 磷酸缓冲液	15	15	15	15
肝匀浆	20	20	—	—
肌匀浆	—	—	—	20
蒸馏水	—	30	30	—

3. 将各管摇匀,放置于 37℃ 恒温水浴箱中保温 40min。

4. 取出各管,各加入 15% 三氯醋酸 20 滴,混匀后用离心机离心 5min(3 000r/min)或用脱脂棉过滤。

5. 用滴管吸取上列 4 支试管的滤液(或上清液)各 10 滴,分别放置于白瓷反应板的 4 个凹孔内,各加显色粉 0.1g(约 1 小匙),观察所产生的颜色反应。

【分析讨论】

比较并分析实验结果,说明酮体生成的部位和意义。

(邵世滨)

实验七　血清总胆固醇的定量测定(CEH-COD-PAP 法)

【实验目的】

1. 掌握 GOD-PAP 法血清总胆固醇测定的检测原理。

2. 熟悉 GOD-PAP 法检测血清总胆固醇的操作步骤。

3. 学会对实验结果的分析,并能运用实验结果解释相关临床病例。

【实验原理】

血清胆固醇水平是动脉粥样硬化性疾病防治、临床这段和营养研究的重要指标。正常人血清胆固醇水平在 100~250mg/dl 之间。胆固醇是环戊烷多氢菲的衍生物,它不仅参与血浆蛋白的组成,而且也是细胞的必要结构成分,还可以转化成胆汁酸盐、肾上腺皮质激素和维生素 D_3 等。胆固醇在体内以游离胆固醇及胆固醇酯两种形式存在,统称总胆固醇。总胆固醇的测定有化学比色法和酶学方法两类。目前,国内外均推荐 CEH-COD-PAP 法为临床实验室常规测定血清总胆固醇的方法。其原理是血清中的胆固醇酯可被胆固醇酯酶水解为游离胆固醇和游离脂肪酸(FFA),胆固醇在胆固醇氧化酶(GOD)催化下氧化为胆甾烯酮,并产生过氧化氢,在色原性氧受体(如 4-氨基安替比林偶氮酚)的存在下,过氧化物酶(POD)催化过氧化氢,氧化色原物质,生成红色醌类化合物,颜色的深浅与胆固醇含量成正比,将样本与同样处理的标准液进行比色,即可计算出血清总胆固醇的含量。反应式如下:

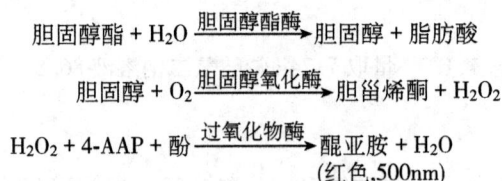

$$胆固醇酯 + H_2O \xrightarrow{\text{胆固醇酯酶}} 胆固醇 + 脂肪酸$$

$$胆固醇 + O_2 \xrightarrow{\text{胆固醇氧化酶}} 胆甾烯酮 + H_2O_2$$

$$H_2O_2 + 4\text{-}AAP + 酚 \xrightarrow{\text{过氧化物酶}} \underset{(红色,500nm)}{醌亚胺} + H_2O$$

【实验器材】

分光光度计、水浴锅、移液器、微量加样器。

【实验试剂】

1. 胆固醇液体酶试剂组成(具体含量见相关文献)

GOOD 缓冲液(pH 6.7)　　　　　　　　50mmol/L

胆固醇酯酶(CEH)　　　　　　　　　　≥200U/L

胆固醇氧化酶(COD)	≥100U/L
过氧化物酶(POD)	≥3000U/L
4-氨基安替比林(4-AAP)	0.3mmol/L
苯酚	5mmol/L

2. 胆固醇标准溶液 5.17mmol/L(200mg/dl)　精确称取胆固醇 200mg,用异丙醇配成 100ml 溶液,分装后,4℃保存,临用取出。也可用定值的参考血清作标准。

3. 人血清。

【实验操作】

1. 取 3 支试管编号后,分别加入试剂,按实验表 7-1 操作。

实验表 7-1　血清总胆固醇测定操作步骤/μl

	空白(B)	校准(C)	测定(U)
样品	—	—	20
校准液	—	20	—
蒸馏水	20	—	—
酶工作液	2 000	2 000	2 000

2. 混匀,37℃水浴 10min,500nm 波长,以空白管调零,测定各管吸光度。

3. 结果计算　血清总胆固醇(mmol/L)=(测定管吸光度/标准管吸光度)×5.17

【参考范围】

胆固醇氧化酶法:成人:2.85~5.17mmol/L。

【临床意义】

总胆固醇(total cholesterol,TC)包括游离胆固醇和胆固醇酯两部分,其水平与年龄、性别以及生活习惯有关且随年龄增长而上升。血中 TC 的浓度可反映体内 TC 代谢情况,TC 升高是动脉粥样硬化和冠心病的一个明确的危险因素,与冠心病的发病率呈正相关。

1. 增高　见于:

(1) 年龄与性别因素:TC 水平往往随年龄上升,但到 70 岁或 80 岁后有所下降,中青年女性低于男性,50 岁后女性高于男性。

(2) 长期的高胆固醇、高饱和脂肪酸和高热量饮食。

(3) 其他:如遗传因素、缺少运动、脑力劳动、精神紧张等。

(4) 高 TC 血症:有原发和继发两类,原发的如家族性高胆固醇血症、家族性 apo B 缺陷症、多源性高 TC、混合型高脂蛋白血症等,继发的见于肾病综合征、甲状腺功能减退症、糖尿病、妊娠等。

2. 降低　见于:

(1) 原发性低 TC 血症:如家族性无 β 或低 β 脂蛋白血症。

(2) 继发性低 TC 血症:如甲亢、营养不良、慢性消耗性疾病等。

【分析讨论】

1. 试述体内胆固醇的来源、去路。

2. 简述体内胆固醇生物合成的主要原料、关键酶及调节。

(邵世滨)

实验八　血清尿素氮测定(二乙酰一肟显色法)

【实验目的】

1. 掌握二乙酰一肟显色法测定血清尿素氮的基本原理。

2. 熟悉二乙酰一肟显色法测定血清尿素氮的操作步骤。

3. 了解二乙酰一肟显色法测定血清尿素氮的临床意义

227

【实验原理】

血清(或血浆)中的尿素在酸性环境中与二乙酰共同加热,可缩合成一红色化合物,称为 fearon 反应。因为二乙酰不稳定,通常由反应系统中二乙酰一肟与强酸作用,生成二乙酰。二乙酰与尿素缩合生成红色二嗪,其颜色的深浅与样品中尿素的含量成正比,与同样处理的尿素氮标准液比色,即可测算出样品中尿素氮的含量。

【实验器材】

刻度吸管、分光光度计、水浴箱。

【实验试剂】

1. 酸性试剂　在三角烧杯中加蒸馏水约 100ml,然后加入浓硫酸 44ml 及 85%磷酸 66ml,冷却至室温,加入氨基硫脲 50mg 及硫酸镉($CdSO_4 \cdot 8H_2O$)2g,溶解后用蒸馏水稀释至 1 000ml。置棕色瓶中冰箱保存,可稳定 6 个月。

2. 二乙酰一肟溶液　取二乙酰一肟 20g,加蒸馏水约 900ml,溶解后加蒸馏水至 1 000ml。置棕色瓶中冰箱保存,可稳定 6 个月。

3. 尿素氮标准液 14mmol/L(19.6mg/dl)。

【实验操作】

1. 取 3 支试管按实验表 8-1 操作。

实验表 8-1　二乙酰一肟显色法测定血清尿素氮/ml

试剂	试管		
	空白管	标准管	测定管
血清(或血浆)	—	—	0.02
尿素氮标准液	—	0.02	—
蒸馏水	0.02	—	—
二乙酰一肟溶液	0.5	0.5	0.5
酸性试剂	5.0	5.0	5.0

2. 混匀,置沸水浴中加热 12min,立即用自来水冷却 5min。分光光度计选用 540nm 波长,以空白管调零点,读取标准管及测定管吸光度。

【计算】

$$血清尿素氮(mmol/L) = \frac{测定管吸光度}{标准管吸光度} \times 14$$

参考值:3.57~14.28mmol/L。

【思考题】

1. 二乙酰一肟法测定血清尿素氮的基本原理。

2. 试述血清尿素氮测定的临床意义。

(程玉宏)

实验九　血清丙氨酸转氨酶测定(赖氏比色法)

【实验目的】

1. 掌握血清丙氨酸转氨酶测定的临床意义。

2. 熟悉血清丙氨酸转氨酶测定的原理。

3. 了解血清丙氨酸转氨酶测定的基本操作步骤。

【实验原理】

丙氨酸转氨酶(ALT)能催化 L-丙氨酸和 α-酮戊二酸之间发生氨基转移反应,生成 α-丙酮酸和 L-谷氨酸。酶促反应 30min 后,加入显色剂 2,4 二硝基苯肼溶液终止反应,并与反应液中的 α-丙酮酸反应生成 2,4 二硝基苯腙。在碱性条件下显色,在 505nm 或 510nm 波长测定吸光度,计算其 ALT 的活性。反应式如下:

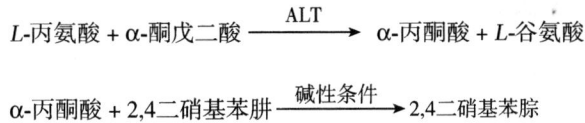

$$L\text{-丙氨酸} + \alpha\text{-酮戊二酸} \xrightarrow{\text{ALT}} \alpha\text{-丙酮酸} + L\text{-谷氨酸}$$

$$\alpha\text{-丙酮酸} + 2,4\text{二硝基苯肼} \xrightarrow{\text{碱性条件}} 2,4\text{二硝基苯腙}$$

【实验器材】

分光光度计(或半自动生化分析仪)、恒温水浴箱、微量加样器、试管、试管架、5ml 刻度吸管、洗耳球。

【实验试剂】

1. 基质液　L-丙氨酸和 α-酮戊二酸。

2. 显色剂　2,4 二硝基苯肼溶液。

3. NaOH 溶液。

4. 丙酮酸标准液　丙酮酸钠 100U/L = 3.0mmol/l。

【实验操作】

1. 取清洁试管 3 支,编号后按实验表 9-1 操作(具体可参照试剂盒说明书)。

实验表 9-1　血清丙氨酸转氨酶测定操作步骤/ml

加入物	测定管	标准管	空白管
血清	0.1	—	—
标准液	—	0.1	—
蒸馏水	—	—	0.1
基质液	0.5	0.5	0.5

2. 各管混匀,置 37℃ 水浴中保温 30min。

3. 从水浴中取出试管,每管加显色剂 2,4-二硝基苯肼液 0.5ml,振摇均匀,再置 37℃ 水浴 20min。

4. 取出 3 支试管,每管加 NaOH 溶液 5ml,混匀,室温放置 3min。

5. 分光光度计调波长 505nm 或 510nm,半自动生化分析仪设置波长 505nm 或 510nm;以空白管调零进行比色测定。

【计算】

$$\text{血清 ALT 活力(U/L)} = \frac{\text{测定管吸光度}}{\text{标准管吸光度}} \times \text{标准液浓度}$$

【参考值】

0～50U/L(具体可参照试剂盒说明书)。

【注意事项】

1. 血清、标准液由于加液量较少,尽量不要沾在试管壁上,以免使测定结果出现误差。

2. 试剂盒应放在冰箱中保存,试剂最好现用现配。反应中的呈色深浅与 NaOH 的浓度有关,NaOH 浓度越大呈色越深;当 NaOH 浓度小于 0.25mol/l,吸光度急剧下降,故 NaOH 浓度必须准确;加入 2,4-二硝基苯肼液后,必须充分混匀使反应完全,加入 NaOH 溶液的方法和速度要一致,否则将导致吸光度读数差异。

3. 若用半自动生化分析仪,加液量可成倍减少,如血清、标准液、蒸馏水各加 0.05ml,基质液各加 0.25ml,每管加 2,4-二硝基苯肼液 0.25ml,每管加 NaOH 溶液 2.5ml。

【临床意义】

正常时,ALT 在肝细胞中含量最多,只有极少量释放入血液,所以血液中此酶的活性很低。当肝脏受损时,此酶即可大量释放入血液,使血清中该酶的活性显著增高。所以,在各种肝炎急性期等疾病时,血清 ALT 的活性明显增高;慢性肝炎、肝硬化、肝癌、心肌梗死等疾病时,血清 ALT 的活性中度增高;胆管炎、阻塞性黄疸等疾病时,血清 ALT 的活性轻度增高。

【分析讨论】

1. 简述赖氏比色法测定血清 ALT 的原理。
2. 血清 ALT 活性升高有何临床意义?

（徐　敏）

参 考 文 献

[1] 蔡太生,张申.生物化学[M].北京:人民卫生出版社,2015.

[2] 何旭辉,吕士杰.生物化学[M].7版.北京:人民卫生出版社,2014.

[3] 王易振,何旭辉.生物化学[M].2版.北京:人民卫生出版社,2013.

[4] 周莲英,刘玲华.人体功能[M].北京:人民卫生出版社,2019.

[5] 查锡良,药立波.生物化学与分子生物学[M].8版.北京:人民卫生出版社,2013.

[6] 张又良,郭桂平.生物化学[M].北京:人民卫生出版社,2016.

[7] 郭善军,杨华.生物化学[M].北京:人民卫生出版社,2016.

[8] 徐跃飞.生物化学[M].3版.北京:人民卫生出版社,2013.

[9] 查锡良.生物化学[M].7版.北京:人民卫生出版社,2013.

[10] 黄纯.生物化学[M].3版.北京:科学出版社,2016.

[11] 刘观昌,马少宁.生物化学检验[M].4版.北京:人民卫生出版社,2015.

[12] 孔晓朵,唐吉斌,张淑芳.生物化学[M].武汉:华中科技大学出版社,2017.

[13] 张淑芳.人体细胞组织结构与功能[M].2版.北京:人民卫生出版社,2016.

[14] 黄诒森,张光毅.生物化学与分子生物学[M].3版.北京:科学出版社,2015.

[15] 施红.生物化学[M].9版.北京:中国中医药出版社,2015.

[16] 德汉,东海.高血脂食疗食谱[M].呼和浩特:远方出版社,2003.

[17] 游久全.养生百科[M].北京:中国国际文化艺术出版社,2015.

[18] 赵瑞巧.生物化学.案例版[M].北京:科学出版社,2010.

[19] 王易振,何旭辉.生物化学[M].2版.北京:人民卫生出版社,2013.

[20] 张又良,郭桂平.生物化学[M].北京:人民卫生出版社,2016.

中英文名词对照索引